江苏省社科基金项目（项目编号 16LSB005）

解国良 著

斯托雷平与俄国贵族

陕西新华出版传媒集团

陕西人民出版社

图书在版编目（CIP）数据

斯托雷平与俄国贵族／解国良著. — 西安：陕西
人民出版社，2022.4
ISBN 978-7-224-14495-6

Ⅰ.①斯… Ⅱ.①解… Ⅲ.①俄罗斯—历史 Ⅳ.
①K512.0

中国版本图书馆 CIP 数据核字（2022）第 050191 号

责任编辑：管中洣　张阿敏
封面设计：姚肖朋

斯托雷平与俄国贵族

作　　者　解国良
出版发行　陕西新华出版传媒集团　陕西人民出版社
　　　　　（西安市北大街 147 号　邮编：710003）
印　　刷　西安市建明工贸有限责任公司
开　　本　787mm×1092mm　1/16
印　　张　24.5
字　　数　330 千字
版　　次　2022 年 4 月第 1 版
印　　次　2022 年 4 月第 1 次印刷
书　　号　ISBN 978-7-224-14495-6
定　　价　68.00 元

目
录

绪 论

一、课题的源起

提起 Π. A. 斯托雷平（1862—1911），总是让人想起斯托雷平改革。由于斯托雷平改革是俄国继 1861 年农奴制改革之后的又一次重要改革，经常引起学者的注意。但是，受革命思想的影响，斯托雷平的"地主阶级代表和贵族家庭出身"①，总是把他与剥削阶级联系在一起，与劳动人民对立起来，给人一种反动的、逆历史潮流而动的印象。当现代化的研究方法逐渐成为主流的研究方法之后，斯托雷平改革的进步性才逐渐进入笔者的视野。因为现代化"就是指人类社会从传统的农业社会向现代工业社会转变的历史过程"②。虽然革命思想也强调资本主义对生产力发展的促进作用，但是资本主义的发展只是为社会主义奠定了物质基础，无法解释传统农耕社会为什么要走向工业社会，资本主义发展为什么会造成两极分化和道德滑坡。我们一直纠结于一个问题：经济发展能否不造成两极分化和道德滑坡？于是，我们在发展工业化的基础上提出了建立社会主义制度的伟大构想并在 20 世纪付诸实践。

苏联社会主义的实践并不理想。为了避免因经济发展带来的道德滑坡，

① 孙成木、刘祖熙、李建：《俄国通史简编》下册，人民出版社 1986 年版，第 341 页。
② 罗荣渠：《现代化新论——世界与中国的现代化进程》，北京大学出版社 1993 年版，第 12 页。

苏联采取了剥夺私有财产的模式，这也几乎成为苏联社会主义模式的象征，但是，公有制度几乎扼杀了苏联经济发展的活力，败坏了社会主义的形象。改革后的中国，从实际出发，主张公有制和私有制不是衡量资本主义和社会主义的标准，但是飞速的经济发展还是无法解决道德滑坡和拜金主义的问题。这又让笔者想起了马克思和俄国民粹派的论战。赫尔岑说："保存农民公社和保障个人自由，把乡村的自治扩展到城市和整个国家，同时保持民族的统一——这就是俄国未来的全部问题所在，也就是西方思想家正在行动起来力求解决的同一个社会矛盾的问题所在。"① 马克思说："俄国'农村公社'的历史环境是独一无二的！……如果说土地公有制是俄国'农村公社'集体占有制的基础，那么它的历史环境，即它和资本主义生产的同时存在，则为它提供了大规模的进行共同劳动的现成的物质条件。因此，它能够不通过资本主义制度的卡夫丁峡谷，而占有资本主义制度所创造的一切积极成果。……它能够成为现代社会所趋向的那种经济制度的直接出发点，不必自杀就能开始获得新的生命。"② 恩格斯更是直截了当。他说："这种公社是否还能得到挽救，以致在一定的时刻，它能够同西欧的转变相配合而成为共产主义发展的起点，这个问题我不能予以回答。但是有一点是毋庸置疑的：要想保全这个残存的公社，就必须首先推翻沙皇专制制度，必须在俄国进行革命。俄国的革命不仅会把民族的大部分即农民从构成他们的'天地'、他们的'世界'的农村的隔绝状态中解脱出来，不仅会把农民引上一个大舞台，使他们通过这个大舞台认识外部世界，同时也认识自己，了解自己的处境和摆脱目前贫困的方法……没有这种胜利，目前的俄国无论从公社那里还是从资本主义那里，都不可能达到社会主义的改造。"③ 于是，无论是实践还是理论，经济发展所带来的道德滑坡问题不再是所有制的问题，而是人性觉醒的问题。

---

① 《赫尔岑给林顿的信》，转引自《马克思恩格斯选集》第4卷，人民出版社1995年版，第438页。

② 《马克思恩格斯选集》第3卷，人民出版社1995年版，第770页。

③ 《马克思恩格斯选集》第4卷，人民出版社1995年版，第450—451页。

俄国人性的觉醒来源于欧洲与俄国的战争。最早提出这个问题的恐怕是伊凡雷帝的叔叔库尔勃斯基。他说："如果沙皇受到全国的尊敬，但上帝没有赋予他什么天赋，那么他就不仅应当从议员那里谋求善良有益的忠告，而且应当从民众那里谋求这样的忠告，因为精神的力量不是产生于财富的多少和权力的大小，而是产生于心灵的正直。"① 可惜这样的觉醒被伊凡雷帝以国家的名义压制了，并用东正教原理加以证明。他说："努力使人们认识真理和光明，承认上帝是唯一的真理，无比荣耀，上帝赐予他们以君主；不要再内讧，不要刚愎自用，因为这会毁掉王国；如果不服从沙皇，则内讧永无休止之日。"②

17 世纪对于俄国是个转折的世纪。她在接触西方的过程中陷入了迷茫。尼康（1605—1681）作为俄罗斯教会的牧首，为了彰显俄国的伟大，按照希腊的方式改进了礼拜的仪式：画十字用三个手指而不是两个手指，对耶稣的赞美词"哈利路亚"呼三遍而不是两遍，在教堂中绕行的礼仪行列不再顺太阳升落方向而是迎着太阳，祈祷时的跪拜改为鞠躬礼等，以示俄国对上帝敬拜的虔诚与圣洁。尼康的改革并没有实际内容，但引发的却是宗派斗争。③尼康把自己比作太阳，而把沙皇比作月亮，引发了权力斗争；尼康宣布旧的是假的，异教徒也是不洁的，引发了旧礼仪派的自焚运动。如果说尼康改革在政府内部引发的是权力斗争，那么在教徒内部人们则感到末日的临近，他们走进回忆和未来，寻找着幻象和预兆，陷入前所未有的疑惑。沙皇利用了尼康的改革，但社会也因此把政府的改革说成了是敌基督。④ 到了彼得大帝时期，彼得一世以一己之力隔断了与历史的联系，强行把俄国推进到了西方

---

① 瓦·奥·克柳切夫斯基：《俄国史教程》第二卷，贾宗谊等译，商务印书馆1997年版，第165页。

② 瓦·奥·克柳切夫斯基：《俄国史教程》第二卷，贾宗谊等译，商务印书馆1997年版，第168页。

③ 姚海：《俄罗斯文化之路》，浙江人民出版社1992年版，第50—51页。

④ 格·弗洛罗夫斯基：《俄罗斯宗教哲学之路》，吴安迪等译，上海人民出版社2006年版，第98页。

的怀抱，俄国踏入了近代化的行列。但是对于俄国人的尊严却是前所未有的侮辱。胡子长衫曾被俄国人当作自己的象征，但出于实用的需要，被彼得剪掉换下，如果君主在检阅时发现有人保留，那人就会当场遭到棍棒的毒打。①虽然后来胡子允许保留了，但是必须缴纳胡子税。彼得的强制近代化当然不能被否定，但是却带来了社会的恐惧战栗。教会这个曾经的独立精神的倡导者成为世俗生活的奴隶。旧礼仪派把彼得一世变成敌基督躲进了地下，聪明有学问的贵族则转向对政权的歌功颂德，不顾良心地为自己寻求幸福。②

赫拉斯科夫说："彼得只给了俄罗斯人躯体，叶卡捷琳娜赋予的才是灵魂。"③ 彼得所谓给了俄罗斯人以躯体，是把俄国人引上了追求国家利益、共同福祉的康庄大道。叶卡捷琳娜给了俄罗斯人以灵魂，是让俄国贵族富有了知识，形成了开明专制。叶卡捷琳娜二世在上谕中说："我的愿望，就是一心让上帝引我来的国家幸福吉祥，国荣我亦荣，这就是我的原则；如果我的理想能促使这个原则实现，我会是三生有幸。我希望国家和臣民富裕；这就是我依据的一条原则。不受人民信任的政权，对于想成为受到爱戴和享有荣誉的人来说是毫无意义的；得之容易。在于你把人民的幸福和正义这两者不可分割的东西作为你行动的准则，作为你规章的准则。自由乃万物之灵！没有你，一切都将死气沉沉。我愿意服从法律，不希望有奴隶；希望共同的目标是使人幸福，而不要任性、怪癖和残暴。"④ 根据叶卡捷琳娜二世的敕令，1785 年 4 月 21 日，贵族获得了特权。贵族免除被军队征用住宅；贵族免除体罚；贵族拥有土地所有权；贵族拥有建立自己的等级机构的权利；贵族拥

① 瓦·奥·克柳切夫斯基：《俄国史教程》第 4 卷，张咏白等译，商务印书馆 2009 年版，第211 页。

② 格·弗洛罗夫斯基：《俄罗斯宗教哲学之路》，吴安迪等译，上海人民出版社 2006 年版，第130 页。

③ 瓦·奥·克柳切夫斯基：《俄国史教程》第 4 卷，张咏白等译，商务印书馆 2009 年版，第195 页。

④ 瓦·奥·克柳切夫斯基：《俄国史教程》第 5 卷，刘祖熙等译，商务印书馆 2009 年版，第64 页。

有变更为第一等级称号的权利等。同一天，商人阶层也成为一个特殊的阶层。城市居民基于财富分为六个等级，拥有财产 500 卢布以上的"顶级商人"免受体罚，可缴纳金钱免服兵役和免缴人丁税，只征收 1% 的资本税。① 基于财产而不是基于宗法获得的人权成了可以炫耀的特权，因为贵族和大商人可以把权利留给自己而把义务留给别人，俄国的农奴制在贵族获得特权之后得到特别的发展，以至于农民在获得解放的时候像法国一样出现特别痛恨贵族的局面。于是，叶卡捷琳娜二世开明专制的举措便有了虚伪的疑问。② 克柳切夫斯基为此做了总结，他说："这个阶级用来领导社会所具备的思想素养和政治才能有多么贫乏。……这个等级的社会地位是以不公正的政治为基础的，也是以无意义的社会活动装饰起来的。……他们在家里与周围的人没有任何现实有机的联系，没有任何重要的事情，……在外国，他们是改头换面的鞑靼人……雅罗斯拉夫的地主奥波契宁因无法与现实调和，于 1793 年自杀身亡。他在自己临死前立的遗书中解释自己的行为时写道：'迫使我结束自己生命的动因是厌恶透了俄国的现实。'"③ 随后，这种忧郁和哀伤便成为 19 世纪俄国思想文化的主题。

亚历山大一世是神秘主义和感伤主义的代表人物。他虽然让俄国的军事力量进入欧洲，但是他也开始了俄国的觉醒。俄国的觉醒是借着共济会的思想开始的。俄国共济会一直在寻找某些普遍的宗教信仰，这种信仰应该植根于最早的原始人类的自然感觉和思想。共济会希望通过这种自然宗教能够替代基督教的各种教条形式。这套自然、普遍的信仰体系将使男人从互相冲突的宗教和社会经济的情况下进入兄弟情谊的状态。共济会容许不同的宗教存在，在共济会中更重要的是，要让未来的共济会员相信自己的上帝：真主、

---

① 张建华：《帝国风暴——大变革前夜的俄罗斯（1762—1855）》，北京大学出版社 2016 年版，第 95、117—118 页。

② 陶惠芬：《俄国近代改革史》，中国社会科学出版社 2007 年版，第 99 页。

③ 瓦·奥·克柳切夫斯基：《俄国史教程》第 5 卷，刘祖熙等译，商务印书馆 2009 年版，第 161—162 页。

耶和华等，承认存在一种创造了生命的最高实体。① 共济会虽然不是基督教，但是在俄国东正教式微的情况下发挥了寻找真理的作用。亚历山大一世接触共济会是在自己的父亲被杀死后，目的是寻求内心的安静。卫国战争后他提出的神圣同盟思想，也是建立在全天下基督徒都是兄弟的思想基础上。亚历山大设立了国民教育和宗教事务部，试图通过这样一个特殊的部门"使俄罗斯人民摆脱到处都存在的信仰上的麻木和冷漠，唤醒他们身上的最崇高的宗教本能，并通过散发《圣经》给他们注入一股从内心里理解基督教的绵延不断的细流"②。一个前所未有的觉醒时期开始了。

19 世纪俄国思想的觉醒并非一帆风顺，而是充满了矛盾和斗争。一个非常令人头疼的问题是俄国的宗教哲学与俄国的现实隔绝的是这样遥远，以至于不能起到应有的作用。曾经被德·利哈乔夫称为具有独立思想的第一代知识分子的诺维科夫、拉吉舍夫和卡拉姆津，为俄国思想的觉醒做出了杰出的贡献。但是，作为十二月党人的先驱，拉吉舍夫带来的不过是一个"遥远的上帝"。他说："自由啊，自由，无价的礼物！请允许奴隶来歌颂你，让你的热情充满心灵，在心中挥动你强有力的双手，把奴役的黑暗化作光明！……这是全部政权的共同体……这是法律的庙堂。……他对一切都一视同仁，即无爱，也无恨。他不受奉承，不徇私情，漠视财富、望族和名门，厌恶腐朽的供品；他不袒护亲友，他赏罚公平；他是人世间上帝的形象。"③ 可是当他曾经抱着这样美好的幻想着手农民解放的时候，带来的是什么结果？卡拉姆津，一个出身贵族的历史学家在留学德国之前，抱着良好的愿望解放了庄园里的农民，可是当他回到农村的时候，看到的是贫穷、耕作不好的土地、空空荡荡的粮仓和毁坏的茅屋。随后卡拉姆津放弃了立刻解放农奴的想法，而

---

① 赵世峰：《俄国共济会与俄国近代政治的变迁（18—20 世纪初）》，复旦大学出版社 2011 年版，第 110—111 页。

② 格·弗洛罗夫斯基：《俄罗斯宗教哲学之路》，吴安迪等译，上海人民出版社 2006 年版，第 189 页。

③ 徐凤林：《俄国哲学》，商务印书馆 2012 年版，第 37—40 页。

是让其在地主的监督下逐渐走向自由。在卡拉姆津的眼里，俄国的农奴已经习惯于懒惰和酗酒，对于他们只有先启蒙而后给予自由。[①] 于是，卡拉姆津便有了反动的农奴主或者维护宗法专制制度的名声。卡拉姆津的尝试及其结论并不是作者的保守，对于当时"贵族依附于政权，而农民依附于贵族"的状况，卡拉姆津的局部改革是不可能实现的。对于农民的改革也变成维持吃不饱也饿不死的状态。于是，亚历山大一世的自由主义改革导致了关于俄国发展道路的激烈争论，让俄国人民生活的改善更加曲折。

恰达耶夫是一位贵族青年军官，受十二月党人的影响，对俄国的命运发出了最强烈的声音。他说："有一个认识是非常错误的，那就是认为奴隶制的影响波及的似乎只是承受着奴隶制重压的那部分没有生活保障的居民，恰恰相反，应当研究其对从奴隶制中获得好处的那些阶级的影响。由于自己的观念，主要是禁欲主义的观念，由于对得不到什么保障的美好未来不抱期望的种族气质，最后，由于经常把农奴与其主人隔开的间距，俄国农奴是值得同情的，但不是在你能够想到的那种程度上。况且他们目前的处境只是过去处境的一种自然结果。农奴处于受奴役的地位并不是征服者的暴力行为所致，而是一种在其内心生活、在其宗教感情、在其性格深处展现出来的事物的自然发展过程。"[②] 而这个发展过程的出现就是缺乏理性与爱的内在统一。基列耶夫斯基把它归结为西方理性文明的缺陷。他说："欧洲社会以暴力为基础，靠形式化了的个人关系联合起来，并贯穿着片面的知性精神，因此它们从自身中发展出来的不是社会精神，而是孤立的个人精神，这种孤立性靠个人和党派的私人利益的纽带联系着。因此，欧洲国家的历史尽管有时也向我们展示其社会生活的外部昌盛，但事实上，隐藏在社会形式之下的永远是一些个别党派，它们为了自己的局部利益和个别体制而忘记整个国家的生活……它

---

① T. A. Егерева Русские консерваторы в социокультурном контексте эпохи конца XVIII – первой четверти XIX веков. М. : Новый Хронограф, 2014, с. 173.

② 安德拉尼克·米格拉尼扬：《俄罗斯现代化之路为何如此曲折》，徐葵等译，新华出版社 2002 年版，第 8—9 页。

们经常在欧洲国家里相互斗争，每个派别都企图根据自己的目的改变国家建制。"① 为此，基列耶夫斯基歌颂彼得之前的爱，歌颂俄国的专制制度和农村公社，认为这是沙皇与人民的相互信任和各司其职。让人打脸的是，同样在这个经历下长大的西方派别林斯基则这样认为："俄国认定自己得到拯救不是在神秘主义、禁欲主义和虔信主义里面，而是在文明、教育和人道的成就里面。俄国所需要的不是布道（她听得够多了！），不是祈祷（她背诵的够多了！），而是在人民中间唤醒几世纪以来埋没在污泥和尘界里面的人的尊严，需要的不是与教会学说相符合，而是与健全理智和正义相符合的权力和法律，并尽可能严格地履行这些法律。"② 哪怕为此血流成河，因为"人们如此愚蠢，乃至必须强行把他们带到幸福。几千年流血与数百万人的屈辱和苦难相比算什么，而且为了实现正义，哪怕世界毁灭"③。两个派别的截然对立被体会到俄国缺乏灵魂的果戈理揭示出来。他说："我们又该如何爱兄弟们呢？该如何爱别人呢？灵魂想要去爱的，只有美丽的东西，而穷人们却又那么不完善，他们身上美的东西少得可怜。"④ 多么虚假的人道主义！

于是，俄国社会就沿着各自的道理固执下去并把关系变得你死我活。我们先看到的是别林斯基与果戈理的决裂，而后看到的则是斯拉夫派和西方派的决战。如果说知识分子之间的决战仅仅是绝交，那么到了1861年农奴制改革的时候，社会上层与社会下层的决战则变成一场赤裸裸的掠夺，以至于酿成了一场社会大决战，到了民粹派那里就变成对战斗的歌颂了。果戈理将兄弟之爱的不真诚首先归结于宗法道德的软弱，于是他转向了宗教。这种转向不是恰达耶夫对俄国宗教的否定从而皈依了天主教，而是从挖掘俄国的东正教开始。他说："我们的神职人员并非闲着。我十分清楚，在修道院的幽深之处和寂静的修士禅房里正酝酿着一篇篇无法反驳的捍卫我们教会的文章。……

① 徐凤林：《俄国哲学》，商务印书馆 2012 年版，第 142 页。
② 徐凤林：《俄国哲学》，商务印书馆 2012 年版，第 169—170 页。
③ 徐凤林：《俄国哲学》，商务印书馆 2012 年版，第 164—165 页。
④ 津科夫斯基：《俄国哲学史》上卷，张冰译，人民出版社 2013 年版，第 183 页。

他们极其镇静地完成着自己的著作，一边祈祷，修炼自身，从自己的心灵里驱除一切类似不合时宜的、极不明智的狂热的激情，使自己的心灵上升到心灵该处的那种崇高而冷静的高度，以便开始能论说这样的事。……我们的教会应当在我们心中而不是在我们的言语中圣洁起来，我们应当成为我们的教会并以我们自身宣告教会的真理。"① 他进一步指出，"智慧并不是我们身上的最高才能。通过抽象地阅读、思考和不断地听各种各样的科学课程，你只能使智慧稍稍有所前进，……理智是一种高得多的才能，但它只能通过战胜种种激情才能获得。……但就是理智也不能赋予人勇往直前的全部可能。还有一种最高的才能，它的名字是贤明。唯有基督才能赋予我们贤明。……若是他进入家中，那么对于一个人来说就是天堂生活的开始。"② 果戈理通过对东正教的改造，给地主处理同农民的关系指明了方向。他说："人的灵魂比世上的一切都要宝贵，你首先要照看的是不要让他们中的任何一个人毁了自己的灵魂，让灵魂遭受永久的痛苦。你在对被揭穿犯有偷盗、偷懒或者酗酒等过错的人做出责备和训诫时，请将他置于上帝面前，而不是你自己面前；请向他指出，他在哪方面违背了上帝，而不是违背了你。……你要把这方面能发挥的影响力以及责任集中到一些模范东家和出色的农民头上，你要向他们解释清楚，他们不仅自己要好好生活，而且要教会别人好好生活……"③ 对于果戈理的转向，别林斯基不分青红皂白地，将其等同于向陈旧势力的投降。别林斯基说："这位作家，现在却出版了这样的一本书，凭着基督和教会之名，教导野蛮的地主榨取农民更多的血汗，更厉害地辱骂他们……这难道不会叫我愤怒吗？……这之后，您还想叫人相信您那本书的真诚的意图，不，如果您果真充满着基督的真理，而不是魔鬼的教义，那么，在您这本新

① 沈念驹：《果戈理全集·与友人书简选》第7卷，吴国璋译，河北教育出版社2002年版，第37页。

② 沈念驹：《果戈理全集·与友人书简选》第7卷，吴国璋译，河北教育出版社2002年版，第63—64页。

③ 沈念驹：《果戈理全集·与友人书简选》第7卷，吴国璋译，河北教育出版社2002年版，第133—134页。

著里，就不会写出这样的话来，您就会告诉地主，农民是他的基督兄弟，弟弟不可能是哥哥的奴隶，所以他应该给他们自由，或至少让他们可以尽可能享用劳动的果实，在良心深处感到过去对他们采取的态度是错误的。"① 别林斯基在这里显然犯了果戈理所说的"智慧在缺失灵魂时就只会抽象阅读"的错误。

然而，别林斯基对果戈理的不满不是出于观点上的分歧，而是上升到了对真理和人类尊严羞辱的高度，而作为平民知识分子的代表自然会得到广大社会下层的拥护和支持。当对俄国的改造已经不是观念之争的时候，改革就陷入到了阶级之争，即社会斗争，继而是政治斗争。于是，争论的目标消失了，斗争成为目的本身。贵族革命家出身的赫尔岑经过 1848 年革命成为革命的民主主义者。他说："还有第三种类型的时代，这是极其少有的也是最为悲哀的时代。在这种时代中，社会形式已经丧失了意义，正在慢慢地、痛苦地消亡；这种独特文明不仅达到了极限，甚至还超出了历史生活所给定的可能性的范围，它似乎是属于未来；然而，实质上，它既脱离了它所鄙视的过去，也同样脱离了按照另外的规律发展着的未来。就在这里，个人和社会发生了冲突。过去的事表现为疯狂的反抗。暴力、谎言、凶残、贪婪的奴性、局限性、对人类尊严的一切感觉的丧失，成为大多数人的共同习性。……这是搅乱一切人类逻辑的未来。"② 虽然赫尔岑认为一切都是不确定的，但他相信从此人类获得了自由。到了巴枯宁那里，这个自由获得了肯定。他说："自由是一切成年男女的这样一种绝对权利——他们可以使自己的行为除了受自己的良心和自己的理性决定之外，不在任何人那里寻找许可，他们可以只依靠自己的意志来决定自己的活动，因此，他们可以以最切近的方式只对自己的良心、理性和意志负责，然后才对他们所属的社会负责，但只有在他

---

① 摘自别林斯基著《别林斯基选集》第二卷，《给果戈理的一封信》，满涛译，时代出版社1952 年版，第 302 页。

② 徐凤林：《俄国哲学》，商务印书馆 2012 年版，第 211—212 页。

们自由地同意属于这个社会的程度上。"① 由于追求绝对的自由，他可以反对国家，也可以反对社会，于是，破坏的热情也就成为创造的热情。为什么巴枯宁这样自信呢？原因是他找到了能够探索这个世界包括人类在内的原则——理性，这种理性不偏不倚，不大不小，就像二二得四一样。

在自然世界也许二二得四，但是，到了人类的世界二二不一定得四。根据自由主义的逻辑，1861 年完成了农奴制改革。我们耳熟能详的评价是这样的，1861 年改革是由农奴主实行的资产阶级的改革。这是俄国向资产阶级君主制转变的道路上前进的一步。但是，这次改革，按其全部性质来说，又不能不是农奴制的改革，是农奴主被迫向时代潮流的"让步"。所以，改革不可避免地保存了许多农奴制残余。沙皇专制制度依然存在，地主土地占有制照旧保留，农民仍然处于完全无权的地位。1861 年改革以后，消灭农奴制度的一切残余，是俄国资产阶级革命的基本任务。1861 年诞生了 1905 年。② 可是，1861 年农奴制改革引发的却是反改革的民粹派运动。根据札依翁契可夫斯基的记载，《法令》的颁布立刻引起了农民运动的高潮。农民对沙皇抱着天真的信念，不相信宣言和《法令》的真实性，而确信，沙皇是赐给了"真正的自由"，但贵族和官吏或者是暗中把"真正的自由"偷换掉了，或者是为了自私的利益来解释这种自由。农民中间出现了一些人，企图从农民利益的观点来解释《法令》的颁布。③ 于是就出现了上面的解释。民粹派走向民间搞宣传，从事争取土地和自由的活动，但是在革命迟迟不能到来的情况下，一些极端分子走上了恐怖主义的道路。《革命者教义问答》的作者涅恰耶夫说："革命者是命中注定的人。他们没有自己的利益，没有自己的私事，没有个人的感情，没有个人的眷恋，没有自己的财产，甚至也没有自己的名字。他们全部身心都被唯一的兴趣、唯一的思想、唯一的热情，即革命，所完完

---

① 徐凤林：《俄国哲学》，商务印书馆 2012 年版，第 233 页。
② 孙成木、刘祖熙、李建：《俄国通史简编》（下册），人民出版社 1986 年版，第 125—126 页。
③ 札依翁契可夫斯基：《俄国农奴制的废除》，叔明译，生活·读书·新知三联书店 1957 年版，第 147—148 页。

全全吞没。""革命者鄙视任何学理空谈，在给未来几代人提供知识时，反对提倡和平无争的学问。他们只知道一种学问，就是破坏的科学。他们鄙视现存社会道德的一切动机和表现。对他们来说，凡能促使革命胜利的一切，都是道德的。……凡妨碍革命取得胜利的一切，都是不道德的和罪恶的。"① 直到陀思妥耶夫斯基在《地下室手记》里才把这个定性为地下室的黑暗心理。他说："他之所以这样喜欢破坏和制造混乱，说不定，该不是因为他下意识地害怕达到目的，害怕建成他所建造的大厦吧？你们怎么知道，也许，他之所以喜欢他所建造的大厦，只是从远处看着喜欢，而绝不是在近处喜欢；也许，他只是喜欢建造大厦，而不喜欢在里面，宁可以后把它让给家庭动物住，比如蚂蚁呀、绵羊呀，等等。……也许人类活在世上追求的整个目的，仅仅在于生活本身，而不在于目的本身，而这目的本身，不用说，无非就是二二得四，……可是，诸位要知道，二二得四已经不是生活，而是死亡的开始。"② 为什么这么说呢？因为在俄国从事革命的这帮人就是在走向自杀。陀思妥耶夫斯基说："上帝是一种恐惧的痛苦和死亡的痛苦。谁战胜了痛苦和恐惧，他自己就成为上帝；那时就有新生活，那时就有新人，一切都是新的。人将成为上帝，肉体上也将发生变化，世界会改变，行为会改变，还有思想，还有一切情感都会改变。这就是此世的永恒。"③

　　民粹派的极端思想没有什么特殊性，只是在现代化的浪潮下以自己的方式掀起的反抗浪潮，其核心是期望不付出什么代价就得到应该获得的财富和平等。虽然通过揭露和批判可以让民粹派们明白其中的道理，但是让他们转变却是非常非常地艰难。虽然到了弗·索洛维约夫时不再与西方文化对抗了，还试图通过合并基督教会的方式实现东西方的和解，但是，他期望的不是耶

<hr>

① Е. Л. Рудницкой（под ред.）Революционный радикализм в России: век девятнадцатый. Документальная публикация. М.: Археографический центр, 1997, с. 244.

② 徐凤林:《俄国哲学》，商务印书馆 2012 年版，第 280—281 页。

③ 尼·别尔嘉耶夫:《陀思妥耶夫斯基的世界观》，耿海英译，广西师范大学出版社 2008 年版，第 125—126 页。

稣基督的十字架的胜利，即通过信仰的道路战胜诱惑带来的苦难，而是渴望索菲亚的出现，一个无私的爱的女神出现。民粹派的自杀之路不是轻易能够战胜的，他们需要的是不要任何回报的爱，这就是俄国理性主义者必须面对的课题。

二、研究概况

斯托雷平改革就是在这样的革命背景下产生的。作为一个国务活动家，斯托雷平也是俄国革命活动的产物，也难免受到这些因素的影响。所以，对于斯托雷平改革的研究一直纠结于维护贵族地主及统治阶级的利益，从根本上简化了俄国的历史进程。斯托雷平从俄国的历史中走来，面对着西方为首的咄咄逼人的历史大潮，首先保护的是自身的存在，这便构成了斯托雷平稳定局势的举措。斯托雷平一改所有贵族地主以及统治阶级的让步态度，毫不手软地镇压了俄国革命运动，为此他也获得了"斯托雷平领带"① 的绰号。同时，他还提出统治者仅仅依靠武力维护统治也是软弱无力的表现，开始了投身与革命运动宣战的改革运动。斯托雷平改革被视为规范社会恣意妄为行为的合理化运动，因此也被视为一场革命。就像十月党领导人 Н. П. 舒宾斯基在斯托雷平追思会上所说的那样："斯托雷平同样为了给俄国的生命带来以后永远不会熄灭的真理倒在了异族叛徒的子弹之下。这是只有他才能明白并讲出来的、使之经受长期考验的永恒的真理。"② 由于俄国所经历的几乎是自杀式的革命，因此斯托雷平的改革一直饱受争议，这不仅与斯托雷平代表

---

① "斯托雷平领带"一词出自立宪民主党党员 Ф. И. 罗季切夫（Ф. И. Родичев）在第三届杜马讨论时的一次发言。这次发言主要围绕斯托雷平政府同革命者斗争时过度采用的绞杀政策展开的。当黑色百人团的领导人 В. М. 普利施凯维奇（В. М. Пуришкевич）称这个政策为"穆拉维耶夫领带"（穆拉维耶夫以镇压 1863 年波兰起义而出名）时，罗季切夫则顺口提出"斯托雷平领带"一词，当即引发会议的骚动，会议随后中止。斯托雷平不愿意给自己的孩子留下刽子手的绰号提出与罗季切夫决斗时，罗季切夫给斯托雷平道歉并请求原谅，斯托雷平最终原谅了罗季切夫，但该名词随后被革命者引用，用以表述斯托雷平的镇压政策。参见 ПетрАркадьевич Столыпин Энциклопедия. М. : РОССПЭН, 2011, с. 523.

② С. Г. Сидоровнин Правда Столыпина - Спорник. Саратов: Соотечественник, 1999, с. 110.

的统治者和贵族维护的自身利益相关，更关系自称热爱和平的俄罗斯贵族如何从不得不放弃所有世俗享受而建立的帝国中走向现代社会的民族国家发展道路的问题，也才有了"斯托雷平与俄国贵族"这样的研究课题。

从源起的介绍可以看出，俄国的贵族和政府不仅是革命的对象，也是革命的发起者。革命远比我们想象的要复杂，从现代化的角度看，资产阶级革命和社会主义革命是不同国情下采取的不同的形式。可以说，是不同国家所采取的适合国情的不同发展道路。更进一步讲，这样一个进程还在继续，也为我们进一步研究留下了新的发展空间。俄国贵族在俄国走向现代化的过程中成为互相革命的对象，我们称之为革命和反革命。如果从发展的道路来说，革命代表了其中的一面，而反革命则是对革命的反思，如同文艺复兴运动。如果说革命是现代化的一种方式，改革如同革命，同样是一种现代化的方式。从革命向改革的转向是一种思维方式的转变，正如我们所说的从制度的革命转变成为生活方式的革命。如同我们国人所说的从阶级斗争转向了经济发展。阶级斗争从利益的角度来说就是把财产或者权力从一个阶级手中转移到另一个阶级手中，但从根本上讲并没有改变人们的生活方式。生活方式的改变则完全不同，它是从农耕社会变成工业社会。如果农耕社会是靠天吃饭，抑制了人的发展，那么工业社会则促进了人的全面发展，所以，独立是工业社会发展的前提。从靠天吃饭到靠人吃饭虽然从经济角度来讲是经济方式的转变，但从生活方式来讲完全改变了人们的思维方式，人要获得自由。当然，所谓的自由不是简单的二二得四，而是一个非常艰难的转变过程。从传统农业社会向现代工业社会的转变，与其说是财富的增多、人民的幸福，不如说如何从依靠别人向自我发展的转变。这已经不是以赚钱为目的的改革，而是整个思维方式的革命。如果说理性的启蒙运动促进了科学的发展，那么非理性的浪漫主义则向医治理性的极端迈出了一步。俄国现代化理性转型的失败就是这方面的教训，但从另一方面开启了非理性的启蒙，形成了俄国所具有的现代社会的特色。陀思妥耶夫斯基的非理性的揭示便是这方面的尝试，这是俄国的特色，同时也丰富了现代社会的内涵。

关于"斯托雷平与俄国贵族"课题，以往学者的研究主要从改革与保守派的关系角度展开。比如，斯托雷平与六三体制，专制制度与俄国贵族，专制制度、贵族与资产阶级，专制制度与资产阶级，俄国保守主义，俄国贵族，等等。通过这些问题的研究实现从封建主义向资本主义的过渡，或者是完成从宗法社会向现代社会的转变。受阶级思想的影响，斯托雷平改革是为了巩固贵族地主阶级的利益，争论的只是贵族地主为了巩固自己的地位而采取的不同策略。有的贵族地主成了顽固派，因而阻碍了社会的进步；有的贵族地主则完成了向资产阶级的转化，以进一步加强自己的地位。[①] 受现代化思想的影响，斯托雷平在保持了君主的基础上建设法治国家，这是一条独特的俄国发展道路，既保留俄罗斯国家的强大与完整，又实现贵族的资产阶级化，如给农民分配土地，提高农民的生活水平，发展加工业，搞好社会福利，提高人民的教育水平等。[②] 但是，上述研究都涉及了一个共同的问题：无论是从封建主义向资本主义过渡，还是从传统宗法社会向现代社会转变，俄国都要接受非常严峻的挑战，不管这种挑战来自西方社会还是国内的资产阶级，也都要经历严重的社会危机和政治危机。

最早的研究起源于 19 世纪的 80 年代，大多是政论方面的研究。研究无论是出于贵族方面，还是出于资产阶级方面，都指出了一个共同的现实，即由于农奴制改革，贵族作为一个等级已经成为政府与社会之间的障碍物。不同的只是他们的解释。贵族认为，俄国的贵族之所以衰落，原因是改革按照西方的样板分析了为国家的公共事业献身的贵族，希望在未来发展的过程中加强贵族在地方自治等方面的作用，维护他们在经济和文化方面的国家支柱作用；而资产阶级认为，由于俄国长期实行农奴制，俄国的贵族阶层虽然存

---

① А. П. Корелин Дворянство в пореформенной России 1861 – 1904 гг. состав, численность, корпоративная организация. М. : наука, 1979, с. 5 – 6.

② Ю. И. Кирьянов Правые партия в России 1911 – 1917. М. : РОССПЭН, 2001, с. 47.

在，但贵族的精神早已丧失，俄国贵族的出路就是适应时代的潮流，走向资产阶级。不管未来出于对贵族阶层的肯定还是否定，强化贵族精神无疑是振兴贵族社会地位的唯一出路。①

围绕着贵族精神的探索，俄国社会发生了激烈的争论。俄国民粹派的代表人物 П. Л. 拉夫罗夫认为："决定历史进步的因素有两个：个人自觉意识的发展和人们之间团结范围的扩大。……只有当这两个因素意识到它们密不可分，相互依存，并且作为一个伟大的目标而同时树立在人的面前时，才会有真实而健康的进步。人自然是出于追求自己幸福的利己主义愿望，才奔向这个目标的。他也应当为满足正义的道德要求而追求该目的。只要人在这个进步的过程中认真思考，历史的进步必定向他指明目的地。"② 拉夫罗夫属于半实证主义者，他把物质进步作为唯一的目标，认为只要通过个人和社会的共同努力自然就指向了这个目标，从根本上取消了社会的不可控因素，但也为人的恣意妄为开辟了先河。列夫·托尔斯泰则把这种思想上升到了泛道德的高度。他说："我们生命的本质不在于我们的身体……在于这样一种精神本原……这一本原的意识把我们与所有的生物连接在一起，这种意识在我们的生命中通过爱显现出来。因此爱他人，就像爱自己，以及由此而来的准则：像希望他人对你那样对待他人，我们把这些看作我们生命的精神法则。……因此，任何形式的暴力，无论是施诸个人还是施诸自称为政府的人之群体，我们都认为是与我们生命的基本法则相对立的。"③ 如果说拉夫罗夫和托尔斯泰简化了历史，那么代表官方的 К. П. 波别多诺斯采夫则变成完全的不可知论。他说："在当今所谓的知识分子中，信仰普遍原则和按普遍原则逻辑构造的生活控制了社会思想。对我们来说，这就是代替旧偶像的现代偶像。……对我们来说，自由、平等、博爱这些概念和它们运用并延伸的词汇难道不就

---

① А. П. Корелин Дворянство в пореформенной России1861－1904 гг. c. 6.
② 索洛维约夫等：《俄罗斯思想》，贾泽林等译，浙江人民出版社 2000 年版，第 187—188 页。
③ 徐凤林：《俄国哲学》，商务印书馆 2012 年版，第 296 页。

是偶像吗?""无论什么样的理论和公式,都不可能是绝对的东西,其中每一种在人脑中产生的理论和公式,必然是某种不完整的、令人怀疑的、受限制和骗人的东西。……制订出这种公式的可怜的人,想借助它穿越混沌的存在,混沌却吞没了他和他可怜的公式。自我的不朽意识、相信唯一的上帝、罪恶感、追求完美、为爱牺牲和责任感——这才是精神信仰的真理,不受迷惑,不在公式和理论面前卑躬屈膝。"① 波别多诺斯采夫最终指向的便是感觉和体验。

民粹派和波别多诺斯采夫可以说是两个极端,但他们的目标都是应对西方现代文明给他们带来的挑战。应战没有结果。民粹派最终以自杀收场,波别多诺斯采夫还是走向了捍卫专制制度,成为极端的保守派。K. H. 列昂季耶夫则从俄国历史的源头梳理,总结俄国所受外来文化的影响,并回归了基督教。他的结论很简单。俄国受各种文化因素的影响,一直在各种体验中存在,不管喜欢与否。他始终没有形成自己的思想。而进入 19 世纪,俄国思想界觉醒,无论是出于什么样的理由都在寻找俄国人自己的出路,因此,这些探索都可以称之为俄国独特的发展道路——"斯拉夫思想""斯拉夫创造"和"斯拉夫独特性"②。列昂季耶夫知道俄国正处在简单的宗法社会向公民社会转变的过渡阶段,并把它称之为"繁荣的复杂状态",他也倾向性地认为俄国还处在依附状态、还需要爱,但他明确地知道"对人们的爱如果不伴随着对上帝的恐惧或不建基于其上的话,这样的爱就已经不是什么纯粹的基督教之爱了"。而没有对上帝的敬畏,爱人们便会失去其深刻的来源,很容易变成感伤主义,变成表面肤浅的怜悯惋惜。③ 但是,一个长期把宗教放在一旁的民族国家,要想恢复这样的爱谈何容易,他根据俄国的现状给出了三种

---

① 郭春生:《俄国 19、20 世纪之交法政文献汇编》,清华大学出版社 2016 年版,第 358、373 页。

② К. Н. Леонтьев Славянофильство и грядущие судьбы России. М. : Институт русской цивилизации, 2010, с. 23.

③ 津科夫斯基:《俄国哲学史》上卷,张冰译,人民出版社 2013 年版,第 502 页。

出路：一个是服从于宗教统一的特殊的文化、特殊的制度和特殊的生活，一个是服从罗马教皇制度的斯拉夫国家性，一个是陷入极端的革命运动之手——从地球上抹去欧洲资产阶级文化。① 从革命中觉醒的 Л. А. 吉霍米罗夫进一步把这种观点运用于俄国的政治制度的建设中，提出俄国的君主主义制度。他从基督教的角度把这种无私的爱交给沙皇——这个上帝在人间的代表，称之为道德，而把法制、规则和公民的权利交给政府、社会和个人，沙皇的作用就是保证政府、社会与个人全方位地发展。而过去的沙皇之所以丧失权威，就在于他把自己混同于世俗社会，丧失了真理的特性。于是，俄国社会普遍相信的是"偷窃，但不要被发现"，这样的人没有一丝的羞耻感，如果法律有疏忽，他可以去欺骗、去犯罪、去剥削别人……当人们失去了对真理的信仰，时刻充满了犯罪的欲望，一旦人们认为可以免受法律的惩罚，人类社会将变成地狱。② 俄国缺乏的就是这样的伟大良知，并自上而下地由沙皇去实现，让俄国的教会获得最充分自由的发展。③

但是，受自由主义和均分财产思想的诱惑，俄国的贵族终究还是走上了另外一条道路——争夺权力的道路，而且成为俄国社会的主流。从恰达耶夫到弗·索洛维约夫，无不认为俄国要重复西方走过的路，从而更新俄国的传统、创造新的传统。虽然 П. Н. 米留科夫不同意要全部走过西方的道路，但是他仍然把传统文化视作障碍。他说："不应该用虚构的背叛我们民族传统的恐惧吓唬自己和其他人。如果我们的过去和现在有联系，那么它也不是源于逐步实现西方道路的思想，而是源于它是妨碍西方道路实现并让我们走下坡路的绊脚石。"④ 随后，自由派通过创立"聚谈会"和"解放社"逐步走向了夺取政权、建立议会制的道路。其中产生争论的只是要不要保留沙皇的

---

① К. Н. Леонтьев Славянофильство и грядущие судьбы России. М. : Институт русской цивилизации，2010，с. 23.

② 郭春生：《俄国 19、20 世纪之交法政文献汇编》，清华大学出版社 2016 年版，第 236 页。

③ 郭春生：《俄国 19、20 世纪之交法政文献汇编》，清华大学出版社 2016 年版，第 206 页。

④ П. Н. Милюков Очерки по истории русской культуры. В3 томах. Т. 1. М. : Прогресс，1993，с. 15.

问题。Д. Н. 希波夫坚持认为政权不过是实现全人类生存的最高目的——道德伦理的手段。[①] 因此在 1904 年 11 月 6—7 日[②]的全国地方自治代表大会上，提出建立"权力留给沙皇、意见留给人民"的缙绅会议式的君主制度，削弱了法律的地位。当斯托雷平扩大政权地位的时候，希波夫则退出了政治舞台。而坚持议会制的自由派左派则组成了立宪民主党，坚持走人民主权的法治道路，结果丧失了寻求利用东正教化解社会戾气的机会。

　　1905 年革命把人民送到了政府的面前，并开始质疑沙皇的宗法特性。沙皇与社会之间的利益关系一下子被推上了风口浪尖。以沙皇为首的贵族阶层争论的不再是走资本主义道路或者坚持传统道德的问题，而是如何通过满足农民、工人的要求化解与统治阶级之间的矛盾，于是原则之争变成利益之争。贵族关注更多的是如何捍卫自己的利益，如何在经济受损失的情况下保护自己的政治利益。贵族自由派成为贵族地主的主流。学者们关注的是如何完成贵族的资产阶级化，激进的贵族则更进一步推进议会政治，推翻沙皇专制制度。在自由派的努力下，沙皇很快同意建立立宪制度，召开杜马。农民和激进的自由派成为杜马的支柱。不管自由派对建设立宪政府多么充满信心，但是农民和工人们关心的还是生存问题。以普列汉诺夫为代表的俄国马克思主义者成为俄国的主流。普列汉诺夫充分肯定了资本主义在发展生产力方面的贡献，同时又指明了俄国工人与农民受剥削的根源。列宁更进一步指出俄国资产阶级软弱的原因，为俄国走上民主革命的道路指明了方向。贵族虽然有着文化的底蕴，但是在经济发展面前感到严重吃力，越来越体现出了宗法的束缚性。于是，破除宗法绳索，解放生产力成为革命的主要目的。大资产阶级虽然具有发展生产力的进步作用，但是他们与贵族地主结合起来成为人民

---

　　① 希波夫说："国家制度和以此建立的法律秩序应该承认所有人平等并保证每个人精神发展完全自由、在行动上不给基督教意义上的邻人带来损失和强制。"Д. Н. Шипов Воспоминания и думы о пережитом. М.：РОССПЭН，2007，с. 166.

　　② 格里高利历法俄历即儒略历。根据这个立法，20 世纪比格里高利历法（公历）早 13 天，19 世纪比阳历早 12 天。

的剥削者。所以列宁在《纪念葛伊甸伯爵》一文中说："这位有教养的反革命地主善于巧妙而狡猾地维护本阶级的利益,熟练地用冠冕堂皇的词句和表面的绅士风度来掩盖农奴主追逐私利的意图和贪得无厌的野心,他坚持用阶级统治的最文明的方式来保护这一利益。"①

经过第一届杜马和第二届杜马的较量,自由派没有组成内阁,沙皇通过了六三选举法,拥护沙皇和保护贵族利益的议员占据上风,开始了秩序的恢复和改变政府与社会关系的改革。曾经参加社会民主党和立宪民主党的贵族知识分子思考革命的结果,写作了《路标集》,对于贵族地主的地位以及他们在俄国社会应该发挥的作用做出了新的评价。C. 弗兰克直截了当地指出俄国陷入绝对的敌对状态的原因不可能是"反动势力"的官僚主义,而是思维方式的错误。这就是虚无主义的道德说教。他说:"人的最高和唯一的任务即是服务于民众;由此同样得出对阻碍或者甚至仅仅没有促进完成这一任务的一切事物,持禁欲主义的仇视态度。生活没有任何客观、内在的意义,它的惟一幸福则是物质的保证、对主观需求的满足。因此,人被责以义务,将自己的全部力量贡献给改善大多数人命运的事业。所有促使他们由此转移开来的一切皆是罪恶,且理应被无情地消除。"② 而这种直接服务于民众的价值观,在 M. 赫尔申宗看来,直接导致了创造性自我意识的丧失。他说:"人不能总是生活在外部世界,正惟此,我们在主体性上染有疾病,且在行动中软弱无力。我们或者将所有的意识切实地转向外部,或者做出转向外部的样子,但无论如何,就是不关注内部,我们成了残疾人,在真我和意识之间出现了深不可测的鸿沟。我们内部仍像往常一样混乱不堪,被一种盲目的、纠缠不清的、混乱的力量所驱使,而意识则离开了根基,开放出无实之花。"③ 对于这些知识分子,"竭尽全力去启蒙群众,将成千上万本科普书籍塞给民众,

---

① 《列宁全集》第 16 卷,第 2 版,人民出版社 1992 年版,第 39 页。
② 基斯嘉柯夫斯基等:《路标集》,彭甄等译,云南人民出版社 1999 年版,第 167 页。
③ 基斯嘉柯夫斯基等:《路标集》,彭甄等译,云南人民出版社 1999 年版,第 66 页。

为民众建立图书馆和阅览室，出版廉价的刊物——所有这一切都是徒劳无益的。因为他们并不关心如何用这些材料去适应民众现存的观念。……于是他们得出结论，民众正在寻求具有相当实践意义的知识。"① 人民还是人民，只是掌握了一些基础读物的文盲，他们则还是他们，对于无知的人民徒增叹息。C. H. 布尔加科夫则从生活动力的角度做了分析，得出俄国的启蒙者从一开始就丧失了动力。他说："俄国知识阶层，特别是他们的前辈，在民众面前固有一种负罪感。这是一种'社会的忏悔'，当然不是对上帝，而是对'民众'和'无产者'。……这种情绪使得他们在精神面貌上与市民阶层迥然不同。同时，这种情绪赋予他们精神面貌以一种特别的宗教特性……无神论的特性。"② "俄罗斯无神论绝非自觉意识的否定，是智慧、心灵、意志反复痛苦和持久工作的结果，或个人生活的总结。相反，它经常由内向外地求助于信仰，并保存了幼稚的宗教信仰的特征，而且不会由于其具有战斗的、教条的和科学的形式就会改变。这一信仰将一系列非批判的、未经自己教条形式检验，当然也是谬误的观点作为自身的基础。这种观点认为：科学最终是解答宗教题的权威，同时它是在否定的意义上解答它们。与此结合在一起的还有对哲学，尤其是形而上学的怀疑态度。"③ 布尔加科夫最后总结说，这些无神论者虽然也很努力，为人民献出自己的生命，但是终究不能让人民走向自我的觉醒。于是，俄国人要想走向自由，不是获得外在的财富就可以实现的，他们必须解决激情释放之后的宗教冷漠，这就要求有产者付出不要任何回报的非理性的爱，有时还要忍受不应有的委屈。

意识到这一点的知识分子们退出了革命，走向了寻神之路。斯托雷平则在忍受着委屈的情况下推动着改革，让国民肩负起个人的责任。社会继续着分裂：怀念着传统道德的黑色百人团继续为农村公社带来的温饱站台，而农

① 基斯嘉柯夫斯基等：《路标集》，彭甄等译，云南人民出版社1999年版，第81页。
② 基斯嘉柯夫斯基等：《路标集》，彭甄等译，云南人民出版社1999年版，第27页。
③ 基斯嘉柯夫斯基等：《路标集》，彭甄等译，云南人民出版社1999年版，第28页。

村的资产阶级把金钱视为一切。当人们仍在为改革究竟带来了什么争论的时候，斯托雷平因地方自治改革带来的文化冲突而被谋杀。沙皇尼古拉二世则说："他经常想着让自己排挤君主。"① 显然，尼古拉二世对斯托雷平态度的转变是右派弄权的结果。右派自从斯托雷平当权以来就对他的自由主义立场表示担心。Ф. Д. 萨马林说："斯托雷平太相信恢复秩序和保持赐予的自由可以共存了。"② 而在 А. А. 基列耶夫看来，"如果这个杜马不被解散，我国的立宪制度将不可挽回地得以确立，那么我们也会像西方一样滑入深渊"③。贵族对于斯托雷平改革的偏见直接导致对农村公社的捍卫并上升到了动摇俄国文化根基的高度。虽然斯拉夫派的代表人物 А. 阿克萨科夫认识到斯托雷平所追求的"不只是社会上层以及较有保障的阶级的自由，而是建立在农民经济富足基础之上、不分地位和财产、俄国所有人都能实现的绝大多数人的自由"④，列宁也认识到根本改造俄国的土地关系以及农民有权拒绝份地和有权退出村社已经通过独特的斯托雷平法案实现了，但是，斯托雷平的所有努力仍然由于贵族地主的根深蒂固的偏见而希望渺茫。列宁的结论几乎说出了贵族的所有认识，他说："富有教养、学识渊博、见多识广的自由派领袖先生们是这样编写历史的……历史是由'上层'即贵族联合会和立宪民主党创造的，而庶民百姓当然没有参加创造！当时，同一定阶级（贵族）对立的是超阶级的'人民自由'党，而上层（即慈父沙皇）则动摇不定。但是能否设想，还有比这更加自私自利的阶级失明症吗？还有比这更严重地歪曲历史和忘记历史科学的起码常识吗？还有比这更明显地混淆阶级、政党和个人，比

---

① С. И. Шидловский. Воспоминания. Т. 2，Берлин，1923，с. 198.

② Ф. Д. Самарин – С. Д. Шереметеву，14 и 27 августа 1906 г. А. П. Бородин Столыпин Реформы во имя России. М. : Вече，2004，с. 126.

③ Дневник А. А. Киреева7 марта1907. А. П. Бородин Столыпин Реформы во имя России. М. : Вече，2004，с. 126.

④ А. П. Аксаков Высший подвиг. Спб. : Изд. Всероссийского национального клуба，1912，с. 78.

这更可怜的糊涂观念吗?"①

斯托雷平被暗杀,结束了俄国贵族和平地走向现代社会的尝试。特别是随着第一次世界大战的爆发和沙皇政府的失败,沙皇及其贵族失去了最后积极转变的机会。资产阶级的激进派立宪民主党虽然获得了独立执掌政权的机会,但是却没有左右政局的能力,因为由于战争动员的缘故,俄国的政权实际已经掌握在人民手中了。革命也很快从资产阶级民主革命转变成为社会主义革命。列宁在回答为什么会采用社会革命党土地纲领时间接地回答了这个问题,他说:"这里有人叫嚷,说这个法令和委托书是社会革命党人拟定的。就让它这样吧。谁拟定的不都是一样吗? 我们既是民主政府,就不能漠视下层人民群众的决定,即使我们并不同意。只要把这个决议运用到实际当中去,在各地实行起来,那时农民自己就会通过实际生活烈火的检验懂得,究竟什么是对的。"②

尼·别尔嘉耶夫在革命的进程中写作了《俄国革命的精神基础》,进一步揭示了列宁遵从人民决定的原因。他说:"俄国革命最致命和宿命式的发展,意味着俄国幻想——斯拉夫派幻想、民粹派幻想、托尔斯泰幻想、革命乌托邦幻想和革命弥赛亚幻想的破灭。这是俄国社会主义的终结。俄国最对立的思想家们都认为,俄罗斯文明高于欧洲文明,文明法则对于俄罗斯人民来说不是指令,对于他们来说,欧洲文明太'资产阶级化',俄罗斯人的使命是实现人间天国、最高真理与公正的王国。……应该照亮世界所有民族的俄罗斯光明,让俄国遭受了最后的屈辱和羞辱。"③ 别尔嘉耶夫的预言实现了,但是贵族从此也失去了在俄国存在的依据。1922 年 6—8 月,俄国的知识分子和反对派政党遭到了审判,他们先后被驱逐出俄国,流亡欧美。俄国的革命性取得了全面的胜利。

---

① 《列宁全集》第 16 卷,人民出版社 1984 年版,第 331—332 页。

② 《列宁选集》第 3 卷,人民出版社 1995 年版,第 351 页。

③ Н. Бердяев Духовые основы русской революции – опыты 1917 – 1918 гг. Спб.: изд. РХГИ, 1999, с. 165 – 166.

不过奇怪的是，随着法西斯主义在德国的崛起，流亡的俄国知识分子们越来越盛赞保守主义，他们批判社会主义，也批判自由主义，特别是别尔嘉耶夫从美学的高度这样盛赞保守主义，他说："19 世纪末的文化人想要从自然必然性中解放出来，从社会环境中解放出来，从虚假的客观主义中解放出来。个人重新转向自身，转向自己的主观世界，转入内部，揭示被世界和社会的虚假客观主义所强制的人的内在世界。在最雅致的文化层中开始了心理的、主观的时代，所有客观的东西都成为索然无味的，所有的规律性的东西都成了无法忍受。"① 于是，保守主义所宣讲的不平等具有新的价值。它是为了美，为了神圣。而人要追求美与神圣，一定要忍受痛苦和牺牲，甚至付出生命的代价。1928 年，在哈尔滨俄国学者 Ф. Т. 戈里亚奇金出版了《俄国第一个法西斯彼得·阿尔卡季耶维奇·斯托雷平》的著作，借用"法西斯"这个词说明斯托雷平要做一个探索国家发展道路的民族主义者，其实际的含义是，"让每一个真正的基督徒必须亲自寻求上帝才能接近这位仁慈的上帝，为此，他们需要成为一个诚实的、道德纯洁的人。而为了实现这个目标就必须完成第二个义务，改善自己的物质生活条件，特别是改善软弱的、受压迫的东正教徒的生活条件，永远不要忘记通过改善外在的生活条件来改善自己"②。

列宁则继续着以前的认识，认为他们是"反革命分子，协约国的帮凶，协约国的仆从、间谍和毒害青年学生的教唆犯组织"③。到了《联共（布）党史简明教程》这里，则把斯托雷平对富农的培养变成培养"专制制度的忠诚卫士"，而把对个性的培养变成"鼓吹淫乱"了④。这一时期的研究只是把右派当作地主阶级的代表，而他们与自由派的联合不过是一场阴谋。至于右派

---

① 尼·别尔嘉耶夫：《自由的哲学》，董友译，广西师范大学出版社 2001 年版，第 109 页。

② Ф. Т. Горячкин Первый русский фашист Пётр Аркадьевич Столыпин. Харбин: типография Меркурий, 1928, с. 6.

③ 尼·别尔嘉耶夫等：《哲学船事件》，伍宇星编译，花城出版社 2009 年版，第 5 页。

④ 联共（布）中央特设委员会：《联共（布）党史简明教程》，人民出版社 1975 年版，第 109、111 页。

政党的社会结构，只有城市小资产阶级和非阶级成分。恐怖活动则成为他们存在的唯一形式等。① 直到 20 世纪 60 年代开始重新研究地主经济在发展俄国资本主义经济中的作用。

最早研究这个问题的是 C. M. 杜勃罗夫斯基的《斯托雷平土地改革》。杜勃罗夫斯基盛赞斯托雷平为发展资本主义经济所做的努力，并把它称为普鲁士发展道路。但是，由于斯托雷平代表了贵族地主阶级的利益，因此保留了大量的封建残余，出现了对农民的强制性的掠夺，如大地产制度、租赁价格大幅度提高并具有高利贷性质，等等。最终的结果，俄国必然出现大规模的民主革命。② 杜勃罗夫斯基的认识准确地评价了改革的艰难，也解读了俄国资本主义的发展势必出现严重的社会冲突，但这不是剥削阶级本身所带来的。相反，正是这种几乎宿命论的预估让俄国斗争异常残酷，不仅让有产者怀疑资本主义的进步性，甚至让广大的社会下层走向回归传统的道路。A. M. 安菲莫夫用了大量的篇幅证明了俄国的地主经济并没有迅速走向资本主义，从而为发动无产阶级革命准备了条件，而是随着资本主义的推进出现了小土地所有制化，它的发展不仅不利于俄国民主革命的发展，而且使得俄国的革命越来越激烈。③ 这从另一个侧面证明了俄国革命的血腥和艰难。到了 A. Я. 阿夫列赫写作《斯托雷平与第三届杜马》一书时已经认识到沙皇专制制度与杜马之间的必然联系了。作者认为，历史发展的必然性不仅决定了经济，而且决定了上层建筑。沙皇政府为了维护自己的统治，不得不听取人民的呼声，建立了君主立宪制。虽然六三体制的设立反映了沙皇与贵族、沙皇与资产阶级之间不可调和的矛盾，从而让沙皇左右逢源，但终究改变不了

---

① C. Петропавловский Дворянство, буржуазия и монархия перед февральской революцией. Пролетарская революция, 1922, №. 8, c. 25. H. Ростов Духовенство и русская контрреволюция конца династии Романовых. 1930.

② C. M. Дубровский Столыпинская земельная реформа. M. : Изд. Академии Наук СССР, 1963, c. 18 – 28.

③ A. M. Анфимов Тень столыпина над Россией. http: // russiabgu. narod. ru. /pages/themes/txt/anfimov-ten-stolipina. pdf.

沙皇失败、社会主义革命胜利的命运。① 阿夫列赫的观点虽然还把贵族与资产阶级剥削性看得很重，削弱了资产阶级较之于贵族所具有的进步性，但是改革的进步性和艰难性再次得到了重申。直到 B. C. 加金在写作《专制制度、资产阶级与贵族》一书的时候才把波拿巴体制看作从封建的专制制度向君主立宪制过渡的必要步骤，因为无论是贵族还是资产阶级都是独立的社会阶级，而为了维护自己的存在就必须依靠沙皇并着手必要的改革。② Ю. Б. 索洛维约夫把研究的重心转向了专制制度。他认为，六三体制是一种复辟倒退，是对《十月十七日宣言》的背离，是一种把杜马变成专制制度一部分的举措。虽然斯托雷平的努力对新秩序的确立有一定的帮助，但无法改变极右派的专制主义的观念。尽管尼古拉二世对于右派也存在不满，但基本还是出于个人的动机。新的秩序并没有得到根本的确立。③ 而 B. И. 斯塔尔采夫在分析资产阶级为什么如此软弱时指出，资产阶级这个只玩弄立宪游戏的阶级很少能打动普通的工人与农民的心灵。④

直接研究右派政党的是 Л. M. 斯皮林。他写作的《俄国地主资产阶级政党的崩溃（20 世纪初—1920 年）》指出："1905—1907 年的地主君主派政党具有很大的力量，能够给予专制制度以实质上的支持，影响了革命的进程和结局。"⑤ 直到 20 世纪 90 年代 Д. И. 拉斯金才提出"经济上特殊的俄国道路"的思想。⑥ C. A. 斯捷潘诺夫在写作《俄国黑色百人团（1905—1914）》一书时指出："大多数俄国黑色百人团都是忧心俄国命运的，有时他们的观

---

① А. Я. Аврех Столыпин и третья дума. М. : Наука, 1968, с. 5 – 17.

② В. С. Дякин Самодержавие буржуазия и дворянство в1907 – 1911 гг. Ленинград：Наука, ленинградское отделение, 1978, с. 5.

③ Ю. Б. Соловьев Самодержавие и дворянство в1907 – 1914 гг. Ленинград： Наука, ленинградскоеотделение, 1990, с. 8 – 12.

④ В. И. Старцев Русская буржуазия и самодержавие в1905 – 1917 гг. Ленинград： Наука, ленинградское отделение, 1977, с. 109.

⑤ Л. М. Спирин Крушение помещичьих и буржуазных партий в России（начало XX в. – 1920г.）. М. : Мысль, 1977, с. 175.

⑥ Д. И. Раскин Идеология русского правого радикализма в конце XIX – начале XX в. Национальная правая прежде и теперь：историко – социологические очерки. Ч. 1. Спб. 1992, с. 8 – 9.

点和评价非常的原始，但却是惊人的准确和明晰。他们从来不称呼自己是政党，他们的队伍中有社会的各个阶层。"① В. В. 科让诺夫在《20 世纪历史最神秘的一页——黑色百人团与革命》一书中正面评价了黑色百人团。В. В. 谢罗哈耶夫在《政党百科全书》的序言中这样评价保守派政党，他说："保守派支持利用世界科学与技术成就，强调利用它们的必要性，但是坚决反对把西方的政治经验、自由主义的学说和借用的政治结构移植到俄国来。官员鼓励大企业的发展，但忽视了中小企业，特别是手工业的发展。在制定国家经济方针的时候应该首先考虑经济的农民性质、地区特点以及当地居民的传统、风俗和习尚，等等。"② 而到了 В. Я. 格罗苏尔主编的《19 世纪俄国的保守主义——理论与实践》和 А. В. 列博尼科夫写作的《俄国改革的保守主义模式》已经正式提及俄国保守主义的发展道路。列博尼科夫概括保守主义的思想说："从政治和精神道德的角度捍卫不同于西方的、特殊的民族国家发展道路，由此应该承认国家所特有的作用以及专制政权在俄国的不可动摇性；存在着东正教的宗教定数；致力于社会等级的保存；小心对待国家资本化并努力考虑俄国经济发展的特点；批评自由主义、立宪主义和社会主义。"③ 而到了2014 年列博尼科夫又以《俄国国家性的保守主义模式》系统地探讨了俄国保守主义发展模式的进程。

　　受这种趋势的影响，美国学者理查德·派普斯在写作了《俄国革命》之后，又写作了《俄国的保守主义及其批评》，他在该书中把俄国 20 世纪初的保守主义的起源扩展到 19 世纪初期。不过他并不认同黑色百人团的保守主义，并将其与斯托雷平的保守主义对立起来，显示了俄国自由主义的特征。俄国学者 Б. Г. 费多罗夫认为派普斯的观点充满了偏见，只是在苏联的观点

① С. А. Степанов Черная сотня в России（1905 - 1914 гг.）. М.：Изд - во ВЗПИ：АО "Росвузнаука"，1992. с. 325.

② Политические партии России. конец XIX - первая треть XX века. энциклопедия. М.：РОССПЭН，1996，с. 6.

③ А. В. Репников Консервативная модель переустройства России. Россия в условиях трансформаций. Историко - политологический семинар. Материалы. Вып. 2. М.：2000. с. 8.

加上了一点西方的色彩，对于俄国的特色并没有深刻的认识。① 费多罗夫的目的很简单，就是还原历史的真相。的确，斯托雷平脱胎于俄国的贵族，深刻地理解了俄国的历史和发展的前景。他来自地方，有西方的背景，更有俄国的传统，所以他提出具有俄罗斯特色的发展道路，照顾到了俄国的历史因素，也照顾到了俄国的现实因素。这是对俄国斯拉夫传统的继承，也是对西方文化的创新。这也被 П. А. 博日盖洛概括为斯托雷平的思想。②

三、本课题的研究框架

把斯托雷平与俄国贵族结合在一起的研究始于 В. С. 加金。加金以斯托雷平镇压革命造成社会关系紧张、以地方自治改革剥夺了贵族的特权而得罪了贵族、以国内没有和平发展的环境开展需要大量资金的农业改革而否定了斯托雷平通过改革实现俄国社会转型的可能性。③ 其实，俄国 1905 年革命就是 1861 年改革的结果，而斯托雷平改革是继 1861 年改革之后的第二次改革，也是解决农民产权的改革。斯托雷平改革不是凭空产生的，更不能期望改革不经受各种各样的事件和考验。斯托雷平始终强调改革不能脱离俄国的历史传统，但同时又要适应资本主义的发展潮流，所以他也因此被称为保守的自由主义者。

俄国的改革始终与战争有关，用恰达耶夫的话说，只有受到一定刺激的时候才会振作一下。不能说俄国没有文化传统，但是它的文化传统在形成的过程中总是存在模仿的痕迹。在 19 世纪初期思想觉醒的时候，总是要先问一问强者是否可以，总是有环顾左右、不停争吵的悸动，形成有着同一个心脏的双面雅努斯。所以，俄国的思想家最渴望的是上帝的抚爱，从而也形成了

---

① Б. Г. Федров Пётр Столыпин：《 я верю в Россию 》. Биография П. А. Столыпина. Спб. : ЛимбусПресс，2002，c. 6.

② П. А. Пожигайло，В. В. Шелохаев Петр Аркадьевич Столыпин Интеллект и воля. М. : РОССПЭН，2011，c. 10.

③ В. С. Дякин Были шанс у Столыпина. Сборник статей. Санкт – Петербург：ЛИСС，2002，c. 282 – 301.

从斯拉夫派到黑色百人团的共同体思想。共同体也就成了俄国改革的前提。1861 年农奴制改革正是这种思想的产物，因而保留了大量的"封建残余"，保留了村社，保留了工役制，保留了贵族土地所有制，还保留了沙皇专制制度，等等。同样，1906 年的君主立宪制的确立，仍然讨论要不要保留沙皇的问题，沙皇应该在其中扮演什么角色的问题等，仍然延续了这样的思想。于是，斯托雷平改革成了在君主主义条件下建设法制国家的尝试，是必须保留上帝之爱的现代社会转型。这样的认识也就决定了本课题的结构。

第一，俄国革命是观念的革命。它由贵族革命家率先提出，1861 年农奴解放之后转变成为有平民参加的革命民主主义运动。19 世纪末的工业高涨后，民主运动转变成自由主义运动，君主立宪成为运动的结果。凡是反对自由主义的沙皇和保守派贵族都变成反动派。民粹派和革命民主派的文化保守性，因为反对沙皇和贵族而被忽视了。相反，政府由于实行自由主义改革不彻底而成为众矢之的。贵族保守派提出的改革是否符合俄国的传统东正教，贵族激进派提出的改革是否具有剥削性等都是对自由主义改革的道德提问，是对社会正义的维护。俄国由于把资本主义简单地等同于经济发展，忽视了资本主义发展背后的道义因素，造成了经济发展与传统文化的激烈冲突，贵族对东正教、专制制度以及犹太人的敌视都是这种冲突的反映，革命已经不是发展经济或者建立立宪制度的问题，而是变成一场观念的更新。带着这个任务，俄国又经历了三次内阁改组和两次杜马的解散。

第二，贵族的衰落与分化。贵族自从由领地贵族变成封地贵族之后就失去了自由之身，与国家政权紧密地结合在一起。虽然叶卡捷琳娜二世在启蒙思想的影响下让贵族获得了自由之身，但农奴制的存在让他们变成特权阶层，这让有良知的贵族如芒刺在背，产生了对政权厌恶、对人民悔恨的情绪。贵族迅速分化为保守派和激进派，并随着农奴制的废除进一步加剧。当经济发展越来越成为社会主流，激进派贵族逐渐走向社会革命和政治革命，主宰了1905 年革命大潮。保守派贵族越来越囚缩在自己的庄园，胆战心惊地保护着自己的权力，也通过成立黑色百人团表达着对传统的敬意和对犹太人的厌恶。斯托雷平也来自贵族，由于身处俄国西部接近德国的土地而具有自由主义的理念。他没有当兵的经历，通过上学走上了仕途。他当过首席贵族，也当过省长，他管理过自己的庄园，也镇压过农民运动，在激烈的社会分化中成长为一个具有君主主义思想的自由改革家。

第三，六三体制对法制共同体的确立。斯托雷平自从第二届杜马就高调开展了政府与杜马的合作。但立宪民主党和十月党的代表似乎对斯托雷平政府不允诺建立对杜马负责的政府并不买账，导致斯托雷平不得不修改选举法，建立了君主主义之下的议会制度。虽是对君主立宪体制的政变，但却在君主与法制之间、历史与现代之间搭建了桥梁。

第四，贵族地产的衰落和土地产权的确立。除了立宪之外，土地问题是另一个重要问题了。激进派贵族把目标对准了贵族大地产，均产浪潮甚嚣尘上，大贵族起身捍卫，矛盾无法化解。斯托雷平力排众议，确定了产权制度并通过政权强力推进。改革虽引发争论，但是掠夺的浪潮渐渐退去，农业显示了活力，农村社会也出现了多元化的趋势。利益受到损害的大贵族利用自己的特权上告沙皇，制造着对斯托雷平的阴谋。斯托雷平视察土改成果，不断调整自己的政策，终于使其在第三届杜马临近结束的时刻变成法律。

第五，地方管理与地方自治改革。1864 年开启的地方自治改革让贵族成为地方权力的核心，也酿成了俄国的无政府状态。斯托雷平在土地改革问题上让贵族发挥文化引领的作用，却遭到了贵族的反对。斯托雷平希冀通过废除首席贵族体制、实行全等级的地方自治削弱贵族的特权，激起了贵族的激烈反对。贵族称地方改革是官僚制度的改革，是对专制制度的削弱和君民一家传统的破坏。地方管理与地方自治改革以失败告终，最终也决定了斯托雷平改革的命运。

第六，孤注一掷的西部地方自治。土地改革和地方改革对贵族特权的破坏加剧了社会的动荡。为了巩固自己的改革成果，斯托雷平借助实行西部地方自治的机会孤注一掷。他的行为引发了贵族的全面对抗。贵族以引发民族和宗教冲突、动摇国家根基为由否决了西部地方改革，斯托雷平则利用非常法强行推进。虽然改革开启了，但斯托雷平也被推上了革命的祭坛，成为改革的牺牲品。

斯托雷平始终坚信君主主义是俄国的宝贵财富，这不仅表现在对专制制度的拥护，也表现在对沙皇赐予的人民代表制的建设。人民无疑是社会的主体，但是俄国的绝大多数人民还没有成熟到独立行使公民权利的地步，还处在经济发展和地方自治的构建阶段，还需要君主和一切热爱祖国的社会上层的帮助。斯托雷平的改革尽管失败了，但却建立了法制的共同体社会，开启了俄国特色的民族发展道路。

本课题将以马克思主义为指导，采用历史学、社会学和宗教哲学相结合的研究方法，对俄国贵族转型和斯托雷平的民族国家发展道路的内涵予以揭示。

第一章

一场观念较量的革命

第一节　革命的再次爆发

一、大学生暴动

1861 年农奴制改革后，俄国爆发了反对资本主义改革的革命，到了 19 世纪 70 年代逐渐演化成为民粹派运动。民粹派运动起源于大学，是一场围绕俄国发展道路的思想解放运动。这场运动起初由青年贵族军官发起，农奴制改革后逐渐有平民知识分子卷入，演变成为声势浩大的社会运动。民粹派运动经历了"走向民间"和"恐怖暗杀"两个阶段，随着亚历山大三世的镇压而衰落。亚历山大二世的自由主义改革也被亚历山大三世的反改革所替代。

反改革并非不改革，而是强调改革的民族性，即从过去的欧洲主义转向爱国主义，斯拉夫主义的特征越来越明显。[①] 其政治上强调专制制度，社会上依靠贵族阶级，文化上则强调东正教和人民对沙皇的忠诚。取消大学自治，在学校管理上实行严格的监督，并在 1884 年 8 月 23 日颁布了新章程。经济上在 С. Ю. 维特的主持下获得了飞速发展，创造了所谓的"维特体制"[②]。但

[①]　Д. И. Олейников История России 1801 - 1917. Курс лекций: Учебник. М. : ФОРУМ；ИНФРА，2014，c. 320.

[②]　所谓维特体制，根据西奥多·冯劳厄的观点，强调应让工商政策按照明确的计划严格并持续地加以执行，将国家干预作为发展民族工业的有效手段。

这种体制牺牲了广大农民的利益，特别是根据国际标准确立的金本位体制让处在社会底层的人感到无比自卑，严重制约了农民经济的发展和国内市场的形成，加快了激进主义和革命浪潮的出现。

俄历 1899 年 2 月 8 日是圣彼得堡帝国大学的校庆日。根据惯例，学生们要举行纪念活动，唱歌、跳舞、看马戏，甚至走上涅瓦大街举行游行活动，活动常常持续到深夜，搅得周边的群众不得安宁。这一天，学生们如法炮制，引发了群众的不满。根据新的学生条例，破坏社会安宁的行为，可以对肇事者判处 7 天监禁或罚款 25 卢布。如果肇事者是一伙人，在接到警察警告后不解散者，可监禁 1 个月或罚款 100 卢布。如果动用了武装力量，监禁时间延长到 3 个月或罚款 80 卢布。如果与警察发生冲突，肇事者将被逮捕、失去特权或被开除和驱逐出首都。①

当校长走上讲台的时候，学生们嘘声一片，持续 20 分钟。校庆结束后，学生们唱着学生歌曲和马赛曲走上了街头。当试图穿过宫廷桥进入市中心的时候，他们发现桥已经被警察封锁了。学生与警察发生了冲突。接下来的两天学生举行了罢课活动，直到政府保证警察尊重他们的权利为止。社会革命党战斗队的队员鲍里斯·萨文科夫、伊凡·卡利亚耶夫（1905 年暗杀了莫斯科总督谢尔盖·亚历山大耶维奇大公）和 Г. С. 诺萨里（1905 年领导了彼得堡工人运动）参与了罢课活动。

为了获得其他兄弟院校的支持，学生的领导机构派出信使联络。2 月 15 日，莫斯科大学参与了罢课，2 月 17 日基辅的大学参与了罢课。政府不得不关闭了大学。停课的学生达到了 25000 人，要求政府停止惩罚性的条例和警察对学生的镇压。② 政府没有满足学生的要求，镇压了学生运动。为了弄清事情的真相，政府任命前陆军大臣 П. С. 万诺夫斯基将军为调查委员会领导。

---

① Richard Pipes the Russian Revolution. A division of Random House, New York, 1990, pp. 37.

② В. Р. Лейкина - Свирская Интеллигенция в России во второй половине XIX века. М. : Изд. Мысль, 1971, с. 284.

圣彼得堡大学暴动

经过调查，委员会得出结论：学生罢课既不是预谋的，也不具有政治性质，只是学生对警察态度的自发反应。万诺夫斯基的冷静态度很快平复了学生运动，持续一个月的罢课运动结束了。随后，万诺夫斯基建议恢复 1863 年的大学章程，学生组建社团包括老乡会合法化，缩短开设拉丁语、希腊语课程的时间，等等。遗憾的是，政府并没有接受万诺夫斯基的建议，而是采取了惩罚措施。7 月 29 日政府颁布的《临时规则》规定，凡是参与政治活动的学生将失去推迟服兵役的权利，并付诸实施。

　　时间过了一年多，学生运动再次爆发。这次运动的起因是基辅的两名大学生被开除。国内多所大学声援基辅。然而，教育大臣 H. П. 伯格列博夫下令送 180 名基辅大学的学生当兵，圣彼得堡大学也送 27 名学生当兵。一个月之后，大学生 П. B. 卡尔波维奇刺杀了伯格列博夫，伯格列博夫成为学生运动的第一个牺牲品。学生运动越搞越大，波及了哈尔科夫、莫斯科和华沙。为了缓和局势，当局在 1901 年任命年逾七旬的万诺夫斯基将军担任教育大臣，实现了 1899 年圣彼得堡大学学生罢课时提出的要求。万诺夫斯基的让步并没有换来学生的平静，学生从让步中看到了政府的软弱之处。万诺夫斯基不得不辞职。在自由主义和革命思潮的影响下，大学越来越成为政府反对派的基地。

学生运动从农奴制改革之后就逐渐活跃起来，19 世纪 70—80 年代是一个高潮。民粹派运动被镇压之后，尽管学生运动不再活跃，也没有提出什么政治要求，但是他们更能深入到社会之中并影响群众运动，为 1905 年的大规模社会革命奠定了思想基础。不仅民粹派以社会革命党的名义重新出现，而且社会民主工党以工人为支柱开展城市革命，即便是自由主义者也纷纷把目标投向了政治，同情起革命者，号召推翻沙皇政权。革命越来越成为一种职业。列金娜 – 斯维尔斯卡娅从参加革命者的学历以及社会成分上给予了证明。她在革命者的学历资料中列举说："获得高等教育的（包括肄业者）在 1884—1890 年占 34.2%，而在 1901—1903 年所占比例为 11.5%；获得中等教育的在 1884—1890 年占 33.2%，而在 1901—1903 年所占比例为 14.3%；获得初等教育的在 1884—1890 年占 12.3%，而在 1901—1903 年则上升到了 32.3%；识字者在 1884—1990 年占 13.4%，而在 1901—1903 年上升到了 30.1%；不识字的在 1884—1990 年占 6.9%，在 1901—1903 年则为 11.8%。"[1] 而从职业划分来看，参加革命者的学生在 1884—1890 年为 25.4%，在 1901—1903 年只有 9.6%；知识分子职业的分别是 11.4% 和 10.8%；国家工作人员和军人分别占 6.2% 和 1.3%；来自农业领域的占 7.1% 和 9.0%；来自工业领域的分别占 15.6% 和 46.8%；来自贸易领域的分别占 2.2% 和 4.0%；不固定职业的分别占 19.9% 和 8.0%。[2]

二、农民运动

农民运动是最早在革命者的影响下发展起来的。革命者在农民当中为什

---

[1] В. Р. Лейкина – Свирская Интеллигенция в России во второй половине XIX века. с. 317.

[2] В. Р. Лейкина – Свирская Интеллигенция в России во второй половине XIX века. с. 317.

么具有这么大的号召力？这源于维特对农业的过分牺牲。维特认为：国家最重要的任务就是鼓励发展祖国工业，因为在工业弱小的情况下，国家的任何经济进步都是不可能的。这就需要国家保护，比如关税保护。然而，关税保护不适合农业。农业应该走另外一条道路，即通过发展地方工业建立广泛的国内市场，减少无利可图的支出，通过改进技术和发展农产品贸易、提高农业知识来充分利用土地财富、减少生产支出。① 对工业的过分保护，特别是实行金本位制之后，农民缴纳的货币税逐年增多，而生活却日渐紧张。仅以19 世纪末的坦波夫省为例，一个农户家庭一年总收入为 153.5 卢布。而与坦波夫省的支出水平相当的图拉省，一个农民家庭一年的预算为 471 卢布，也就是说农民通过种地获得的收入勉强满足家庭 1/3 的需求。为了糊口，农民必须进城打工或者租种地主的土地。② 农民的生活非常辛苦。据 A. H. 恩格尔哈特介绍，以斯摩棱斯克省为例，贫穷家庭的口粮勉强维持到新年，几乎每家都要买粮食。如果哪家没有买粮食，就要打发孩子、老人到处乞讨。③

　　改革后农民的发展状况非常让人不能理解，于是引发学者们的各种争论。有的人认为，俄国人天生懒惰，喜欢喝酒和闲逛，没有吃苦耐劳的精神；也有的人说随着人口的逐渐增多，俄国出现了相对的少地，希望通过平分地主的土地达到增收的目的；还有的人埋怨国际市场美国、阿根廷乃至澳大利亚的粮食冲击了俄国的粮价，导致俄国农民的衰落。学者们得出两种结论：或者是平均分配土地，如社会革命党；或者提升农民的耕作水平，如维特和斯托雷平。但俄国农民长期在饥饿和温饱线上挣扎，根本就无法建立起对劳动的尊重。一如马克西姆·高尔基所讲的那样。他说："从幼年起，西方人刚刚学会走路就能在自己的周边看到祖先丰富的劳动成果，感受到土地掌握在

---

① Под ред. А. П. Корелин Российские реформаторы（XIX - начало XX в.）. М.: Междунар. Отношения, 1995, с. 226.

② В. В. Казарезов Крестьянский вопрос в России（конец XIX - первая четверть XX в.）. Т. 1. М.: Колос, 2000, с. 28.

③ В. В. Казарезов Крестьянский вопрос в России（конец XIX - первая четверть XX в.）. Т. 1. с. 31.

人的手中、人是土地的主宰。这个印象深深地吸引着西方的孩子们，让他们养成对人的尊重、对劳动的敬仰以及个性伟大的情感，继承祖先劳动的奇迹和创造。俄国的农民呢？一幢幢木制荠着茅草的农村，密密麻麻地挤在一起生出的无限平庸感，锻造了毁灭人的狠毒品质，埋葬了他们的愿望……而在他们中间留下了一群在寂寥的土地上苦役劳作的微不足道的小人。"[1] 于是，他们在面对干旱和饥荒的情况下只能揭竿而起。

1902 年，由于部分地方歉收，在波尔塔瓦和哈尔科夫省爆发了农民起义。农民起义是自发产生的。参加暴动的农民摧毁了地主庄园，夺取了粮食、牲畜和财产，点燃了庄园。农民起义具有自发性质，没有波及其他地区。但是在三年之后，农民起义席卷了帝国的整个地区，包括乌克兰、中央黑土各省、伏尔加河流域、格鲁吉亚和波罗的海地区。仅在 1905 年登记的农民起义

1902 年农民起义

① В. В. Казарезов Крестьянский вопрос в России（конец XIX – первая четверть XX в.）. Т. 1. с. 35.

就达到 3228 次，以后逐渐减少，1906 年为 2600 次，1907 年为 1337 次。① 在
1905 年，农民还建立了有史以来第一个农民组织——全俄农民联合会。在
1905 年建立了不少于 12 个省级委员会、4 个跨地区委员会和许多的县级委员
会，还有 470 个地方分支机构，人数达 20 万。1906 年人数达百万之众。② 在
行动之中，农民还提出了一系列要求。他们希望，所有的土地归农民所有，
在他们中间分配，在不使用雇佣劳动的条件下由全体家庭成员耕种。把所有
适合发展农业的土地转交给农村公社所有，并根据家庭的人口数和劳动定额
（即每家的劳动力人数）平均分配。禁止出售土地，取消土地私有制。由所
有人选举产生的地方政权应该被赋予监督土地分配和社会责任履行的广泛权
利。实行免费教育。支持在全国建立所有人拥有平等权利、言论和集会自由、
同情心的议会君主政权。所有官员都由选举产生，妇女应该享有同等的投票
权。团结所有的兄弟，吸收工人、士兵、知识分子和少数民族同政府做斗争。③

　　俄国的社会革命党作为民粹派政党，坚决支持农民的革命要求，因此也
被称为农民政党。他们曾在革命当中积极活动，特别是在广大的中央黑土地
带、伏尔加河流域有着广泛的影响，建立起自己的分支机构，提出了类似农
民联合会的纲领，特别是关于农民的土地纲领。比如，在政治和法律方面，
建立的民主共和国无论在城市和乡村、州和村社都要具有广泛的自治权
利……20 岁以上的所有公民，不分性别、宗教和民族，有直接、秘密、平
等、普遍的选举权，按比例分配代表，由人民直接立法，对所有公职人员随
时选举、撤换和审判，实行完全的信仰、言论、出版、集会、罢工和结社自
由，完全平等，实行完全的国教分离并宣布宗教为个人私事，实行义务的、
平等的、由国家承担费用的普遍世俗教育，语言平等，免费诉讼，取消常备

---

① С. М. Дубровский Крестьянское движение в революции1905 - 1907 гг. М. : Изд - во
Акад. наук СССР, 1956, с. 42 - 43.

② Т. Шанин Революция как момент истины. Россия 1905 - 1907, 1917 - 1922 гг. М. : Вест
мир, 1997, с. 193.

③ Т. Шанин Революция как момент истины. Россия 1905 - 1907, 1917 - 1922 гг. с. 204 - 205.

军并代之以民兵。在土地政策和土地关系方面，……党将支持土地社会化，即支持土地不再属于某些个人或集团私有，而把它变成全民财产。社会化的土地将由中央和地方自治机关支配……使用社会化的土地，应该坚持平均和劳动原则，等等。① 虽然社会民主工党坚持以工人阶级为代表，但对于农民仍然支持他们土地社会化和恢复割地的要求，同样，立宪民主党也坚决支持没收地主土地，在国家补偿的情况下分配给农民，等等。国家存在的革命的阶级似乎都患上了以人民为中心的民粹主义的倾向。

不能不说，农民所提出的要求都是朴素地追求幸福生活的要求，他们的举事和暴动也是自发的反应，表达了无法忍受当前生活的朴素情感。如果看一看当时的人口情况和土地数量，再看看所使用的工具就能发现，俄国危机的发生在于人们不能适应当时的社会发展。从人口的情况看，1858 年，俄国总人口为 6800 万，其中农业人口 6300 万，占总人口的 92.6%，城市人口占总人口的 7.4%；1897 年，俄国人口达到了 1.16 亿，是 1858 年的 170%，其中农业人口 1.02 亿，占总人口的 87.9%，城市人口占总人口的 12.1%；1913 年，俄国总人口为 1.63 亿，是 1858 年的 240%，其中农业人口为 1.4 亿，占总人口的 85.8%，城市人口占总人口的 14.8%。② 人均份地相应地也有所减少。据秋卡夫金统计，黑土地带每户需要 8.5 俄亩③土地，非黑土地带需要 9—9.5 俄亩土地才能维持生计。由于人口因素，1861—1900 年欧俄男性农民人均份地从 4.8 俄亩减少到 2.6 俄亩，中部农业省份人均份地从 4.1 俄亩减少到 2.2 俄亩，西南地区从 3 俄亩减少到 1.7 俄亩，半数俄罗斯农民的份地不足，其中 190 万农户每户份地少于 6 俄亩。④ 俄国的农业实行三圃

① Партия социалистов - революционеров Документы и материалы 1900 - 1907. Т. 1, М. : РОССПЭН, 1996, с. 276 - 278.

② В. Г. Тюкавкин Великорусское крестьянство и Столыпинская аграрная реформа. М. : Памятники исторической мысли, 2001, с. 35.

③ 1 俄亩等于 1.09 公顷，相当于 16.35 市亩。

④ 张广翔：《俄国农业改革的艰难推进与斯托雷平的农业现代化尝试》，《吉林大学社会科学学报》2005 年第 5 期，第 64 页。

制，从 17 世纪就已经广泛使用了，而到了 19 世纪末仍然占据统治地位。三圃制使得土地不能得到广泛利用。据索科夫金统计，欧俄土地利用率最高的省是比萨拉比亚省，没有利用的土地只有全部耕地的 17.1%，而欧俄土地利用率最低的省为奥伦涅茨省，没有利用的土地达到了全部耕地的 78.6%，整个欧俄没有利用的土地平均在 39.1%，接近全部耕地的 40%。[①] 欧俄耕种土地主要使用的是大牲畜，大牲畜的数量没有随着耕地的减少而增多，相反在逐年减少。如果 1860 年 100 人有 30 匹马，那么 1900 年就只有 23 匹，而到了 1914 年就只剩下 22 匹了。而无马户已经达到了所有农户的 30%。[②] 虽然随着人口的增多和经济的活跃，一些人采用了四圃制或者轮种制，但是这只是个别行为，不具有普遍意义。因此，根据以上情况可以得出一个基本的结论：19 世纪末 20 世纪初俄国的土地问题基本源于俄国土地的粗放式经营方式，而要改变这种情况除了让土地流动起来，就必须提高农民的耕作潜力，而提高这种潜力除了实行土地私有制外，没有别的出路。要解决这个问题，除了要解散农村公社外，更主要的是改变农民的思维方式和经营手段。

三、反犹运动

俄国的反犹运动起源很早。自从叶卡捷琳娜二世时期，俄国的犹太人就被聚集在俄国西部的波兰、波罗的海、白俄罗斯、比萨拉比亚、中亚和高加索地区。虽然在亚历山大二世时期，犹太人聚集区有所松动，同时在学校、医学、商业以及手工制造业方面占据优势，但是由于犹太人的封闭性还是为俄国所不解，并随着经济竞争的加剧而逐渐出现排挤犹太人的运动。例如，矿井中的犹太人每天要工作 15—16 个小时，并对他们实行罚款制度。[③]

---

① В. В. Казарезов Крестьянский вопрос в России（конец XIX – первая четверть XX в.）. Т. 1. с. 21.

② В. В. Казарезов Крестьянский вопрос в России（конец XIX – первая четверть XX в.）. Т. 1. с. 24.

③ А. М. Буровский Вся правда о российских евреях. М.：Яуза – пресс，2010，с. 248.

犹太人由于不允许经营农业，也不允许从事政治和服兵役，所以他们把主要精力用于发展商业和服务业并很快占据优势。比如，1872 年，89% 的酿酒厂由犹太人租赁，1878 年，60% 的粮食贸易掌握在犹太人手中，到 1912 年达到 92%。1880 年，犹太资本渗入造船业，到 1911 年已经拥有 78 条轮船，掌握了第聂伯河流域运输的 71%。20 世纪初，犹太人从事石油贸易和提炼，其中最大的公司——马祖特公司就属于 C. 波利亚克、M. 波利亚克兄弟和罗特施里德，而罗特施里德单独拥有里海黑海联合公司。[①]

在俄国人眼里，犹太人的经济行为是一种涣散行为，它只能让人变得唯利是图，从而缺乏任何创造力，在政治领域里则产生了虚无主义的价值理念。[②] 而这种理念也便与民粹派的人道主义理念合二为一。俄国的保守主义者甚至从犹太教反对耶稣基督算起，宣扬基督徒是犹太人通往世界统治的绊脚石。[③] 犹太人为了实现统治，仍然举行杀害基督徒的祭祀仪式。这导致对犹太人的大屠杀。犹太人在走向革命的进程中，几乎所有的革命者都脱离了民族，融入了俄国革命运动，认为俄国人民的幸福与自由高于一切，忘记了祖国人民，把犹太的劳动人民纳入俄国劳动人民和世界无产阶级的群众之中。[④] 这样，在保守派的眼里，几乎所有的革命者都是犹太教徒，特别是崩得分子、社会革命党和社会民主工党，他们中断了俄国的传统，倾向于具有人道性的社会主义。沙皇在革命者的眼里也失去了正当性，几乎所有的屠杀都变成政府和警察组织的了。

反犹运动的大屠杀产生于维特时代。维特时代的经济发展建立在对内剥夺劳动农民，对外依赖外国财团，特别是依赖犹太财团基础上。即便在日俄战争期间，维特也能通过自己的努力唤起法国犹太财团对俄国的支持。虽然

① А. М. Буровский Вся правда о российских евреях. М. : Яуза – пресс, 2010, с. 246, 250, 249.

② Олег Платонов Мифы и правда о погромах. М. : Яуза, 2005, с. 30 – 32.

③ Олег Платонов Мифы и правда о погромах. М. : Яуза, 2005, с. 33.

④ О. В. Будницкий Евреи и русская революция Материалы и исследования. М. : ДЖОЙНТ, 1999, с. 48.

尼古拉二世本人对维特没有什么好感，但是鉴于他的外交能力不得不授予他伯爵称号，俄国也在维特的建议下走向了宪政。然而，经济的飞速发展带来的是俄国人自己越来越失去了做人的尊严，也进一步激化了俄国人对于没有"人性"的经济发展的愤怒，引发了对犹太人的大屠杀。维特对于俄国高层散布对犹太人的仇恨具有不可推卸的责任。他说，谢尔盖·亚历山德罗维奇亲王特别强烈地反对犹太人。他是个死硬派，心胸狭窄，眼光短浅，不过倒是个诚实、勇敢、直率的人。他和他的手下特列波夫将军激发了整个莫斯科的革命高潮。普列维不喜欢犹太人，在他的纵容下发生的基什尼奥夫蹂躏犹太人的暴行激起了犹太人的狂怒，终于把他们推向了革命。[①] 不能说在俄国发生的对犹太人的大屠杀是政府某些人的个人行为，虽然他们在处理宗教问题上采取不理智的态度，如政府在处理高加索民族的投机行为时直接采取没收亚美尼亚教会财产的办法，导致高加索地区的反俄罗斯人的革命运动，总体来说，这是俄罗斯人的价值观使然，是一种对于具有投机性质的商业的不理解引发的冲突。随着亚历山大三世推行俄罗斯化，这几乎成为俄国必须付出的代价。

20 世纪初发生的犹太人大屠杀，发生在摩尔多瓦共和国的首都基什尼奥夫。在这里，犹太人与摩尔多瓦人各占 5 万，而被称为小俄罗斯人的乌克兰人只有 8000 人。[②] 在基什尼奥夫早就有了关于基督徒和犹太教徒相互发生摩擦的传闻，而当地政府并没有采取任何的警告措施。在复活节的第一天，即 1903 年 4 月 6 日，在基什尼奥夫的楚夫林斯基广场聚集起一群人，等待着各种娱乐节目的开幕。快到下午 4 点的时候，一个怀抱孩子的基督徒妇女坐在了旋转木马的板车上。板车的主人，一位犹太人，对此非常生气，与这位抱着孩子的妇女发生了冲突。板车的主人打了这位妇女，妇女跌倒了，把手里

---

① 谢·尤·维特：《俄国末代沙皇尼古拉二世——维特伯爵的回忆》，张开译，新华出版社 1983 年版，第 167—171 页。

② А. М. Буровский Вся правда о российских евреях. М. : Яуза－пресс, 2010, с. 278.

的孩子摔在了地上。站在一旁看热闹的人愤怒了，开始向周围犹太人的住宅玻璃上扔石头，随之引发了骚乱。接下来，骚乱向邻近的街道蔓延。人们奔向了其他街区，捣毁犹太人的店铺和房屋，抢劫财产。迅速发展的暴行得不到及时制止，变成狂暴行为，暴徒不仅抢劫犹太人的财产，而且杀死了九名犹太人，暴行直到晚上 10 点左右才慢慢平息。

官方没有找到相关的证据，起诉书被写成了另一种样子。报道说："这一天对于犹太人个人没有发生任何强暴行为，只是抢劫了两个店铺和几个大箱子，一个警察局长和一个分局长被小孩子们的石头击中，引发骚乱，有 60 人被捕。"① 而来自犹太社会的报道说："对于发生在 4 月 6 日和 7 日的大屠杀，警察和军政权无所作为，直到 4 月 7 日早晨 5 点才开始镇压。"而据访问过基什尼奥夫的美国作家塞维德夫妇报告，为了保存自己的贵重物品，熟人们纷纷把财产交给富有的犹太人，存在保险柜中，以免被打开。而在撬开保险柜的 11 个小时之间，保险柜的主人几次找到省长，要求保护，毫无结果。②

4 月 7 日早晨，在基什尼奥夫的新市场，用棍棒武装起来的犹太人，人数远远超过基督徒，他们对基督徒发动了进攻。官方的诉状报道说，进攻者超过了 100 人，他们手持火枪和硫酸瓶，动用了一切能够使用的东西。虽然此处的斗殴很快被平息，然而在市场的另一头，犹太人重新聚集，并从隐蔽处向人数较少的基督徒开枪射击，一名基督徒被打伤，随后斗殴转化成为骚乱，出现杀死犹太人的情况。据骑兵大尉列文达里的报告，大屠杀的组织者是当地企业的俄国和波兰工人。

当地的边防军很快接管了权力，维持当地的秩序。由于骚乱的规模很大并使用了武器，所以，骚乱并没有马上平息。4 月 7 日晚上骚乱平息后，4 月 8 日再次爆发。根据所发通报报道，发生在复活节的这场骚乱，45 人被杀，

①② С. Б. Павлов Опыт первой революции: Россия 1900 – 1907. М.: Академический проект, 2008，с. 108.

74 人重伤，350 人轻伤，700 间房屋和 600 间店铺被抢。而据起诉书的报告，死亡 42 人，其中犹太人 38 人；受伤的犹太人有 394 名，其中 5 人重伤；受伤的基督徒 62 人，其中 8 人受了枪伤；7 名军官、1 名士兵、68 名警察受了轻伤；房屋被摧毁 1350 间，接近基什尼奥夫的 1/3，犹太人的店铺被毁将近 500 间。①

从以上数字来看，无论出于谁的报道，犹太人明显吃亏了，同时也遭遇了当局的不作为。为了保护自己，犹太人成立了自卫局，准备在接下来的战斗中实施报复。而在当地的摩尔多瓦人和俄罗斯人中间也迅速分裂成为两派：犹太人的保护者和犹太人的复仇者。在圣彼得堡，文艺工作者组织义演，为犹太人的受害者募捐。5 月 24 日组织起来的俄国工人小组宣布，如果需要的话将挺身保护犹太人。俄罗斯人内部的分化没有阻止犹太人的报复，并为新的大屠杀做准备。按照大尉列文达里的说法，自大屠杀开始，基什尼奥夫的犹太律师团就开始为犹太人拟就总诉状；犹太人自己也开始集资并汇 10 万卢布到圣彼得堡贿赂官员，加快对屠杀者的调查或指控当地政权纵容屠杀。与此同时，犹太人聚集区的各个地方组织自卫委员会并配备武器。普列维主持的内务部一再警告成立自卫委员会违法并保证犹太人的财产和生命安全，但这样的警告无济于事。新的屠杀一触即发。

对社会的破坏行为首先在基辅、顿河罗斯托夫、明斯克、切尔尼戈夫、斯塔罗杜布等城市冒头，7 月初扩展到科文省，8 月到了叶卡捷林诺斯拉夫。8 月 23 日，基辅省的斯迈拉镇出现了反犹骚乱。8 月 29 日，在格迈拉镇达到了最大规模。格迈拉镇的屠杀是从犹太人开始的，他们配备武器，团结一致。屠杀从市场卖鲱鱼的犹太人玛丽茨卡娅和俄国人施雷柯夫的争吵开始。一种说法是，玛丽茨卡娅吐了施雷柯夫一脸吐沫；还有一种说法是，玛丽茨卡娅用鲱鱼打了施雷柯夫。不管是何种说法，冲突发生后，几名犹太人开始进攻

---

① С. Б. Павлов Опыт первой революции: Россия 1900 – 1907. М.: Академический проект, 2008, с. 109.

施雷柯夫。当几名农民试图把施雷柯夫拉开的时候，犹太人响起了口哨声。城里的犹太人瞬间聚集起来，喊着"犹太人，犹太人，俄国人大屠杀了"，奔向了市场。俄国农民丢下买的东西，匆忙赶往城外，但是犹太人开始残忍地攻击他们，殴打老人、妇女和孩子。一个小女孩被犹太人从大车上拽下来，抓着头发拖过了桥。还有一名农民站在一边吃面包，一名犹太人走到跟前，用刀刺伤了农民的脖子，农民逃跑，消失在人群中。到了晚上，犹太人殴打俄国人，主要是俄国的农民，而这些人没有任何的抵抗能力。[1]

格迈拉的屠杀显然具有报复性质，然而有意思的是，在俄国农民遭到殴打的时候，也有犹太人出来救护俄国人。例如一位俄国军官被犹太人的拉比藏了起来。到了9月1日，犹太人开始袭击警察，一名警察被打死，被激怒的俄罗斯人聚集起来又一次袭击了犹太人的住宅和店铺。由于双方的相互敌视和犹太人的武装准备，骚乱造成的损失大于基什尼奥夫。被杀的共9人，其中犹太人5名、基督徒4名；250多处犹太人商铺和住宅遭到袭击；送交法庭的犹太人达36人，而基督徒达44人。[2]

到了1905年，随着10月17日宣言的颁布，从基什尼奥夫开始的犹太人大屠杀演变成10月13—20日基辅的大屠杀和6月13—18日的敖德萨的大屠杀。

如何评价这场屠杀，无论是革命者还是反革命的黑色百人团都有各自的说法。从革命者来说，参加大屠杀的犹太人与社会革命党和社会民主党一起提出"打到沙皇、推翻专制制度"的口号，这是对俄罗斯人的民族情感的伤害，以至于保守派认为俄国的革命者十之八九都是犹太人，忽视了对犹太人的正确认识。从这个时候开始，俄国革命似乎从阶级革命逐渐演化成为民族冲突，甚至宗教冲突，大有中世纪的性质。这与其说是俄国经济落后的结果，

---

① А. М. Буровский Вся правда о российских евреях. М. : Яуза – пресс, 2010, с. 286.

② С. Б. Павлов Опыт первой революции: Россия 1900 – 1907. М. : Академический проект, 2008, с. 114 – 115.

不如说是俄国社会意识不觉醒的结果。由于资本主义向帝国主义的演变，俄国所发生的革命几乎完全掩盖了俄国革命中的宗教因素，造成俄国资本主义发展的极端利益冲突。

第二节　自由主义的认识

一、聚谈会的出现

革命运动引发了社会各界的强烈反响，概括起来有三个方面。第一个方面是利用合法报刊和非法出版物加强宣传、扩大影响。如政府允许地方自治机关开展合法的批评活动，在《俄罗斯财富》《欧洲商报》《俄国导报》《俄国思想》《教育》《教育通报》《法制》《法学通报》上发表文章。一些激进的自由主义分子也通过散发传单以及在国外开办非法的刊物，宣传自己的主张。第二个方面是通过地方自治机关，不断向政府提出要求，表达社会的愿望。如从 19 世纪 90 年代到 1904 年，全俄各省地方自治机关利用沙皇赋予他们上书的权利给政府提出了 1.2 万个请求。请求不仅涉及具体的土地问题、教育问题，而且涉及全国性的和原则意义上的问题，如确立宪法，召开全国范围内的地方自治会议等。此外，还利用成立的各种地方组织乡政府提出类似普及教育、取消对地方自治机关出版物的预验、出版全俄地方自治局的刊物、允许地方自治机关拥有自己的律师等请求。第三个方面是发挥各种学术团体和职业组织的作用，联系社会，聚集力量。如从 19 世纪 90 年代中期起，自由经济学会、扫盲委员会、律师会议、医生组织、农业经营者学会等陆续为社会开展各种活动。[①]

应该说，以上各种活动是有头脑的社会上层思考革命者提出的各种问题，也可以说是有财力、也有知识的贵族思考引发社会冲突的事件。但在他们思

---

① 姚海：《近代俄国立宪运动源流》，四川大学出版社 1996 年版，第 124—126 页。

考的过程中遇到了政府与社会的冲突应该归结为谁的责任的问题，从而分成了两派。激进派把责任归结为政府，认为政府不能解决俄国社会问题是出于自私自利，养成了官僚主义的习气，得出推翻政权的结论；而保守派则把责任归结为人民，认为只有发挥人民的创造力才能摆脱决策者的官僚习气。于是，激进派把所有的目标都指向了政府，利用一切力量从事推翻政府、建立新政府的工作；而保守派则与此相反，提出在保留沙皇体制的条件下提升社会的发展能力。社会于是便分成了两派，激进派和保守派。传统的革命派由于把目标盯在专制上，因此认为凡是拥护专制政权的社会派别都是与沙皇一个鼻子出气的反动派，因而是没有出路的。例如 Ю. Б. 索洛维约夫说："在这场不是求生而是求死的斗争中，反动的力量向当局伸出了求助的手，于是领地贵族就成了这个已经过气但又不想放弃过去的主要代表。"① 即使不是出于政治利益的考虑，无论是反对沙皇专制政权的立宪派还是拥护沙皇专制政权的新斯拉夫派都由于害怕革命而成为反革命，从而从根本上忽略了俄国革命的价值。

那部分从革命中感悟到革命价值的叫作自由派。在俄国的史书当中，自由派分为两派：一派是斯拉夫派，一派是西方派。在 20 世纪初期分别被称为自由的保守主义和保守的自由主义。自由的保守主义是以保守主义为主，从自由主义中吸收精华；而保守的自由主义刚好相反，是以自由主义为主，吸收保守主义的精华。对于俄国来讲，自由的保守主义是俄国自 19 世纪以来形成的自由主义的价值观。起初，自由主义的西方派完全不认同保守主义的自由主义，认为它不过是自由主义的装饰，其实质是与任何进步运动不相容的东正教的宗法制度。② 后来，保守主义中有了自由主义的成分，甚至苏联时期认为无论是保守的斯拉夫派还是自由的西方派都是自由主义，我们国家的

① Ю. Б. Соловьев Самодержавие и дворянство в1902 – 1907 гг. Ленинград：Наука，Ленинградское отделение，1981，с. 8.

② Т. Н. Грановский и его переписка. Т. Ⅱ，М.：1897，с. 456 – 457. Либеральный консерватизм：историяи современность. М.：РОССПЭН，2001，с. 19.

学者也承继了这方面的认识。① 但是，这两大派别在19世纪60年代以后发生了很大的变化。如果说他们在政治方面、法律方面是不相容的，比如自由主义强调人权、宪政，保守主义越来越强调专制制度在改造人性方面的贡献，那么到了20世纪初的时候，保守主义经历保守的自由主义演变成为自由的保守主义，越来越强调人性的作用了。② 他们不再攻击政权和专制制度了，而是越来越关注如何在保证现有秩序的情况下，使人不再任意妄为。这样，法律制度层面的对抗转化成对人性的修养，为斯拉夫派和西方派的沟通架设了桥梁。

自由派是从地方自治之中产生出来的。然而不幸的是，随着民粹派运动的发展，地方自治越来越呈现出与政府统治完全相反的格局，成为政府的对立物。政府在1890年采取的限制地方自治的措施，如缩小地方自治在国民教育方面的作用、限定地方自治局的征税额度、校务委员会成员由行政机关批准以及地方自治长官参与校务委员会等，大有取消地方自治的意味。这一切不能不引发重视地方自治的社会人士的思考。一个不知名的特维尔人给自己的一个熟人写信说："地方自治正在走向死亡，它正在走下坡路，任何力量都无法让它摆脱灭亡的命运。它没有内在的力量，因而没有任何根据寄希望于这方面的一丝改变。俄国的地方自治，你的生命将被终结。"③

1891—1892年，俄国农村发生了饥荒，成了地方自治重新崛起的契机。早在1891年10月27日，《欧洲通报》最著名的政论家、俄国最著名的自由主义人士 К. К. 阿尔谢尼耶夫便在家中召开了会议。1892年，М. И. 斯维什尼科夫家也召开了会议，这次会议召集了近100位忧心当前形势的地方自治人士。1893年1月6日，莫斯科的 И. И. 彼特隆凯维奇在自己的家里召开了会议，社会运动的台柱子都聚集在这里，他们是 Л. Н. 托尔斯泰、B. C. 索洛

---

① 姚海：《俄罗斯文化之路》，四川大学出版社1996年版，第133页。

② Либеральный консерватизм: история и современность. М.：РОССПЭН, 2001, с. 27.

③ К. А. Соловьев Кружок《Беседа》в поисках новой политической реальности 1899–1905. М.：РОССПЭН, 2009, с. 27.

维约夫、B. A. 戈里采夫、И. И. 伊万纽科夫、B. И. 维尔纳茨基、Д. И. 沙霍夫斯科伊、M. Я. 格尔岑施泰因、A. A. 科尔尼洛夫、П. H. 米留科夫等。参加会议的地方自治人士，除了讨论食品问题，更进一步揭示了地方自治的地位。A. A. 科尔尼洛夫甚至提出社会中的反对派人士必须妥协，团结起来。1893 年，中断了 14 年的地方自治代表大会在彼特隆凯维奇的家中召开，提出重新审查地方自治机关的地位、小地方自治单位和地方自治机关在国民教育中的地位以及小笔信贷的重要性问题。但是，1895 年，沙皇尼古拉二世在东宫接见贵族、地方自治和城市代表时表示，地方自治人士参与国家决策是没有意义的幻想，这也激起了地方自治人士的愤怒，加剧了地方自治人士的联合。

1896 年初，П. C. 舍列梅捷夫多次与地方自治人士商量与官僚斗争的地方自治原则问题、国王个性不彰的问题，因此被邀请参加聚谈会的秘密组织。1896 年 5 月 11 日、12 日、15 日和 18 日，许多地方自治人士在莫斯科聚集，举行宴会，讨论地方生活中最迫切的问题。为了加强地方自治机关会议的分量，各地方自治机关的主席举行会议，选举一个机构，着手全国地方自治会议的筹备工作。然而，地方自治机关主席会议的提议，没有得到当局的批准。1898 年，各地方自治机关的主席借着亚历山大纪念碑揭幕的时机，举行了聚谈会。1901 年 2 月，借着讨论农业问题召开地方自治会议，讨论协调全国各地方自治机关的问题，各地方自治机关的主席考虑各方面的意见，不赞成把建立相互关系的思想付诸实施。原因如莫斯科地方自治局的主席 Д. H. 希波夫在 1902 年 9 月给 M. B. 切尔诺科夫的信中所讲，宣传不到位，建议把重心放在建立报刊上。不过有意思的是，在创立报刊前，聚谈会就已成立并出版了自己的文集《俄国普遍教育》，提出自治机关不能放弃对教育的影响。也正是关于教育的观点联合了自由派和保守派，使他们于 1899 年 11 月 17 日，在多尔戈鲁科夫的别墅正式组织了聚谈会，参加者有主人多尔戈鲁科夫兄弟——彼得和巴维尔王公、舍列梅捷夫伯爵、Д. A. 奥尔苏菲耶夫伯爵、Ю. A. 诺沃西里采夫和 B. M. 彼得罗沃－索罗沃沃。①

聚谈会存在的六年中（1899—1905）始终是一个由个人和亲戚联系的组织。原因不仅在于政府限制社会组织的存在，最主要的是参加聚谈会的人士更需要加强思想的沟通，确立统一的纲领。这就决定了聚谈会的构成和性质。截至 1905 年，聚谈会共有 56 人，基本上都是通过个人推荐、会议投票加入的。聚谈会在 1899—1902 年间，共召开了 10 次会议；在 1903—1904 年间，会议次数有所增加。经常参加聚谈会的有 13 人，只有 5 次会议的参加人数在 20 人以上。在实际参加聚谈会工作的 42 人当中，有 9 个王公、5 个伯爵，绝大多数都是贵族等级出身，只有著名的工业家和社会活动家 M. B. 切尔诺科夫是个例外。参加聚谈会的几乎都是地主，是少有的富人。如 H. H. 利沃夫拥有 29000 俄亩土地，B. M. 彼得罗沃－索罗沃沃拥有 11000 俄亩土地，Д. A. 奥尔苏菲耶夫和 M. A 奥尔苏菲耶夫兄弟各自拥有 10000 俄亩土地，B. A. 鲍勃林斯基拥有 9000 俄亩土地，巴维尔·多尔戈鲁科夫拥有 7000 俄亩土地，他的兄弟彼得·多尔戈鲁科夫拥有近 2000 俄亩土地，П. A. 盖登拥有 6000 多俄亩土地，而聚谈会的创立者 П. C. 舍列梅季耶夫的父亲拥有 151000 俄亩的土地，遍布 22 个省，加上房屋和有价证券，每年收入高达 100 万卢布。②

从参加聚谈会人士的身份来看，有 2 人是省首席贵族、16 人是县首席贵族、7 人是省地方自治局的主席，还有 2 人是县地方自治局的主席，这样算来就有 62% 的人是地方自治机关的最高领导人，平均年龄 33.5 岁。

参加聚谈会的人多出自中央非黑土地带。43 个参加聚谈组织的人员有 27 人来自莫斯科、图拉、奥尔洛夫、库尔斯克、弗拉基米尔、雅罗斯拉夫、坦波夫、梁赞、特维尔的地方自治机构。最多的来自莫斯科省、图拉省和奥尔

① К. А. Соловьев Кружок 《Беседа》 в поисках новой политической реальности 1899 – 1905. М. : РОССПЭН, 2009, с. 40.

② К. А. Соловьев Кружок 《Беседа》 в поисках новой политической реальности 1899 – 1905. М. : РОССПЭН, 2009, с. 41 – 42.

洛夫省，分别有 7 人、8 人和有 4 人。来自其他各省的人较少。А. А. 斯塔哈维奇在 1903 年 8 月 25 日呼吁建立哈尔科夫的地方分支机构，以解决不能来莫斯科参加聚谈会的遗憾，但最终由于纠结于是建立统一的纲领还是召集全国地方自治代表大会的问题而告吹。① 聚谈会成员多由亲戚和熟人介绍组成。比如，聚谈会有六对亲兄弟，还有一对表兄弟。Ю. А. 诺沃西里采夫和В. М. 彼得罗沃 – 索罗沃沃是 Б. Н. 齐切林的学生，他们共同在坦波夫省地方自治局工作，分别娶了 А. А. 谢尔巴托夫公爵的两个女儿，而 Е. Н. 特鲁别茨科伊娶了谢尔巴托夫公爵的第三个女儿。图拉省地方自治局主席 Г. Е. 利沃夫娶了聚谈会最活跃的人物 В. А. 鲍勃林斯基的妹妹，而 В. А. 鲍勃林斯基的妻子又是另一个聚谈会小组成员、图拉地方自治局进步党领袖 Р. А. 皮萨列夫的侄女。

聚谈会是个民间组织，组织成员虽然有财产、有爵位，同时又有在地方自治局工作的经验，但要想确立自己的地位不是这些因素可以决定的，他们必须赢得群众的支持和政府的认可。但从革命运动的经验来看，他们必须扭转寻求平分土地和推翻政府的民粹主义的认识，同时也要扭转政府对于社会组织的防范。聚谈会刚刚成立的时候存在着各种观点，例如一些人站在左派立场上，一些人则站在保守主义的立场上，而类似 П. С. 舍列梅季耶夫、А. А. 鲍勃林斯基和 В. А. 鲍勃林斯基则是右派组织的领导人。立宪主义者和新斯拉夫主义者并存。② 即便是最保守的 Д. А. 奥利苏菲耶夫也经历了从激进的自由主义向保守主义的转变。但从总体情况来看，除了 П. С. 舍列梅季耶夫、Д. А. 奥利苏菲耶夫、Д. Н. 希波夫、М. А. 斯塔霍维奇、Д. А. 博列诺夫为新斯拉夫派之外，其他的人都属于立宪派。

关于聚谈会是作为一个容忍不同观点的交流小组，还是把它变成一个政

---

① К. А. Соловьев Кружок 《 Беседа 》 в поисках новой политической реальности 1899 – 1905. с. 53.

② К. А. Соловьев Кружок 《 Беседа 》 в поисках новой политической реальности 1899 – 1905. с. 48.

党，内部存在分歧。如 M. A. 斯塔霍维奇、B. M. 彼得罗沃－索罗沃沃坚定地认为聚谈会就是政党，扩大它的成员是不可避免的事；而彼得·多尔戈鲁科夫虽然同意要团结所有地方自治的力量，但是坚决反对把聚谈会变成政党。① 原因很简单，聚谈会可以容忍不同的派别和意见，而政党则以政见为原则，最终的目标一定是走向分裂。为了避免聚谈会的消亡，M. A. 斯塔霍维奇试图通过召开全国地方自治代表大会建立新的聚谈会。这引起了政府的关注。内务大臣 B. M. 普列维对于地方自治的联合持敌视态度，因为在他的眼里，这样的组织都属于立宪派。巴维尔·多尔戈鲁科夫试图消除普列维的虚假认识，声明聚谈会的目的就是交流关于自我启蒙、社会启蒙的方式以及地方独立的意见，没有任何政治目的。如果政府以警察措施干涉私人聚会，就是干涉个人生活。

虽然政府对于成立社会组织持敌视态度，但是对于聚谈会还是睁一只眼闭一只眼。因此聚谈会依然属于半合法组织。聚谈会的人士非常重视组织的合法性，除了通过建立新的组织加强与社会的联系，更主要的任务是如何确定自己对政府的态度。从这个意义上讲，聚谈会内部关于立宪和建立合理性之间存在着明显的分歧。立宪派把自己的权威建立在对政府和社会法律的约束上，而新斯拉夫派则把主要的任务建立在政府与社会行为的合理性上。前者由于政府与社会的任意妄为而导致政府与社会的冲突，从而偏离社会发展的主题，而后者则在保留现有政权的情况下重新获得合理性。所以，立宪主义者属于政治范畴，而新斯拉夫主义者则属于文化范畴。在 1905 年革命和立宪派占据上风之前，聚谈会在采取什么样的方针上展开了激烈斗争，其结果也决定了俄国的发展方向。

二、立宪主义与新斯拉夫主义的斗争

据新斯拉夫派的希波夫讲，他由于在 1902 年 5 月末在莫斯科举行了由 20

---

① К. А. Соловьев Кружок 《Беседа》 в поисках новой политической реальности 1899 – 1905. с. 53 – 54.

个省40名地方自治人士参加的私下会议，遭到了内务大臣普列维的约谈。约谈时，普列维传达了沙皇尼古拉二世对希波夫的不满。他说："5月末，由你组织的地方自治活动家会议讨论了地方自治局代表参加省县农业部门需求委员会的问题，当我得知你们开会和讨论的纲领后，报告给了沙皇陛下。沙皇得知这个非法集会后非常生气，把它看作反抗政府的尝试。根据陛下的指示，本可以参与组织县农业部门需求委员会的地方自治局代表也因此失去了机会。陛下委托我向你转达他的不满，并警告如果你再次举行类似会议，那么无论你的行为多么有善意，他都会解除你的职务并永远禁止你参加任何社会活动。"[1] 希波夫向普列维解释了地方自治局人士的行为，认为解决俄国的农业部门问题不是邀请一些地方自治局人士的局部措施可以解决的，而是必须保证农民的法律地位，解决农民受教育程度不足、地方自治机关地位不高，以及造成农民支付能力过弱的财经政策等方面的问题。希波夫认为这些都是涉及农民利益的具体问题，不属于政治范畴。普列维也赞同希波夫关于没有地方自治的发展就不可能解决俄国问题的看法。但是，普列维认为，发展地方自治有一个与沙皇专制制度的协调问题，希波夫的做法有反专制制度的嫌疑。政府与社会的关系已经不是政府是否放权给地方的问题，而是政府对社会的不信任的问题。为此，在如何处理政府与社会的关系这一问题上，聚谈会内部产生了严重的分歧。

受西方自由主义思想的影响，立宪派关注最多的是公民权利和对政权的分权与监督。最早提出这个问题的是西方派的代表人物 A. Д. 格拉多夫斯基。他在1881年揭露斯拉夫派的问题时说："斯拉夫派政治学说的基本特征就是否定保证不同个人和社会权利所产生的任何法律形式。"[2] 20年后，П. Б. 司徒卢威在1902年8月18日《解放》杂志上发表的一篇文章中说："根据自由主义思想，法律作为社会有机体的生活现象需要改革，而改革的基础不可

① Д. Н. Шипов Воспоминания и думы о пережитом. М. : РОССПЭН，2007，с. 194.

② К. А. Соловьев Кружок 《Беседа》 в поисках новой политической реальности 1899－1905. с. 63.

能不建立在表达思想和自由的基础之上。"法律本身应该包含自我改变的可能和方法，否则法律在任何时候都不可能符合法制思想。① 这样，在司徒卢威看来，任何社会运动都是社会自我愿望的表达，因而是合理的。至于说，社会运动所造成的动荡则是政府压制权利表达的结果。Ф. Ф. 科科什金则在《国家基本法讲义》进一步指出："首先必须保证让国家颁布的法律符合所有法律的源泉，符合人民的法律意识，为此，人民（所有积极公民）应该参加立法或者实行人民代表制。"② 至于说，人民所关注的具体问题——土地问题，不应排除在俄国普遍的政治自由之外，换句话说，为政治自由而斗争是解决土地问题的最正确也是唯一的出路。而对于沙皇专制制度，Д. И. 沙霍夫斯基说："为了走上真正的改革道路，专制政权除了自己否定自己，没有其他出路。如果在专制政权或与专制政权结盟的基础上着手改革，那么就意味着不仅注定了局部失败，而且注定了完全和彻底的失败。况且不改革就不可能拯救人民。"③ 综合立宪主义的论述，可以得出结论，立宪自动产生自我意识，因而凡是阻碍立宪实现的都是社会发展的障碍，应该彻底废除。关于立宪自动产生自我意识出自自然神论。其核心是上帝在完成造人的任务之后，就把改造人的任务交。给了人，于是人就按照自然规律的合理化学说，由掌握了自然知识的知识分子合理化地改造，完全不用顾及人的感受。④

俄国人当然也可以按照这样的逻辑赋予自由的权利，但是俄国人曾经遭遇了过度的感情伤害，因而形成了极端性格，俄国人似乎特别关心上帝的抚育，也便形成了斯拉夫派的逻辑基础。希波夫说："立宪理论追求的是限制国家政权的权力、扩大人民代表的权力，这样一来，似乎就给制度确立了彼此相互竞赛与斗争的原则。这个原则违背了我的整个价值观。我坚信，政权

---

① К. А. Соловьев Кружок 《Беседа》 в поисках новой политической реальности 1899－1905. с. 64.

② К. А. Соловьев Кружок 《Беседа》 в поисках новой политической реальности 1899－1905. с. 65.

③ К. А. Соловьев Кружок 《Беседа》 в поисках новой политической реальности 1899－1905. с. 66.

④ Richard Pipes：*The Russian revolution.* A Division of Random House, Inc. New York, 1990, pp. 196.

与人民代表之间富有成效的互动只能在道德团结的条件下、在双方意识到并履行落在他们肩上的道德义务的条件下才是可能的，也就是说，在这样的条件下，政权与人民互动的基础与其说是法律思想，不如说是伦理社会思想。"① 为什么在西方国民不大关心伦理生活，而是关注理性生活，其原因在于西方国民在封建化的过程中把上帝与理性的思维融合在了一起，相反，俄国在封建化的过程中经历的是对人格的伤害，非理性情感占了上风。这样所形成的格局决定了宗教伦理的优先作用。所以，A. A. 基列耶夫说：在不同的权力出现斗争的时候，明显，最高的权力要优于最低的权力，而最高权力的代表不是来自法律，而是来自教会，直到俄国完成摆脱奴役的社会转型。基列耶夫也由此得出结论，俄国发生激烈的社会冲突的根据在于缺乏上帝的慈爱。

　　除了历史的原因外，斯拉夫派的观点还来自圣奥古斯丁的世俗政权的罪恶论。例如，希波夫说，政权被这个在不完善的世界存在的不得已的恶败坏了。人们越多地被国家控制，国家所带来的毒害越大。因此，人民主权蕴含着对整个人民的败坏，于是就形成了斯拉夫派特有的人民因不愿受到败坏而把政权交给有着高尚道德的沙皇。相反，沙皇政权在今日遭遇的权威丧失，也是失去高尚道德的结果。所以，希波夫在处理政府与人民的关系问题时，虽然也提出建立咨议式人民代表制，但是还是把它作为实现政府道德提升的工具。② 希波夫的观点还是引起了政府对他确立咨议式人民代表制的怀疑，如果不是立宪的话，那么至少是挑战政府的权威。斯拉夫派的另一个代表人物 Д. Ф. 萨马林提出了不同的看法。萨马林认为，制度的改革解决不了危机，欧洲的历史表明了，无论任何体制都不能保证对大臣和其他最高官僚集团代表的监督。大臣的责任实际上只是一种幻景，很少对官僚机器产生影响。西欧的现代情形说明，不存在一个权力部门与另一个权力部门相互监督的权力

---

① Д. Н. Шипов Воспоминания и думы о пережитом. М. : РОССПЭН, 2007, с. 170.
② Д. Н. Шипов Воспоминания и думы о пережитом. М. : РОССПЭН, 2007, с. 169.

分工原则。议会君主制践踏了公民自由并破坏了正在形成的法律原则。如果有着理性基础的西欧都能显现出法律的局限性，那么对于没有任何理性基础的、心灵受着奴役的作为人臣的俄罗斯人来说，不可能存在日常的、自由的和有机的社会。而这种匮乏很大程度上预定了俄国接受官僚活动的有害方向。所以，不可能把希望寄托于俄国社会，它不能承担起自己的责任。这样，萨马林不仅反对立宪制度，也反对希波夫通过建立全国性的咨议式的代表大会解决俄国的危机问题。①

　　概括立宪派与斯拉夫派之争可以看出，俄国的社会危机，无论是大学生的恐怖暗杀运动，还是农民的焚烧地主庄园、暗杀地主以及右派的反犹主义运动，根本不是政府立刻赋予社会以自由可以解决的，因为他们的行为从根本上就是否定资本主义的经济竞争与社会冲突的。斯拉夫派的希波夫看到了经济发展给俄国社会带来的道德败坏，而萨马林则更进一步认识到如果没有人民的正常生活，他们就会从根本上怀疑甚至敌视政府的任何政策。所以，无论是希波夫还是萨马林都把发展农民的经济生活和社会自理能力作为重中之重，从而得出社会自治与专制制度并行的结论。当然，受经济发展严重冲击俄国国民道德思想的影响，特别是受俄国东正教信仰的影响，人民渴望俄国政府作为上帝在人间的代表，人民也渴望政府和贵族老爷的关爱，政府与贵族代表关于鼓励农民的自立问题常常面临着严重的冲击，特别是当经济发展造成阶级冲突的时候尤甚，因而必须明白，政府有着让农民获得自由的责任。这就是希波夫和萨马林所强调的统治者应有的爱的自觉。而出于社会不发达以及资本主义对俄国的猛烈冲击的缘故，根据人们的法律意识确定发展的层次是决定俄国转型成败的关键。立宪派和斯拉夫派在制度建设上的焦点就选定在是着重发展地方自治还是发展政治自由方面。

　　早在1899年聚谈会成立的时候，两派就商定以发展地方自治作为俄国政

---

① К. А. Соловьев Кружок 《Беседа》 в поисках новой политической реальности 1899 – 1905. с. 75 – 76.

治制度的原则之一。1902 年，受社会运动的影响，聚谈会已经不再只关注理论问题，开始关注政治问题。B. M. 彼得罗沃－索罗沃沃率先把代表制、限制专制政权作为聚谈会的共同思想。在他看来，存在专制制度就不可能具有地方自治的独立。П. C. 舍列梅季耶夫则从人民的历史原则出发，提出能否在保留专制制度的情况下发展地方自治。从此，双方围绕专制制度与地方自治的关系问题展开了争论并制约着聚谈会的发展。巴维尔·多尔戈鲁科夫揭开了聚谈会争论的实质，他说：“聚谈会的症结在于反对恣意妄为、确立独立的形式，应该远离对尖锐政治问题的关注。”[1] 虽然 П. A. 盖登把专制制度与地方自治的关系看得如同白天与黑夜，但是 H. H. 利沃夫等人在拟定聚谈会的纲领时还是秉承一个原则，尽量回避极为尖锐的政治问题，坚持不把自己的观点强加给对手。而为了实现在聚谈会内的团结一致，聚谈会提出了“不协商”的原则（类似我国的“不争论”）。

1903 年 8 月 25 日，巴维尔·多尔戈鲁科夫说：“尽管我们聚谈会在同专制制度斗争的必然性问题上有分歧，但是我们在同行政的恣意妄为做斗争的必要性上意见还是一致的，因此有必要团结所有的反对派政党，在他们之间进行协商。”[2] 这虽然还让彼此保持着各自的观点，但是已经涉及了政权与自由的关系问题。H. H. 利沃夫还在 1902 年就指出，俄国存在着两个问题：一个是政权问题，一个是自由问题。由于二者的不协调，政权出现了官僚制度，而社会出现了无政府状态。为了让两种弊端都同时消失，那么必须让政权与自由协调起来。H. H. 利沃夫说，最好的办法就是让政权向社会做出让步，给予社会个性自由、信仰自由、发表意见的自由以及发展地方自治和城市机关的自由，最后选举社会代表参与国家立法工作。沙皇苦恼的不仅是社会的革命，也苦恼官僚的不作为。如果沙皇能够转变观念，能够主动地放开言路，

①　К. А. Соловьев Кружок 《Беседа》 в поисках новой политической реальности 1899－1905. с. 90.

②　К. А. Соловьев Кружок 《Беседа》 в поисках новой политической реальности 1899－1905. с. 93.

即便保留着专制制度，那么也能够使社会恢复平静，这不是沙皇向原则让步，而是向秩序让步。于是，在立宪主义者转换了说法之后，H. H. 利沃夫给沙皇上书中提出了以下几条原则：第一，承认应该对现在的官僚管理制度做出重大改革；第二，作为国家制度应该建立在更加积极的、由社会参与制定政治决策的基础之上；第三，所以，应该保证社会具有一定的权利和自由；第四，同样社会也应该以不同的方式参与立法工作。这样，利沃夫就远离了未来代表尽可能拥有全权的问题，让斯拉夫派明白可以选择古老的缙绅会议的方式参与政治。[①]

立宪派对于斯拉夫派的说服还是从各派都关注的地方自治着手的。立宪派的不争论其目的就是团结一切可以团结的力量，所以在所执行的纲领中不提宪法一词。1904 年 1 月 11 日地方自治代表大会上彼得·多尔戈鲁科夫向参加会议的地方自治人士解释目前形势的时候认为，希波夫的地方自治组织是一股非常重要的社会力量。的确，希波夫在与普列维和维特谈判结束之后，也进一步确定了自己走向全国地方自治代表大会的方向。不过，立宪主义者并没有放弃自己的立宪思想，而是利用斯拉夫派中的希波夫一派走向了政治斗争，这是立宪主义派别的最低纲领。希波夫的观点遭到萨马林等人的反对，萨马林不认为通过希波夫的方法可以避免走向立宪，萨马林最终与希波夫分道扬镳。

正如后来的结果所显示的那样，希波夫的思想的确没有彻底解决立宪与沙皇政权之间的关系问题。原因正如 1903 年 7 月 20—22 日在瑞士沙夫豪森举行的解放同盟代表大会上彼得·多尔戈鲁科夫所说的那样，同盟的策略就是团结所有不满沙皇政权的人，包括新斯拉夫派、社会革命党和社会民主党在内。他们的口号是尽快召开全国缙绅会议，同官僚主义的管理模式做斗争，

---

① К. А. Соловьев Кружок 《Беседа》 в поисках новой политической реальности 1899 – 1905. c. 97.

吸收社会参与政治决策的制定。① 如果说，1904 年 8 月 31 日召开全国地方自治代表大会的时候，立宪主义者还不能把召开全国代表大会作为自己的目标，那么到了 1904 年 11 月召开全国地方自治代表大会的时候，形势已经发生有利于立宪主义者的转变了。支持希波夫的只有 27 人，而参加会议的其余 71 人都支持立宪派了。会议通过了模棱两可的观点：保持专制、支持立宪。接下来的斗争随着自由主义的内务大臣斯维亚托波尔克 - 米尔斯基的去职而变得失控了。立宪派与斯拉夫派的斗争以立宪派胜利而告终，但也让俄国失去了和平的发展机会。

第三节　保守主义的认识

一、黑色百人团的兴起

在与立宪派的争论中，兴起了一支坚决反对立宪并以捍卫俄国专制、东正教和人民性为特征的派别，这一派虽然也称作斯拉夫派，但却是斯拉夫派中的死硬派，把自己与西方对立起来。这一派后来被称为"黑色百人团"。在中世纪的时候，黑色百人团就是"平民"的意思。② 在 1905 年革命中被称为"起来捍卫专制沙皇的普通人"。由于在大混乱时期（1598—1613），下诺夫哥罗德的农民围绕米宁组成了黑色百人团，把莫斯科从波兰入侵者和叛军手中拯救出来，因此，1905 年崛起的君主主义者称自己为黑色百人团，③ 颇有拯救祖国的自豪感。

黑色百人团出现在 19 世纪与 20 世纪之交的两个首都。最初以小组的形

---

① К. А. Соловьев Кружок 《Беседа》 в поисках новой политической реальности 1899 – 1905. с. 107.

② В. О. Ключевский在《俄国历史术语》中说："中世纪，俄国社会被划分为两类人，一类是服役者，一类是平民，就是市民和自由的农民。" В. О. Ключевский Сочинения в восьми томах. Т. VI. М. ：издательство социально - экономической литературы. 1959，с. 157.

③ В. А. Грингмут Руководство монархиста - черносотенца // Собрание статей. Т. 2. с. 156.

式出现在某个主人家，打打牌，组织一下文学晚会。他们关心俄罗斯的命运和政府的政策，但没有形成会议记录，也没有做出什么决定。黑色百人团具备三个特点：第一，参加小组的人员基本上都是生活独立的地主；第二，每一个小组都是拥有亲戚关系的大家族，不会惧怕眼观六路、耳闻八方的"蓝制服"；第三，内务大臣 Д. С. 西皮雅金和 П. Н. 斯维亚托波尔克－米尔斯基等人还经常出席他们的聚会。① 在圣彼得堡最有名的有舍尔梅季耶夫家族和鲍勃凌斯基家族小组，经常举行活动的有 Н. П. 巴尔苏科夫和 А. П. 巴尔苏科夫家族小组，他们每月组织一次活动，活动时房间里还悬挂着牧首或高级僧侣的画像，因而取名"宗主教协会"。在莫斯科最有名的组织是"忠于誓言的莫斯科贵族小组"，主要的灵魂人物有 Д. Ф. 萨马林、С. Ф. 夏拉波夫、А. Г. 谢尔巴托夫等。为了对抗自由主义的小组，具有保守主义思想的作家和政论家小组在 1900 年 10 月组成了俄国第一个黑色百人团组织——俄罗斯会议。会议的主席为 Д. П. 戈利岑公爵，副主席为保守主义的杂志《新时代》出版者的儿子 А. А. 苏沃林和未来半官方刊物《俄罗斯》的编辑 С. Н. 西洛米亚特尼科夫。俄罗斯会议的主要任务就是研究俄罗斯人民的今昔生活，提出语言学、艺术、民族学和经济学的各种问题，保持俄罗斯语言的纯洁性和正确性。为此，俄罗斯会议在各地兴建图书馆和读书室，资助科学和教育考察，组织鼓励优秀科学和艺术作品出版的竞赛，建立中学。

俄罗斯会议在政府眼里并不只是文学小组，还有政治味道。内务大臣普列维认为不经政府审查的组织是不能存在的。但当普列维从国务会议议员 С. Д. 舍列梅季耶夫伯爵得知尼古拉二世鼓励俄罗斯会议的时候，马上转变了对俄罗斯会议的态度。1903 年，俄罗斯会议在哈尔科夫建立分部。在召开成立大会的时候，大学生组织了表示对抗的示威游行，警察不得不出面干预。日俄战争以后，爱国情绪高涨，又出现了华沙、喀山、基辅、敖德萨、奥伦

---

① В. Я. Гросул и. т. д. Русский консерватизм XIX столетия. Идеология и практика. М. : Прогресс - Традиция, 2000, с. 385.

堡、比尔姆等分部。当接替被暗杀的普列维担任内务大臣的斯维亚托波尔克－米尔斯基宣布进入信任时代并提出吸收选举人士参与国务会议的议案后，遭到了尼古拉二世的解职。俄罗斯会议也说："如果吸收选举的人参加立法工作，将放弃祖国最宝贵的东西。俄罗斯会议不能成为这种状况的默默见证者。"① 斯维亚托波尔克－米尔斯基则说："这将是国家的灭亡。可以认为，这是政府在与俄罗斯为敌，国家将分裂为监视者和被监视者。"② 接下来，事情真如斯维亚托波尔克－米尔斯基所预言的，俄国发生了 1905 年革命。沙皇也不得不重复了聚谈会提出的从咨议式的杜马到宪政杜马的实验。但 10 月 17 日宣言的颁布并没有阻止极端保守派的激进行动，掀起了影响全国的大屠杀。据统计，这场大屠杀波及巴库、基什尼奥夫、维尔诺、叶卡捷林诺斯拉夫、明斯克、奥尔什、萨拉托夫、辛菲洛波利、托木斯克、第比利斯、图拉和拉兹杰利车站，共死亡 1622 人，伤 3544 人。死伤当中，犹太人占多数。③ 由于自由派认为人民还不成熟，革命派不相信人民还保存着君主主义的幻想，几乎所有人都相信大屠杀是政府组织的。

1906 年 3 月，随着政治组织的公开化，黑色百人团如雨后春笋般地发展起来。彼得堡有自由与秩序兄弟会，莫斯科有全俄地主联合会、君主青年小组、俄罗斯爱国者协会，叶卡捷琳堡有全俄人民联盟，图拉有"信仰、沙皇和祖国"战斗队，芬兰有俄国活动家小组，华沙有君主青年同盟，莫斯科和圣彼得堡有"与革命积极斗争"协会，维帖布斯克有旧礼仪派和右派协会，库尔斯克有人民秩序党，第比利斯有爱国协会，基辅、叶卡捷林诺斯拉夫有"青年双头鹰爱国者"协会，塞瓦斯托波尔有波克罗夫斯基兄弟会，格罗德诺有东正教索菲亚兄弟会，伊万诺夫－沃兹涅先斯克有专制君主党，尼日诺

① С. А. Степанов Черная сотня в России. 1905 – 1914. М. : изд. А/О 《Росвузнаука》，1992. https：//coollib. net/b/272273/read.

② Проект реформ Святополк－Мирского. http：//student. zoomru. ru/history/proekt-reform-svya-topolk-mirskogo/219250. 1750442. s2. html.

③ С. А. Степанов Черная сотня в России. 1905 – 1914. М. : изд. А/О 《Росвузнаука》，1992. https：//coollib. net/b/272273/read.

夫哥罗德有白旗联盟，奥廖尔有法律秩序联盟，喀山有沙皇人民协会，等等。这些小组中最有名的是俄罗斯会议、俄罗斯人组织和俄罗斯人民同盟。俄罗斯保守派中以俄罗斯人民联盟为最，是涵盖各个阶层在内的全国性组织。

在俄罗斯人民联盟成立之前，俄罗斯会议就开始着手全民俄罗斯同盟的组建，试图团结所有的保守派。由于保守派坚持与政府的一致性，所以组织性非常薄弱。但是，在自由派和革命派政党的积极推动下，保守派也试图建立全国性的组织。于是，在1906年的2月，召开了全国性的君主主义组织代表大会，参加者主要是5个俄罗斯会议分部和23个各地的君主主义组织。代表大会形成的决议对于各君主主义组织没有法律约束力。直到1906年10月2—7日召开的第三次代表大会才在联合问题上勉强达成一致，并成立了统一的俄罗斯人民总管理局。然而，代表大会决议决定，总管理局的行动不具有权威性，其给各地方组织提出的建议只有在地方组织一致拥护的情况下才会执行。①

对于建立群众性的组织，俄罗斯会议的领导人以及莫斯科自愿保卫人士代表团还是积极推动的。在他们的影响下，成立了具有群众基础的俄罗斯人民同盟。俄罗斯人民同盟于1905年11月8日成立。同盟的成立受10月17日宣言和10月份发生在全国的大屠杀影响。原因正如彼得堡警察局局长А. В. 格拉西莫夫对自己的警察局政治部主任 П. И. 拉齐科夫斯基所说的那样，我们为什么不建立一个全国性的公开的组织去抗衡革命运动呢？② 于是，经拉齐科夫斯基的推荐，儿童医生杜勃罗文博士便在尼古拉·尼古拉耶维奇大公的帮助下建立了俄罗斯人民同盟，并得到了沙皇的支持。

俄罗斯人民同盟是一个全国性的群众政党。正如 И. В. 奥迈里杨丘克所认为的那样，君主主义者能够成功地在他们的政治反对派没有影响的所有选

---

① Правые партии Документы и материалы. Т. 1，1905 – 1910гг. М．：РОССПЭН，1998，с. 240.

② А. В. Герасимов На лезвии с террористами. М．：Товарищество русских художников，1991，с. 149.

区得到支持，原因在于俄国有大量的边缘化群体。他们因俄国快速的工业化和都市化而产生，包括迁居城市的农民、平民知识分子以及失去土地的贵族。研究者表明，边缘人积极参加他们的组织，努力打破社会的隔离。他们由于地位的极端不稳定而显得特别活跃。① 如果从参加的领导人来看，贵族和官僚居多。如果从利益角度来看，他们是既得利益者。如果从他们提出的价值观来看，他们一直关注俄国工业化发展给传统道德造成的冲击，关注社会的稳定进步。

我们先看看俄罗斯人民同盟的领导人。俄罗斯人民同盟的主席是杜勃罗文。杜勃罗文出生于 1855 年，彼得堡内外科医学院毕业，获得医学博士学位。他曾当过军医，住在彼得堡后在儿童医院工作，是个不错的儿科医生。上学时他连课程的学费都交不起，但在当了儿科医生后很快在彼得堡有了一幢可以带来收入的五层楼房和有价证券。据 C. A. 斯捷潘诺夫介绍，他的这些钱是在给犹太人孩子治病过程中赚取的，但他却形成了反犹主义的思想。② 关于杜勃罗文的君主主义思想可以从他被契卡逮捕后的一段自述中看出端倪，他说：“1905 年之前，我从事医学临床工作，这让我有机会思考人民——农民、工人和普通劳动者的生活状况。他们的处境总是引起我对他们的同情和要积极保护他们的愿望，这推动我卷入了政治。我和 A. A. 马伊科夫讨论形势，并寻找帮助穷人的方法。于是有了建立为穷人而工作的联盟的思想，其任务就是让农民与沙皇接近，努力打开隔绝沙皇与人民之间的壁垒。”③ 由于杜勃罗文直接把维特的改革当作犹太人挑唆下瓦解俄国根基的举措，因此成为维护专制、反对宪政的君主主义者。而 B. M. 普利施凯维奇出生于 1870

① И. В. Омельянчук Социальный состав черносотенных партий в начале XX века. Отечественная история No. 2, 2004, c. 94.

② С. А. Степанов Черная сотня в России. 1905 – 1914. М.: изд. А/О《Росвузнаука》, 1992. Глава III. Черносотенные союзы: структура, численность, социальный состав. https://coollib.net/b/272273/read.

③ А. И. Дубровин За родину. Против крамолы. М.: Институт русской цивилизации, 2011, c. 18.

年，是俄罗斯人民同盟的副主席。他的母系来自世袭少将科尔尼洛维奇家族，父系则以大司祭的身份为家族赢得了贵族称号。普利施凯维奇毕业于新俄罗斯大学历史语言学系，大学毕业后就在地方自治局工作，1901 年后进入内务部，从事出版事务的管理工作。随着革命的爆发，他为国家分裂忧心如焚。他先参加俄罗斯会议，后转入俄罗斯人民同盟，表现出了优秀的组织才能。他把人员派往全国建立分部，印刷了 1300 万份传单，为俄罗斯人民同盟的发展奠定了良好基础。他支持建立战地法庭和农业改革，特别是支持扩大农民土地占有和移民，因此与杜勃罗文发生了严重的分歧，并最终在 1907 年 11 月 8 日退出俄罗斯人民同盟，组建米哈伊尔·阿尔汉格尔俄罗斯人民同盟，在斯托雷平改革前期成为政府的支柱。俄罗斯人民同盟领导层中还有 А. И. 索伯列夫斯基，是俄罗斯科学院的院士。而 А. А. 马伊科夫是自由的艺术家，П. Ф. 布拉采里是一位著名律师，他曾为被指控为屠杀者的人辩护，因而被称为魔鬼律师。在俄罗斯人民同盟领导人中，除了以上几位还有副主席 А. И. 特里夏特内、第一秘书 С. И. 特里夏特内、银行出纳 И. И. 巴拉诺夫等。[①] 从以上介绍的几位领导人来看，他们都是有文化的人，代表了俄国的文化与传统。从他们创立人民同盟的情形和内部的纷争来看，他们关注更多的是如何在外来进步的经济压力下保持自己的战略定力和社会稳定。

参加黑色百人团的不仅仅有贵族，还有地主、商人、企业家、僧侣以及贫穷的农民等。如俄罗斯人民同盟，1905—1907 年间，同盟总委员会候选人有 34 人，其中贵族 17 人、荣誉公民 5 人、商人 4 人、市民 1 人、农民 4 人、身份不确定的 3 人。在各分部能够确定身份的领导人有 44 人，其中贵族有 29 人、神职人员 5 人、商人 6 人、市民 2 人、农民 2 人。1908 年情况有所变化，同盟的最高层充实了 4 个地主和 3 个神职人员，而地主当中有 1 个省首席贵族，1 个县首席贵族，神职人员中 1 个是主教。这些人有一个共同的特点，

---

① А. И. Дубровин За родину. Против крамолы. М.：Институт русской цивилизации，2011，с. 12.

就是希望能够借助政府和宗教的力量顺利地渡过危机。根据规定，官员是不允许参加社会组织的，但是参加黑色百人团却除外。据叶卡捷林诺斯拉夫省长报告，在亚历山大罗夫斯克城，俄国人民同盟不仅有政府的庇护，而且有地方政府的职员参与其中，主要的领导人有宪兵大尉布达科夫斯基、法院侦查员马伊达切夫斯基以及县警察局长维乌利斯基等。另外，黑色百人团也与教会保持着紧密联系。俄罗斯人民同盟的纲领其中有一条就是忠于东正教会，所以参加黑色百人团的都是有信仰的人，教会也把同盟看作自己的支柱。例如，大主教安东尼曾劝杜勃罗文，作为黑色百人团不能像激进政党一样过分地参与政治，更不能像社会革命党一样扔炸弹，安东尼希望人民同盟应该超越政治，站在政治之上。① 至于说农民积极参与黑色百人团，他们更希望能够保留农村公社，以抵御经济过分发展带来的伤害。例如在乌克兰沃伦波恰耶夫分部，这里有很多农民加入。原因首先来自这里的民族聚集，在天主教的波兰人和犹太人的冲击下，俄罗斯农民几乎成为最穷的人。生活在波恰耶夫大寺院的修士大司祭维塔利，作为神学副博士，放弃官方教会的升迁之路，到农民中去宣传黑色百人团的观点。据他说，他带着宣传资料步行900俄里去讲道，在寺院里接待拜访的农民并亲自抄写传单。他是一个最无私和忘我牺牲的人，当然也是一个完全放弃基督教温柔与容忍的妄想狂，但对于贫穷且急需安慰的人来说是很好的劝谏者，在他的劝说下，参加人民同盟的人最多。

黑色百人团究竟有多少人？据卡罗列娃统计，革命初期和高涨期是微不足道的，但在革命退潮的1907年达到了15万人，而在1907年末达到了20万人。② 据德米特里·斯多戈夫统计，1907年末，俄国人民同盟总人数达到

---

① А. И. Дубровин За родину. Против крамолы. М. : Институт русской цивилизации, 2011, с. 19.

② Н. Г. Королева Помещичье - монархические организация в1905 - 1907 гг. образование, структура, тактика. См. непролетарские партии России в трех революциях. Сборник статей. М. : наука, 1989, с. 104.

40 万人，多分部在欧俄，主要在白俄罗斯和乌克兰民族聚集区，特别是农村地区。[①] 而据斯捷潘诺夫统计，1907 年末到 1908 年初，黑色百人团组织一共分布在 66 个省 2208 个居民点。而根据俄罗斯人民同盟基金会与各分部通信的情况看，刨除不经常与总局联系的农村分部，人数在 41 万是可信的。[②]

排除了黑色百人团仅仅有贵族加入，同时是出于自己利益的需要的说法后，我们需要进一步弄清楚黑色百人团是如何从理论上论证这场革命的。

二、保守主义对革命的态度

黑色百人团属于死硬派的保守主义。在形成党团之前，黑色百人团的保守主义立场就已经确立，代表人物是 К. П. 波别多诺斯采夫、Л. А. 吉霍米罗夫、В. П. 米歇尔斯基和 С. Ф. 夏拉波夫。波别多诺斯采夫（1827—1907）是俄国官方著名的保守主义的代表人物。在他的职业生涯中曾担任亚历山大三世和尼古拉二世两任帝师，并在 1880—1905 年间担任圣主教公会的总监。他在面对俄国社会提出改革要求时不是采取让步的政策，而是采取反动的政策。我们特别熟悉的观点有"西方的议会制度是最大的谎言"。他说："假定全体人民在人民大会中为自己创造法律、选举官员，那么，他们会直接表现自己的意愿并实现它。这是一种理想的情景。直接实现它是不可能的：社会的历史发展导致地方联盟增加并复杂化，一些独立的部族融入整个民族或集结成一面国旗下使用不同语言的民族。最后，国家领土不断扩大：在这样的情况下，人民进行直接管理是不可思议的。"[③] 波别多诺斯采夫认为议会所做出的决策之所以不真，在于议会是一个为了满足代表们的虚荣和个人利益而服务的机构。个人利益如果在西方国家有着神圣的地位，因而在议会中议员

---

① А. И. Дубровин За родину. Против крамолы. М. ：Институт русской цивилизации，2011，с. 24.

② С. А. Степанов Черная сотня в России. 1905 – 1914. М. ：изд. А/О Росвузнаука，1992. Глава Ⅲ. Черносотенные союзы：структура，численность，социальный состав. https：//coollib. net/b/272273/read.

③ 郭春生：《俄国 19、20 世纪之交法政文献选编》，清华大学出版社 2016 年版，第 332 页。

所做出的决策也是真的，那么，为什么到了俄国就变成不真或为了私利而服务呢？这来自俄罗斯的价值观。波氏说："教会信仰中最本质、最坚固、最宝贵的东西未必能被表达出来并行诸文字或某种公式。教会信仰中最本质、最坚固、最宝贵的东西是难以捉摸的、不能用定义来理解的，类似光和影的多样化，就像由持续不断的一连串感受、概念和印象形成的感觉那样。"① 这样的价值观决定了俄国人不敢提出具体的规则，或者不用提出具体的规则。

　　然而，俄国自 1861 年实行农奴制改革以来，其根本的做法就是确立基本的法则，而对于从来都不敢或者说不屑提出规则的俄罗斯人来说，这便是犯下大罪，并把这个罪归结为西方教会。当然，按照西方教会的逻辑，带来的一定是资本主义的发展和发财致富。但对于深受东正教思想影响的俄国人来说会造成什么结果呢？波氏说："现在所有人都不满意，很多人由于长期不满意而进入慢性愤怒状态。他们对什么感到愤怒呢？——对自己的命运、政府、社会秩序，对他人、对除了自己本身以外的其他所有人和事都愤怒。"② 这样的愤怒当然也就造成社会的失序，或者说革命。

　　俄国开始这样的进程已经很久了，它起源于彼得大帝。这种病态叫作国家与教会的隔离。在波氏看来，国家不是一种制度，而是一种精神状态。因为"无论国家有多么强大，它都是依靠人民和政府间统一的精神自觉及人民的信仰来确立的，政权的根基是从这种以信仰为基础的意识产生分歧时开始动摇的"③。当俄国普通人的价值观不能成长到信仰的高度而人为聚集在一起的时候，裂痕便产生了，这就是俄国横亘在政府与社会之间的官僚制度。要消除这种隔阂，就必须根据东正教的特点确立政府与社会的关系。东正教作为信仰的团体没有与国家分开，也不可能与国家分开，它是一个把国家联合成一个公民联盟的团体。教会应该干预国家所有的事务，由于俄国没有这样，

---

① 郭春生：《俄国 19、20 世纪之交法政文献选编》，清华大学出版社 2016 年版，第 392 页。
② 郭春生：《俄国 19、20 世纪之交法政文献选编》，清华大学出版社 2016 年版，第 354 页。
③ 郭春生：《俄国 19、20 世纪之交法政文献选编》，清华大学出版社 2016 年版，第 315 页。

结果国家才出现了不正常的状态。① 国家不可能只是社会物质利益的代表；国家越强大，意义越重要，其精神代表的作用就表现得越明显。所以，权力不是为自己，而是为了上帝而存在，是人命中注定的一种服务。② 这样，波别多诺斯采夫把政权归结到了沙皇专制制度，从宗教的角度否决了与人民分享政权的举措。

如果说波别多诺斯采夫是从捍卫专制制度的角度指出政府与人民之间的隔阂，从而否定了俄国已经开始的农奴制度的改革，那么，从革命中成长起来的吉霍米罗夫则是从分析民粹运动的角度捍卫沙皇专制制度的。吉霍米罗夫曾经是民意党党员，他希望通过革命的方式实现社会的创造。然而，随着革命进程的不断深入，他越来越对革命的创造性丧失了信心，并在 1889 年以后退出了革命。他在作文分析退出革命的原因时说："破坏被认为是最为有用的东西，尤其是当直接反对政府或政权，即反抗维护现存秩序的最核心时。我们总是以各种形式努力实现骚乱、叛乱和各种阴谋，但无论什么形式都没有成功，因为不论是街垒还是阴谋，俄罗斯都没有实现的条件——人民和社会既没有这样的愿望，也不表示同情。在这种条件下，真正抗议的表现，除了命运多舛的学潮，只有个人的骚乱——恐怖主义。这种骚乱不需要国家的支持与同情，只需要自己的信念、绝望和赴死的决心。"③ 这样，在吉霍米罗夫心里，恐怖主义不再有任何意义了，相反，它滋长了蔑视社会、人民、国家的情绪，助长了与任何社会制度都不相容的专横心理。

自杀的心理是不正常的心理。顺着对这种现象的思考，吉霍米罗夫把它归结为俄国人的精神死亡。"这样，俄国人的思维里就产生了两种结果：第一个方面是缺乏品位，不尊重事实。相反，却无限地信任那些很少能表达出人们愿望的理论和假设。第二个方面是疲倦的头脑应付不了一系列充满生活

---

① В. Я. Гросул и. т. д. Русский консерватизм XIX столетия. Идеология и практика. М. : Прогресс - Традиция，2000，c. 387.

② 郭春生：《俄国 19、20 世纪之交法政文献选编》，清华大学出版社 2016 年版，第 405 页。

③ 郭春生：《俄国 19、20 世纪之交法政文献选编》，清华大学出版社 2016 年版，第 114 页。

内容的事实，因而导致对事物的厌恶。"① 这两个极端不是源于人们的脑洞大开，而是源于俄国的专制制度。"我对专制制度的看法是这样的。"吉霍米罗夫说，"首先，在这个国家里仍然有千百万民众不懂政治，不想了解其他东西，这是俄罗斯历史发展的结果。这种现象无须被认可，也不能被消除。但同时不能不尊重人民的历史意愿，更不用说一个坚实的事实背后总有支撑它的有力依据。"② 这个依据就是缺乏理性，它不仅让脑力劳动者工作效率低下，而且会慢慢地把国家最优秀的人才破坏殆尽。因此，吉霍米罗夫认为，无论他多么不愿意看到这一点，但都不得不学会与这种现实相处。就这样，吉霍米罗夫已经不再反对专制制度，而是开始纠正专制制度的弊端了。

吉霍米罗夫举证俄国历史上的专制制度，他说，俄罗斯的君主制迄今为俄罗斯民族做了些什么？"成功摆脱鞑靼人的压迫，实现俄罗斯的真正统一，扩展了疆域，成为世界性的角色，从伊凡雷帝时代起接受欧洲文化的启蒙。从'灾难中'恢复过来后，罗曼诺夫王朝的君主制使国家得到了巩固……在民族发展到应有的文化水平后，……君主制采取了伟大的举动——摧毁了农奴制……"③ 然而，吉霍米罗夫非常清楚，俄罗斯民族的心理基础是宗教因素。当他们在彼得时期接受了西方的文化知识之后，危机也出现了。200 年紧张忙碌之后，他们开始像浮士德一样反躬自问：掌握了医学、法的哲学和其他知识之后，从中学到了什么？一种受委屈的感觉，我什么都搞不懂，知识到底有什么价值。如果说彼得一世时期，俄国人仅仅满足于学习的愿望，那么 200 年之后，他们需要知道的是知识的真理在哪里。而当他们不知道的时候，一切家庭、社会和国家的创造成果就分崩离析了。1861 年以后，俄国知识分子开出了各种处方，废除农奴制度，推翻沙皇专制制度，可是他们唯独忽略了一点，这些都只是制度上的变化，与俄罗斯人想问的"知识的真理

---

① 郭春生：《俄国 19、20 世纪之交法政文献选编》，清华大学出版社 2016 年版，第 119 页。
② 郭春生：《俄国 19、20 世纪之交法政文献选编》，清华大学出版社 2016 年版，第 122 页。
③ 郭春生：《俄国 19、20 世纪之交法政文献选编》，清华大学出版社 2016 年版，第 130 页。

在哪里"完全背道而驰。于是，吉霍米罗夫找到了问题的症结。

俄罗斯在与西方的接触中，渐渐迷失了自己。知识分子们抱怨说："在慈父般温暖的屋檐下，就没有一粒孕育着纯洁的、人道的生活的有益的种子，播进我的心里。"① 俄罗斯知识分子在外来的知识分子面前慢慢失去了自己的地位，于是"欧洲的""普世的"就是全人类的，新生的事务否定了旧有的、固定的一切。当他们的意识觉醒以后，他们不禁要问，什么是真理，俄罗斯民族和国家信仰什么样的真理，俄罗斯民族以什么名义统治国家，他们建立的最高权力的存在意义是什么？② 于是，一个寻找自我的俄罗斯思想出现了，专制制度变成他们首先面对的思想。

当然这里的专制制度不是没有灵魂的独裁专制，而是有了灵魂的君主制度。俄国的君主制度来自东正教的信仰，虽然自彼得以来的东正教信仰遭到了削弱，但是人们的精神状态还是道德的。因此，他们需要真正的道德意识，如果没有，他们宁可放弃一切功利主义的模仿。1861 年以来的自上而下的模仿，是对俄国东正教精神的中断，当人们的意识觉醒之后，他们一定会在这个方面重新衔接。所以，君主主义便成为俄国的一种面对的结果。那什么是君主制呢？吉霍米罗夫认为："君主制并不是一个人的独裁专制，也不是官僚寡头的意志体现，……君主制是整个民族思想观点的体现，为了使它成为现实而不是幌子，就需要一个明确的组织和制度体系。"③ 根据 1905 年的革命实践，君主制已经得到了明确的规定。它的含义是，国家是社会群体成员的联合体，它建立在人类公平的原则基础上，受到相应的最高权力的统治。因此，国家不是关于社会福祉的科学和实现共同福祉的艺术，而是实现国家对社会和个人责任的学问。最高权力就其本身而言不是社会，也不是国家。它只是一种指导国家联合行动的力量。社会、国家和最高权力之间存在密切

① 涅克拉索夫：《涅克拉索夫诗选》，魏荒弩译，上海译文出版社 1985 年版，第 127 页。
② 郭春生：《俄国 19、20 世纪之交法政文献选编》，清华大学出版社 2016 年版，第 141 页。
③ 郭春生：《俄国 19、20 世纪之交法政文献选编》，清华大学出版社 2016 年版，第 154 页。

的联系，但同时它们又是一种各自独立的存在。这样，根据俄国历史发展的状况，俄国首先面对的是如何让君主制度发挥活力，以保证社会秩序，另一方面又如何在君主制度的秩序下，发挥社会和个人的作用。

吉霍米罗夫的认识显然从根本上解释了波别多诺斯采夫提出的政府与社会的不协调，与波别多诺斯采夫不同的是，他不再简单地从东正教角度为专制制度张目，而是指出了自彼得以来俄国专制制度灵魂的丧失。虽然他也捍卫君主制度，但他也从宗教发展的角度，为社会和个人的发展提供了渠道，为君主制度与社会和个人的发展协调建立了通道。

受同样思路的影响，夏拉波夫则从经济角度分析了俄国个人的发展出路。С. Ф. 夏拉波夫（1855—1911）曾经当过兵，也有过在巴尔干半岛为祖国效忠的经历。受斯拉夫派思想的影响，他倾向于通过集约化生活来改善俄国农民生活的思想。为此，他发明了犁并参加博览会展出。他认为，俄国农奴制以后，俄国农民的生活不是改善了，而是产生了民粹主义的平均主义倾向，这是维特快速的经济改革带来的结果。他说："俄国的社会问题很大程度上是资产阶级的个人倾向急剧发展的结果，正是在这方面资产阶级要为革命的无产阶级承担责任。"原因很简单，"赤贫、农业的衰落、工业的破产、失业、缺乏投入劳动的机会以及不能承受的税收，这一切都为仇恨创造了土壤，也为出现和发育激进的意识形态创造了环境"[1]。当然，夏拉波夫谴责资本主义给俄国带来的不利影响，不是简单的经济问题，而是道德问题。在夏拉波夫看来，俄国1861年农奴制改革并不是俄国社会发展的结果，而是官僚阶层根据自己的愿望移植西方的结果，对于贵族来说，他们与农民划清了界限，农民不再依附于贵族了，他们之间的关系已经变成赤裸裸的经济关系了，但是，农民在心理上是无法离开贵族的。贵族为了耕种自己的土地必须雇用以前依附于自己的农民，农民也没有更多的时间耕种自己的土地，结果对于农

---

[1] А. В. Репников Консервативные модели российской государственности. М. : политическая энциклопедия，2014，с. 382.

民来说，只能如 M. O. 缅希科夫所说："第一，酗酒快速发展；第二，犯罪快速发展；第三，腐化快速发展；第四，无信仰和对教会的冷漠快速发展；第五，快速从农村逃往醉生梦死的城市；第六，快速失去所有的纪律约束——国家的、家庭的、道德宗教的，成为虚无主义者。"①

农民对于贵族不是简单的经济关系，而是道德关系。相对于俄国的贵族来说，他们对于农民的责任不是简单的统治者或者说经济的剥削者，而是启蒙者。夏拉波夫说："贵族等级是绝对无私的，完全失去了阶级的利己主义。大家或多或少地为自己服务，也为自己的利益服务。但贵族的利益是共同的利益：国家、土地和人民。大家为自己，而贵族为人人。"② 1861 年农奴制的改革，忽视了贵族这方面的责任，贵族失落了，农民也因不能自理而变得贫穷，以至于产生了社会主义的思想。革命派和自由派都认为，俄国农民之所以缺乏土地，原因是他们实在少地，只有通过分配地主土地的办法，才能解决俄国的农民问题。夏拉波夫则认为，俄国的农民问题不是由于土地的减少引起的，而是他们因采用粗放式的经营方法导致的结果，要想改变农民的生存状况，不是简单地没收地主的土地，而是采用集约化的办法。然而，要想做到这一点，一方面，要继续保护贵族土地所有制，让他们有条件投入更多的精力从事改善土地经营的状况；另一方面，让贵族继续有条件完成对农民的启蒙工作，从资本主义发展的危机中摆脱出来。这样，夏拉波夫在解决农民的土地问题时坚决反对取消村社，认为村社是基督信仰、人民精神和历史传说的保存者。③ 与此同时还要保留贵族地主土地所有制，在维护沙皇专制制度的基础上，实现地方自治。不仅在 12 个俄国的原住民州，而且包括 6 个异地州（波兰、芬兰、波罗的海、高加索、中亚和利托夫斯克 – 白俄罗斯

① А. В. Репников Консервативные модели российской государственности. М. : политическая энциклопедия，2014，с. 364.

② А. В. Репников Консервативные модели российской государственности. М. : политическая энциклопедия，2014，с. 357.

③ А. В. Репников Консервативные модели российской государственности. М. : политическая энциклопедия，2014，с. 356.

州）。领导人是沙皇任命的总督，行政人员由各个州杜马组成，而杜马成员是总督任命的。①

随着革命形势的不断加剧，特别是保守的自由主义越来越倾向于召开全国范围内的咨议式杜马，死硬的保守派也越来越倾向于建立黑色百人团，并把捍卫专制制度、东正教和人民性写进了自己的纲领。从俄罗斯人民同盟的纲领来看，它一再强调他们所维护的专制制度并不是绝对主义，而是沙皇与人民相联系的人民专制（народное самодержавие）。它以东正教为基础，即如斯拉夫派所说的，它是人民不愿意操心政权，把它交给一个人管理的一种制度，它出于"基于共同信仰的统一的人民"，而非出于"在社会不同阶层和集团敌对基础上分裂的人民"②。只是由于彼得大帝之后推行绝对主义，才犯了违反人民意志的独裁主义的错误。俄罗斯人民同盟就是在东正教的基础上恢复与人民的一致性。③ 在俄罗斯人民同盟的倡导下，俄国的黑色百人团积极倡导在此原则的基础上确立自己行动的统一纲领，并在 1907 年 4 月第四次全俄罗斯联合的俄罗斯人民代表大会上获得通过。

黑色百人团最担心的是俄国面临着前所未有的被肢解的灾难。这个灾难来自以犹太人为首的西方资产阶级。关于犹太问题，他们认为："持续三年的混乱让国家濒临破产，而犹太人积极参加让俄国人民变得软弱无力的革命，又同时致力于对俄国人的经济奴役。在西欧和南俄他们完全做到了对贸易、工业和资本的掌控，土著的俄罗斯人民，特别是城市人民变得完全赤贫，俄国的手工业者失去了工资，因为犹太人向自己的手工业者发放订单，而俄罗斯人对于给自己人还是犹太人发放订单持无所谓的态度。经过对这个让俄罗斯人民面临破产和遭受奴役危险的形势的讨论，第四次全俄代表大会呼吁所有俄罗斯人民采取一切措施支持自己的同胞兄弟以及在贸易、工业和手工业

---

① В. Я. Гросул и. т. д. Русский консерватизм XIX столетия. Идеология и практика. М. : Прогресс - Традиция，2000，с. 394.

② 白晓红：《俄国斯拉夫主义》，商务印书馆 2006 年版，第 156 页。

③ Правые партии Документы и материалы. Т. 1，1905 - 1910. М. : РОССПЭН，1998，с. 79.

开创的事业，让他们同铁石心肠的竞争者的斗争变得容易一些，把自己的订单优先交给俄罗斯人，购买他们商店的产品，协助每一个俄罗斯人的事业成功发展，让他们的事业在巩固之后成为自己和俄罗斯人收入的源泉。特别值得注意的是，在同俄罗斯人竞争或斗争的所有时刻，犹太人都会对他们采取抵制政策，那么，代表大会认为，俄罗斯人作为国家的主人，同样有采取相应的手段，捍卫自己的独立与神圣的权利。同理，如果各个地方的犹太人继续固执地开展让人民破产、道德败坏和骚动的革命或者对收留犹太人的人民继续保持敌意，妨碍俄罗斯人民把力量用于发展贸易和工业，则非常有必要宣布对犹太人实施抵制并由君主联盟和政党协助实施。"①

从对犹太人的态度来看，黑色百人团并不否认工业和贸易，只是由于犹太人的激烈竞争才起了对犹太人的敌视和防范的心理，忽视了自己权利与尊严的丧失源于自身的保守或者过分看重自己的传统。于是他们举起自己的传统大旗——东正教、专制制度和人民性，一起捍卫受到撼动的尊严与权利。殊不知当黑色百人团接受发展贸易和工业的那一刻开始，就已经为自己树立了敌人，这个敌人不只是犹太人，还有参与竞争的自己人。而黑色百人团越是对竞争采取防范的态度，就会越发激起激烈的革命斗争。所以，在具体的政策上就可以看出黑色百人团的矛盾心态。

对待召开的国家杜马，黑色百人团说，必须立刻解散没有工作能力和谋反的国家杜马，必须取消国家杜马条例和选举条例，因为俄国人民需要的不是立宪杜马，而是咨议式的机构，包括选举、抓阄和沙皇的召集，等等。在重新颁布杜马条例和选举条例之前，皇帝应该组织忠实于神圣誓言、皇权以及东正教的人员组成委员会。凡是政治上不可靠的人不能参加选举，也不能成为国家杜马的成员。必须在全国设立不用随时汇报、镇定自若的总督，赋予他们监督所有机关和公职人员的权力，且有权解除他们的职务并让他们离

---

① Правые партии Документы и материалы. Т. 1, 1905 – 1910. М. : РОССПЭН, 1998, с. 330 – 331.

开边区。在全国范围内恢复军事法庭，对于罪人除了实施惩罚制度外，还要进行大规模的罚款并追缴犹太人、波兰人和高加索人给受害者造成的损失。如果没有发现肇事者或者他们没有独立的支付能力，罚款和损失应该由这个地方和居民缴纳。犹太人，特别是犹太自卫团应立刻放下武器，波兰人和高加索突厥人也同样如此。相反，俄国自卫团和其他爱国组织应该合法化，并在政府的监督下付诸实施。还没有付诸实施的、禁止官员参加未获政府批准的政党和社团的法令，应该在各个部门严格实施，特别是教育部门。对革命报刊实施最严格的封锁，比如对编辑实施教育和财产资格的审查，对传播谣言和纵容犯罪者实施最严格的惩罚，私下调查犯罪分子，采取措施让政府禁止的出版物不能换名复刊。政府鼓励宣传民族、爱国情感和观念的报刊出版。取消选举法官制度。让政府设立的、已经成为革命宣传中心的、监督人民戒酒的茶室、阅览室以及人民之家，在政府的资助下成为爱国组织机构或者完全可以信赖的人员机构，不可能完成转换的当立刻关闭。禁止犹太人在军队服役、加入国家机关以及成为律师，即使他们受洗加入了东正教。禁止犹太人经营银行、银行办事处和信贷机构，禁止参与国家承包工程，禁止以任何方式在城市和农村购买土地与租赁土地，同时严防他们绕过法律行事。[1]

土地是黑色百人团的命根子，加强土地的建设就是夯实自己的根基。黑色百人团认为，国家土地整理就是巩固提高俄国土著居民在其居住区和整个帝国的福利。在注意到农民缺地和少地的尖锐问题，且清楚地意识到国家杜马不能根据俄国土著居民的利益解决土地问题和移民问题时，第四次代表大会认为，"由于各地条件、需求以及保证方式的不同，只有皇帝陛下，在只包含东正教徒和旧礼仪派教徒、不包含异教徒和其他种族的神圣的全等级缙绅会议的协助下，结合本县的农民，才能公正而不会得罪别人地消除引起我

---

① Правые партии Документы и материалы. Т. 1, 1905 – 1910. М. : РОССПЭН, 1998, с. 317 – 319.

们正在经历的土地无序的主要原因"①。信仰东正教的俄罗斯人民应该在专制和不受约束的俄罗斯东正教沙皇的领导下团结起来。农民等级必须保持其日常生活不受侵犯，农民占有的土地应该受到保护，不得收购以及以各种方式转到其他等级、异族特别是犹太人手中。市民在农民土地银行的帮助下有权购买非农民土地。哥萨克也应在军区范围内获得同样的权利。在保留保护农民免遭失地境遇的村社的情况下，应该让农民享有个人土地占有形式所具有的好处和优势，建议实行村社—庄园土地占有形式，通过这种形式集中个人与村社土地占有形式的所有优势，消除所有的弊端。无论退出现有村社，还是改良的村社都是自由的，条件是以现有的土地价值把现有的份地或者独立田场出售给村社，或者出售给拥有不超过两份份地的独立的公社社员。如果在价格上出现分歧，则由国家定价。保护土地私有权不受侵犯，必须采取措施以免有人购买土地寻求暴利或者以高价转让和出租给外族人和犹太人，哪怕他们已经成为俄罗斯臣民或受洗的东正教徒。如果根据国家和社会需要出现强制没收的情况，也要给予公正对待和现金补偿。移民应该有助于边区的俄罗斯人民和平发展和工业保障，绝不能把土著的俄罗斯土地转交给异族和外国人。在移民的同时应该着手迁移较大的居民点，以提高农业生产力。无论是移民还是动迁，国家都应该给予资助。把现有的贵族银行和农民银行改组成为统一的国家土地银行，把业务延伸到地主的城市财产，犹太臣民和外国人除外。② 从以上认识来看，黑色百人团强调土地私有制的价值，同时也看到了村社在社会福利方面的作用，他们提出的把村社与农场相结合的模式为农业的集约化经营开辟了道路，成为强化农业、加强农民地位乃至稳固国家根基的重要举措。

　　工人问题是黑色百人团最担心的。由于俄国工人刚刚离开农村，还保留

---

　　① Правые партии Документы и материалы. Т. 1, 1905 – 1910. М. : РОССПЭН, 1998, с. 322.

　　② Правые партии Документы и материалы. Т. 1, 1905 – 1910. М. : РОССПЭН, 1998, с. 321 – 323.

着许多农村的旧习惯，生活也常常因工作不稳定或者来自异族人特别是犹太人的激烈竞争而陷入困境。黑色百人团首先最关心的是犹太人利用自己的股份和经济优势让工人陷入了困境，希望通过组织爱国的政党和机构同犹太人展开斗争，强调保护手工业工人的利益。其次，通过在政治上保留东正教、专制制度和人民性的情况下开展经济上的独立与互帮互助，如改善工人的劳动条件，如设立作坊、消费商店的互助储蓄所、学校以及鳏寡孤独的避难所等；为工人提供小型贷款；排查犹太人在小工业作坊方面给俄罗斯人带来的恶性竞争，为俄罗斯的小工业产品寻找销路；给失去劳动能力的工人以资助。再次，在政治上帮助俄罗斯的工人。如道义上帮助工人组建自己的同盟和协会或者帮助他们加入俄罗斯人民同盟，严格执行政府机关职员不允许参加非法政党和组织的法令，尽可能减少官方工厂和铁路中的外国人特别是犹太人的比例，招收私人工厂中因信仰被解除职务的俄罗斯工人进入官方工厂，消除外国人和犹太人在工厂中的特权等。①

教育是黑色百人团的重中之重。为了让俄国政府与社会团结一致，黑色百人团要求从地方自治机构手中夺回教育权。在黑色百人团看来，正是由于地方自治机构管理教育，才使得教育机关成为革命的温床。为了避免革命情况的出现，第一，要做的是在中学中实行宗教道德教育，特别是通过设立教区中学，从精神上改造学校；第二，在学校中驱除犹太人，消除犹太人给大中学生带来的败坏性的影响，让犹太人自己出钱办自己的学校，由政府实施监督；第三，在学校中使用俄语，最好学生也都是东正教徒；第四，把教育与政治区分开来，严格实行高校是教育阵地的理念，取缔高校当中的一切政治活动，包括取缔政治组织甚至老乡会，开除从事政治活动的教授和学生；俄国的高校已经达到了与国外一样的科学水平，不允许学生再到国外接受补充教育；第五，大力发展教育网络，比如发展中等城市教育、农村中等职业

---

① Правые партии Документы и материалы. Т. 1, 1905 – 1910. М. : РОССПЭН, 1998, с. 323 – 326.

技术教育以及教育培训班；第六，缩短中学教学的时间，不建议中学课程每天超过四节课，以提高教育质量，等等。①

黑色百人团是典型的民族主义者，他们特别排斥异族人和异教徒，提出"俄罗斯是俄国人的俄罗斯"的理念。这是基于 1906 年混乱时期乌克兰、白俄罗斯、波兰和芬兰等脱离俄国的分离主义倾向提出的，表现出强烈的大国沙文主义的思想。② 黑色百人团把俄国是统一而不可分割的整体作为自己的旗帜提出，是基于东正教国家是一家的宗教思想，所以他们更多的是通过吸收异族或者基教徒皈依东正教的方法，使其变成自己人。由于黑色百人团很在乎资本主义对东正教的冲击，所以，虽然表面看来不具有反少数民族的性质，但是从极度排犹的情况来看，他们不可能走近资本主义发达的少数民族。对于具有严重分离主义倾向的波兰人和芬兰人，他们采取的办法是用种族主义或者俄罗斯文化加以冲抵，造成了极为严重的民族纷争和种族纷争。例如纲领说：为了实现边区与俄国的统一，无论是责任重大的岗位还是行政和社会岗位，管理边区的人选应该以精神上属于东正教的俄罗斯人为首，进行教育的时候应该培养正确实现俄罗斯在边区历史任务的人员。边区使用的国家语言只能是俄语，无论是政权机关，还是行政机构、军队、法院和学校，只有家庭、文学和宗教使用当地的语言。在教育方面，培养边区学生首先把自己当作帝国的臣民，其次才是波兰人、芬兰人、拉脱维亚人、立陶宛人、亚美尼亚人等。巩固边区俄国人土地所有制应该成为重中之重。③

综合黑色百人团提出的观点，他们更多地捍卫本民族的利益，特别着重地宣讲了资产阶级与俄国价值观的冲突，所以他们关于革命的认识虽然为俄国人民与政府的精神分离做出了贡献，但是黑色百人团的认识不是缓解了革

---

①　Правые партии Документы и материалы. Т. 1, 1905 – 1910. М. : РОССПЭН, 1998, с. 319 – 321.

②　А. Я. Аврех П. А. Столыпин и судьба реформ в России. М. : изд. Политической литературы, 1991, с. 130.

③　Правые партии Документы и материалы. Т. 1, 1905 – 1910. М. : РОССПЭН, 1998, с. 327 – 328.

命的形势，相反加剧了俄国的转型难度。

俄国革命是资本主义发展的产物，也是一定条件下不可避免的现象。然而从革命的激烈程度，以及俄国社会各个阶层对革命做出的反应来看，革命不是否定过去就是顽固地坚守过去，缺乏解决社会冲突的能力。应该说，无论革命者还是保守派都认识到一点，就是俄国应该探索自己的发展道路，如革命者主张保留村社制度，保守派主张渐进地发展地方自治。可是，从各派的彼此对抗以及对政府的态度来看，更多的是抱怨和仇恨，这让理性的改革者变得异常艰难。政府不得不花费大量的精力维持秩序，让俄国理性的改革大打折扣。

资本主义的发展不可阻挡。由于俄国文化的落后性，俄国对资本主义带来的冲击反应强烈，特别是社会下层。为了渡过发展带来的危机，就必须有人做出牺牲，牺牲者当然首先是有文化的社会上层，因为他们是贵族，是有素养的。

| **贵族的新使命**

第一节　贵族的没落

一、俄国贵族的真实含义

　　说起贵族，在中国人的概念里，就是贵族阶级。前者之贵族就是指公侯伯子男以及诸侯；后者之贵族阶级，多为大家族。与平民阶级相比，贵族阶级享有更多的特权，拥有更大的政治权利。① 在西方的意义上，贵族不同于唯我独尊的君主，又明显区别于民众。依赖血缘关系、功绩等因素，他们得到君主的恩赐，获得了爵位和封地，赢得了荣耀和显赫。最重要的是他们手中拥有特权与权力。这种特权与权力，一方面使他们成为王权的追随者、屈从者和维护者，善于协调自身与王权和宫廷的关系；另一方面又是王权的对抗者、挑战者、监督者和制约者，必要时能够限制和约束君主与宫廷。② 贵族依靠什么来约束王权呢，仅仅是君主赐予的特权吗？其实除了特权之外，还有道德。孟德斯鸠有过这方面的论述。他说："这个团体有两种抑制自己的方法。一个是以高尚的品德，使贵族和平民多少平等些，这可能形成一个大共和国。另一个是以较小的品德，也就是说以某种程度的节制使贵族们至

---

　　① https：//baike. baidu. com/item/贵族/33588.
　　② 闫兆祥：《英国近代贵族体制研究》，人民出版社 2006 年版，第 12—13 页。

少在贵族之间是平等的，这样他们就能够存在下去。这就是以品德为基础的节制。"① 是否节制就能够让贵族永远保持自己的地位而不遭受侵害呢？显然不是。因为英国大革命和法国大革命中贵族所遭受的待遇完全不同。托克维尔在《旧制度和大革命》一书中有了进一步的揭示。他说："英国是真正将种姓制度摧毁而非改头换面的唯一国家。在英国，贵族与平民共同从事同样的事务，选择同样的职业，而更有意义的是，贵族与平民间通婚。最大的领主的女儿在那里已经嫁给新人，而不觉得有失体面。"② 为什么英国的贵族可以做到这一点而不要特权呢？托克维尔继续说："英国贵族较之其他贵族，一向更谨慎、更灵活、更开放，这种特点常引起人们注意。……若干世纪以来，贵族一词在英国已完全改变了含义，而（平民）一词，现已不复存在。""贵族一词是从法国演化来的；你将看到它的意义在英国随着不同的社会地位互相接近、互相融合而扩大。……它最终和英国人一起传到美国。在美国，它被用来泛指所有公民。它的历史亦即民主的历史。在法国，贵族一词始终局限于它的原始含义的狭窄范围；大革命后，这词几乎无人使用，但词义从未改变，仍旧指该种姓的成员……仍和以往一样与所有其他社会等级分离。"③

英国贵族是如何完成从自我封闭向对外开放，从寻求特权向寻找平等方向的转向呢？在托克维尔看来，这是源于对自由的追求。他说："只有自由才能在这类社会中与社会固有的种种弊病进行斗争，使社会不至于沿着斜坡滑下去。事实上，唯有自由才能使公民摆脱孤立，促使他们彼此接近，因为公民地位的独立性使他们生活在孤立状态中。只有自由才能使他们感到温暖，并一天天联合起来，因为在公共事务中，必须相互理解，说服对方，与人为善。只有自由才能使他们摆脱金钱崇拜，摆脱日常私人琐事的烦恼，使他们每时每刻都意识到、感觉到祖国高于一切，祖国近在咫尺；只有自由能够使

① 孟德斯鸠：《论法的精神》上册，张雁深译，商务印书馆1997年版，第22—23页。
② 托克维尔：《旧制度与大革命》，冯棠译，商务印书馆1997年版，第122页。
③ 托克维尔：《旧制度与大革命》，冯棠译，商务印书馆1997年版，第122—123页。

更强烈、更高尚的激情取代对幸福的沉溺，使人们具有比发财致富更伟大的事业心，并且创造知识，使他们能够识别和判断人类的善恶。"①　于是，正是这种对自由的追求使贵族完成了从追求特权和财富向追求平等和开放的改变。英国的贵族成了公民的代名词，虽然保留了贵族的称号，但贵族的称号也成了谦让、素养的代名词；而法国的贵族则成为种姓的代名词，虽然普通人也可以通过购买获得贵族的称号，但贵族却成为特权的象征，成为人人唾弃的对象。当英国发生现代资产阶级革命的时候，贵族能够实现与资产阶级的光荣和解，而法国呢，则出现了血腥屠杀的雅克宾革命，腥风血雨持续了 200 年。

俄国的贵族也几乎有着同样的经历。譬如贵族经历了领主（即波雅尔 бояре，боярин 或 боляре）和封臣（дворянин，дворяне）两个阶段。领主与王公、封地公爵同为公元 10—18 世纪社会的上层，其地位最初来自封赏，后来成为世袭的身份。②　随着社会的发展，分别来源于氏族瓦解的侍卫显贵、职业武士以及大财主的贵族在彼得大帝时期逐渐合流为服务于沙皇国家的封地贵族（дворянство）。根据《职官秩序表》和《一子继承法》，俄国贵族必须从 15 岁起终身为国家和沙皇服役，同时还要承担纳税和向国家提供新兵的义务。彼得一世规定贵族中服兵役者不得少于 2/3，其余 1/3 担任文官。无论文官武官，所服差役均不设期限，并且从最低一级做起。虽然沙皇彼得一世把贵族统一起来，确立了军功、事业作为晋升贵族的条件，并形成了俄罗斯帝国，但是俄国的贵族却与沙皇一起成为国家的奴隶。③　为什么彼得以强

---

①　托克维尔：《旧制度与大革命》，冯棠译，商务印书馆 1997 年版，第 35—36 页。

②　张建华：《帝国风暴——大变革前夜的俄罗斯（1762—1855）》，北京大学出版社 2016 年版，第 92 页。

③　关于奴隶的说法，俄国历史学家米罗诺夫用农奴制加以概括并具有如下特征：(1) 对主人超经济的、人身的依附，这里的主人指的是个人、集体或国家；(2) 被固定于居住地；(3) 被固定于等级；(4) 私有财产权和民事行为权利受到限制；(5) 择业权受到限制；(6) 无社会保障；主人可凭个人意愿，不经过法院便剥夺其依附人的尊严、荣誉和财产，施行体罚。由于俄国的贵族几乎都有这方面的限制，所以米罗诺夫认为，彼得一世时期，贵族对国家的依附关系就如同农民对贵族的依附关系一样，同样都是奴隶。参见鲍·尼·米罗诺夫：《俄国社会史》（上卷），张广翔等译，山东大学出版社 2007 年版，第 380、382 页。

制的方式打开了向西方开放的国门，但在俄国却造成了一帮奴隶呢？这源于彼得大帝对宗教的怀疑。虽然这种怀疑在彼得之前的 17 世纪就已经出现，但是正是彼得的事业在警察机关的专制制度和神圣的王国之间划了一道鸿沟，在俄罗斯社会最高领导层和保持着旧的宗教信仰和希望的人民群众之间产生了断裂，[①] 形成了西方与俄国之间的文明冲突。当然，彼得的教会改革是教会自身削弱的结果，是从文化水平较高的南方来到罗斯托夫的僧侣等级不学无术的结果，是僧侣的道德威信丧失殆尽的结果。虽然彼得的西方化是以野蛮制服野蛮，是一种向文明的跃进，但彼得的改革使人民的精神造成了创伤。[②] 用一句话概括就是，社会下层对社会上层的不信任。而这种不信任酿成了完全相反的结果。

　　叶卡捷琳娜二世同样是推进俄国走向西方化的重要的皇帝。根据启蒙运动的思想，叶卡捷琳娜二世让俄国的贵族和大商人变成人，为此，叶卡捷琳

俄罗斯贵族

① 尼·别尔嘉耶夫：《俄罗斯思想》，雷永生等译，生活·读书·新知三联书店 1996 年版，第 15 页。

② 尼·别尔嘉耶夫：《俄罗斯思想》，雷永生等译，生活·读书·新知三联书店 1996 年版，第 16 页。

娜二世被称为贵族的沙皇。根据《御赐高尚贵族权利、特权和优惠诏书》：贵族免除被军队征用住宅；贵族免除体罚；贵族不仅拥有土地所有权，并且拥有土地之下矿产所有权；贵族拥有建立自己的等级机构的权利；贵族拥有变更为第一等级称号的权利，即由"贵族"更名为"高尚贵族"；禁止因刑事犯罪没收贵族房产，房产应该转让给合法继承人；贵族拥有唯一的土地所有权；乌克兰贵族与俄罗斯贵族拥有平等权利；没有官级的贵族被剥夺选举权；房产收入超过100卢布的贵族拥有选举权。贵族所具有的权利在现在看来完全属于人权，但是由于贵族在获得权利的同时却保留着大量的农奴制农民，特别是叶卡捷琳娜二世一边给予贵族以权利，一边又把大批农民变成农奴。虽然条文没有规定贵族对农奴的垄断权，但是叶卡捷琳娜二世大肆赏赐帮助自己的大臣以农奴的行为，无疑是把一种高尚的事业变成了邪恶的事业，激起了农民对贵族的仇恨。当然，叶卡捷琳娜二世也不愿意不把农奴当成人，她说："如果不能承认农奴是人的一分子，因而他就不算人，那就请承认他是牲口，这样全世界将会由于我们而增添不少的光荣与博爱；关于奴隶所发生的一切，都是由于时下慈善规章纯粹把奴隶当成畜生所造成的结果。"① 但是，叶卡捷琳娜二世无法改变贵族的观念，因为在他们的心里充满了奴役的意识。这正如谢尔巴托夫公爵论述贵族的权利时所说的那样：效忠君主和祖国是贵族身份的职责所在。这种效力在于管理好本国君主的其他臣民，为此必须受到培训。办法是赋予贵族掌管乡村和奴隶的权利，在此基础上使他们从幼年时代起就学会管理帝国的一些地区。就这样，奴隶占有制理应成为纯属统治阶层的特权。②

　　通过学习和实践，特别是当贵族亲自随着亚历山大一世的大军进入欧洲的时候，曾经以为让农奴依附于自己是对农奴的行善的观念彻底改变了，但

① 瓦·奥·克柳切夫斯基：《俄国史教程》第5卷，刘祖熙等译，商务印书馆2009年版，第89页。

② 瓦·奥·克柳切夫斯基：《俄国史教程》第5卷，刘祖熙等译，商务印书馆2009年版，第87页。

这种改变是一种忏悔，是一种对农奴的赎罪，内部充满了毒性。

二、俄国贵族的曲折转向

叶卡捷琳娜二世对贵族的解放，让贵族获得了学习的机会。早在 1765 年时，叶卡捷琳娜二世就派 12 名青年到莱比锡大学留学。据拉季谢夫的儿子尼古拉的回忆，拉季谢夫的同学有亚诺夫、切利谢夫、库图佐夫、鲁巴诺夫斯基、涅斯维茨基公爵、Φ. 乌沙科夫、M. 乌沙科夫、萨纳金、特鲁别茨基公爵、奥尔苏费耶夫。[①] 由于政府对他们并不信任，曾派督学监督他们，对他们的态度也不友好，于是他们便在学习时产生了反抗的思想，这是他们最初的思想觉醒。如果别尔嘉耶夫把拉季谢夫当成俄国的第一个知识分子，那么俄国知识分子一开始便有了激进主义的色彩。他对农奴持同情的态度，希望通过揭露政府的黑暗实现农奴的解放，拉季谢夫也便成为忏悔贵族的代表。[②] 他在写作的《乌沙科夫生平》一书中说："啊，你们劳心的支配者，由于你们眼光短浅，你们放弃了从事公益的机会，熄灭了笼罩着青年心灵的火焰；对青年一次镇压，你便每每使他永远成为残废！"[③] 他在《致托波尔斯克友人书》中说："为什么称这位君主（指彼得一世）为大帝，只有为祖国做过贡献的君主，才配享受这种称呼。彼得一世给俄国做过什么贡献呢？这位国王的优异之处虽然不在于他为人民利益而建立的各种制度，……但他却给一个辽阔无边的庞然大物以第一个意图，而这个庞然大物虽然巨大无比，但过去却是毫无作为的。……所以我说，如果彼得确立了个人的自由，那他就可能

① 戈·瓦·普列汉诺夫：《俄国社会思想史》第三卷，孙静工译，商务印书馆 1999 年版，第 342 页。

② Серджо Бертолисси Три лица русской интеллигенции：Радищев，Чаадаев，Сахаров. См. Д. А. Успенский Русская интеллигенция и западный интеллектуализм：история и типология. Москва – венеция，1999，с. 110.

③ 戈·瓦·普列汉诺夫：《俄国社会思想史》第三卷，孙静工译，商务印书馆 1999 年版，第 355 页。

更光荣，就可能更提高自己，也提高他的祖国。"① 拉季谢夫对于彼得大帝的谴责来自和西方的对比，虽然不乏正确的观点，但却忽视了彼得大帝的行为动机。因为作为一个崇尚功利的君主来说，他学习西方就是要实现俄国的出海口，恢复莫斯科公国曾经的领土。同样，拉季谢夫也是抱着这样的思想谴责彼得大帝的。所以，他在留学回国之后，看到俄国贵族与农奴之间的差异，提出废除专制制度和解放农奴的思想，但不相信国王会主动放弃王位，以便安宁地生活。如果有这样的例证，宁愿相信他在王位上坐腻了。拉季谢夫的做法成了十二月党人的楷模。

十二月党人是俄国贵族革命家，由于通过公开起义走上了对抗沙皇政权的道路，因而被称为革命者。他们成立的第一个组织叫作"拯救协会"（Союз спасения），参加者主要有 C. 特鲁别茨柯依王公、C. 和 M. 穆拉维约夫 – 阿波斯托雷兄弟、A. 穆拉维耶夫和 M. 穆拉维耶夫兄弟以及他们的表兄 H. 穆拉维约夫，还有 П. 比斯特尔等。他们的目标就是在俄国实行代表制。由于成效不大，组织出现了分裂。1818 年，拯救协会变成幸福协会，提出开展社会工作，如开设医院、孤儿院，发展农业经济、工业和商业等。幸福协会存在的时间也不长，在 1821 年解散。与幸福协会观点不同的比斯特尔在南方组建南方协会，成员有九人，主张建立共和国；而于 1822 年在圣彼得堡重新恢复的幸福协会成员组建了北方协会，主张建立君主立宪制度。双方的分歧反映了贵族革命家观点的一厢情愿，但为贵族们思考俄国现实发展道路提供了参考。

俄国贵族的觉醒面临一个最大的问题——冷漠。这不是道德问题，而是宗教问题。他们无法面对日益变革的局面。起初人们把它归结为俄罗斯人的贫穷、嗜酒和懒惰。沙皇亚历山大一世试图通过东正教会解决这个问题，但政府每年给他们供应的 140 万卢布换来的只是文牍主义。为了摆脱这种局面，

---

① 戈·瓦·普列汉诺夫：《俄国社会思想史》第三卷，孙静工译，商务印书馆 1999 年版，第 356 页。

政府提出让教会独立。最先提出这个问题的是在俄国日益活跃的耶稣会士，得到了保罗一世的支持。虽然保罗一世的意外去世，对耶稣会士的发展产生了影响，但是耶稣会士对未来的自信深深影响着具有自由主义思想的贵族。亚历山大一世是自由派贵族的代表，从一开始就习惯于生活在幻想和期待的环境中，生活在一种从理智上的"变动不居"中，生活在紧张和对理想的幻想之中。① 直到拿破仑入侵才让他走上寻求信仰的道路。他找到了深受耶稣会士影响的国民教育和宗教事务大臣 A. H. 戈利岑公爵（1773—1844）。戈利岑公爵曾经是一个轻佻但优秀的世俗之人，他在阅读《圣经》以后，实现了再生并把《圣经》作为他思考与行为的唯一标准。当所有人都在为求生而逃离莫斯科的时候（卫国战争时期），他开始重建自己的家园。亚历山大一世问戈利岑为什么不逃跑？戈利岑说，我现在所在之地像其他地方一样安全，我还要往哪里逃？上帝就是我的保障，我依靠上帝。亚历山大反问道，你从什么时候开始把这么多的希望寄托给上帝，你期望的依据是什么？戈利岑把《圣经》的大卫《诗篇》第90首读给亚历山大一世听，亚历山大像石头一样僵在那里，表达了极大的痛苦。因为他从来没有听到过这样的话语，在他的记忆里，他总是通过人的方法寻求安慰。从此以后，亚历山大一世开启了阅读《圣经》的过程，同时把《圣经》的原则作为他生活的唯一标准。② 虽然亚历山大一世并没有从此变得充满主见和意志刚强，但他做事已经不再冲动和抱怨。寻求上帝之爱的思想逐渐成为俄国社会的主流，并为贵族保守主义的兴起开辟了道路。

在传统的观点里，保守主义都是反动的代名词。甚至最新的俄国书籍还是这样描述尼古拉一世统治的：尼古拉一世的内政是基本矛盾的，一方面害怕革命，不相信任何社会舆论的独立表达；另一方面又理解实行改革的必要

---

① 格奥尔基·弗洛罗夫斯基：《俄罗斯宗教哲学之路》，吴安迪等译，上海人民出版社2006年版，第185页。

② В. К. Надлер Император Александр I и идея священного союза. М. : Кучково поле, Русское Императорское историческое общество, 2011, c. 246 – 247.

性。把 C. C. 乌瓦罗夫提出的官方国民性理论"东正教、专制制度和人民性"当作巩固沙皇政权的官僚事业。① 谢尔盖·谢苗诺维奇·乌瓦罗夫是一位古老贵族的后裔，他的远祖是金帐汗国的明恰克·科萨耶夫，在 15 世纪效力于莫斯科王公时赐姓乌瓦罗夫。乌瓦罗夫曾受过出色的教育，能自如地运用法语、英语、意大利语和希腊语。他曾留学德国，擅长用西方的哲学思考俄国的东方问题。乌瓦罗夫是卡拉姆津的信徒，他一直是彼得堡学区的督学，1818 年起担任彼得堡科学院的院长直到去世，在政府中担任的最重要的职务是国民教育大臣（1833—1843）。1818 年，乌瓦罗夫在中央师范教育学院全球历史和东方文化教研室成立大会上发表演讲，阐述了他对历史和文化的理论。他说："从亚当、夏娃的堕落到现代欧洲的出现，上帝为整个人类筹划了自由，在这方面，最后的成就将由俄罗斯来完成。……俄罗斯很快会走向成熟，公民自由的保障将会建立起来。借助教育所达成的精神解放，势必会先于借助立法所取得的肉体的解放而到来。"② 乌瓦罗夫在 1833 年 11 月撰写了《关于一些强化国民教育部管理的普遍原则》，提出了东正教、专制制度和国民性三位一体的理论，后来被俄国科学院院士、副院长佩平解释为"官方国民性"理论。

"官方国民性"似乎因其具有官方性质而与人民相隔绝，其实它开启了政府与人民的联系，着手俄国民族思想的建立。关于国民性，苏联的多数学者认为这是一个没有说清楚的问题，甚至更多地指向农奴制。而在阿·弗·古雷加看来，乌瓦罗夫的国民性就是"那个将种种个别特征聚合起来、累积起来，使之强化、使之结成一体，从中构建出一个完整世界之物"的那种团结力量。而用阿波隆·亚历山德罗维奇·格里戈里耶夫③的看法：人民，这

---

① М. Т. Флоринский Россия история и интерпретация в двух томах. Т. 2，Санкт－петербург：Наука，2013，с. 111，135.

② 阿·弗·古雷加：《俄罗斯思想及其缔造者们》，郑振东译，南京大学出版社 2018 年版，第 73 页。

③ 阿波隆·亚历山德罗维奇·格里戈里耶夫（Аполлон Александрович Григорьев，1822—1864），俄罗斯文学批评家、诗人。

就是由社会所有阶层的种种特征组合起来的集合之民。社会高层的和基层的、受过教育的和没有受过教育的、富有的和贫穷的；这一组合不是机械式的，而是有机的；文学，当它表达着全体人民本性所固有的、在先进阶层中被极其充分地确定下来的生活观念时，便是具有人民性的。[①] 要想把整个社会团结起来，无论是高的、低的，富的、穷的，还是受过教育和没有受过教育的，就必须振兴东正教，因为东正教里占主导地位的不是正义的观念，而是爱的观念。他拒绝人类历史范围内的个人拯救，而是与人类一道获得普世的拯救。[②] 而君主专制政体呢，不是专制主义，不是无限制、无监督的权利，更不是极权主义。而是如伊利因所指出的集中体现于一人之身的积极的民族自觉。[③]

俄国由于还处在专制条件下，打着西方化的旗帜推行用野蛮制服野蛮，因此这一观念的提出便具有反西方，甚至反文明的味道。然而，俄国要想实现真正的解放，必须得从欧洲中心主义的奴役中摆脱出来，正如 H. M. 卡拉姆津所说的那样："无论是人，还是民族，开始时永远是模仿，但应当随着时间的流逝而转而为自我，以便说，我合乎理性地存在着。现在我们在生活中已经有足够的知识，知道怎样生活，不需要问在巴黎和伦敦是怎样生活的：那里人穿什么？坐什么车？怎么布置房间？……我不敢说，在俄国有多少爱国者。但是我感到，我们在民族尊严方面过于谦逊，而谦逊在政治上是有害的。毫无疑问，谁不自我尊重，别人也不会尊重他。我不是说，对于祖国的爱应当是盲目的，相信我们一切都好，但俄罗斯人至少应该知道自己的价

---

① 阿·弗·古雷加：《俄罗斯思想及其缔造者们》，郑振东译，南京大学出版社 2018 年版，第 51 页。

② 阿·弗·古雷加：《俄罗斯思想及其缔造者们》，郑振东译，南京大学出版社 2018 年版，第 61—62 页。

③ 阿·弗·古雷加：《俄罗斯思想及其缔造者们》，郑振东译，南京大学出版社 2018 年版，第 62 页。

H. M. 卡拉姆津

值。"① 但是，从对西方的膜拜中摆脱出来就必须重新确立俄国的价值取向，放弃宗教不过是一种仪式和心理安慰的思想。当然，觉醒了的贵族不是把希望从对宗教的膜拜转向对人民的膜拜，从而形成托尔斯泰式的忏悔的思维方式，以致产生受苦的人民对贵族的痛恨，而是到民间去，为他们做出表率，教育他们学会判断正误的能力。于是卡拉姆津关于废除农奴制的新观点就有了另外一层含义。

卡拉姆津（1766—1826）出身于辛比尔斯克省的地主贵族家庭，莫斯科大学毕业后在普列奥布拉任斯基军团服过役，也到欧洲游历过，是 18 世纪末 19 世纪初俄国著名的历史学家和感伤文学的奠基人。年轻时，卡拉姆津曾倾心于自由主义的学说，因此在长时间远离家乡前决定解放农奴，把全部土地都给了他们，也没有任命任何管家，他让农民自己选出自己的领头人。但当他后来回到家乡的时候，发现农民并没有过上较好的生活，相反陷入了极端的贫困。农民们对他解释说，他的父亲一直生活在乡间，不但留心自己的地产，还管理自己的农奴，是他给予的自由才导致偷懒和狂欢。② 这件事深深刺激了卡拉姆津。于是在 1811 年在《旧新俄罗斯札记》一书中发表了关于解放农奴的新观点，也代表了广大农民的贵族主人的心声（дворян – душев ладельце）的心声。他说要解放农奴必须保留地主的土地所有权。原因就如 Ф. В. 罗斯托帕钦（1763—1826），俄国另一个保守主义的代表人物所说的那样，在解放农奴的时候，农民在失去文明的地主的引导后就不能合理地运用

---

① 张建华：《帝国风暴——大变革前夜的俄罗斯（1762—1855）》，北京大学出版社 2016 年版，第 271 页。

② 姚海：《俄罗斯文化之路》，浙江人民出版社 1992 年版，第 113 页。

自己的耕地和森林，甚至当地主迁移到富饶的边疆地区，中央非黑土地带都出现了抛荒的情况。农民不喜欢种庄稼，轻视自己的产业，从产业中看不到对自己有什么好处。因此在无法免除国家征收的人头税和其他税收的情况下，这些失护的农民就会陷入偷盗、杀戮和抢劫的状态。① 卡拉姆津认识到农奴制是恶，将来也一定要废除，但必须采取渐进的办法，在解放农奴之前一定要先进行启蒙。②

保守主义并没有带来立竿见影的结果，但它深深影响了俄国的改革运动，从尼古拉一世的国有农民的解放到对自由主义思想的监控。在俄国的历史上形成了俄国所特有的政治和社会的专制主义以及知识界空前活跃的矛盾状态。③ 其实，俄国的改革运动采取自由主义的模式还是保守主义的模式经历了从模仿向自我创造的转变过程。自由主义的拉季谢夫和十二月党人处处显示了对西方的模仿，因俄国政府不能彻底改革而生怨恨，同样保守主义者如卡拉姆津在经历了自由主义的改革时也经历了这样的怨恨，把俄国的民族意识与西方的民族意识对立起来。如此走向了俄国狭隘的民族主义。④

П. Я. 恰达耶夫曾被赫尔岑称为划破俄国黑暗夜空的枪声。他究竟做了什么样的突破呢？恰达耶夫也是贵族出身，十二月党人的同情者。1823—1826 年因游历欧洲才没有参加十二月党人起义。通过与西欧的对比，他的思想产生了激烈的震荡，并由于在 1828—1831 年写作了《哲学书简》而被政府宣布为疯子。这也让我们形成一个印象：凡是思想家都是与政府为敌的。听听他的第一篇书简，我们立刻会感觉到他是一个否定一切的愤青。他说：

① Татьяна Ереева Русские консерваторы в социокультурном контексте эпохи конца XVIII − первой четверти XIX вв. М. ：Новый Хронограф，2014，с. 169.

② Татьяна Ереева Русские консерваторы в социокультурном контексте эпохи конца XVIII − первой четверти XIX вв. М. ：Новый Хронограф，2014，с. 173.

③ М. Т. Флоринский Россия история и интерпретация в двух томах. Т. 2，Санкт − петербург：Наука，2013，с. 111.

④ 里亚·格林菲尔德：《民族主义：走向现代的五条道路》，王春华等译，上海三联书店 2010 年版，第 304 页。

"我们是世界上最孤独的人们，我们没有给世界以任何东西，没有教给它任何东西；我们没有给人类思想的整体带去任何一个思想，没有对人类理性的进步起到过任何作用，而我们由于这种进步所获得的所有东西，都被我们歪曲了。自我们社会生活最初的时刻起，我们就没有为人们的普遍利益做过任何事情；在我们祖国不会结果的土壤上，没有诞生过一个有益的思想；我们的环境中，没有出现过一个伟大的真理，我们不愿花费力气去亲自想出什么东西，而在别人想出的东西中，我们又只接受那欺骗的外表和无益的奢华。"① 但恰达耶夫被政府放出来的时候，他写了《一个疯子的辩护》。他在这篇文章中写出了自己愤青的原因。他说："300 年来，俄罗斯一直致力于与西欧融为一体，从那里引进各种最严肃的观念、成效显著的认识和最愉悦的享受，近一个多世纪以来，俄罗斯对此已经不能满意了。……从那时起，我们唯一要做的就是目不转睛地盯着西方，忙着吸纳从那里涌向我们的新潮，从中汲取营养。应当说，我国历代君主几乎总是牵着我们的手，总是不管国家是怎么想的拖着它跟自己走，他们硬要我们接受西方的习俗、语言和服饰。""我国历史面貌的一个深刻特点是：在我国的社会发展中缺少自由创举。只要细致地观察一下，您便会发现：我国历史的每个重要事实都来自外部，每个新观念几乎总是因袭而来的。"② 恰达耶夫认为这是东方国家的特点。而具有这样特点的国家是没有创造性的，这几乎成为俄国落后于西方的唯一原因。为此他不惜亲自皈依了天主教，以获得这种宗教性。然而，习惯了跟着别人走的俄罗斯人总是强烈地反抗着这一点并把它归结为西方的特性。这虽然表面上给俄国带来了自尊，但却让俄国人永远在井底盘旋。所以，恰达耶夫尽管被政府宣布为疯子，但还是再次指出了让俄国没有尊严的劣根性。他说："问题在于：我们还从未从哲学角度考察过我国的历史。我们民族存

---

① П. Я. Чаадаев Полное собрание сочинений и избранные письма. Т. 1, М. : Наука, 1991. c. 104 – 105.

② П. Я. 恰达耶夫：《一个疯子的辩护》，摘自索洛维约夫等著《俄罗斯思想》，贾泽林、李树柏译，浙江人民出版社 2000 年版，第 7 页。

在中出现的任何一次伟大的转折都没有得到善意的评价，由此而产生出所有诸如此类的奇奇怪怪的幻想、所有这些对复旧的幻想，对根本不可能有的未来（它正在使我们那些爱国人士神魂颠倒）的幻想。"① 恰达耶夫认为，对于俄国最关键的就是指出这个特点，这是对俄国最严谨的思考和善意的分析。在这个关键的时刻，生活在该民族显现的程度有多深，该民族的社会原则现象的程度就有多纯洁，而俄国的未来就取决于这一点。

恰达耶夫再次反复宣告这是他对俄国的爱。他说："我没学会闭着双眼、低着头颅、闭着嘴巴来爱自己的祖国。我认为一个人只有当他能够清醒地看待自己国家，他才能对这个国家做出贡献；我认为盲目钟情的时代已经过去了，现在我们首先要做的就是把真理带给祖国。"② 无疑，恰达耶夫指出了俄国人的这个特点，但是，恰达耶夫的方式换来了俄国人的理解吗？没有，恰达耶夫的说法几乎在所有同时代的人看来都是疯子的胡言乱语。这也是最让恰达耶夫苦恼的地方，从而形成了屠格涅夫笔下俄国贵族的"多余人"形象。经过艰苦的呐喊，斯拉夫派的霍米亚科夫终于认识到了摆脱这种罪恶的新方法。

A. C. 霍米亚科夫

A. C. 霍米亚科夫出身于贵族世家，受过良好的家庭教育。他和十二月党人有过交往，但不同意他们武装革命的观点。1829 年完全退役之后，在自己的庄园里务农，冬天回到莫斯科，组织一些志同道合者聚首沙龙。霍米亚科夫曾经是俄国传统的谴责者。譬如他在《新与旧》一文中说："人们常说，在以往，在俄国大地上发生的一切都是好的。农村文化普及，

---

① П. Я. 恰达耶夫：《一个疯子的辩护》，摘自索洛维约夫等著《俄罗斯思想》，贾泽林、李树柏译，浙江人民出版社 2000 年版，第 12 页。

② П. Я. 恰达耶夫：《一个疯子的辩护》，摘自索洛维约夫等著《俄罗斯思想》，贾泽林、李树柏译，浙江人民出版社 2000 年版，第 14 页。

城市秩序井然，法庭主持正义，生活令人满意。……真的文化普及吗？我保存着一份文献，记载着一些俄国贵族向罗曼诺夫王朝第一位君主效忠的誓言，那些贵族由于只字不识而用画十字来代替签名。真的秩序井然吗？许多老人对有关贡民哀号的许许多多故事至今仍记忆犹新。……真的有正义吗？……刑讯被普遍采用，而弱者从来只能任强者宰割。真的满意吗？稍一歉收，成千上万的人就会被饿死，或逃亡波兰，忍受鞑靼人的奴役，把自己的一生和后代的未来一股脑地出卖给克里米亚人或自己的俄罗斯弟兄们。政权真的与人民友好相处吗？不仅在个别边区，而且在梁赞，在卡卢加，在莫斯科市内，人民暴动经常发生，沙皇政权则还以颜色。"① 经过对比，霍米亚科夫得出结论，即：无论过去还是现在，在法律和生活之间，在各种法定的机构与活生生的国民习俗道德之间，始终存在着不协调的情况。怎么办？这真不是通过采取行政措施可以解决的，因为这是文化的匮乏。别说一般的农民做不到这一点，就连霍米亚科夫这样有着良好修养的贵族同样不能身心合一。记得同为斯拉夫主义者的尤里·萨马林（1819—1876）记录了这样一件事。他说："有一次，我在他（霍米亚科夫）那里过夜，恰巧他家来了许多客人，所有房间都住满了，他就把我的被子搬到了他自己的房间。晚饭后，大家谈笑了许久，我们才躺下，熄灭蜡烛，我就睡着了。午夜以后很久，我被房间里的某种说话声弄醒，此时，淡淡的曙光把房间微微照亮，我一动不动，不声不响地观看和倾听。他跪在圣像前，双手叠成十字放在椅垫上，头伏在手上。我听到了低沉的哭泣。这样一直持续到早晨。当然，我装作睡着的样子。第二天，他依然愉快地、精神饱满地来到我们面前，带着自己通常所具有的温和的笑容。我从经常和他一起住的人那里得知，他几乎每夜都是如此。"② 不能说霍米亚科夫具有代表性，但这种现象至少说明经历过困苦考验的俄罗斯

① A.C. 霍米亚科夫：《论新与旧》，摘自索洛维约夫等著《俄罗斯思想》，贾泽林、李树柏译，浙江人民出版社 2000 年版，第 21—22 页。

② 徐凤林：《俄罗斯宗教哲学》，北京大学出版社 2006 年版，第 16 页。

人民不是很容易变得冷静和理性，一定要经过一个重要的发展阶段——爱的阶段。所以，霍米亚科夫在高度评价西方法制和理性文明的同时，指出"在俄国建设法制之前，一定要经历宗教的聚合性阶段"①，这就是斯拉夫派指出的俄国发展道路。

我们常说，俄国没有经历过宗教改革和文艺复兴，因此俄国的革命是缺乏灵魂的，表现出前所未有的激进性。它的代表就是西方派。西方派的含义就是贬低俄国，全面学习西方。В. Г. 别林斯基是西方派的代表人物，他1811年5月30日生于斯维阿堡（今芬兰的苏奥梅林纳），祖父是神父，父亲是军医，早期受黑格尔思想的影响，提倡通过爱而达到完善地步的观点。随着对费尔巴哈学说的阅读，别林斯基逐渐过渡到唯物主义。他同自己的朋友斯坦凯维奇寻求行动的哲学，提出现在真正的哲学就是从思想转变成行动，从科学转化为行动。他积极捍卫作为一个个体的人。他说：社会应当为个人服务，而那个压迫和强制个人的社会，是一个不合理的社会。改造一切社会的基础，这种改造就是为了个人的利益。当个人摆脱了不合理现实的卑鄙的镣铐时，就不会再有不幸了。在公正的社会制度下，不会有富人，也不会有穷人，不会有皇帝，也不会有臣民，但将会有兄弟，将会有人民，据使徒保罗说，基督把自己的权利交给神父，而神父则意味着理性又降临了，但理性已经在新的天空中，在新的土地的上空。② 就这样，别林斯基成为典型的行动派了，也成为激进的代表人物。根据霍米亚科夫关于新旧俄罗斯的对比不难发现，

① 聚合性，俄语词 соборность，来自"собор"一词，собор 有两层含义：第一层是会议的意思，第二层则是大教堂的意思。霍米亚科夫把 собор 变成抽象名词 соборность，赋予它宗教的、哲学的特定含义，具有三个内在属性：第一个是自由，即要摆脱外物的限制和遮蔽，回归本在神之中的本心、本性。第二个是有机性，就是由自主自足的完整个体构成的统一体，这个有机体不是生物学意义上的，而是精神的有机体，表现在内部成员的团结一致、同心同德。第三个就是恩典与爱。把全体成员聚合在一起的凝聚力就是爱。爱作为道德原则在伦理学和心理学中有许多表现形式，但在基督教神学中，爱获得了本体论形而上学的意义，是非此世的、完善的、神的爱，是新生命和世界秩序的基础和源泉。参见徐凤林著《俄罗斯宗教哲学》，第21—22页。

② 马里宁：《俄国空想社会主义简史》，丁履桂、郭镛森译，商务印书馆1990年版，第112、117页。

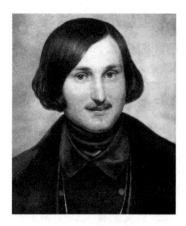

H. B. 果戈理

别林斯基的思想很容易为人民所接受，灾难深重的俄罗斯人民最好是不用付出什么代价实现社会的平等，然而斗争的结果越来越让一位曾经浪漫的贵族、激进的贵族感到紧张和压抑。这个人就是果戈理。

尼古拉·瓦西里耶维奇·果戈理（1809—1852）出身于乌克兰的一个地主家庭，是俄罗斯近代文学的奠基者之一，一位天才的作家。他曾经用《死魂灵》来形容俄国贵族地主所特有的那种缺陷。他说："自从彼得大帝以欧洲启蒙的炼狱擦亮我们的眼睛，将办事的所有资金和工具交到我们的手里起已经过去近 150 年了，然而我国广大的幅员仍然那么荒无人烟，那么让人感到忧郁凄凉，我们周围的一切仍然是那么无所依归和让人感到那么不亲切，仿佛我们至今仍没有住在自己家里，仍没有住在自己的屋檐下，而是无家可归地停留在某个通道上，从俄罗斯流露给我们的不是对兄弟的殷勤亲切的接待之情，而是冰冷的暴风雪覆盖的驿站，那里只有一个对谁都冷漠的驿站长无情地回你的一句话：'这里没有马了！'这是为什么？是谁之罪？我们还是政府？但政府始终在不停地运转。其证明就是整整好几册决议、法令和法规，就是建成的许多房屋，出版的许多书籍，开办的许多形形色色的机构：学校、博爱机关和慈善机构……上面的人提出问题，下面的人去做出解答。"[1] 法令实施怎么样呢？果戈理接续写道："命令，无论被考虑得如何周到，规定得如何明确，若没有来自下面的那种从需要和应当的方面，从只有那个对上帝的公正而不是人的公正的概念十分清楚的人才能领悟的方面来将它用之于实事的真诚愿望，那么它充

————————

[1] 沈念驹：《果戈理全集·与友人书信选》第 7 卷，吴国璋译，河北教育出版社 2002 年版，第93—94 页。

其量只是一纸空文。"① 原因很简单，因为这些人是一些狡猾的骗子和受贿者，他们会想尽一切办法规避复杂的规章，其目的就是为了获得荣光和勋章，而从更深的层次来讲，他们的内心则充满了恐惧，正如果戈理《致目光短浅的朋友》的信中所说的那样："请记住，任何微小的轻率之举现在都可能造成很大的不幸。从你现在的种种方案中显而易见地与其说是一种预见性，不如说是一种恐惧。你的所有想法有一个明确的目的，那就是要避见未来的某种危险的东西。"②

既然果戈理已经预见到了俄国贵族的弊端不是出于人们的不勤奋、不顺从，而是出于恐惧和无力量，要想改变这种局面就不能再继续地强制，而是应该在精神上软化。所以果戈理在给地主的信中明确了他的做法。他说："请着手从事地主的事业吧，应当在真正的和合理的意义上去做地主的事业。首先请把全体农民召集起来并向他们说清楚，你是什么人和他们是什么人。告诉他们，你之所以是他们的地主并不是因为你想统治他们，你想成为一名地主，而是因为你已是一名地主，你本来是地主。要是你将这种身份换成别的身份，上帝会追究你的，因为每个人都该在自己的位置上为上帝效劳，他们也是如此，生而在权柄之下，就应当服从那种权柄本身，因为没有权柄不是出于神的……然后你告诉他们，你迫使他们劳动工作根本不是因为你需要钱来供自己享受，为了证明这点你可当场当着他们的面将一些纸币烧掉，让他们切实地看到，钱对你来说啥也不是，而你之所以要迫使他们劳作，是因为这是上帝的旨意。"③ 果戈理的认识是正确的，他开启了俄国贵族实现社会转型的精神之路。但在俄国功利主义的激进氛围之下，果戈理的做法成为对地主贵族利益的维护。事情就如别林斯基所说的那样，"一位伟大的作家，……

---

① 沈念驹：《果戈理全集·与友人书信选》第7卷，吴国璋译，河北教育出版社2002年版，第94页。

② 沈念驹：《果戈理全集·与友人书信选》第7卷，吴国璋译，河北教育出版社2002年版，第164页。

③ 沈念驹：《果戈理全集·与友人书信选》第7卷，吴国璋译，河北教育出版社2002年版，第133页。

现在却出版了这样一本书，凭着基督和教会之名，教导野蛮的地主榨取农民更多的血汗，更厉害地辱骂他们……这难道不会叫我愤怒吗？……即便您想谋杀我，我也不会比读了这些可耻的文字更恨您些……这之后，您还想叫人相信您那本书的真诚意图！不，如果您果真充满着基督的真理，而不是魔鬼的教义，那么，在您这本新著里，就不会写出这样的话来，您就会告诉地主，农民是他的基督兄弟，弟弟不可能是哥哥的奴隶……"① 别林斯基之所以这样批评果戈理完全在于他对果戈理的功利主义认识。这也正是果戈理在当时条件下焚烧自己的《死魂灵》第二部，并在写下这本辉煌著作后于 1852 年病逝的原因。

第二节　贵族的分化

一、贵族在观念上的决裂

1848 年欧洲爆发了革命。这场革命对于俄国贵族的争论产生了很大的影响。身处欧洲的赫尔岑曾经对欧洲的革命抱有极大的希望，希望通过革命给解放人民带来自由与幸福。可是，他在目睹了意大利、法国的革命后大失所望。革命中的人民比曾经的地主老爷更加让人不堪。他说："（1848）六月的日子以后，我看到革命被征服了……不是反动势力战胜了革命。革命是像阿格利皮娜②一样被孩子害死的，最坏的是他们没有意识到这一点。在他们身上，英雄主义和年轻人的自我牺牲精神多于理智，他们作为纯洁而高尚的牺牲者倒下时并不知道为什么。幸存者的命运也许更加悲惨。他们争吵不已，互相攻讦，沉浸在令人痛惜的自大狂中，不顾一切，自以为是，那些胜利的

---

① 别林斯基：《给果戈理的一封信》，第 302 页。http://ishare.iask.com.cn/f/DXQx-oR8Vd0.html.

② 阿格利皮娜（16—59），古罗马暴君尼禄的母亲，尼禄接位时年仅 16 岁，由阿格利皮娜摄政，尼禄亲政后将她处死。

意外日子使他们陶醉，他们再也不想前进，不想摘下枯萎的桂冠，脱下新婚的礼服，尽管新娘已经欺骗了他们。不幸、闲暇和贫穷带来的烦躁、固执、愤怒……流亡者分成了小集团，分歧的中心是名义和嫌隙，而不是原则。"①赫尔岑失望了，带给他的是绝望、厌倦和冷漠。如果赫尔岑这个曾经的革命家对西方 48 年革命的绝望是情绪式的还可以原谅，但从后面他对西方资产阶级革命的评价以及对俄国革命指导来看是价值观方面的就不能不令人深思。他说："我是奴隶，不是俄狄浦斯（解谜人）！无法抗拒的污泥浊水淹没了一切。1793 年、1794 年的恐怖的时代反映了雅各宾派内心的惶惑：他们发现了骇人的错误，想用断头台纠正它，但是无论砍下多少脑袋，还是只能在崛起的社会阶层面前垂下自己的脑袋。一切都向它屈服，它战胜了革命势力和反动势力，它冲垮了旧体制，用自己代替了一切，因为它是唯一的实力派，当代的多数派，西哀士的话比他自己想象的更正确，他说，市民便是'一切'。"②

在赫尔岑的眼里，市民是没有素质只为金钱奋斗的阶层。而正是这一点让赫尔岑脱离了民众，成为贵族中的理想主义者。赫尔岑曾经为解放俄国的农民抛头颅洒热血，忍受着流亡的痛苦，但革命的结果却是这样的不高尚。俄国还需要解放农奴吗？当欧洲发生 1848 年革命的时候，沙皇尼古拉一世便催促着马车赶赴其子（后来的亚历山大二世）的宫殿，高喊"诸位，备鞍上马吧"不是正合适吗？然而，赫尔岑还是支持解放农奴的。正如他自己在革命之后所说的那样，如果欧洲革命循着无产阶级而走向社会主义，而我则循着社会主义走向自由。③ 经过 1848 年革命，赫尔岑转向了国内，他不再对欧洲的资产阶级革命抱有希望，开始借助于村社发明俄国的村社社会主义并成为拯救西方市民社会的药方。

俄国农奴制的废除是在克里米亚战争失败的情况下自上而下进行的。虽

---

① 赫尔岑：《往事与随想》（中），项星耀译，人民文学出版社 1998 年版，第 412—413 页。
② 赫尔岑：《往事与随想》（中），项星耀译，人民文学出版社 1998 年版，第 416 页。
③ 以赛亚·伯林：《俄国思想家》，彭淮栋译，译林出版社 2001 年版，第 4 页。

然我们都从自由主义的角度歌颂亚历山大二世的举动，但是改革并没有带来预期的结果。改革首先遭到了绝大多数贵族的反对，他们不希望带着土地解放农奴，结果以保留地主土地所有制为前提，农民在缴纳赎金同时又不能获得土地所有权的情况下完成了解放的过程。改革使得农奴获得了自由，但是他们感觉不到幸福，因为他们获得的土地减少了很多，但受剥削的程度反而大大加深。其实从经济角度来讲，农奴制废除后并不比农奴制下获得的好处多。据俄国历史学家米罗诺夫说，在农奴制条件下，无论是国家所依附的农民还是地主所依附的农民，超经济强制力量越大，他们的工作便越多、越好。而且，在 18 世纪和 19 世纪上半叶，农奴的生产收入大于自由农民和特权农民的收入。以上论述并不是要证明，俄国农民只有在鞭打之下才能好好工作，而是意在证明，广大人民还没有形成企业家精神，不能在自由的条件下独立有效地发展经济。就如俄国著名农业企业家、斯拉夫主义者 A. H. 恩格尔哈特所说的那样，许多农民不仅不能成为好的管理者，而且，不在别人的命令下就不会好好干活。① 由此可见，俄国农奴的解放不是行政命令可以解决的，它是一种精神的改变。这是东正教文化思想，即人们不能接受盈利思想或者说把盈利看作对上帝亵渎的世俗化的表现。

农奴制的废除造成了俄国社会的分裂。这种分裂不再是思想上的争吵，也不是友谊上的绝交，而是激烈的革命运动。激进派走向民间开展宣传活动，旨在推翻沙皇专制制度和改革运动；而曾经的斯拉夫派变成死硬派，成为专制制度和传统文化的捍卫者。自由主义者把 1861 年农民的解放视为俄国发展新时代的曙光，但他们认为，仅有农民改革是不够的，应该开始第二阶段的改革，即国家政治制度方面的改革。自由主义理论家提出从君主专制向立宪君主制逐渐过渡，建立地方自治。1862 年，特维尔省贵族会议在庆祝农民改革周年之际给沙皇的奏章中甚至提出召开全国代表会议的要求，以此作为圆

---

① 米罗诺夫：《俄国社会史》上卷，张广翔等译，山东大学出版社 2007 年版，第 416 页。

满解决 1861 年 2 月 19 日法令提出但没有解决的唯一手段。① 以宪兵头子和第三厅的长官 П. А. 舒瓦洛夫为首的保守派以最近俄国秘密团体组织革命为由建议沙皇离开错误的道路，但沙皇指责说，这是什么改革？这是什么愚蠢的公开性？这些交易带来了什么？以前没有它们也能活着！在舒瓦洛夫的影响下，自由派改革官员纷纷被保守派官员替代，发布了"取缔不可靠官员"的上谕，形成了以司法大臣 К. И. 冯·戴尔·巴林（1868 年起）、内务大臣 А. Е. 塔马谢夫（1868 年起）、教育大臣（1866 年起）和圣主教公会总监（1865 年起）Д. А. 托尔斯泰、交通大臣 В. А. 鲍勃凌斯基（1869 年起）为首的保守派集团，并在舒瓦洛夫的指挥下行动。到 1866 年，亚历山大二世的方针已经变右了。②

废除农奴制造成的可怕的分裂不是政治上的，而是观念上的，即与西方观念的截然对立或者说是对西方文化的仇恨。这里的代表人物有两个人可以提及，一个是 И. С. 阿克萨科夫，一个是 Н. Я. 达尼列夫斯基。阿克萨科夫在 1861 年写道："已到了这样的时候，也就是应该明白，西方对斯拉夫东正教世界的仇恨，并且常常是本能性的仇恨，源于一些极其隐蔽的原因；这些原因就是两个相反文明原则的对立，是旧世界对有着发展前途的新世界的妒忌。也到了我们最终接受挑战并为了自己和我们的斯拉夫兄弟们勇敢地投身于与欧洲政论进行战斗的时候了。"③ 到了 1867 年的时候阿克萨科夫把这种原则上的对立归结为天主教与东正教的对立。他说："天主教和东正教——是这样两种历史原则和精神原则，在这些原则的影响下，在西欧和东欧形成和出现了不同的民族，并且这些民族走不同的历史道路，……由于这一深刻的精神差异，欧洲世界被分为两半，分为两个世界——东方和西方。"④ 如果

① 许金秋：《19 世纪至 20 世纪初俄国政治现代化理论与进程研究》，社会科学文献出版社 2018 年版，第 329—330 页。

② Д. И. Олейников История России 1801 – 1917. М. : ФОРУМ；ИНФРА – М, 2014, С. 222.

③ 津科夫斯基：《俄罗斯思想家与欧洲》，徐文静译，上海三联书店 2016 年版，第 112 页。

④ 津科夫斯基：《俄罗斯思想家与欧洲》，徐文静译，上海三联书店 2016 年版，第 113 页。

说阿克萨科夫只是从两种不同的事实角度分析问题还是可以理解的，如果是从标榜自己、敌对对方的角度分析问题就有了另外的含义了，就是学说的政治化了。他说："对于斯拉夫民族来说再没有比教皇统治更为凶恶的敌人了，因为教皇统治与精神性的斯拉夫天性的本质本身是相互矛盾的……东正教不会有损于任何民族性；罗马则不是这样……罗马教会充满了片面性……这不是别的，正是西方本身，是使自己具有普世意义的罗马本身。"① 阿克萨科夫的宣告直接为达尼列夫斯基创造独特的文化类型论创造了条件。首先达尼列夫斯基拒绝共同的人类文明，这为俄国与西方的交流沟通制造了理论障碍。他说："共同人类文明是不存在的，也不可能存在，因为这只是一个不可能的且完全违背意愿的不完满。"接着他反问道："就算在人类历史的某一时刻人类任务完全实现了，这又有什么令人满意的意义呢？即便有一种文明能够将迄今为止由不同文化历史类型所单独体现的所有方面都联合于自身，即使这种文明能够把欧洲文明所达到的实证学科的完善，希腊时代所达到的优雅理念与充分发展和完全实现，犹太人或早期基督教的鲜活宗教体验和宗教意识、印度的丰富幻想、中国对实际有益事物的务实追求、罗马宏大的国家等……这样的文明又有什么意义呢？"② 其次，历史进程就是一个封闭的文化类型。他说："人类不是在瞬间，而是以某种渐进的方式划分出一些封闭的文化历史类型……不能假设西欧世界处在这一进程的中心，对此我们完全找不到任何根据。每一种文化历史类型都是一个完整而独特的世界，这是宗教发展、社会发展、日常生活发展、工业发展、政治发展、科学发展和艺术发展——一句话，是历史发展的独立而独特的方面。"③ 最后，通过建立独特的文化类型把自己与西方隔离起来并产生敌对。他说："欧洲认为所有独特的俄罗斯的、斯拉夫的东西都应当受到谴责，而对这些事物的根除构成了文明的神圣

① 津科夫斯基：《俄罗斯思想家与欧洲》，徐文静译，上海三联书店 2016 年版，第 114 页。
② 津科夫斯基：《俄罗斯思想家与欧洲》，徐文静译，上海三联书店 2016 年版，第 120 页。
③ 津科夫斯基：《俄罗斯思想家与欧洲》，徐文静译，上海三联书店 2016 年版，第 121 页。

义务及真正使命。""欧洲对于俄国和斯拉夫民族，无论是政治上的非正义还是社会性的不友好，其令人满意的解释只能是，欧洲认定俄国和斯拉夫民族对自己而言是异己的，不仅是异己的，而且是敌对的。"① 达尼列夫斯基的文化类型论虽然表面上是说俄国人的特质，但在全面政治化的俄国来说，这种学说直接导致了泛斯拉夫化和为保护斯拉夫种族举行圣战，阻止了俄国的内部改革。

从保守派贵族的认识就不难理解俄国绝对自由主义和无政府主义现象的出现。M. A. 巴枯宁（1814—1876）是这种无政府主义的代表。虽然他是革命派，为人民争取实际利益，从阶级的层面来讲与保守派是截然对立的，但是若从文化的角度考虑则是与保守派一脉相承的。他不仅遭到保守派的反对（反对沙皇专制制度层面），而且对俄国的革命事业造成了覆灭性的影响。他首先否定了上帝的存在，他说："上帝——这是绝对的抽象物，是人思想自身的产物；它作为抽象的力量，把一切已知的生物、世界的全部存在抛在了后面，因此，它脱离了全部内容，它被我们看作是唯一的和最高的存在……由此可知，上帝——是无限的掠夺者，因为拟人观是一切宗教的本质，所以，上天，不死诸神的住所，只不过是一面哈哈镜……""任何想臣服上帝的人，都应该抛弃人的自由和尊严，上帝的存在，这意味着，人是奴隶。……我们号召所有人都走出这一圆圈，立刻就进行选择。"② 巴枯宁否定科学，认为科学是生活的指南，不是生活本身。他说："科学是牢固的、无个性的、普遍的、抽象的、非感性的，像法律一样，它只是一种观念的、反映的，或者说是意识的，即大脑的复制品……全部生活都是飞逝的和暂时的，但全部生活都呈现着现实性、个体性、敏感、痛苦、快乐、渴望、需要和激情。"③ 这样，巴枯宁就把理性的精神与非理性的精神对立起来。对于一个崇尚生活而

---

① 津科夫斯基：《俄罗斯思想家与欧洲》，徐文静译，上海三联书店2016年版，第122页。
② 徐凤林：《俄国哲学》，商务印书馆2013年版，第227、228页。
③ 徐凤林：《俄国哲学》，商务印书馆2013年版，第229页。

视生产、劳动为绳索的人民来说则没有任何的建设性，于是巴枯宁在此生活的基础上进一步追求想干什么就干什么的恣意妄为式的自由，鼓吹破坏的热情就是创造的热情，直接导致了俄国否定改革、崇尚恐怖暗杀的民粹派运动，出现了类似涅恰耶夫式的革命者的极端举动。譬如他在《革命者教义》一书中说：革命者是注定要牺牲的。他应当没有个人利益、个人私事、个人情感、个人恋情和个人财产，甚至不应当有姓名。革命者应当从本质上，在行动中，而不仅仅是在口头上，与一般国民的公民秩序，与整个有教养的阶层，与所有当今世界的法律、礼仪、约定俗成的习俗和道德观念断绝一切联系。革命者应当拒绝世俗的科学，只把他留给后辈们去从事。革命者应该只懂得一种科学——破坏的科学。革命者必须高度蔑视社会公共观念。革命者应该在一切方面，在任何时候都要鄙视和仇视现存的社会道德准则。①

Ф. М. 陀思妥耶夫斯基是曾经的革命者（1821—1881），1845 年参加了彼得拉舍夫斯基小组。1849 年被政府破获时，陀思妥耶夫斯基被判处死刑后改为流放西伯利亚。陀思妥耶夫斯基经历这件事情之后，逐渐放弃了社会主义的理想，转向了宗教。他在谈到为什么会放弃社会主义时说："摧毁我们的不是流放的岁月，也不是痛苦。恰恰相反，任何东西都不能摧毁我们，而且我们的信念，由于意识到业已完成的天职，从精神上支持了我们。"② 他从流放地回到圣彼得堡后，在 1861 年，与哥哥一起出版了一份杂志《时代》，其宗旨就是发展根基派意识形态，消除西方派和斯拉夫派之间的分歧。当陀思妥耶夫斯基疯狂地迷恋社会主义时，他"迷狂的"接受了它，但即便那

陀思妥耶夫斯基

---

① 董晓：《圣徒抑或恶魔？——涅恰耶夫其人其事》，群言出版社 2008 年版，第 74—75 页。
② 张建华：《帝国风暴——大变革前夜的俄罗斯》，北京大学出版社 2016 年版，第 401—402 页。

时，他也不曾把对于在大地上实现这种"狂热"的信仰与对基督的信仰分割开来，因此他很快就离开了别林斯基。他在写作《地下室手记》的时候揭示了斯拉夫派与西方派激烈斗争的内涵。西方派崇尚理性，而这个理性是什么呢？是自然规律，是二二得四的数学。然而，崇尚美学的斯拉夫派始终不能接受这个二二得四，就拼命地用脑袋撞击这堵墙。由于现实是残酷的，特别是在克里米亚战争前，于是这些无力撞开这堵墙的人妥协了。真的妥协了吗？没有，他们所受的教育让他们坚持着。既然二二得四这个自然规律冷酷无情，他们又深信爱的生活，于是他们走向了自杀，这就是俄国革命者的悲剧。他说："人，无论他是什么样的人，也无论何时何地，他都喜欢想怎样行事就怎样行事，而完全不是按照理智和利益告诉他的那样行事；甚至可以违背自己的利益，而有时甚至是真正该做的事。自己个人的意志和自由的愿望，自己个人的，哪怕是最乖张的任性、自己的怪念头，有时简直就是些疯狂的念头，人被它撩拨得发疯——恰恰就是这些，正是这些被忽略掉的，却是最能接受的、最最有利的益处。而这个利益不符合任何分类法，按照这个利益，所有的体系和理论都得见鬼去。所有那些贤人志士都断言，人需要的是某种合乎道德的、良好的愿望；他们这样断言根据何在？他们何以非得认为，人需要的一定是合乎理智的、有益处的愿望？人需要的只不过是一个独立的愿望，不论为此要付出多大代价，也不管它会导致什么结果。"① 这样，经过革命的洗礼，经过对革命的深刻反思，陀思妥耶夫斯基发现了俄罗斯人的本质。因此，从这个意义上也就不难理解俄国的巴枯宁和涅恰耶夫们了。

　　不知道俄罗斯帝国下的人们经历了怎样的痛苦，让他们居然用革命的方式走向自杀，这是没有过这样经历的西方国家和我们中国人所无法理解的。但无论如何，一个特别值得关注的现实在于，俄国在经历了农奴制解放以后，为什么会引发包括贵族和农民的激烈反抗，会认为是西方人或者中了西方人

---

① 尼·别尔嘉耶夫：《陀思妥耶夫斯基的世界观》，耿海英译，广西师范大学出版社 2008 年版，第 29 页。

毒害的人耍弄的阴谋？他们不是把所有的经历用于赚钱和赢得自己的解放，而是花大量的时间去从事破坏。陀思妥耶夫斯基在《地下室手记》中的揭示，才让我们明白了他们革命的宗教性特征，真的为了这样的一个信仰而抛头颅洒热血。而为了把这些人从这种自杀的悲剧中摆脱出来，没有宗教的恢复是不会有结果的。

俄国是在西方化的过程中迷失了自己，在农奴制废除以后，俄国出现了普遍的反西方。所以，陀思妥耶夫斯基在致信迈科夫时写道："如果您知道，在这四年中，欧洲在我意识里面引起了怎样一种达到仇恨程度的极大厌恶就好了。上帝啊，我们多么地迷信欧洲啊……"他在《记事本》上解释了这段文字："必须彻底改变迄今把自己看作欧洲人的观点，而要承认，我们在多大程度上是欧洲人，也在多大程度上是亚洲人——甚至是更多，并且承认，我们在亚洲的使命甚至比在欧洲的使命更重要——现在，当然是现在。"① 虽然俄罗斯人依然有很强的拯救亚洲的使命感，但陀思妥耶夫斯基这样的反西方无非是想让俄国从欧洲的阴影中摆脱出来。与此同时，他还通过阐述自己的全人类使命指出了俄罗斯民族的特点，他说："俄罗斯民族是心怀上帝的民族，从这一信仰出发，产生了他们关于俄国负有'全人类'使命的梦想。"② 就这样，陀思妥耶夫斯基在回归上帝的过程中实现了俄罗斯精神的复活。当索洛维约夫着手东西方教会合并工作的时候，才见到俄国精神健康的恢复。

然而，在完成回归自我、实现与人民融合的过程中，贵族的挣扎是非常痛苦的。

二、农奴制改革后贵族的转向

俄国贵族的转型为什么这样痛苦？传统观点认为：俄国贵族在日益发展

---

① 津科夫斯基：《俄罗斯思想家与欧洲》，徐文静译，上海三联书店2016年版，第192页。
② 津科夫斯基：《俄罗斯思想家与欧洲》，徐文静译，上海三联书店2016年版，第194页。

的资本主义关系面前选择了一条有利于自己的发展道路，由于他们长期在经济、社会和政治领域保留了大量阻碍资本主义发展的半农奴制残余，以至于在这些领域特别是农村相关领域还能直接感受到农奴制的印记。[①] 米罗诺夫则深入了一步，认为农奴制从上至下、从农民到皇室，覆盖了整个社会，贯穿着所有的国家制度。不仅阻碍了城市、资本主义、私人所有制及个人和政治自由的发展，限制了社会和人口的流动，而且用普遍的奴性观念腐化了广大人民的心理，造成了俄国民族性格中诸多缺陷。[②] 苏联和俄罗斯学者对于贵族的转型不抱希望，但是美国学者则完全相反，对于俄国贵族的演变充满信心。J. 勃鲁姆认为，虽然贵族仍然保留着一些特权，但是这些特权必然随着时代的变化而被完全根除。而 A. 迈尔认为，重要的不是农奴农民带来的变化，而是他们的继承性：农民被没有贵族根基的年轻官员成功地培养了高尚的传统精神，贵族则很好地掌握了资本主义原则和幕后影响的策略，成功地具备阶级意识并付诸实践。[③] 俄罗斯与美国学者在俄国贵族转型上的不同观念均忽视了贵族转型的特点。俄国的农奴制的确根深蒂固，但是也在西方的影响下开始了自上而下的转型。转型让社会发生了分裂。虽然出现了革命的形势，但是他们在痛苦的挣扎中学会了顺从。

随着俄国贵族思想的觉醒，俄国政府对于贵族的态度显得过于保守了。他们一方面加强世袭贵族对于政权和军队的掌控，另一方面也提高了非贵族晋升贵族的门槛。如果说在彼得大帝刚刚设立职官表的时候，服兵役的 14 级和服民役的八级可以获得世袭贵族称号，那么 1845 年 6 月 11 日规定：八级军官和五级文官才能获得世袭贵族头衔，1856 年 12 月 9 日则提高到了军官六级和文官四级的高度。从尼古拉一世开始加强了通过授予勋章获得世袭贵族的渠道，比如获得一级勋章者都能获得世袭贵族称号，而获得圣格奥尔基

---

① А. П. Корелин Дворянство в пореформенной России 1961－1904. М.：Наука，1979，с. 3－4.

② 米罗诺夫：《俄国社会史》上卷，张广翔等译，山东大学出版社 2007 年版，第 426—427 页。

③ Беккер Сеймур Миф о русском дворянстве последнего периода императорской России. От системы привилегий к равенству перед законом. https：//history. wikireading. ru/214371.

勋章和圣弗拉基米尔勋章者也都可以获得世袭贵族称号，但是到了 1887 年，获得圣弗拉基米尔四级勋章者必须担任军官不少于 20 年，1896 年则变成连续无差错服役不少于 35 年。如果非世袭贵族无望晋升世袭贵族，他们就只享有荣誉公民或者市民的称号了。这样的规定势必带来两个后果：一方面，有幸成为世袭贵族的人拥有了特权，但是在日益激烈的社会大潮面前如果不抓住使用自己权利的机会，他们生存的机会被人口日益增多的非贵族阶层占据，于是贵族的特权也就变成义务；另一方面，非世袭贵族尽管越来越难以变成世袭贵族，但是会有更多的机会完成从依附向独立的转向，冲击传统的保守贵族。

1861 年农奴的解放虽然有战争失败的因素督促，但是贵族的觉醒成为推动农奴解放的前提。贵族阶层虽然反对，但是他们不得不适应这样的形势，他们所采取的保守措施也是适应这种变化的转向。

贵族面临的第一个转向就是开发土地。开发土地的办法最早是出售土地和出租土地。受割地和还账因素的影响①，贵族地主必须通过使用暂时义务农（12 年）维持自己的经济。起初，贵族通过出租的方式解决没有赎买土地的农民缺地问题。受农奴制思维的影响，地主多数依靠出租土地维持生存，到 19 世纪末期，2/3 的私有土地由农民租赁耕种②。除了租赁土地外，地主也出售土地。农奴制废除后，欧俄 45 个省的贵族（不含阿尔汉格尔斯克、阿斯塔拉罕以及波罗的海各省）掌握了 8716.9 万俄亩的土地，到了 1877 年剩下 7704 万俄亩的土地，到了 1905 年就只有 5124.8 万俄亩土地了，43 年减少了 41%③。购买土地的有商人和富裕农民，但大量购买土地的还是贵族。1863—1872 年间，贵族购买了 51.6% 的土地；1873—1882 年间，贵族购买了 42.9% 的土地；1883—1892 年间，贵族购买了 34.7% 的土地；1893—1897 年

① 割地，是指农奴制改革后贵族地主与农民切割在一起的土地；还账，是指贵族归还农奴制改革前在银行抵押土地的欠账。

② А. М. Анфимов Земельная аренда в России в начале XX в. М. : Изд. АН СССР, 1961, с. 15.

③ А. П. Корелин Дворянство в пореформенной России1961－1904. М. : Наука, 1979, с. 54.

间，贵族购买了 33.2% 的土地。虽然从 1898 年之后购买土地的主力转向了农民，但是还是有一多半的土地掌握在贵族手中。[①] 土地的租赁和买卖反映了俄国资本主义的活跃，但从土地流通的结果来看，大贵族地主衰落得很厉害，中小贵族占据优势，且主要集中在西部 9 省和 3 个乌克兰左岸省。20 世纪初，超过 80% 的庄园面积不超过 50 俄亩。超大规模占有土地的贵族只有 27800 个，集中了四分之三的私有土地。1858 年 24000 多个庄园，集中了 80% 的地主和农民，过了 20 年，22800 个大地主（拥有土地面积在 500 俄亩以上）拥有土地的总面积为 5853.1 万俄亩，占整个贵族庄园的 20.2%，整个贵族地产的 85.1%。1877—1905 年间，大贵族庄园数减少了 30.5%，其比重也从 20.2% 下降到了 15.8%；而土地面积从 5853.1 万俄亩下降到了 3993.3 万俄亩，下降了 31.8%。[②]

贵族土地的急剧减少和小土地所有者的急剧增多对于俄国的社会转型非常不利，一方面说明大贵族在转型的过程中没有能够抵御经济发展带给他们的冲击；另一方面社会的平均主义思潮逐渐占据上风，阻碍了俄国的社会转型。仅以俄国中央黑土地带大贵族的转型情况看，俄国的农业变化成果非常令人不满。库尔斯克省有 288 家私人贵族地主经济[③]，基本反映了中央黑土地带贵族资本主义的情况。288 家中，172 家小地主共有土地 3613 俄亩，出租土地的有 14 家，占总数的 8.1%，出租土地面积 258 俄亩，占总面积的 7.1%。完全出租土地的只有 6 家，共出租 187.1 俄亩。79 个中等贵族出租土地 29 个庄园，占中等贵族庄园的 36.7%，出租土地 3367.5 俄亩，占中等贵族土地的 19.9%。完全出租土地的有 3 个庄园，面积 510 俄亩，占中等贵族出租土地总数的 15.6%。9 个庄园超过一半以上的土地转租，即除完全出租

---

① А. П. Корелин Дворянство в пореформенной России1961－1904. М.：Наука，1979，с. 56－57.

② А. П. Корелин Дворянство в пореформенной России1961－1904. М.：Наука，1979，с. 66.

③ 库尔斯克省共有 288 家贵族地主经济，其中 172 家为小贵族地主（土地不足 50 俄亩），中等贵族地主 79 家（土地在 51—500 俄亩之间），大贵族地主 37 家（在 500 俄亩以上）。

土地以外的 2217.5 俄亩土地中出租 1652.5 俄亩，占 9 个庄园出租土地的74.5%或者占中等贵族出租土地的49%。37 个大贵族庄园中有 20 个庄园出租土地，占整个大贵族庄园的54%。出租土地 7132 俄亩，占大贵族土地的18.3%。大贵族庄园完全不转租。大贵族地主的土地出租占整个大贵族土地的四分之一，和中等贵族的土地一样以短租为主。① 出租土地当然是为了换取贵族地主的自主经营，只是贵族的土地由于缺乏劳动工具和自由劳动力市场而无法一下子适应。从出租土地的情况看，分长期租赁和短期租赁，而从收取地租的类型来看也是货币租、货币工艺租以及收成租和工役租混合使用。起初，大贵族土地的出租都是耕地，草地、牧场、宅旁园地、花园和菜园出租得很少。比如仍以库尔斯克的大贵族土地出租形式为例，他们出租耕地16076 俄亩，占出租土地的94.7%，而草场和牧场只有 275.6 俄亩，占整个出租土地的1.6%，菜园、花园和宅旁园地有 619.2 俄亩，占整个出租土地的3.6%。贵族土地出租的不均衡分布在于他们没有足够的畜力使用。随着土地出租形式的改变，贵族土地逐渐排挤了农民的劳动工具，他们开始成立生产维修技术中心。例如沃罗涅日省鲍勃洛夫斯基县安娜庄园只生产铁犁，一年 18 副。安娜庄园的农业技术多种多样，从深耕的松土机到英国的蒸汽脱粒机，应有尽有。库尔斯克省贝尔戈罗德县的里宾捷罗夫庄园拥有 32000 俄亩的土地，投入 2 万卢布购买农业工具，投入 3 万卢布购买耕畜，② 显示了独立经营的决心和努力。虽然贵族通过出租土地有了资金投资自己的庄园，但是这种现象并不普遍，整顿的情况也不尽理想。比如沃罗涅日省奥斯特罗戈日斯克县的中等庄园，1 头耕畜（主要指马，3 个犍牛等于 2 匹马）耕作 9.6俄亩（含休闲地），库尔斯克省贝尔戈罗德县 1 头耕畜管理 13 俄亩土地，西格罗夫斯克县 1 头耕畜管理 10 俄亩土地。具体讲在沃罗涅日省鲍勃罗夫斯克

① В. А. Шаповалов Поместное дворянство Европейской России в50 – 90гг. XIX века. Белгород: ИД «Белгород» НИУ «БелГУ», 2014, с. 139 – 141.

② В. А. Шаповалов Поместное дворянство Европейской России в50 – 90гг. XIX века. с. 157.

县的图林诺夫庄园拥有 4248 俄亩土地，总共只有 13 匹马，平均算下来 1 匹马管理 326.7 俄亩土地。[①] 从雇用的工人来看，情况也不理想。如在奥斯特罗戈日斯克县的 22 中庄园中，雇用工人 125 人，平均 1 个雇用工人要管理 13 俄亩的土地；在贝尔戈罗德县的 9 个中等庄园中共雇工 171 人，平均 1 个雇用工人管理 12.6 俄亩的土地。在西格罗夫斯克县的 10 个大庄园里雇用了 131 个人，平均每个人要管理 38 俄亩的土地。[②]

贵族转型的艰难，让很多小地主甚至是中等规模的地主卖掉土地，进城充实低级官员的队伍。即便是大的贵族也要咬紧牙关，利用自己的优势地位寻求国家的帮助。国家的一个措施是禁止庄园随意出售，即设置禁园（заповедные имения）。禁园起源于 1714 年的长子继承制，其目的是为了保证贵族为国家服役和避免财产的分割。由于平分土地的思想，这样的制度在实施了 16 年后就终止了。1830—1845 年之间出现了一批禁园，到 1845 年就通过了长子继承制的条例：第一，设立禁园必须由贵族向沙皇提出申请，开辟为禁园的土地不少于 10000 俄亩或者一年的收入在 12000 卢布以上，有权继承财产的幼子不得破坏这条规定；第二，偿还土地的抵押借款或者把这些借款委托给其他庄园；第三，把来自长子继承庄园的相当于三圃制的纯收入作为保险金存入国家信贷银行。1877 年，俄国只有 784 个庄园符合要求，占土地超过 10000 俄亩贵族地主的 0.7%。1899 年，尼古拉二世下令降低一半要求，即便如此，到 1905 年这样的庄园也只有 1319 个，占整个贵族庄园的 1.2%。[③] 后来流行一种意见，把中等规模的庄园也列为禁园，结果势必让贵族的庄园退出土地市场，成为阻碍资本主义发展的杀手。当这项措施的效果日益不明显之后，政府决定加强贵族土地的抵押，以此提供长期贷款和短期

---

①　В. А. Шаповалов Поместное дворянство Европейской России в50 – 90гг. XIX века. с. 171.

②　В. А. Шаповалов Поместное дворянство Европейской России в50 – 90гг. XIX века. с. 174 – 175.

③　Беккер Сеймур Миф о русском дворянстве последнего периода императорской России. Заповедность: неотчуждаемое наследование земли. https://history. wikireading. ru/214371.

贷款。1885 年国家设立贵族土地银行是为了解决贵族开发土地的资金问题。从贵族银行设立的那天起，贵族获得贷款的条件就比非贵族更优惠。比如农民土地银行的贷款利息为 7.5% ~ 8.5%，贵族土地银行的土地抵押贷款利息只有 5%，1889 年降低到 4.5%，1894 年降低到 4%。1890 年贵族土地抵押贷款是农民土地银行的 5 倍。贵族银行在完成互助土地信贷协会规定的贷款平衡表之后可以再次融资。一般情况下，贵族可以贷款土地估价的 60%，当贷款的目的是为了偿还银行的基础贷款，贵族可以把抵押贷款提高到土地估价的 75%。贵族贷款的时间年限为 11—67 年，但在 1902—1905 年之间，贵族所有的贷款年限都达到了 61—67 年。贵族贷款的偿还有违约金，推迟半年的情况下，头三个月的滞纳金是 0.5%，最后一个月则达到了 1%。半年后，银行有权获得抵押的土地，如果再推迟三个月，抵押土地公开拍卖。如果贵族停止支付贷款，抵押土地还可以交由县贵族机构监管六年或者交银行监管两年，土地监管期间，推迟缴纳款项的滞纳金可达 6%。就是这样的优惠和惩罚力度，1896 年贵族能够按时还款的有 21 笔，占总贷款人数的 20%；推迟一次还款的有 38 笔，占总贷款人数的 35%；推迟两次还款的有 26 笔，占总贷款人数的 26%；推迟三次以上的有 16 笔，占总贷款人数的 19%。[①] 贵族们不断攻击贵族银行的行为完全是商业行为，违背了俄国的道德规范。在贵族普遍享受长期贷款的同时，国家还给贵族提供短期贷款，以保证贵族经营的流动资金。享受这种贷款的贵族达到 2/3。这种贷款以粮食作为抵押，1893 年达到了 920 万卢布，而 1896 年初达到了 2680 万卢布。由于贵族贷款数已经达到抵押土地的 75%，所以贵族的贷款数在 1898 年达到顶峰以后，短期贷款越来越少。到 1902 年已不足 200 万卢布了。最后贵族们不得不联合起来，以互助会的名义集体向银行贷款。互助会并不能解决贵族的资金短缺问题，国家不得不转型发放国家土地。国家土地的发放已经说明贵族转型的

---

① Беккер Сеймур Миф о русском дворянстве последнего периода императорской России. Заповедность: неотчуждаемое наследование земли. https://history. wikireading. ru/214371.

失败。这是贵族越来越保守的标志。

如果说经济转型是俄国贵族自立的标志，那么在政治和社会管理方面的转型使得贵族越来越成为农民与政府之间沟通的桥梁。随着农奴农民的解放，拟定、审核、实施法定文书，确定农民份地和义务并监督执行，办理赎金业务，调节地主与农民的冲突，监督农村官吏及其村会等的任务完全交给了调停吏（мировой посредник）。在传统的观点中，由于调停吏主要来自有土地、有服役经历以及有一定学历的贵族，因此常常被当作地主贵族的代言人，如卡列宁就讲："这方面调停吏部分继承了地主领地权，可以对他们实施监禁和鞭刑。"① 甚至苏联学者 H. A. 察哥洛夫把持久地并且逐步地改善农奴的生活理解为地主不可能一下子解决农奴制问题②。但不能不承认，由于调停吏是选举产生的，且工资报酬由地方自治局的税收支付，必然存在一个代表人民还是代表政府的问题。而实际生活中也确实存在着调停吏代表农民与政府发生冲突的状况。政府为了解决这个问题，首先设立县村社代表大会，审议有争议的问题。省级农民事务机关由代表行政的省长、财政局长和检察官以及代表贵族的省首席贵族组成，审议调停吏和村社代表大会的上诉文件。1861—1863 年，当调停吏拟定地主与农民的法定文书时，他们被指责在划拨农民份地、确定义务的时候破坏地主的合法权利，偏袒、纵容甚至挑唆农民不服从，镇压农民暴动方面不力，等等。既然调停吏来自地主贵族，从经济的角度出发，他们理应站在地主的立场欺压农民，为什么他们还要为农民站台呢？这只有一种解释，调停吏的目的就是维护改革的顺利发展，至于说在重新划分地主与农民的权利与义务时会出现争执，是正常的状态，不会影响改革的顺利进行。

由于调停吏是临时设立的，分割地主与农民的权利时调停吏们也还秉公

---

① А. П. Корелин Дворянство в пореформенной России 1961 – 1904. М.：Наука, 1979, с. 182.

② H. A. 察哥洛夫：《俄国农奴制解体时期经济思想概论》，厉以宁等译，北京大学出版社 1987 年版，第 159—160 页。

办事，但是随着利益的冲突，贵族们越来越逼迫正直的调停吏。为了不得罪势力巨大的贵族，省长捷利切夫不得不递交了辞呈。贵族也越来越盯住调停吏的选举，使他们能够为自己服务。政府为了加强诉讼的公正性，对村社的法官进行独立设立，把行政权与司法权区分开来。由于村社法官也是选举产生的，其工资也来自独立的地方自治机构，所以只有秉公办事才能赢得威信。

调停吏与村社法官的设立的确在监督地主与农民分家中发挥了重要的作用，但是，由于地主与农民之间分离的艰难，主要是难于适应社会发展的需要，调停吏越来越倾向于采用宗法制，正如《地主杂志》第一期发刊词刊登的热尔吐辛的文章所说的："地主不再是农民的保护人了，由于让出自己的小块土地，他脱离了保育员或社会救济厅的义务；而农民不可能满足于他在最初 40 年内获得的这块土地，然后他将不愿离开这块土地。因此，地主完全可以或者出租自己的土地，或者雇用工人。"① 这种认识并不是察哥洛夫认为的那样是矛盾的，而是双方在走向独立的过程中相互的依靠性，也就是宗法性。所以，从 1874 年开始，政府颁布了新的条例，取消调停吏，设立县农民事务机关。县农民事务机关由县首席贵族主持，包括县警察局局长、县地方自治管理局主席、荣誉村社法官和机关组成人员。这样，县农民事务委员会就把贵族、地方自治局以及政府的职能结合在了一起。县农民事务机关除了扩大农奴农民的解放问题外，还把连同国家农民在内的事务也包括进来，更主要的目的是把社会事务与政治事务区分开来，把警察和监察事务从社会机构转向政府机构，解决调停吏在调节地主与农民纠纷时产生的偏向问题。

受县首席贵族的影响，贵族地主常常做出偏袒贵族地主的事情。比如参议院 C. A. 莫尔德维诺夫调查了坦波夫省 12 个县中的 10 个县后指出，农民对当地政权和地主预先拖延分配份地提起大量的诉讼，为半农奴制的经营方式和地主夺取农民土地创造了条件。这样的掠夺还得到了村社代表大会的批

---

① H. A. 察哥洛夫：《俄国农奴制解体时期经济思想概论》，厉以宁等译，北京大学出版社 1987 年版，第 166 页。

准。农民曾经投诉县地方机关的主席伊谢耶夫公爵，认为他偏袒地主利益，县机关不顾省机关的指示拒绝给农民发放移民乌法省的文件。机关的工作人员不受监督地干涉农民社会管理事务，迫使村会通过有利于地主的决议，经常不经选举就根据自己的想法任命乡长，等等。① M. E. 科瓦列夫斯基参议员指出了这里的原因是体制问题。具体讲就是县首席贵族体制。首席贵族设立于贵族团体之前，改革之后，他们被赋予权利广泛地参与地方管理与地方经营活动。省首席贵族曾作为省长之下的第一人存在。如果说省首席贵族还有省长钳制，那么县首席贵族兼顾了县里的地方自治机关和县行政警察机关的职能，是县里的第一人和实际主人。改革前，由于贵族拥有特权，所以他们不用把精力用于政权权力和利益，改革后随着特权的丧失，他们必须利用服务获取自己的利益。用斯摩棱斯克贵族会议报告的话说："随着农奴制的废除，最高等级失去了以前的独特地位，只有一种可能保持自己的等级意义和对社会事务必要的影响——领导地方自治。"② 地方自治显然是贵族争取社会独立的重要机构，凡是想在社会中赢得地位，除了获得经济独立外，更重要的就是在地方自治机构中发挥领导作用。地方自治涉及个人利益，因此它势必与政府机构发生争夺利益的情况。首席贵族体制，特别是县首席贵族必然利用自己在县里的一把手的地位为贵族谋取私利，不利于新兴的地主和资产阶级的兴起。在地方自治机构设立之初，在选举地方自治代表的时候还能兼顾贵族、农民和城市市民之间的比例，特别是在选举贵族代表的时候还能兼顾财产、文化程度以及为国家服役的规定，但是随着选举议员的增多，在经济比较落后的地方，符合要求的贵族代表越来越少了。政府不得不逐渐降低财产要求或者学历要求，在1890年新的地方自治条例颁布之后，对贵族的财产额度下降了一半，减少了地方自治代表的总数，这样贵族在地方自治中占

① А. П. Корелин Дворянство в пореформенной России 1961 – 1904. М. : Наука, 1979, c. 193 – 194.

② А. П. Корелин Дворянство в пореформенной России 1961 – 1904. М. : Наука, 1979, c. 209.

据优势，更主要的是县首席贵族可以直接成为省议员。①

　　地方自治的核心还是发展社会的各个方面，如土地改良、医疗、道路、卫生和社会救济等，金钱是基础。无论贵族如何占据核心位置，还是无法阻挡贵族地主的资产阶级化以及资产阶级依靠自己的经济实力寻求在社会中的位置。根据 1895 年的财务支出状况，医疗和社会救济占到第一位，达到28.5%；公民管理的支出达到 19.5%，教育支出占 14.2%，支付债务和利息占 12.1%，用于地方自治管理的只有 9.5%。1895—1904 年地方自治周转资金总数用于经济措施的增加了 10 倍。② 这样大规模的支出导致税费负担沉重，并且全部转嫁到农民身上。根据 1902 年农业需求特别会议地方委员会的结论，国家将居民用于国家和社会需求的所有支付都归结为税：国家土地税、赎金、地方捐税、米尔赋税、实物税、强制保险税等。虽然少数委员会认为，赎金是农民对政府的抵押借款债务，所以不能列入总税额，但是整体上看人们的税负依然相当沉重。俄国中部地区的税负更重，承担起支付帝国边区安全的重任。俄国就像一个漏斗，入不敷出，这是西方如英国所不存在的。③这种局面的出现与其说是资本主义发展给俄国造成了严重的危机，或者说贵族和地主保留了大量的封建残余，不如说俄国的价值观阻碍了经济发展的深入运行。比如米罗诺夫指出，1861 年改革之后从人民的穿戴来看，生活水平有了很大的提高，但是农民休息的天数也日益增多，如 19 世纪 50 年代休息天数为 230 天，到了 70 年代达到了 240 天，1902 年则达到了 258 天。同时出现了一些新的节日，是任何一本日历上都找不到的。如巴利科帕节，按照农民的习惯，这一天既不能收割，也不允许捆庄稼，因为这天堆起的粮垛必定

　　① Г. А. Герасименко История земского самоуправления. Саратов：Поволжская академия государственной службы им. П. А. Столыпин，2003，с. 29.

　　② А. П. Корелин Дворянство в пореформенной России 1961 - 1904. М.：Наука，1979，с. 217.

　　③ 米罗诺夫：《帝俄时代生活史——历史人类学研究（1700—1917）》下册，张广翔等译，商务印书馆 2013 年版，第 545—548 页。

着火。① 甚至保守派的贵族代表 B. Д. 卡特科夫以俄国的地理环境和宗教价值观为资本主义带来的奢靡、败坏辩护，成为俄国在亚历山大三世反革命运动的理论依据。②

就地方自治而言，从 1889 年开始，国家设立地方自治长官制度。地方自治长官制度提高了贵族在地方自治中的地位。首先他们成为国家的官员；其次，他们财产资格的门槛降低了，但是需要有为国家服役的经历。新条例预定把县划分成为区，设立区地方自治长官，以替代过去的首席贵族。国家这样做的目的是为了缓解经济发展带来的社会纷争，但是更主要的是加强官僚制。曾经独立的首席贵族，如今有了薪水，更主要的是要获得内务大臣的批准，贵族成为政府的普通官员。地方自治长官的设立当然维护了地方自治机构和政权之间的联系，但是，也加快了它们之间矛盾的激化。贵族们对于地方自治事务越来越感到厌恶，一方面出现了自由主义的反政府局面；另一方面一些省级地方自治机构都由大贵族所把持，出现了严重的政治斗争。当 1892 俄国农村普遍出现大饥荒的情况下，特别是美国的粮食逐渐替代俄国的粮食成为欧洲的主宰时，俄国反对资本主义发展带来的经济和社会纠纷就演变成为俄国独特的发展道路和西方自由主义发展道路之争，特别是在西方普遍进入民族主义状态的时候，俄国的泛斯拉夫主义甚嚣尘上，从而使俄国不再进行改革的调节，而是变成俄国与西方意识形态的敌对，进而演变成为国内的政治斗争和国际的世界大战。

俄国贵族为什么在转型的过程中转入政治斗争，这与其说是不能适应社会经济发展的结果，不如说是他们不能给予社会经济发展以公正的评价。从民粹派到自由派，从革命民主派到保守派，他们无非在两派中运行，或者完全西方化，或者完全本土化。究其要旨在于缺乏自信，不是把所有的罪责强

---

① 米罗诺夫：《帝俄时代生活史——历史人类学研究（1700—1917）》下册，张广翔等译，商务印书馆 2013 年版，第 519 页。

② B. Д. Катков Христианство и государственность. М. : Изд. 《ФИВ》, 2013, с. 9, 17.

加于朝廷就是强加给极端的护卫传统。亚历山大三世的反改革开启了指责前辈的先河，表面上是寻找俄国的发展道路，其实是不能理解资本主义的发展已经超越了宗法价值，是以经济发展为核心的全方位的进步。他把经济发展带来的社会分化或者道德衰败归究于犹太人或者基督教，出现了俄国有史以来的大规模的反犹运动，把自己的宗法观念强加给强调个性发展的波兰人、波罗的海人、芬兰人等，引发了前所未有的泛斯拉夫主义的政治运动。内部停止自治的改革，引发了激烈的政治冲突。当然，经济发展并没有被阻止，相反人们更加崇尚拜金主义。地方自治领域完全变成贵族的阵地。仅以莫斯科省为例，担任一届首席贵族的有 189 人，占总数的 61.2%；担任两届首席贵族的有 55 人，占总数的 17.8%；担任三届首席贵族的有 28 人，占总数的 9.1%；担任四届首席贵族的有 20 人，占总数的 6.5%；还有担任 5—7 届和 8—10 届的人。① 而他们占有的土地普遍在 1000—10000 俄亩之间。地方自治长官变成官员，几乎靠读简报生活。为了加强贵族对来自平民阶层服役人员的监督，有人提出恢复贵族的服役特权，同时为了重新恢复贵族的战斗精神，把贵族当中靠决斗解决纠纷的形式在非贵族中间传播并当成了时尚，而为了培养他们的战斗素质，办起了大量的士官生学校，1881—1897 年在士官生学校上学的世袭贵族达到 62% ~ 71%；在高等学校学习的占 54% ~ 55%。为此，国家为他们提供了大量的补贴。② 当然，俄国的贵族晋升也曾经为土地占有者开辟了渠道，但是到了尼古拉二世时期也取缔了，晋升贵族甚至进入贵族族谱者只有为国家服役一条渠道。

　　贵族如何完成向现代社会的转型，或许在俄国服役的德国贵族的后裔萨拉托夫省赫瓦凌斯克县 O. A. 莫戴姆伯爵（O. A. Медем）是其榜样。莫戴姆

　　① Беккер Сеймур Миф о русском дворянстве последнего периода императорской России. Напрасные старания：попытки вернуть дворянам руководящую роль в деревне. https：//history. wikireading. ru/214371.

　　② Беккер Сеймур Миф о русском дворянстве последнего периода императорской России. Новые профессиональные и образовательные модели. https：//history. wikireading. ru/214371.

家族出身于高贵的罗马贵族，1462 年在库尔兰获得了领地，1620 年进入库尔兰贵族族谱。在 18 世纪 30 年代比龙专政时代，莫戴姆家族和比龙家族结了姻亲，成了显贵的家族，成就者便是约翰·莫戴姆。约翰·莫戴姆的小儿子柳德维克·莫戴姆成了赫瓦凌斯克莫戴姆家族的创立者。萨拉托夫省赫瓦凌斯克县曾经在 1892 年发生霍乱暴动，柳德维克的儿子安东·莫戴姆作为赫瓦凌斯克县的首席贵族，在动乱期间挺身而出，领导地方自治和政府镇压了骚乱。他因此被授予安娜二级勋章。安东·莫戴姆出生在德国家庭，接受了路德教。他在获得了法学副博士学位以后，在司法部供职，得到了表兄司法大臣的庇护。当他娶了纳雷什金家族的亚利山德拉之后，进入了俄国的上层，结识了沃龙佐夫 – 达施科夫、多尔戈鲁科夫以及尤苏波夫家族。他也成了新教与东正教联系的纽带。随着第一个儿子的诞生，他依靠妻子的钱在赫瓦凌斯克县购买土地，从此离开了熟悉的家庭和宗教，在东西方的交界处伏尔加河流域扎根。1877 年退役，从此之后在司法部供职。1878 年，安东·莫戴姆开始担任荣誉调停法官。担任这个职务能帮助他在不放弃司法部公职的情况下更容易融入社会。他于 1882 年和 1887 年两次被选为荣誉调停法官和调停法官代表大会主席。1887 年被选为萨拉托夫省赫瓦凌斯克县首席贵族，参与农民事务管理机关的工作。在担任首席贵族期间，安东·莫戴姆得到人民的普遍爱戴和尊敬。因为他总是关心穷人的疾苦，并尽力帮助需要帮助的人。他的妻子亚利山德拉参与红十字会的工作，同样赢得了人民的尊敬。安东·莫戴姆当过副省长、省长，也当过参议员，但无论如何他都利用自己的知识发展自己的庄园，添置劳动工具，开设学校和教堂，更主要的是与邻居们和睦相处，带领他们走向和解。虽然安东·莫戴姆也遭遇了 1905 年和 1917 年革命的冲击，但他在 1905 年对焚烧庄园者的善待，换来了 1917 年农民对他的同情，他们一致认为安东·莫戴姆是一个好人、善良的人。[1]

---

① А. В. Наумов Графы Медемы. Хвалынская ветвь. М. ： Социально – политическая мысль，2011，c. 119.

安东·莫戴姆既是官员，又是贵族，他没有完全居住在城里，而是在俄国农民转型的过程中与农民打成一片，为他们做出了表率。安东的作为指明了俄国贵族发展的方向，但同时又能够带领无知的农民走向自由，这可能很艰难，但这是贵族的责任。

第三节　斯托雷平脱颖而出

一、斯托雷平家族的变革

斯托雷平家族是一个有名望的家族，最早是莫斯科公国的军人服役群体。记录在族谱中的第一个斯托雷平是格里高利·斯托雷平。虽然没有人知道他的父亲是谁，但根据 1592 年编纂的《百年名录》，此人很可能是特维尔的波雅尔子弟格里高利·安德烈耶维奇的儿子，因参加米宁和波扎尔斯基的民军表现勇敢和优秀的品质脱颖而出。[①] 斯托雷平家族的第二个人是阿法纳西·格里高利耶维奇·斯托雷平，因服务于罗曼诺夫宫廷而获得了 214 切特维基[②]的土地和 9 个农民，其地位稍稍高于波雅尔子弟，属于穆罗木的城市贵族。经过经营，阿法纳西拥有 241 切特维基的土地，其中封地里有 13 个农民，两块封地里分别有 6 个农民和 4 个农民，属于中等贵族。[③] 斯托雷平家族的第三个人是西尔维斯特·阿法纳西耶维奇·斯托雷平。他出生于 1617 年，起初不太富有，只有 27 个农民，于是西尔维斯特就打发农民打短工，1648 年在坦波夫建立了居民点，同时让他们带着自己的牛到库尔斯克找活干。西尔维斯特一生戎马倥偬，曾参加过收复斯摩棱斯克的战争，把乌克兰左岸纳

① Сергей Степанов Великий Столыпин. 《Не великие потрясения, а Великая Россия》. М. : Яува : Эксмо, 2012, с. 15.

② 切特维基，俄语 четверть 的音译，土地面积单位，相当于 40 俄丈长乘以 30 俄丈宽的土地面积，即 0.5 俄亩。参见罗爱林《俄国封建晚期农村公社研究（1649—1861）》，广西师范大学出版社 2007 年版，第 45 页。

③ 根据 B. O. 克柳切夫斯基的说法，不同地方贵族的封地薪水在 150—300 切特维基之间。

入俄国版图。他因此成为莫斯科贵族。莫斯科贵族不仅是个地理概念，它也象征着更大的权力，可以管理所有的事情。西尔维斯特也因所立军功获得沙皇700切特维基封地薪水和140切特维基的领地薪水。[①] 他所管理的土地不仅限于穆罗木，还扩展到奔萨省的奔萨县阿尔汉格尔斯克村。后来，奔萨县成为斯托雷平家族的中心阵地。接下来的七代人都围绕这个地方展开，卷入了这里的政治生活。西尔维斯特的儿子阿法纳西·西里维斯特罗维奇·斯托雷平被纳入皇宫贵族的名册，这样的人一共有四十几个，他们经常被差遣到各处。阿法纳西没有子嗣，他的两个兄弟谢苗和瓦西里继承了他的家业。瓦西里·斯托雷平是弟弟一支的始祖，曾经把官职做到管理宫内杂物的侍臣。类似这样的大臣共有800人。有名的波雅尔贵族都是从这样的职务做起的。

从彼得大帝开始，贵族的官职不再来自世袭，而是来自功勋，这是对贵族的变革，也是对波雅尔贵族的考验。彼得大帝迁都圣彼得堡，斯托雷平家族被留到了莫斯科。彼得大帝开始逐渐重用圣彼得堡的贵族，莫斯科的贵族有些衰落。斯托雷平家族并没有随着莫斯科贵族的衰落退出历史舞台，而是有了新的改变。瓦西里的另一个弟弟谢苗的后代叶迈里杨（1687—1757），也就是 П. А. 斯托雷平的高祖，把官职做到了彼得大帝普列奥布拉任斯基兵团的军需供养员。叶迈里杨在1737年以中尉的职务退役，时年51岁。退役后到奔萨省任军政长官的副职，他可以在奔萨省、辛比尔斯克省和科斯特罗马省继承和购置村庄，同样在穆罗木省保留自己的土地。叶迈里杨有两个儿子，特别值得一提的是阿列克塞·叶迈里杨，也就是 П. А. 斯托雷平的曾祖。此人给斯托雷平家族留下了深刻的印记。阿列克塞曾在莫斯科大学的附属中学学习，是诺维科夫和冯维津的同学。他从书本上学到的东西不多，这源于教师刻板的教学。阿列克塞早早地离开了学校，加入了彼得堡的禁卫军，是禁卫军中的投弹手。阿列克塞所在的普列奥布拉任斯基兵团的投弹连深得伊

---

① 封地（Поместье）是有条件的占有，如果贵族在服役时玩忽职守就会被剥夺；领地（вотчина）是继承所得，主人可以随意支配。

丽莎白女皇的宠爱，他们出入酒馆，养成了豪放的性格。阿列克塞进入投弹连完全出于偶然，是他出众的身高得到了女皇的垂青，获得了为女皇站岗放哨的机遇。阿列克塞成为禁卫军的军士后住在冬宫，逐渐养成了高贵的军人气质，同时由于拳击的爱好结识了阿列克塞·奥尔洛夫。① 叶卡捷琳娜二世执政之后解散了禁卫军，阿列克塞·斯托雷平离开了禁卫军，回到奔萨的庄园里打理庄园。奥尔洛夫曾一度吹捧与阿列克塞·斯托雷平的友谊并试图召回，但阿列克塞没有从命。后来奥尔洛夫因参与诛杀彼得三世的政变而平步青云，阿列克塞则因退役错过了这件事，这几乎成为斯托雷平家族的转折点。

阿列克塞从哥哥那里分得450个农奴（加上女眷有891人），在阿尔汉格尔斯克村斯把托雷平庄园经营得风生水起。虽然不能大富大贵，但也过上了小康生活。他在庄园里建起了农村教堂，还有两个酿酒厂。阿列克塞很乐意从事这件事，后来把酿酒厂发展到了6个，承包了酒的生意。经营酒厂是贵族的特权，阿列克塞把这件事做得如鱼得水当然得益于高级官员的庇护，如他曾得到枢密院总检察长库拉金王公和奥尔洛夫兄弟的庇护。阿列克塞通过给军队供酒很快发家，他也在自己的家乡奔萨省当上了首席贵族，为他的后代树立了榜样。阿列克塞很快在莫斯科阿尔巴特大街买到了石头房子，并把家搬到了莫斯科，由于喝酒并沉迷于戏剧而被屠格涅夫讽刺为法姆索夫式②的人物。不过，自从阿列克塞离开禁卫军，能够利用自己的力量经营庄园、建立酒厂，还能利用酿酒赚的钱开办剧院和教堂，对于开启贵族的智慧起到了非常重要的作用。后来，阿列克塞由于扩大经营，把剧团卖给了宫廷，并成为莫斯科大剧院和小剧院的基础。阿列克塞为了治疗自己的痛风和痔疮，还挖掘了高加索的泉水，成为高加索泉水疗养区的最早建立者。阿列克塞有

---

① 阿列克塞·奥尔洛夫和格里高利·奥尔洛夫兄弟是禁卫军团的军士，由于参与了叶卡捷琳娜二世对彼得三世的政变，奥尔洛夫兄弟获得了伯爵称号，同时格里高利还当上了中将，阿列克塞当上了少将。参见 Сергей Степанов Великий Столыпин. 《Не великие потрясения, а Великая Россия》. с. 28.

② 法姆索夫是格拉鲍耶多夫的戏剧《聪明误》中的老爷，由于不认同小姐索菲亚对爱情的追求而成为守旧者。

11 个孩子，他让这些孩子都接受了非常良好的教育。阿列克塞不反对孩子们报效国家，但是不刻意寻求权力，相反有意识地抵制权力；他的兄弟们曾经获得了很高的地位，但还是以独立和自由为要。①

在阿列克赛的后代中有几个人都和俄国的自由主义的改革者建立了联系。首先是阿尔卡季·阿列克塞耶维奇。他是从高加索格奥尔基耶夫斯克要塞开始自己的服役生涯，写作了《论东格鲁吉亚为俄国所庇护》的专题论文和致莫斯科朋友的短诗，其文采虽不及莱蒙托夫，但也显示了自己的文学才华。阿尔卡季经总检察长库拉金的介绍与米哈伊尔·斯佩兰斯基结为好友，逐渐具有自由主义的价值观。他在担任奔萨省的总检察长时成为奔萨省长的反对派。在圣彼得堡则与自由主义代表人物 H. C. 莫尔德维诺夫结为秦晋之好。当斯佩兰斯基在 1812 年流放奔萨的时候，和阿尔卡季建立了深厚的友谊，互通信息。斯佩兰斯基也从奔萨重新任职，以相当乐观的态度治理奔萨。由于检察官的职务，阿尔卡季虽不能参加十二月党人的秘密协会，还是深得十二月党人的信任。尼古拉·阿列克塞耶维奇（1781—1830）是阿尔卡季的一个兄弟，此人曾参加了 1812 年拿破仑战争，因解放了维帖布斯克而获得了格奥尔基三级勋章，随后进军巴黎。尼古拉因战功卓著成为斯托雷平家族的第一个将军，最终死在了保卫塞瓦斯托波尔的战斗中。德米特里·阿列克谢耶维奇（1785—1826）是 П. А. 斯托雷平的爷爷。他以优异的成绩毕业于莫斯科贵族寄宿学校，之后便参加了叶卡捷琳娜二世创建的炮兵骑兵队。起初俄国人不善于用炮，常常在战斗中丢掉大炮。在经历了奥斯特里茨战役的失败之后，德米特里把用炮的经验写成了文章。在博罗金诺战役中，他的弟弟阿法纳西（1788—1864）取得了成功，并被库图佐夫元帅盛赞，获得勇士的称号。阿法纳西也因此成为将军，后来被选为萨拉托夫省的首席贵族。阿法纳西是个不一般的首席贵族，他不是为地主说话，而是庇护受迫害的农奴姑娘。因此，阿列克塞的这些儿子们被称为十二月党人的孩子。最厉害的 П. А. 斯

---

① Сергей Степанов Великий Столыпин. Не великие потрясения，а Великая Россия. с. 36.

托雷平的爷爷德米特里在南方军队指挥兵团时，与十二月党人保罗·佩斯捷尔保持着友谊。德米特里的危险观点被皇帝亚历山大一世得知，他因参与十二月党人在军队的秘密组织而招来了杀身之祸。①

德米特里的大姐维拉·阿列克赛耶夫娜（1775—1830）更是一个特立独行的人。她嫁给了亚美尼亚人阿吉姆·哈斯塔托夫将军，由于丈夫的亚美尼亚种族身份常常被嘲笑。丈夫退役以后，她跟随丈夫去了高加索车臣边境的庄园，在这里与丈夫开设了丝绸工厂。而德米特里的另一个姐姐叶丽莎维塔·阿列克赛耶夫娜（1773—1845）嫁给了米哈伊尔·阿尔谢尼耶夫。由于阿尔谢尼耶夫在自己的家庭剧院扮演哈姆雷特的时候误食毒药而死，因而叶丽莎维塔年纪轻轻就守了寡。不过，她以坚强的毅力培养了自己唯一的女儿，并把她嫁给了不太富裕的米哈伊尔·莱蒙托夫的父亲。由于女儿的早逝，叶丽莎维塔又不得不养大女儿留下的儿子米哈伊尔·莱蒙托夫，并把他培养成与普希金齐名的自由主义诗人。莱蒙托夫先是接受了维拉姨姥的影响，后来又与阿法纳西结成了忘年交。莱蒙托夫通过歌颂阿法纳西而接受了十二月党人的观点，成为影响深远的自由主义者。

米哈伊尔·莱蒙托夫（1814—1841）的出名源于《诗人之死》。诗中最后几句说："你们这帮以卑鄙著称的先人们不可一世的子孙，把受命运奚落的残存的世族用奴才的脚掌恣意蹂躏！你们，蜂拥在皇室两侧的人，扼杀自由、天才、荣耀的刽子手，你们藏身在法律的荫庇下，不准许法庭和真理开口……但堕落的宠儿啊，还有一个神的法庭！有一位严峻的法官等候着你们，他听不进金钱叮当的响声，他早就看穿了你们的勾当与祸心。到那时你们想中伤也将是枉然，恶意诽谤再也救不了你们，你们即使倾尽全身的污血，也洗不净诗人正义的血痕。"② 显然，《诗人之死》预示了俄国的革命，巧的是

---

① Сергей Степанов Великий Столыпин. Не великие потрясения，а Великая Россия. c. 51.
② 莱蒙托夫：《诗人之死》，https：//baike. baidu. com/item/诗人之死/1772392？fr = aladdin.

莱蒙托夫也死于决斗。决斗来源于法国，是捍卫贵族荣誉与尊严的一种手段。① 但是，这在俄国是不允许的。凡是参与决斗者都要被判刑。杀死莱蒙托夫的是莱蒙托夫的同窗兼战友 M. C. 马尔蒂诺夫。苏联学者认为，马尔蒂诺夫由于妒忌莱蒙托夫的才学，在周边不友好的人员的挑唆下在决斗中枪杀了莱蒙托夫。② 其实，结合当时俄国的社会背景来看，这反映了俄国贵族在退役的大背景下如何寻求自己新角色的矛盾心态。莱蒙托夫曾在诗《波罗金诺》中写道："那一天敌人着实领教，俄罗斯战士不屈不挠，肉搏战的味道。大地和着我们胸膛震颤，人马搅在一起，不可开交。几千门大炮齐声轰鸣，汇成漫长怒嗥……"③ 而他在《瓦列里克》描写上尉之死时写道："有个士兵双膝跪在那里；他的面色阴沉而又粗野，但是眼泪从满是尘土的睫毛上落下来……垫着外套，背朝着橡树，他们的队长平躺在那里。他快要死了，他胸前有两处发黑的伤，他的血慢慢、慢慢地流淌。……他呻吟了一会儿，但是声音慢慢地低下来，……白胡子的老人围着他，他们的手中都挂着长枪……他们低声地悲伤地哭泣……附近的树林都在硝烟中发着青色，像被浓雾笼罩。……天空是晴朗的，天空下好多地方好生活，但他们却在不断无端地互相仇视着——究竟为什么？"④ 莱蒙托夫决斗中的逝去成为他的精神解脱。

莱蒙托夫的决斗者是阿列克谢·阿尔卡季耶维奇·斯托雷平（他的外号叫作蒙戈）教会的，而且他是莱蒙托夫决斗的见证者。蒙戈（1816—1858）也是十二月党人的崇拜者，但是他对于莱蒙托夫在婚外和别的女人交往却不以为然，认为应该做一个守秩序的人。蒙戈在莱蒙托夫的死亡问题上负有责任，这成为蒙戈的一个污点。蒙戈曾经把莱蒙托夫的《当代英雄》译成法语，同时拥护法国空想社会主义者傅立叶的观点。蒙戈在莱蒙托夫死后出走国外，但当克里米亚战争（1853—1856）爆发之后，还是回国服役。同样面

---

① Сергей Степанов Великий Столыпин. 《Не великие потрясения, а Великая Россия》. c. 60.
② В. А. 马努依洛夫：《莱蒙托夫》，郭奇格译，北京出版社 1988 年版，第 192 页。
③ 莱蒙托夫：《莱蒙托夫诗选》，骆继光、温小红译，花山文艺出版社 1995 年版，第 43 页。
④ В. А. 马努依洛夫：《莱蒙托夫》，郭奇格译，北京出版社 1988 年版，第 176—178 页。

对俄国社会转型的蒙戈的兄弟德米特里·阿尔卡季耶维奇·斯托雷平（1818—1893）也曾经离开了军队，到欧洲游学。但是，他的做法不是寻求社会主义，而是潜心研究俄国的农村公社问题，并得出村社阻碍社会发展的结论。关于俄国的农业问题，他写作了很多文章，也成为 П. А. 斯托雷平农业改革的理论基础。克里米亚战争爆发后，他毅然决然地参加了战斗，并成为英雄。战争接受后，热情地参与到亚历山大二世的农奴制改革之中。П. А. 斯托雷平的父亲阿尔卡季·德米特里也维奇也成了克里米亚战争的英雄，曾经与列夫·托尔斯泰并肩战斗，结成深厚的友谊。

斯托雷平家族从阿列克塞开始就寻求服役之外的出路，为俄国贵族的转型开辟了道路，也成为俄国转型的缩影。

二、П. А. 斯托雷平的成长

彼得·阿尔卡季耶维奇·斯托雷平（1862—1911）于 1862 年 4 月 2 日出生于德国萨克森的德累斯顿（Дрезден），而刻在基辅斯托雷平的墓碑上的出生地则是莫斯科。这一点源于他父亲的经历。上面提到，彼得·斯托雷平的父亲是阿尔卡季。阿尔卡季因参加塞瓦斯波尔战役而被授予黄金武器，战后成为乌拉尔哥萨克军队的首领。哥萨克首领属于将军行列，阿尔卡季被授予皇帝侍从少将的荣誉称号。当德米特里·米留金着手军事改革时，阿尔卡季提出了方案。他的方案没有被采纳，阿尔卡季就此离开了军队，并远赴德国。斯托雷平就是在这样的情况下被生在了德国。阿尔卡季离开军队的个人原因是他被授予了中将军衔。中将军衔虽然名义上高于侍从少将，但是他永远地离开了皇帝身边。出于阿尔卡季家族倔强的个性，他索性离开了军队，同时担任了荣誉的调停法官（没有薪水）。

阿尔卡季的退役当然受农奴制改革转型的影响。为了解决经济上的捉襟见肘，他卖掉了位于莫斯科的谢列德尼科沃庄园①，举家迁往位于立陶宛的科尔诺别尔热庄园②。斯托雷平在这里度过了一生大部分时光。从莫斯科迁往立陶宛，既是从高贵的皇城迁往偏僻落后的立陶宛，同时也是斯托雷平家族转型的开始。阿尔卡季能够主动离开军队得益于他们祖上对自由的追求，当然也得益于他们家族所受的贵族教育。阿尔卡季在乌拉尔哥萨克军队时就融入了那里的生活。乌拉尔哥萨克军队有一半是旧礼仪派成员，保留着古老的东正教传统。为了改造他们，阿尔卡季除了在形象上和他们一致，如蓄起了大胡子，参观了被教徒们视为真理的、皈依尼古拉教会的法式，但是也警告东正教大主教，小心旧礼仪派的信条：应该敬拜，但也认识到很容易激起普加乔夫暴动。他花了大量的时间修建甬路、公园，建图书馆和电报大楼，建学校，促进他们的改进。他认为，这些未受洗的人才是俄罗斯的希望③。怀着同样的思想，阿尔卡季也开始这样培养自己的孩子。阿尔卡季给自己的孩子们请了不同的家庭教师，所以斯托雷平能够说四种外国语。阿尔卡季和自己的妻子娜塔莉亚·米哈伊洛夫娜·戈尔恰科夫娜④有着很好的音乐修养，他们希望自己的孩子也有这方面的才能，虽然后来证明孩子们特别是彼得这

---

① 谢列德尼科沃庄园位于距莫斯科 30 俄里的地方，是彼得的爷爷在 1824 年临去世前买的。彼得的父亲阿尔卡季在这里度过了童年。退役后他把这个庄园卖给了百万富豪的大商人伊万·格里高利耶维奇·费尔萨诺夫。彼得·斯托雷平在这里度过了 6 年，之后就搬到了立陶宛的科尔诺别尔热庄园。阿尔卡季的车夫说，这简直是从宫殿掉进了茅草屋。参见 Б. Г. Фёдоров Петр Аркальевич Столыпин. Биография П. А. Столыпина. М.：Гареева，2003，c. 54.

② 科尔诺别尔热庄园位于立陶宛，这个庄园在 1863 年波兰起义之前属于夏波斯基伯爵。立陶宛曾经拥有自治权，1863 年波兰起义之后被设立为普列维斯兰省（привисленский），参加起义的夏波斯基的庄园被充公，主人被流放到西伯利亚。科尔诺别尔热庄园几乎以白送的价格卖给了 С. Е. 库谢列夫准将。库谢列夫很快脱手了。彼得·斯托雷平的爷爷是最后一位波兰总督，而根据斯托雷平女儿的说法，这个庄园是阿尔卡季打牌赢来的赌资。科尔诺别尔热占地 835 俄亩，对于阿尔卡季只是夏天度假打猎的地方，而对于斯托雷平来说则是他生活的中心。斯托雷平曾经在这里生活了 6 年，后来做了官，每年夏天都来这里度假。当斯托雷平成为总理大臣以后，政府曾在这里安装了电话线和电报线，各级高官也云集这里。参见 Сергей Степанов Великий Столыпин. 《Не великие потрясения，а Великая Россия》. c. 92 – 93.

③ Сергей Степанов Великий Столыпин. 《Не великие потрясения，а Великая Россия》. c. 86.

④ 阿尔卡季·斯托雷平的妻子，也就是彼得·斯托雷平的母亲，出身于戈尔恰科夫王公家庭。虽然戈尔恰科夫家族与留里克王公家族有关是个传说，但是，娜塔莉亚·米哈伊洛夫娜·戈尔恰科夫娜（斯托雷平娜）的父亲是尼古拉一世的外交大臣哥尔恰科夫公爵，身世显赫。

青年斯托雷平

方面的才情很弱，但是彼得还是拥有很好的文笔，并以自己家里保留着诗人米哈伊尔·莱蒙托夫的东西而感到骄傲（莱蒙托夫的外祖母叶丽莎维塔·阿列克赛耶夫娜是彼得·斯托雷平的姑奶，并一直影响着莱蒙托夫的发展）。

斯托雷平随着父亲的搬迁，先后在维纶中学、奥廖尔中学学习。他的成绩如下：神学、逻辑和俄语成绩为合格，数学、历史、地理、希腊语和德语分别为良好，只有法语、物理、数学和地理为优秀。斯托雷平中学毕业后考入了圣彼得堡大学数学物理系的自然专业，相较于人文科学，他更喜欢自然科学，尤其是化学，他学得最好。他的化学老师，化学元素周期表的提出者 Д. И. 门捷列夫给了他 5 分的成绩。斯托雷平的成绩在所有人当中不算优秀，但是和崇尚通过恐怖活动改变社会的大学生不同，他更倾向于通过科学解决俄国的社会问题。正如圣彼得堡大学校长在得知改革的亚历山大二世因恐怖分子的暗杀而倒下时所说的那样："不要摧毁和破坏，而是要创造和行动；你们的任务不是摧毁政权，而是尊敬秩序和权力！"[1] 彼得·斯托雷平就是抱着这样的信念投身科学的。这是他家庭教育的结果。

正如彼得·斯托雷平的女儿玛利亚·冯·鲍克所说的那样，1877 年，对于斯托雷平一家又是一个转折点。当俄土战争爆发的时候，沙皇亚历山大二世到维尔诺找到了已经退役的阿尔卡季说："当我看到你没有穿着军服是多么的忧郁啊！"阿尔卡季回答说："我将为穿上它而感到自豪！"[2] 随后，退役多年的阿尔卡季再次投身战斗，并在战争陷入困局的时候挺身而出，转危为安。阿尔卡季在俄土战争中曾指挥九个兵团。斯托雷平家族有三个人参加了

---

① Сергей Степанов Великий Столыпин.《Не великие потрясения，а Великая Россия》. с. 104.
② Мария Фон Бок Воспоминания о моем отце П. А. Столыпине. М.：Эксмо，2014，с. 29.

俄土战争，最有意思的是阿尔卡季的妻子是作为军队的护士参战的。阿尔卡季的再次为国征战，表现了为祖国献身的精神。这样的精神也深深地影响着彼得·斯托雷平，并形成了他对上帝、祖国和家庭的热爱。

彼得·斯托雷平在家里排行老三，他前面有一个哥哥、一个姐姐，还有一个弟弟。斯托雷平生活在一个温暖的大家庭之中。他的哥哥米哈伊尔是年轻的禁卫军军官，因出面祖护被伊凡·沙霍夫斯基王公羞辱的青年军官与沙霍夫斯基决斗。米哈伊尔在决斗中死去，斯托雷平为了替哥哥复仇，再次与沙霍夫斯基决斗，伤了右手。在自己的哥哥去世之后，斯托雷平和哥哥的未婚妻奥列佳·鲍里索夫娜·聂德拉尔特结婚并终身相爱。决斗对于俄国的贵族来说是家常便饭，但是俄国军队对于参与决斗的军官处罚严重，所以，斯托雷平对决斗伤及右手之事讳莫如深。据斯托雷平的儿子亚历山大说，父亲的手从小就患风湿病，经过多次治疗都没有治好。斯托雷平的手伤阻碍了他服兵役，但他一生酷爱骑马，保持着对军人的敬仰。斯托雷平在和奥列佳结婚的时候正好上大四，由于学校在结婚问题上有规定，需要校长的批准，而斯托雷平结婚的申请被拒绝了，于是他结束了自己的大学生涯，和自己心爱的未婚妻结婚。从斯托雷平迎娶自己哥哥的未婚妻子并终身恩爱（鲜明的标志是二人经常通信）一事来看，斯托雷平把家庭的恩爱看得超过了仕途，这是家庭教育的结果，也是他做事的根本。也正是家庭的恩爱，让斯托雷平在风云变幻的转型时代意志坚定。不过，斯托雷平后来读了副博士，并于1885年获得了圣彼得堡大学副博士毕业证书。

由于手伤，斯托雷平没有服兵役，还没有毕业（1884年10月）就到内务部任职，走上了文官仕途的道路。1885年10月当他获得硕士文凭以后，在他的要求下转到财政部农业司任职，专门从事土地规划和土地整理的工作。起初，他主要从事农业文献的目录整理工作，并出版了《1886年农业问题杂志、报纸和书籍目录索引》。斯托雷平并不满足于简单的小职员的工作，从1888年1月1日获得宫廷低级侍从官起，就走上了贵族的生活道路。按照职官表，获得低级侍从官称号，其职位不会低于八级，但是斯托雷平却从十级文官做起，一步一步地锻炼自己。他在编写目录的时候，就阅读了大量奠定后来斯托雷平农业改革的文章。为了加强自己的实践经验，从 1888 年开始，斯托雷平就着手离开首都的仕途，转向立陶宛的科夫诺，管理自己的科尔诺别尔热庄园。1889—1902 年，斯托雷平在立陶宛的科夫诺生活了 13 年，这 13 年奠定了他的原则和观点。

从 1889 年开始，斯托雷平向维尔诺、科文和格罗德诺省的总督卡汉诺夫申请科文县首席贵族的职务，并在 2 月 22 日得到批准，同时兼任县调停吏代表大会的主席。在担任县首席贵族期间，斯托雷平的关系重新回到了内务部，直到生命的最后。担任县首席贵族比任职官吏有着更加重要的意义。他的工作主要是领导征兵委员会、调节地主之间的纠纷、组织马匹展览和赛马活动以及主持地区贵族会议并代表贵族协调与当地政府之间的关系。① 最主要的意义在于既能保持与政府的联系，又能了解地方社会生活。除了首席贵族职务之外，斯托雷平还担任了荣誉的调停法官，调节贵族与农庄庄员之间的关系，获得了一般官员难以具备的法官经验。

为了做好首席贵族，斯托雷平必须懂得贵族生活的方方面面，最主要的是要具有管理庄园的经验。斯托雷平在这 13 年花了大量的时间管理庄园，获得了关于农业的直接经验。斯托雷平管理自家继承的和妻子家继承的庄园共7000 多俄亩的土地，虽然比不上掌握着几十万俄亩土地的大地主，但也是颇具规模的地主。斯托雷平亲自管理庄园，在自己的庄园里建设了马厩、粮仓和谷物干燥房。他雇用了大量的农业工人，每年都在收获之后举行庆祝活动。斯托雷平还把大部分土地用于出租，这几乎成为俄国改制后的主要现象。出租的土地并没有特别好的收入。斯托雷平在 1889 年出租了妻子家继承的奔萨省的庄园，大概有 950 俄亩，一年的租金收入不过 4000 卢布。斯托雷平在给

① Б. Г. Фёдоров Петр Аркальевич Столыпин. Биография П. А. Столыпина. М. : Гареева，2003，с. 82.

妻子的信中提到，租赁土地的人对土地进行了疯狂的开发，他们努力从土地上榨取最后一个戈比而不投入一分钱。这让斯托雷平非常痛心，指责他们连摩尔多瓦人都不如。因为在斯托雷平去奔萨的阿克希诺庄园时，摩尔多瓦人还知道向斯托雷平购买他不想出售的土地，而租赁土地的俄罗斯人却游手好闲。[1]

斯托雷平在管理科尔诺别尔热庄园的时候经常要绕道东普鲁士的庄园，对他们私人化的经营的效率感到吃惊，他发誓要把普鲁士的经验移植到俄国的土壤上，废除村社的经营方式，建立普鲁士式的庄园经济。斯托雷平的档案里有大量关于农民移民科文省殖民地的札记，这是分析科文省庄园经济的结果。为了实践，他建立了合作社式的农业协会。参加农业协会的有 100 个地主和各个民族的农民，协会帮助人民购买技术并销售农产品。斯托雷平还对庄园实行多圃轮作制并因地制宜地把不适于农耕的庄园改作畜牧业。同时向政府申请取消对普鲁士的活畜和肉类出口的限制。为了避免大量的俄国工人，特别是农业工人到德国打工，他建议把工人组织起来，实行工人保险。他认为这样既能保护现有的社会秩序，又能避免俄国经济的衰落。正是这样的不断实验，让斯托雷平积累了日后改革的丰富经验。

随着斯托雷平对立陶宛多种农业管理方式的比对，他建立模范庄园的举措赢得了当地人的尊敬和爱戴，也为日后重新进入彼得堡奠定了基础。这样的日子随着他担任科夫诺省首席贵族而结束，1902 年，内务部正式任命彼得·斯托雷平担任格罗德诺省长，开始了他正式的行政生涯。

---

[1]　Б. Г. Фёдоров Петр Аркальевич Столыпин. Биография П. А. Столыпина. М.：Гареева，2003，с. 47.

第三章 六三体制的形成

第一节 革命与立宪的较量

一、流血星期日

随着日俄战争俄国的失败，20 世纪初期激化的社会矛盾演变成一场大革命。1 月 9 日，在神父加邦的带领下，彼得堡的工人及其家属大约 14 万人[①]举着三色旗、圣像、沙皇肖像，唱着祷歌向冬宫行进。他们向沙皇呈递请愿书。请愿书有三个方面的内容：第一，实现个人自由不可侵犯，言论、出版、结社、集会和信仰自由，实行普遍的义务教育，法律面前人人平等，立刻释放所有的思想犯；第二，取消间接税并代之以直接的累进所得税，取消赎金，实行廉价信贷并逐渐把土地转交给人民；第三，依法保护劳动、消费、生产和职业结社自由，实行八小时工作制，确定加班工作额度，劳资斗争自由，工人参与制定国家工人保险法，实行正常工资。当队伍行进的时候，军警突然向手无寸铁的工人开枪射击，死伤达 4600 多人。[②] 沙皇派军队枪杀游行队伍，让领导者加邦极度失望。之后，他高喊："俄国再没有上帝，再没有沙

---

① 关于参加请愿的工人及其家属的人数有几种说法：加邦认为有 30 万人，《解放杂志》刊登的数字是 20 万人，苏联学者认为是 14 万人。参见 С. П. Павлов Опыт первой революции: Россия. 1900－1907. М.：Академический Проект，2008，с. 226－227。

② 美国学者派普斯引用 1961 年出版的俄国 1905—1907 年革命的文件资料说，准确的数字是死亡 200 人、伤 800 人。

皇了!"①

Г. А. 加邦（1870—1906）是谁？这是一
个有争议的问题。苏联文献一直把他当作沙皇
的奸细。如20世纪70年代的《苏联大百科全
书》上关于"加邦"这个词条说："加邦，俄
国神父，沙皇暗探局的奸细，1902年同 С. Б.
祖巴托夫勾结，1903—1905年领导加邦阴谋。
1905年1月9日，煽动彼得堡工人向尼古拉二
世提出请愿书，并到冬宫向沙皇呈递，使工人
遭到血腥屠杀。1905年10月侨居国外。曾企
图混入社会革命党人的战斗组织，暴露后被工
人战斗队绞死。"② 加邦领导彼得堡工人向沙皇

Г. А. 加邦神父

请愿的事件也成为"加邦阴谋"，其含义是说，俄国沙皇政府通过成立由政
府控制的工人组织诱使工人脱离革命斗争的企图。1903年加邦在暗探局的支
持下组织了"圣彼得堡俄国产业工人协会"。加邦的确是教会的神父，不过
也是乌克兰的坦波夫省的农民。坦波夫省属于犹太人的混杂区，虽然经济条
件尚可，但是各种矛盾复杂。加邦的父亲是书吏，但他们一家的生活靠书吏
的工资难以维持，而是要靠全家辛苦的劳动。受父亲的影响，加邦很早就接
触了地方自治，对于农民遭遇的鞭刑深表同情。

读书让加邦发生了天翻地覆的变化。加邦父亲非常希望加邦读书，但是
家庭的经济条件以及上大学的愿望让他进入了教会学校。因为根据法律规定，
只有古典中学毕业生才能升入大学，但托木斯克大学是个例外，该校还招收
教会学校学生，不过只招收一等学生。对于想要进入大学的加邦来说，这是
唯一的机会。即便进入教会学校，非僧侣的孩子也要自掏腰包。幸运的是加

---

① Richard Pipes：The Russian Revolution. New York：Knopf，1990，pp. 63.
② 《苏联百科词典》，中国大百科全书出版社1986年版，第581页。

邦获得了国家资助，圆了上学梦。[①] 穿着农民衣服的加邦每日穿梭于神父孩子中间，总觉着自己是个异类，所以他深受信奉列夫·托尔斯泰学说的神父 И. М. 特列古博夫和教师 И. Б. 费依涅尔曼的影响。特列古博夫和费依涅尔曼反对东正教的学说，但是他们还是参与教堂祈祷和圣餐仪式，其目的是体会《圣经》学说与人民生活的关系。在特列古博夫的影响下加邦逐渐厌恶了东正教的教条，决计离开教会。他常常利用业余时间当家教，与贫苦者和流浪汉接触，发誓要走上一条解救贫穷者苦难的道路。

可是，教会中学对加邦的行为评定为差，他不能以一等学生毕业，这将终结他的大学梦想。加邦之所以没能如愿获得一等生称号，原因是他与教义神学老师探索基督的本质问题时得罪了老师，加邦特别担心教义神学一课的成绩得不了 4 分，于是在考试前给老师打招呼并威胁要杀死他。教义神学老师把这件事告知教务委员会，教务委员会希望加邦寻求老师的原谅。加邦不仅没有这样做，相反以身体和精神不适为由旷考。眼看自己的大学梦即将破灭，情急之下的加邦给波尔塔瓦的主教伊拉利昂写信，宽容的伊拉利昂给加邦所在学校的校长写信，希望原谅加邦，但是，运气不佳的加邦没能如愿。最后，加邦留在了坦波夫。

在坦波夫，加邦一边做地方自治局的统计员，一边备考（通过自考）古典中学的毕业证。他在兼职做家教的时候，结识了一个商人的女儿。这个商人的女人聪明伶俐，古典中学毕业，也有一颗为人民服务的良心。加邦娶了这位商人的女儿，并在妻子的劝说和伊拉里昂的帮助下成为神父。他利用为别人主持婚礼和葬礼的机会，设立了自愿捐献储蓄所，帮助穷人，初步实现了为穷人服务的愿望。可是，好景不长，妻子在生下一双儿女之后去世了。加邦再次找到伊拉里昂并通过圣主教公会的总监波别多诺斯采夫离开了坦波夫，进入了彼得堡神学院。

---

① 教会学校非僧侣的孩子读书要自费，根据规定，每年的学费不少于 40 卢布，这对于农民的孩子基本上无法承受。

　　加邦在神学院的学习并不顺利，因为他所学的烦琐哲学并没有回答他关心的生活的意义问题。于是他放弃了学业，到克里木治病。在克里木，他结识了艺术家 B. 韦列夏金和自由主义的政论家 Г. 朱希耶夫。在他们的劝说下，加邦脱掉僧袍，投身革命。回到彼得堡，加邦就到瓦西里耶夫岛的仁慈圣母教堂布道，宣传劳动是生活的基础和含义的学说，深深打动了许多社会下层。为了让更多的穷人获得人的尊严，1900 年，加邦担任了圣奥列格孤儿院的院长和蓝十字孤儿院的法律教师。这些孤儿院都是社会上层资助的，所以，加邦不久就在宫廷当中获得了广泛的知名度，特别是让宫廷中的女人们认识到了基督教的真正价值。他还经常与圣约翰·科朗施塔德斯基和神学院院长谢尔盖·斯特拉哥罗德斯基一起参加盛大的宗教节日和布道。

　　为了帮助更多的穷人，加邦拟订了慈善机构体系方案，为流浪汉建立康复的劳动教养院。方案递交给皇后亚力山德拉－费多罗芙娜，并得到了彼得堡市长尼古拉·克烈格里斯的赞赏。加邦为穷人呐喊的一系列举动遭到了一些社会上层的冷眼，方案也没了下文。1902 年夏，由于与校监察委员会发生冲突，加邦被解除了蓝十字孤儿院院长的职务，同时被开除学籍并交给警察局。然而，在大主教安东尼的干预下，加邦又恢复了学籍并顺利通过了毕业论文答辩。毕业后，加邦又被聘任为切尔尼戈夫市圣米哈伊尔监狱教堂的神父。

　　通过警察局的关系，加邦和彼得格勒警察局特别部长官谢尔盖·祖巴托夫（1864—1917）结识。祖巴托夫建立了警察局监督下的工人组织，以此瓦解工人阶级的革命意志。祖巴托夫成功地在莫斯科、敖德萨、明斯克等地建立了自己的工人组织，同时在彼得堡建立了机械行业的工人互助协会。一直有着和工人取得联系愿望的加邦积极参与了祖巴托夫的工作，不过在实践中逐渐和祖巴托夫产生了分歧。加邦希望建立一个不受政府监督的独立的工人组织。当祖巴托夫因与普列维的分歧而辞职后，加邦接管了祖巴托夫的工作，并把建立独立工人组织的方案付诸实施。加邦的方案得到了内务部副大臣杜尔诺沃的批准。加邦在彼得堡警察局局长洛普欣和新任彼得堡市长伊万·伏龙的帮助下，很快在彼得堡建立起"圣彼得堡俄国产业工人协会"。伏龙对加邦非常信任，认为加邦所创立的工人组织是阻止有害的社会主义思想向工人渗透的可靠支柱。加邦也由此获得了工人组织不受警察监督的保障。

1903 年 8 月加邦建立的圣彼得堡俄国产业工人协会积极寻求经济上的独立。8 月 30 日在维堡工人的支持下建立了第一个茶社俱乐部并成为加邦工人组织的活动中心。为了加强对工人组织的领导，加邦建立了自己的秘密协会，委员会的成员除了加邦外，还有工人 И. В. 瓦西里耶夫和 Н. М. 瓦尔纳谢夫。协会经常组织会议，在会上宣读非法文献，研究革命运动史并讨论未来俄国工人的维权计划。俄国产业工人协会起初发展非常缓慢，为了加速发展，积极吸收有影响的工人加入组织。1903 年末，协会吸收了卡列林夫妇并成立了卡列林小组。卡列林小组的成员大多数都是社会民主工党介绍过来的。他们与社会民主工党没有什么策略分歧，只是寻求通过和平的方式赢得工人的权利。起初，卡列林小组怀疑加邦的工人组织会演变成为祖巴托夫式的组织，然而经过一段时间的观察，发现加邦的工人协会非常独立。加邦也因此赢得了工人的信任。

加邦在和工人们谈判的时候表达了自己的意图，他说："我的意图就是逐渐地把俄国的工人联合起来。如果我们能够在彼得堡、莫斯科、哈尔科夫、基辅、顿河罗斯托夫和伊万诺夫建立一系列俱乐部，就会在全国逐渐建立网络，联合全俄罗斯的工人。可能让工人激动的是普遍的经济要求，但我们还要提出政治要求。"① A. E. 卡列林向自己的熟人 И. И. 帕夫洛夫介绍说："加邦无条件地忠实于工人阶级解放的思想，然而他认为党的地下斗争是不合时宜的，必须按计划组织公开的工人组织并成功地实现自己的目标。"②

1904 年 3 月，加邦和秘密协会成员通过了我们在本文开篇介绍的请愿

---

① A. E. Карелин Девятое и Гапон. Воспоминаний. Красная летопись. Л. : 1922，с. 106 – 116.

② И. И. Павлов Из воспоминаний о《Рабочем Союзе》и священнике Гапоне. Минувшие годы. —СПб. : 1908. № 3. с. 26 – 27.

书。从 1904 年 5 月开始，工人协会在彼得堡各地开办分会，总数达到 11 个。为了把自己的组织推广到全国，加邦分别访问了莫斯科和基辅。加邦的事业在莫斯科和基辅遭到了抵制，被莫斯科总督谢尔盖·亚历山大罗维奇和基辅的警察局局长 A. И. 斯皮里多维奇遣返回彼得堡，这样一来，加邦的事业只能局限于彼得堡了。1904 年秋，正值解放同盟自由派开展请愿运动，准备在全国开展立宪和人民代表活动，加邦在 11 月与自由派取得了联系。解放同盟邀请加邦参加自由派开展的向沙皇的请愿活动，加邦也把自己在内部通过的请愿书介绍给自由派并达成一致。

正在这时，普提洛夫兵工厂的工头杰佳夫金开除了四名彼得堡俄国工人协会的工人。工人当中流传，四名工人之所以被开除是因为他们参加了俄国人民协会，普提洛夫工厂的行政人员担心这会影响整个工厂。加邦认为，这是资本家向工人协会发起的挑战，要求工厂立刻恢复工人工作并开除杰佳夫金。如果不满足他们的要求，工人协会将提出更广泛的经济要求和政治要求并向沙皇提交请愿书。加邦私下与市长伏龙商量，保证通过和平的方式解决危机。然而，普提洛夫工厂的厂长斯米尔诺夫、工厂监察员奇若夫拒绝了加邦的要求。1 月 2 日，工人协会纳尔瓦分会决定罢工，1 月 3 日普提洛夫工厂行动起来，提出了更加苛刻的要求：第一，开除工头杰佳夫金。同时召回被开除的两位工人。第二，实行八小时工作制。第三，实验合格后的新产品定价应通过与车间选举出来的工人自愿协商后由工头确定并成为义务；至于说原来的价格，应根据同样的原则重新确定。第四，应在普提洛夫工厂设立选举工人组成的常务委员会，与行政人员共同解决个别工人提出的要求，解雇工人只能由这个委员会批准。第五，普通工人的正常工资不应低于一卢布。第六，取消加班，如果必须加班，只能 1—2 个小时。第七，工厂应为与工人无关的次品支付工资。第八，普通女工的工资不低于 70 戈比，还应为她们的孩子建立托儿所。第九，工厂的医务人员应认真地对待工人，特别是伤病工人。第十，改善车间的卫生条件，特别是锻造车间。第十一，任何人不应因罢工而遭到处罚。第十二，没有工作的时候不应算作旷工，行政人员应建议支付平均工资。① 以上要求的苛刻之处不在于加邦提出的经济要求，而在于工人提出的参与工厂产品定价和八小时工作制，这些必须由国家出面才能解决。

加邦在与普提洛夫工厂协商的同时，也找到了政府。财政大臣科科夫采夫明确表示拒绝。而社会民主工党和社会革命党明确表示，工人只有通过革命的方式才能达到自己的目的，目标指向专制制度。当政府回绝了加邦的要求之后，对于怀有君主主义思想的加邦来说只剩下了最后一条路——给沙皇提交请愿书。加邦亲自写请愿书。他说："陛下，我们来自彼得堡不同阶层的工人和居民，我们的妻子、儿女和无助的年迈父母找您寻求真理和保护。我们沦为乞丐，正遭受着剥削，我们承受着无法承受的劳动负担，受尽了侮辱，我们不被当人，只能作为奴隶默默地忍受着理应忍受的命运。过去的，我们忍受了，但是现如今，我们还是被一步一步地推进赤贫、无权和无知的深渊，我们因专制和妄为窒息着，压得我们喘不过气来。陛下，我们再没有力量了，已经到了临界点！对于我们来说，一个可怕的时刻到来了：死倒比继续忍受难堪的痛苦更好……现在我们抛弃了工作，声明我们是主人！我们不会工作，直到他们满足我们的要求。我们的要求不多，我们只希望这一点，因为不满足这个要求就没有办法活下去，只有苦役和永远的痛苦。"②

加邦代表彼得堡的工人阶级向沙皇的一套诉说肯定具有夸张的成分，但是他一直从东正教的角度纠正政府掀起的自由主义改革，进一步指责官僚阻碍了沙皇与人民之间的联系，试图通过恢复沙皇与人民的联系，重振衰败的俄国。③ 这是加邦在斯拉夫派学说基础上的觉醒，也是他勇敢地向沙皇提出建立立宪会议的理论依据。这与以希波夫为代表的新斯拉夫主义的观点不谋

---

① В. Шубинский Гапон. М.：Молодая Гвардия，2014，с. 122 - 123.

② В. Шубинский Гапон. М.：Молодая Гвардия，2014，с. 136.

③ В. Шубинский Гапон. М.：Молодая Гвардия，2014，с. 53.

而合，只是加邦苦难的农民家庭出身，以及对得到沙皇父亲抚爱的渴望，才推动了他与有着同样认识的俄国上层官僚的联系。与警察社会主义的祖巴托夫不同，他希望建立独立的工人组织，从宗法的观念出发，更希望争取西化沙皇的转向。加邦在与社会民主工党和社会革命党的接触中，特别是在与来自社会民主工党的卡列林夫妇的交谈中，也慢慢地有了革命倾向。加邦建立的彼得堡产业工人协会以及为改善工人所做的种种努力是俄国社会主义与自由主义冲突的缩影。加邦给沙皇的请愿书从经济要求转向政治要求，即不满足大赦政治犯、召开全国地方自治会议就举行全彼得堡工人的罢工，这是走向绝望的自杀。

尼古拉二世成为孤家寡人，他的目标就是把父亲亚历山大三世交给他的江山传递下去，所以他主张继续专制制度的传统。然而，俄国的确到了不改革就将面临革命的时刻。沙皇无力解决加邦提出的问题。因为从经济角度来讲，普提洛夫工厂给工人开出的工资已经很高了，且工作的时间只有维持在11个小时才能保证工厂的正常运转，因此工人提出八小时工作制，就如同俄国农民提出少地的问题一样，都是相对意义上的。俄国的问题是如何调动工人的积极性、发展大工业的问题。沙皇没有从这个角度理解自己的作用，只会让政治空转。而当时的政治家无论是主张镇压的财政大臣科科夫采夫、司法大臣穆拉维约夫，还是主张让步的内务大臣米尔斯基都明白这一点，只不过出于当时稳定社会的需要，只能做出开枪的举动，造成了让加邦无法和平结束危机的流血星期日。加邦也在流血星期日之后成为被追捕的对象，不得不流亡海外。

直到今天，关于是谁下令开的枪都没有定论，可能是军队出于维护秩序的考虑。加邦也在迈出游行这一步之前给沙皇尼古拉二世和内务大臣米尔斯基写了信，希望他们能够接受工人的请愿书，加邦还反复许诺确保沙皇的安全，但是形势已变得"自由不经流血就得不到"的地步。沙皇镇压了彼得堡工人起义，也结束了人民对沙皇的信任。在革命的压力下，俄国政府走上了让步的道路。

二、咨议式杜马的召开

流血星期日过后，罢工很快在全国展开。据统计，1 月份罢工人数达到 40 万，超过 1905 年以前 10 年罢工人数的总和。在彼得堡，1 月 10 日没有一个人上班，以后几天，罢工才逐渐减少。莫斯科、伊万诺沃 – 沃兹涅先斯克、图拉、下诺夫哥罗德、特维尔、雅罗斯拉夫也开展了罢工斗争。与此同时，农民也举行了反对地主的起义，截止到 4 月，农民运动已经在欧俄 1/5 的县份展开。

对于流血星期日事件，各个党派有不同的反应。首都的各家报社，如《我们的生活》《我们的日子》《祖国之子》《交易所公报》《新时代》《彼得堡公报》等报纸希望报道"1 月 9 日事件"的真相，呼吁政府召开全国地方自治代表大会，整顿国家秩序。自由派在《祖国之子》报上刊登俄国立宪草案以及帝国基本法草案，被政府视为要组建临时政府。解放同盟莫斯科小组当天拨款 25000 卢布，资助受伤人士。[1] 自由派派人到各省以及波兰等边区取得联系，鼓动社会暴动。社会民主党则在伦敦召开第三次代表大会，主张消灭地主土地所有制和沙皇专制制度，建立工农革命专政。[2]

在日益高涨的革命浪潮下，政府自由派的代表也纷纷发表自由主义的主张。比如农业大臣兼财务大臣 A. C. 叶尔莫洛夫在 1 月 15 日的日记中记录了他与尼古拉二世的对话。沙皇说："我不怕死，我相信上帝的旨意，但是，我知道，我不能拿我的生命冒险。"叶尔莫洛夫说："是的，您没有权利冒险，也不应该冒险，但是，您必须考虑，您的专制统治以什么原则为基础，您不能只依靠武力，也不能只依靠军队。1 月 9 日，军队履行了所承担的射

---

① С. Б. Павлов Опыт первой революции 1900 – 1907. М. : Академический Проект, 2008, с. 236.

② 孙成木、刘祖熙、李建：《俄国通史简编》下册，人民出版社 1986 年版，第 304 页。

击手无寸铁的群众的艰巨任务，彼得堡发生的骚乱已经蔓延到了俄国大部分城市。当骚乱转移到农村，当农民起来的时候，又用什么力量和军队消灭他们？……我不知道陛下是否去面对这些人群，但是我知道，他们的声明应该被预先听取和审议，陛下应该预先声明，您应该接见人民代表。……非常遗憾的是，您没有采取类似这样的防御措施，致命的事件已经发生了。但是，陛下必须想方设法向人民传递自己的声音。"① 叶尔莫洛夫并没有到此结束，继续说："发生悲剧的原因之一是，俄国实际上没有政府，有的只是单个的大臣，按照自己的位子履行国家管理。我们每一个人只知道自己管理的那一摊事，至于其他大臣在忙什么，有时甚至是同一性质的事情，我们都不知道，也没有任何机会知道。"② 沙皇尼古拉二世同意这样的看法，并着手改组大臣会议。

德国的皇帝威廉二世也劝沙皇尼古拉二世在俄国立一部宪法。在宫廷内部，皇后亚历山德拉·费奥德罗夫娜也支持沙皇做出立宪让步。在政府内部，亚历山大·米哈伊洛维奇、А. Г. 布列根、С. С. 马努欣、А. С. 叶尔莫洛夫支持做出让步，而国务秘书 Д. М. 索尔斯基、国家监察官 П. Л. 罗博科等人则表示反对。尼古拉二世多么希望斯拉夫派对于国内和谐与沙皇制度的赞誉，但是他自己在分裂的社会面前一直举棋不定。1905 年 2 月 4 日，社会革命党战斗组织成员 И. П. 卡利亚耶夫炸死了死硬派的莫斯科总督谢尔盖·亚历山大罗维奇大公，接下来社会革命党在各个省组织了一系列暗杀活动，最终的矛头直指沙皇尼古拉二世。社会革命党的暗杀活动直接推动了尼古拉二世的让步，决定以内务大臣布列根的名义发布上谕。上谕说："为了不停顿地继续我先贤的统治大业——集中、治理俄罗斯土地，从现在起，我打算在上帝的帮助下吸收值得尊敬的、受人民委托的、从人民中选举产生的代表参加预

---

① В. Шубинский Гапон. М.：Молодая Гвардия，2014，с. 186 – 187.

② В. Шубинский Гапон. М.：Молодая Гвардия，2014，с. 187.

先制定和讨论立法建议的工作。"① 尼古拉在做出让步的同时，也指示枢密院颁布《关于骚动混乱状况的宣言》，准备对革命行为采取强制镇压措施。这两种相互矛盾的举措引起了社会的强烈反响。

2 月 18 日上谕的颁布，让社会的各派组织以为可以合理地向沙皇递交请愿书，表达自己的看法。自由派继续自己召开代表大会的主张，而保守派如 B. A. 格林格穆德则建立君主派政党，提出在东正教的庇护下捍卫专制制度。激进的自由派，如解放同盟，撇开地方自治机构，于 1905 年 2 月在自由经济学会所在地联合了首都 13 个组织，组成协会联合会（союз союзов）。在莫斯科召开的第一次代表大会上，选举 П. Н. 米留可夫为主席，呼吁尽可能不择手段地反对政权，直到最终推翻，让立宪会议取而代之。自由派的举措直接推动了 5—6 月俄国革命运动的高涨。如五一华沙的工人罢工，全国各主要城市响应，直到引发伊凡诺沃－沃兹涅先斯克 72 天的大罢工和 6 月份波将金号水兵起义。

君主派和自由派的矛盾是不可调和的。格林格穆德说："如今希望限制俄国沙皇专制政权的人是与外国敌人结盟共同行动的内部敌人。"② 他认为，反对革命斗争的应该是国家元首，而不是君主主义者。但是，有组织地开展党的斗争是在选举中战胜代表制度所必需的。③ 他希望政权支持建立自己的政党，而且在合法批准君主政党章程之前不召开任何会议，坚持把党的活动建立在严格的法律基础之上。虽然自由派也主张保留君主，但是是以武力强制实行的。在沙皇批准实行代表制度的情况下，君主派和自由派都有权利发表自己的意见，具有平等地位。但是，哪一种意见占据上风，都必须取决于其意见的合理程度。自由派以起义的方式强行建立立宪制度，失去了合法性

① Н. Д. Ерофеев Российская монархическая государственность на последнем этапе своей истории. 20 октября 1894 г. – 3 марта 1917 г. М.：Институт Российской истории РАН，2014，с. 54 – 55.

② Ю. И. Кирьянов Правые партии в России 1911 – 1917. М.：РОССПЭН，2001，с. 4.

③ С. Б. Павлов Опыт первой революции 1900 – 1907. М.：Академический Проект，2008，с. 280.

的建设，最终使自己变成一个没有群众基础的知识分子政党。他们提出的解决土地问题的社会主张，也因政治目的——推翻沙皇专制政权变得无法操作。社会因此变得越来越保守。而不能实现立宪主张的自由派只能与革命派结成同盟，让与政府合作着手立法工作的自由派中的温和派越来越失去市场，如希波夫和盖登等人。

君主派和自由派的斗争影响了布列根委员会的活动。政府为了恢复社会秩序，起初是吸收俄罗斯会议成员、圣彼得堡大学编外副教授 Б. В. 尼科尔斯基。尼科尔斯基认为，俄国革命是政府的自由派和维特一手策划的，是夺取政权的方式。混乱结束之后，所有的改革都应服从专制制度的思想，避免俄国的代表制度演变成为法国大革命的司令部，把人民代表制交给时间检验。① 同样，尼古拉也在 6 月 6 日接见了地方自治机关的代表。温和的自由派 С. Н. 特鲁别茨柯依说："您明白我们的情感，不应把我们看作王朝的背叛者和祖国的敌人。……可怕的'背叛'一词一出口，人民就一定会在所有人中寻找背叛者，会在将军中、高参里，在我们当中，也有可能在所有的老爷当中。在各个领域都充斥着这种情感，一些人怂恿人民反对地主，另一些人怂恿人民反对教师、地方自治局的医生和受教育的人。冰冷残酷的仇恨以及世代郁积的抱怨和压制，在日益严峻的经济和穷困条件下变得日益尖锐，它比爱国的形式更加危险，更富传染性，点燃群众的情绪。"② 两派的意见虽然各有所指，如君主派的尼科尔斯基主张限制立宪思想，而特鲁别茨柯依则暗示沙皇注意君主派的反犹情绪，但是他们都希望缓和俄国紧张的社会情绪。这样，布列根委员会就在 8 月 6 日通过了布列根杜马的倡议。

布列根杜马宣言讲了几层意思。第一，建立杜马的目的。俄罗斯国家由于沙皇与人民以及人民与沙皇的不可分割的统一而得以建立和巩固。沙皇与

---

① С. Б. Павлов Опыт первой революции 1900 – 1907. М.：Академический Проект，2008，с. 284 – 285.

② С. Б. Павлов Опыт первой революции 1900 – 1907. М.：Академический Проект，2008，с. 299.

А. Г. 布列根

人民的协调统一是俄国建立几个世纪以来免遭所有灾难、不幸的伟大道德力量，是今天和未来国家统一、独立与完整、物质富足与精神发展的保证。第二，杜马的内涵与性质。自从 1903 年 2 月 26 日颁布宣言以来，我们已经呼吁我们祖国的忠诚儿女为了完善国家制度而在地方生活中建立稳固的制度。一直让我们忧心的是，选举的社会机关和政府之间的协调以及根除他们之间的分歧非常悲剧地影响了国家生活的正确走向，而现在就是要沿着良好的开局呼吁整个俄罗斯选民积极坚定地参与法律的制定，把预先制定和讨论法律建议、审议国家收支预算的特别法律咨询机关纳入最高国家机关的时候了。第三，杜马与专制制度的关系。为了保护专制政权基本法不受侵犯，我们认为最好设立国家杜马并批准杜马的选举。①

自从布列根杜马宣言草案拟就以来，沙皇就邀请高层官员、大贵族和学者展开讨论。讨论的主要问题在于杜马与专制制度的矛盾。比如，Д, М. 索尔斯基伯爵指出，内务部提供的法律草案没有关于限制专制政权的内容，但是杜马一旦开始涉及立法或者预算，那么来自不同党派的杜马议员势必会只反映政党的利益，从而造成分裂。② 索尔斯基实际上已经不自觉地提出了杜马与专制制度的矛盾问题，同时也不自觉地提出了俄国杜马的性质——是建立咨议式杜马还是立宪式杜马的问题。这便形成了杜马的设立是沙皇为了捍卫沙皇专制制度而对人民做出的让步的正统观点。比如刘显忠教授在写作这一段的时候评论说："从布列根杜马方案为杜马规定的权限来看，它作为议

---

① Н. Д. Ерофеев Российская монархическая государственность на последнем этапе своей истории. 20 октября 1894 г. – 3 марта 1917 г. с. 120.

② Н. Д. Ерофеев Российская монархическая государственность на последнем этапе своей истории. 20 октября 1894 г. – 3 марта 1917 г. с. 59.

会，并不具备西方议会一般所应具备的立法权，即'具有使君主和政府首脑必须服从的力量'，只能是一个咨议性机关，仅在税收、筑铁路、讨论法案等方面具有一定微弱的权力。但从形式上看，国家杜马表面上已经具备西欧国家议会的一些特征。沙皇委托布列根制订国家杜马方案的目的是要平息国内的动荡，力图通过给予自由派一些议政的权利来安抚自由派，维护沙皇政府的权威。"① 实际上，沙皇反复强调开设杜马除了听取社会人士的需求，更主要的是为了避免因追逐个人利益或者说局部政党利益而造成法国革命性的动荡。而强调维护专制制度的基本法也有由沙皇协调在杜马讨论立法问题出现纷争的情形。

　　正如索尔斯基率先提出的，不同阶层参与杜马必然产生党争，因而希望沙皇小心对待。然而无论如何小心，既然要设立杜马，无论是设立听取人们意见的咨议式杜马，还是设立立宪式杜马，政府都要面临处理不同意见、避免社会纷争的问题。关键不在于政府能够给予社会多大的权利，而是社会在参与国家事务的时候能够履行多少社会责任，避免大规模的社会动荡。布列根杜马草案一出台引发的争论主要围绕针对这个问题采取的补救措施。比如 H. H. 格拉德（Герард）提出了选择了解地方真实情况的好人进入杜马，A. A. 纳雷施金主张降低杜马的地位，把它变成提意见的咨议机构等。但是，正如伊格纳季耶夫所说，杜马的设立是建立在地方自治机关的基础上，而许多省的地方自治机关不可能在法律的范围内行事，他们经常把它变成政治的空谈馆，所以不能闭眼不见杜马设立带来的消极后果，而专制制度在人民当中的迷人之处就在于君主的超党性，不服从某种联合投票，也不会纠缠于微不足道或强烈的愿望，而是在所有决策上都遵循自己臣民的真正利益和幸福，认真听取被招来帮助自己立法的参谋的意见，不管他们是多数派还是少数

---

① 刘显忠：《近代俄国国家杜马：设立与实践》，社会科学文献出版社 2007 年版，第 51 页。

派。① 伊格纳季耶夫对专制制度的重新解读就不是维护沙皇专制制度这样简单了，而是要利用自己的智慧解决不同的意见，以维护社会的稳定和团结。至于说，沙皇的决定能否让所有参与立法的人都信服，可以争论，但是，从设立杜马听取社会意见的出发点考虑，维护君主的权威性是避免杜马的召开加剧社会纷争的必然选择。这就引出了专制制度合法性问题。

俄国引发革命的根本问题在于不能满足人民的基本生存问题，比如土地问题、比如工人的工资低微问题等。这些问题表面上是经济问题，实际上则是涉及农民、工人的社会尊严的问题。政府对人民愿望的忽略不是俄国政府不想满足他们的要求，而是采取的措施太过宏观，是按照西方的标准解决俄国的社会问题。俄国自由主义者提出的建立立宪制度，俄国社会革命党和社会民主工党提出的推翻沙皇专制政权等，都有遵循西方标准的意味，有着超前的含义。俄国政府越不思考俄国社会思考的真实问题是什么，政府向社会做出的让步越会引发激烈的社会冲突。因为，1905 年 1 月 9 日流血星期日之后加邦喊出的"我们再没有沙皇"就是尊严被忽略的呐喊。所以，设立国家杜马机构，听取社会意见的意义，不在于杜马机构的地位有多崇高，而在于沙皇能够认真地听取社会的声音，恢复沙皇作为人民父亲的神圣地位。至于说俄国的人民是否完全具备立法的能力，这只能决定杜马是作为咨议式杜马还是作为立宪式杜马的条件，不是恢复政权与社会之间信任关系的条件。俄国政府向社会做出让步，就是做出一种姿态，俄国政府是与人民紧密相连的政府，它所做的一切都是反映人民利益的。

布列根委员会讨论的问题不是解决认真听取群众的呼声问题，而是如何从哪个阶层更能忠君的角度解决杜马的构成问题。所以在选举法确定是按照阶层选举还是按照阶级选举时产生了分歧。一些人提出按照阶层选举，认为贵族与农民的忠君程度最高。如 A. П. 斯特鲁科夫认为，不应该忘记，许多

① Н. Д. Ерофеев Российская монархическая государственность на последнем этапе своей истории. 20 октября 1894 г. – 3 марта 1917 г. с. 64.

代表充满了这个高贵等级所具有的精神和传统，贵族对其单个成员产生的道德与绝对执行命令的影响是毋庸怀疑的。无论财产原则多么重要，都不能把一切建立在物质利益基础之上，还应该考虑更高的原则和依据。① 财政大臣 A. A. 科科夫采夫说："进入杜马的是所有阶级的代表，解决的不是等级的问题，而是俄罗斯国家所有臣民的问题。"② 历史学家 B. O. 克柳切夫斯基说："斯特鲁科夫谈的是贵族的历史功绩问题以及活跃在其中的伟大理想。我也同样对这些功绩给予高度评价，但我关注的不是这些。我认为，贵族带来好处的不是等级代表所在的那些领域，而是为人民服务以及与其他阶级一起工作带来共同福利的领域——地方自治活动领域。"③ 这样，克柳切夫斯基就引出了贵族进入杜马不是捍卫贵族等级利益，而是作为为国家效力的服役阶层如何引导其他社会阶层走向共同奋斗的问题，这当然需要贵族为国家牺牲的境界，但更主要的是这不是好人和境界可以解决的。A. A. 鲍勃凌斯基伯爵看到，杜马的召开是政府向地方自治局——这个反映党派利益的人士的让步，他不会把贵族选进杜马的。国家的肌体呈现出了病态特征。鲍勃凌斯基不希望动大手术，认为只要把僧侣选进杜马，让他们发挥作用就好。④ 最后，会议还是决定采用全等级的选举方法，只不过要确立财产资格。对于农民规定每省至少要有一名代表，而对于西部各省波兰贵族占优势的地方也予以参选，犹太人这个让俄罗斯人头疼的民族也被给予了一定的名额。尼古拉二世如此重视农民的利益，原因是把农民作为沙皇专制制度的支柱，虽然加邦这位忠君的农民曾经让他失望过。

---

① Н. Д. Ерофеев Российская монархическая государственность на последнем этапе своей истории. 20 октября 1894 г. –3 марта 1917 г. с. 88.

② Н. Д. Ерофеев Российская монархическая государственность на последнем этапе своей истории. 20 октября 1894 г. 3 марта 1917 г. с. 102.

③ Н. Д. Ерофеев Российская монархическая государственность на последнем этапе своей истории. 20 октября 1894 г. –3 марта 1917 г. с. 92.

④ Н. Д. Ерофеев Российская монархическая государственность на последнем этапе своей истории. 20 октября 1894 г. –3 марта 1917 г. с. 100.

总之，以上的讨论让我们把关注的焦点从沙皇只保护个人利益转向了沙皇为社会协调一致所做的努力。不过最终的结果还是无法纠正贵族以及农民这个沙皇曾经的支柱的变异——沙皇长期对社会问题的忽略终究还是让社会失去了对他的信任。布列根杜马在随后的更加激烈的游行和起义中变成立宪杜马。

三、立宪杜马的出现

关于布列根咨议式的杜马为什么没有停止革命，除了我们提到的革命者继续把推翻沙皇专制政权作为自己的最终目标而继续革命外，更主要的是自由派也不认可不改变根本法的咨议式杜马。9 月13—15 日召开的地方自治代表大会决定继续开展扩大人民代表权利以及实施普选权的斗争，把杜马变成继续斗争、直到成为立宪杜马的舞台。解放同盟决定把农民联合会纳入自己的影响范围，建议利用乡会议、地方经济委员会、消费协会、信贷协会扩大战果。布列根杜马并没有达到实现政府与社会团结的目标，而是被自由派和革命者当作软弱的象征。

《朴茨茅斯条约》结束了日俄战争。虽然在维特伯爵的努力下达成了不错的结果，如没有赔款，只是割让了南萨哈林岛（对俄国来说，那里只是流放人的地方），但是，日俄战争还是大大降低了沙皇的威信，人们不再相信这个政权能够有神一样的价值。因为早在 1905 年 5 月《我们的生活报》就建议政府把萨哈林岛割让给日本，《祖国之子报》也认为割让符拉迪沃斯托克并不比让出旅顺港更加耻辱。[①] 受日俄战争结局的影响，没有了底气的沙皇当局在 1905 年 8 月实行大学自治，各个大学立刻成为革命的中心。

1905 年秋天，革命形势如火如荼。10 月 6 日，莫斯科喀山铁路工人举行罢工。到 10 月 8 日，除了尼古拉耶夫车站之外，所有的铁路枢纽都参与了进来。10 月 11 日，圣彼得堡的铁路工人罢工达到 5000 人。到 11 月 15 日，几

---

① С. С. Ольденбург Царствование императора Николая II. Спб. : Петрополь，1991，с. 290.

乎所有能参加罢工的人都参加了罢工。罢工造成了不可估量的结果。据彼得堡安全局长官 A. B. 格拉西莫夫回忆，首都的生活全部陷入瘫痪：没有电，没有气，没有铁轨马车；所有人都在罢工，城市和地方自治管理局、银行、商店，甚至政府机关也在罢工。① 不久，屠杀开始了。11 月 11 日，叶卡捷琳诺斯拉夫举行武装游行，筑起了街垒，投掷炸弹，炸死 1 名低级官员，炸伤 26 人。随后，日托米尔、外高加索、波兰、芬兰等地也都发生骚动。形成了历史上有名的莫斯科十月大罢工。

罢工的同时，维特被叫到了彼得戈夫。沙皇问计维特该如何应对，维特给出了两个答案：或者实行独裁统治，或者实行立宪改革。有人说，《十月十七日宣言》的颁布是维特的杰作，从他起草的报告和沙皇颁布的宣言来看，的确如此。但是，正如维特自己在回忆录中所讲，"我一直表示并且劝说陛下听听那些与我意见不同人的看法。我特别提到关于建立独裁的想法。至于宣言，我认为不宜于发表任何宣言，恳切地建议只批准我的奏章。……如果非发表宣言不可，那么我只同意发表我提出的宣言。无疑，由于起草时极度匆忙仓促，这份宣言的文字不是无懈可击的……在当时处于激动状态的外省，在当局胆小怕事的某些地区，这份宣言的突然出现，立即掀起了一股热潮。……正因为如此，我原先就表示反对发表宣言。"② 但是，为什么沙皇最终还是以自己的名义发表了宣言，一说是维特的反对者们害怕以维特的名义发表宣言，维特就会替代沙皇成了俄罗斯共和国的总统了。还有一说就是尼古拉·尼古拉耶维奇大公拿着枪逼迫沙皇签署的。不管如何，在维特看来，这个行动是必须采取的，不应太早，也不应太晚。这是无法避免的历史进程，是生活发展的历程。③ 至于维特为什么不让以沙皇的名义发表，原因是沙皇

---

① С. Б. Павлов Опыт первой революции 1900 – 1907. М. : Академический Проект, 2008, с. 249 – 350.

② 谢·尤·维特：《俄国末代沙皇尼古拉二世——维特伯爵的回忆》续集，张开译，新华出版社 1985 年版，第 38 页。

③ 谢·尤·维特：《俄国末代沙皇尼古拉二世——维特伯爵的回忆》续集，张开译，新华出版社 1985 年版，第 39 页。

本质上并不拥护宪政，如果贸然发布了，也是靠不住的。①

维特

维特对于尼古拉二世的分析没有错误，也就是尼古拉不太赞成宪政。但是，从布列根杜马的颁布来看，沙皇是想通过建立杜马维护沙皇专制制度，在现有体制下实现社会的平稳过渡。不可否认，俄国已经到了非改革不可的地步，但是维特对于俄国改革必然腥风血雨的预测有些夸大了，是对俄国形势的误判。俄国的农民的确非常落后，也不太识字，但是俄国人在连续饥饿的情况之下，特别是俄国 19 世纪末 20 世纪初出现了持续工业高涨应该说是不可持续的。所以，维特从 19 世纪 80 年代视农民为牲口到 1905 年视农民为公民的转变让人不可思议，这种转变是观念上的转变，与事实不符，严格讲像尼古拉二世突然颁布《十月十七日宣言》一样，是靠不住的。

《十月十七日宣言》较之布列根杜马有了较大的突破。宣言突然把维护沙皇专制制度的布列根杜马变成与沙皇并驾齐驱的立法机构。宣言宣布："任何法律未经国家杜马认可不得生效；民选机构得以确实参与监督我所授予之权力行使是否合法。"② 这一条成了判定俄国是否成为君主立宪国家的标准。正如布列根杜马宣言所述，沙皇颁布宣言的目的就是分裂俄国社会，为此才提出俄国建设杜马是咨议式的而不是立宪式的。俄国各派关于开设杜马性质的争论以及把俄国变成共和国还是保留君主制的分歧，主要原因在于俄国还完全不具备建设公民社会的条件。俄国人民进行反对政府斗争的原因也在于沙皇没有像父亲一样给予关怀和抚爱，让他们过早地领受了非人的剥削

①　谢·尤·维特：《俄国末代沙皇尼古拉二世——维特伯爵的回忆》续集，张开译，新华出版社 1985 年版，第 41 页。

②　Н. Д. Ерофеев Российская монархическая государственность на последнем этапе своей истории. 20 октября 1894 г. - 3 марта 1917 г. с. 141.

和压榨，结局就是：沙皇越是让步，群众的革命情绪越发高涨。至于说为什么沙皇尼古拉二世突然发布了挑战自己权威的《十月十七日宣言》，正如他自己给他母亲的信中所说的那样："极度安静的时刻来了，之所以安静，是因为街上完全恢复了秩序，但是每个人都知道，正如俗语所言，军队整装待发，但还没有发出开拔的信号。情绪在酝酿，正如夏天暴雨来临之前。在这可怕的日子里，我和维特天天见面，从早到晚反复商谈：或者任命意志顽强的军人全力镇压谋反，或者给予居民言论、出版、集会、结社和个人不可侵犯的公民权利，二者必居其一。"① 应该说，沙皇是不情愿的，但在现实面前不得不实施。但《十月十七日宣言》实施后如何呢？从左派和右派的做法上仍然让人一筹莫展。

据维特回忆，沙皇尼古拉二世一直对农民和工人持信任的态度。在1月9日出现了加邦，在十月总罢工的时候又出现了叫作乌沙科夫的人。乌沙科夫是国家证券票据印制管理局的工人，他向尼古拉·尼古拉耶维奇大公进言说，"思想正派的"工人虽然竭力与劳动界的革命派进行斗争，但是徒劳无功，因为工人没有任何权利，除了非法的行动方法外，没有任何其他行动方法，自然就跟着领导这种非法行动的革命派走了。但是只要给工人以合法行动的可能性，据说他们就会跟着乌沙科夫和他的伙伴们走了。② 尼古拉虽然不像乌沙科夫这样简单，但是还是希望通过让步恢复俄国的平静。其实，当十月罢工发生以后，俄国工人当中出现了苏维埃，他们代替联合会协会成为工人的领导者。工人苏维埃是自发的组织，领导人叫作赫鲁斯塔廖夫·诺萨尔。工兵代表苏维埃提出的要求很简单，仍然是实行八小时工作制。而这个目标在罢工中就已经实现了，随后罢工就走向了衰落。③ 同样，右派代表则

---

① Н. Д. Ерофеев Российская монархическая государственность на последнем этапе своей истории. 20 октября 1894 г. – 3 марта 1917 г. с. 145 – 146.

② М. Н. 波克罗夫斯基：《俄罗斯历史概要》下册，贝璋衡等译，生活·读书·新知三联书店1979年版，第629页。

③ М. Н. 波克罗夫斯基：《俄罗斯历史概要》下册，贝璋衡等译，生活·读书·新知三联书店1979年版，第652页。

在《十月十七日宣言》一颁布就发生了反犹运动，这是一场忠实沙皇的群众和反对专制制度的群众之间冲突。而在极端派的眼里，犹太人和知识分子成为俄国发生骚乱的主要根源，当然也成为被屠杀的对象。[1] 至于说自由派，无论是左派的解放同盟和立宪主义者，还是右派的斯拉夫主义者分别成立了立宪民主党和十月党，走上了立宪的发展道路。

十月大罢工当然激起了人民的无限愿望，但是从工人农民提出的要求来讲，他们仍然倾向于经济问题，如实行八小时工作制，如解决土地问题。《十月十七日宣言》只是满足了自由主义的立宪要求，却没有提出关于土地的具体问题。十月罢工在革命派看来，他们要发展成为武装起义，如莫斯科12 月武装起义；在右派看来，他们通过屠杀犹太人把革命转变成为一种民族革命。而对于沙皇来说，俄国变成沙皇与杜马机构分权的舞台，冲淡了俄国社会秩序，直到"六三"政变。

《十月十七日宣言》的颁布成为俄国历史的转折点。首先，对于沙皇来说，虽然维护了沙皇专制制度，沙皇已经不再是神，而是成了法律可以限制的君主。这是沙皇所不愿意看到的，即便沙皇获得了解散杜马以及任命官员的权力，包括一半的国务议员，但是解散杜马仍然是危险的，会遭到人民的反对。其次，沙皇与政府的关系不清不楚。虽然沙皇可以任命总理大臣，内阁也向沙皇负责，但是总理大臣必须向杜马汇报工作，取得议员的认可，否则总理大臣随时有被质询的危险。由于杜马有预算权，虽然沙皇掌握了军队、外交等方面的独特权力，总理以及杜马无权染指，然而，无论是军队还是外交均涉及预算问题，不得不受到杜马的掣肘，后来的海军部危机差点成为葬送斯托雷平总理命运的危机。再次，沙皇的让步并没有满足人民的愿望，恢复社会的平静。正如自由派所讲，俄国并没有完成立宪，因为沙皇还保留了至高无上的权力，而政府也不能对杜马负责，沙皇随时有滥用权力的危险，

---

[1]　С. Б. Павлов Опыт первой революции 1900 - 1907. М. : Академический Проект, 2008, с. 360.

俄国还要继续革命，直到建立政府对杜马负责的责任内阁。自由派的要求从立宪的角度来说，没有错误，但是从俄国革命派的角度来看，他们从根本上就不信任沙皇政府，他们的目标不是恢复社会秩序，而是推翻沙皇专制政权。最终，沙皇不得不动用军队和警察镇压了革命，改变选举法，实现了对革命的复辟，所谓六三政变。

所以，《十月十七日宣言》是对布列根杜马的全面改变，其目的不再是维护沙皇专制制度，而是确立君主立宪制。正如别尔嘉耶夫所说："俄罗斯没有体验过西欧意义上的人道主义，我们这里没有出现文艺复兴。然而，就特殊性而言，我们体验到了人道主义的危机，发现了人道主义的内在辩证法。……由于俄罗斯民族好走极端，所以他们所讲的人性能够兼有残酷性的特征。……他们没有西方那种对冷漠公正的崇拜，对他们来说，人高于所有制原则，这一点决定了俄罗斯的社会道德。"[①] 俄国的革命者正是出于这种怜悯和同情，否定了剥削，也从根本上否定了法律的严苛性。自由派的胜利违背了俄国的人性文化，也造就了《十月十七日宣言》之后的不断冲突。

第二节　社会对立宪的主宰

一、沙皇与立宪力量的较量

正如前面所说，沙皇与维特最大的分歧在于：维特坚持沙皇在自己提出的宣言上签字，由维特组建政府解决接下来所有的问题；而沙皇则坚持认为宪法是自己恩赐的，应该以自己的名义发表宣言——所谓《十月十七日宣言》。虽然沙皇在尼古拉·尼古拉耶维奇大公的逼迫下当面签下了维特的宣言，并委托维特组阁，在 1905 年 10 月 28 日到 1906 年 2 月之间由国务会议

---

① 尼·别尔嘉耶夫：《俄罗斯思想》，雷永生、邱守娟译，生活·读书·新知三联书店 1996 年版，第 86—87 页。

主席 Д. М. 索尔斯基伯爵增补《国家根本法》、修订《国家杜马章程》和改组国务会议等。但是沙皇尼古拉二世和维特对于立宪问题的不同理解，决定了后来政府与社会关系的矛盾冲突。

尼古拉二世虽然认同没有杜马的同意法律就不能生效的观点，但是他仍然对专制制度情有独钟。他说："从《根本法》修正案第一次摆在我面前的那一刻起，我就一直在思考这个问题……我一直在受着感情的折磨。面对着我的前辈我是否有权改变我从他们那里得到的权力范围，我内心一直进行着斗争。我还没有得出最后的结论。一个月前我觉得解决这个问题要比现在、比在长期思考之后、比解决它的时刻到来时更容易……坦白对你们说，请你们相信，如果我确信俄罗斯愿意让我放弃专制权力，那么我将很愿意为了它的利益这样做。《十月十七日宣言》完全是我有意识赐予的。我坚决要把它贯彻到底。但我不信此时有必要放弃专制权力，修改在《根本法》第一条已经存在了 109 年的对最高权力的定义。""我知道，如果第一条不加变动地保留下来，那么将会引起骚动和来自所谓受过教育人士、无产者和第三等级方面的非难，但我相信，80% 的俄罗斯人都会与我站在一起，给我支持，他们将对我做出这种决定表示感谢。"① 沙皇的话是真诚的，不仅仅是出于害怕维特篡夺沙皇的权力，成为共和国的总统；也不是因为维特所讲，他不会去做任何人的驯服工具，而且 60 年来没有改变过。② 俄国的真正问题是政府如何通过自上而下的改革恢复政府与社会的相互信任。

在我们的印象中，维特是一个立宪主义的代表，是他主导了俄国的政治转型，成为俄国的现代化之父。③ 他自己也一再标榜说："在我任总理大臣时通过，然而到戈列梅金接任几天以后才颁布的一项最重要的法律就是《国家

① 刘显忠：《近代俄国国家杜马：设立与实践》，社会科学文献出版社 2007 年版，第 63 页。

② 谢·尤·维特：《俄国末代沙皇尼古拉二世——维特伯爵的回忆》续集，张开译，新华出版社 1985 年版，第 29 页。

③ 西德尼·哈凯夫：《维特伯爵——俄国现代化之父》，梅俊杰译，上海远东出版社 2013 年版，第 VI 页。

根本法》。这一法律在很大程度上保留了 10 月 17 日决定的新国家制度，但是由于斯托雷平在 6 月 3 日采取的非法行动，这一制度已变得面目全非了。"①这里自然引出一个问题：似乎是以维特为首的立宪派主导了俄国的正确方向，而以沙皇为首的保守派，包括斯托雷平，则成为后来一系列冲突的麻烦制造者。

《十月十七日宣言》的颁布的确是沙皇向激进的社会做出的让步，目的是使俄国恢复秩序。但从沙皇和维特的分歧来看，沙皇是为了恢复社会秩序而着手吸收社会人士的，而维特的目标则是依靠社会力量建设法制国家。由此而知，沙皇一定是改革的反对者，革命者一定要推翻沙皇专制统治才能实现彻底的改革。那么不禁要问，沙皇所倡导的维持社会秩序维护的是什么秩序？是他主观所愿呢，还是法律秩序呢？这与维特畅想的法律秩序是不是矛盾呢？根据 B. A. 马克拉科夫的解释这是一致的。不同的只是，沙皇是从上帝的角度确立法律秩序，而维特是从人民的意志角度确立法律秩序。马克拉科夫说："自从斯佩兰斯基以来，思想家们就把代表法律制度的'专制制度'和代表恣意妄为的'独裁'区分开来。……除了确立专制君主无限权力，即上帝亲自命令服从君主的第一条外，第 47 条也确认，俄国是在不可动摇的基本法的基础上实施管理的。这一条里就隐含着区分于恣意妄为的法律秩序。"②而维特和米留可夫为首的立宪民主党把法律秩序建立在人民意志的基础上，就是把立宪与议会主义混为一谈。在马克拉科夫看来，颁布宪政和实施宪政还有着不小的距离，还需要建设。因为这里面存在着两个困难：第一，长期受着专制制度浸润的国家机关需要改造；第二，没有接受过法律教育的人民也需要改造。这样，自由主义者不只是人民的一员，更是旧制度和新社会沟通的桥梁。③由于米留可夫不理解桥梁作用，直接把自由主义与沙皇专

---

① 谢·尤·维特：《俄国末代沙皇尼古拉二世——维特伯爵的回忆》续集，张开译，新华出版社 1985 年版，第 262 页。

② B. A. Маклаков Первая Государственная дума. Воспоминания современника 27 апреля до8 июля1906 г. М. : ЗАО Центрполиграф，2006，с. 31 – 32.

③ B. A. Маклаков Первая Государственная дума. Воспоминания современника 27 апреля до8 июля1906 г. М. : ЗАО Центрполиграф，2006，с. 23.

制制度对立起来，忽视了沙皇颁布《十月十七日宣言》的建设作用。

维特自称是一个君主主义者。他说："我生来就是君主主义者，但愿至死仍是君主主义者。要是没有尼古拉二世（尽管他有很多缺点），俄国君主制的根基就可能动摇，但愿我看不到这一天到来。"① 但从他面对革命运动所做出的选择来看，他只能算是一个投机分子。投机分子可以随时势而变化，但也会在遭遇挫折时化为乌有。

维特担任大臣会议主席做的第一件事就是邀请各地记者采访自己，以此平息社会激情产生的负面作用。当左派报纸《交易所公报》的老板和发行人普罗普佩尔提出"所有军队撤出城市，由城市民兵负责以及实行大赦"等要求时，维特则认为这是向群众灌输混乱思潮和普遍的憎恨；而右派报纸则变成"您有什么吩咐"的小儿科。维特做的第二件事就是邀请自由派人士加入内阁。他邀请了 Д. H. 希波夫（莫斯科地方自治局主席）担任国家监察使，邀请十月党领袖 A. И. 古契科夫担任商业大臣，邀请莫斯科大学教授 E. H. 特鲁别茨柯依担任国民教育大臣，结果以失败而告终。当立宪民主党主席 П. H. 米留可夫告知维特不参与他的内阁的原因时说，我们要建立务实的内阁，必须由社会上没有道德败坏的人组成。古契科夫认为他们不能参加维特的内阁，原因是他们只能扮演提线木偶的角色。② 特别让这些自由派社会人士不高兴的是，他们邀请了反动的杜尔诺沃担任内务大臣，这说明维特内阁还是执行镇压的机关。维特认为，杜尔诺沃有些自由主义的色彩，而且为人干练，办事井井有条。而当辞去大臣会议主席后，维特认为杜尔诺沃是因他而被免了职，为此还获得了皇帝 20 万卢布的奖赏。其实，在内务部副大臣 B. И. 古尔科看来，杜尔诺沃是一个理智与毅力相匹配的人，他不仅主张要进行自由主义改革，更主张在革命的条件下加强权力，因而是一个比维特更

---

① 谢·尤·维特：《俄国末代沙皇尼古拉二世——维特伯爵的回忆》续集，张开译，新华出版社 1985 年版，第 299 页。

② А. П. Карелин，С. А. Степанов С. Ю. Витте—Финансист，политик，дипломат. М.：ТЕРРА，книжныйклуб，1998，с. 195.

加优秀的拥有独立观点又勇于表达自己意见的人。① 他是一个保守主义者。

在革命者继续举行罢工，甚至拒绝"向财政部门缴付土地赎金以及其他一切费用"，坚决要求必须用黄金支付五卢布以上的工资，从政府银行提取全部存款，并要用黄金支付的时候；② 在黑色百人团努力恢复"专制统治、东正教会、俄罗斯族至上"的传统社会，把维特的改革看作国际犹太共济会的阴谋，特别是重新开始对犹太人的大屠杀的时候，维特必然走上加强镇压、推动改革的道路。

维特说："在彼得堡，尽管较快恢复了相对平静，但苏维埃继续得到工人支持。在莫斯科，因军队靠不住，存在着诸多麻烦。高加索地区仍然人心浮动，在芬兰、波兰王国以及波罗的海省份的许多地方，也都可以如此形容。西南省份一片混乱，农民的骚乱也在上升。在西伯利亚，铁路到达的地方已经失控，派往满洲的百万部队大部分还留在贝加尔湖以东。"③ 维特的处境变得左右为难：他依然希望"精英社会"的"良知"能够重占上风，但活生生摆在面前的事实却是，如果政府要控制局面，就不得不动用武力。

维特在着手立法方面准备了两套方案：一套是内务部副大臣克里扎诺夫斯基提供的一号方案，即在保留布列根杜马提出的间接选举和选票权重等基本框架的同时，将选举权扩展到布列根法律原来未予以选举权的阶级和地区；一套是自由派希波夫等人提供的二号方案，即成年男子平等普选权，在城市中直接选举，在其他地方间接选举。维特出于对自由派的尊重，建议选择二号方案，但大多数人倾向于一号方案。内阁会议围绕这个问题讨论了不止一次，在12月5日组织的有自由派人士和数位国务委员、内阁成员和特列波夫这位沙皇宫廷大臣参加的内阁会议上，会议决定组建将权利扩展到几乎全体

① В. И. Гурко Черты и силуэты прошлого: Правительство и общественность в царствование Николая II в изображение современника. М. : Новое литературное обозрение, 2000, c. 485.

② 西德尼·哈凯夫：《维特伯爵——俄国现代化之父》，梅俊杰译，上海远东出版社2013年版，第189页。

③ 西德尼·哈凯夫：《维特伯爵——俄国现代化之父》，梅俊杰译，上海远东出版社2013年版，第178—179页。

25 岁以上的男子，但保留权重的维特杜马，与此同时建立协调沙皇与杜马之间关系的国务会议作为第二立法机构，其中一半来自沙皇任命，一半来自选举。这样，杜马就回到了沙皇尼古拉二世预定的轨道：即沙皇以御赐的方式吸引人民参与决策的立宪道路。

如果说维特加强沙皇的权力是出于对动荡社会监控的考虑，那么为了维护杜马的立法权，他着重在法律和诏令之间做出了区分：即国家杜马通过的为法律，而沙皇颁布的为诏令。法律是正常立法议程的产物，而诏令则属于特殊的规定，即非常情况下的临时立法，它由内阁提出，沙皇批准即可，不过由于是临时法律，它只有两个月的效力，如果不提交立法议程，那么两个立法机构中的任何一个都可以否决非常法令。杜马为期五年，国务会议为期九年。

接下来，社会似乎并不满意政府的让步。虽然首都的政治形势得到了控制，但风潮似乎转移到了其他城市，特别是古老的第二首都——莫斯科。在社会民主工党布尔什维克的领导下，大有转变为武装起义的趋势。起义从 12 月 7 日持续到 12 月 18 日，厉害的时候，波列斯尼亚区成为武装起义的主要阵地。① 莫斯科起义虽然最后被镇压了，但是，维特的威信却降到了极点。他不仅得不到沙皇的信任，就连曾经的自由派也离他而去。当到了 1906 年初的时候，沙皇告知维特，他认为总理的角色应限于协调而不是指挥各大臣，大臣们继续向沙皇负责。沙皇开始反击，安排阿基莫夫取代自由派的马努欣担任司法大臣，解除了工商大臣季米利亚泽夫的职务。

维特坚持《十月十七日宣言》赋予的公民权利，即确保人身不可侵犯、信仰自由、言论自由、集会自由和结社自由。但鉴于赋予公民权利并没有带来社会的安定，对于落实公民权利时大打了折扣。譬如，言论自由方面是指出版自由，在管理出版事宜方面于 1905 年 11 月颁布了临时条例，出版物中可以自由发表想说的任何言论，只要该言论没有被定义为非法；针对出版物

---

① 孙成木、刘祖熙、李建：《俄国通史简编》下册，人民出版社 1986 年版，第 326 页。

的法律行动应该通过司法手段来依法采取，而不应该通过反复无常的行政手段去采取。关于集会，1905 年 10 月 12 日颁布临时条例，条例并没有保证集会自由，但允许事先经官方批准的会议。关于结社，1906 年 3 月 4 日颁布了临时条例。根据规定，只要在政府部门进行登记并且提供涉及组织宗旨的充分信息，都可以合法建立，包括工会和政党。关于信仰自由问题，1905 年 4 月 17 日敕令发布后，宗教宽容已经不成为问题。根据与宗教事务管理局局长奥博连斯基商量，准备筹备首次宗教理事会教牧人员代表大会，届时将恢复教会自主权。关于民族问题，《十月宣言》含蓄表示，将废除歧视犹太人及其他少数民族的法律，犹太领导也加紧拜访维特，但维特表示，犹太人的法律平等地位不可避免，但不会立竿见影，因为俄国民众尚无法平和地接受它。关于农民问题，维特非常看重，他也在给沙皇的呈文中指出俄国最大的问题就是没有把农民当作人来看待，[①] 因而加速推动农民问题的解决。1905 年 11 月 3 日，尼古拉二世也签署了一份宣言和一份诏令，指示农民土地银行准备更多可供购买的土地，并应放低购地的条件。米古林教授甚至提出一份倡议，呼吁从政府、皇室以及大地主等拥有富余土地的各个方面，汇聚大量土地以备卖给农民，同时由库特列尔组成领导委员会，专门解决这个问题。虽然沙皇尼古拉二世因"私有财产不可侵犯"的信念不同意这件事并撤换了库特列尔，但还是成为斯托雷平改革的引子。

维特的努力终于在 1906 年 2 月取得了成果。1906 年 2 月 20 日，政府颁布了改变国务会议和重建国家杜马机关的宣言，并于 4 月 27 日召开国家杜马和国务会议。由于维特和沙皇相信农民的忠诚，政府没有插手选举，结果选出了一个农民占据多数的激进的杜马。为了让《十月十七日宣言》落到实处，维特花费了大量的时间投入《国家根本法》的修订，以完成从君主专制向君主立宪制的转变。维特一方面认识到有必要设立体现人民意志的国家杜

---

① 谢·尤·维特：《俄国末代沙皇尼古拉二世——维特伯爵的回忆》，张开译，新华出版社 1983 年版，第 399 页。

马这一立法机构；但另一方面也要保留君主传统上享有的、通过其大臣行使的大多数权力。1906 年 4 月 7 日晚，沙皇尼古拉二世亲自主持关于《国家根本法》修订的会议，会议围绕着国家杜马参与《国家根本法》的修订、目前《国家根本法》中有一个条款将沙皇描述为"专断而无限的君主"是否应该修改、沙皇应该与国家杜马分享对外交和军队的控制权、沙皇有权因为公务官员行为不当而将其解雇、沙皇是否应该有权在特殊情况下撤销法官、如何定义芬兰大公国的地位等核心问题展开了讨论。[①] 参加会议的有弗拉基米尔·亚历山大罗维奇、米哈伊尔·亚历山大罗维奇和尼古拉·尼古拉耶维奇大公，政府与国务会议成员，自由派的公共人物没有一个人到场。

首先争论的是关于要不要全文更改《国家根本法》。维特主张全文更改《国家根本法》，理由是这标志着修改《国家根本法》的倡议权属于沙皇而不是杜马和国务会议，如果不全文颁布《国家根本法》，那么就给杜马留有更改《国家根本法》的机会，届时杜马就会变成立宪会议。[②] 戈列梅金则反对这样做，认为《国家根本法》没有必要全文修改，只是把涉及改正的关于杜马和国务会议的权力补充说明即可。维特与戈列梅金的争论其实关系俄国是即将变成法制国家还是仍和以前一样实行沙皇专制的问题。随后关于《国家根本法》第四条沙皇政权的性质就完全显示了二人争论的差异。《国家根本法》第四条说："国家的最高政权属于全俄罗斯君主。上帝吩咐说，服从他的政权不仅出于恐惧，而且出于至诚。"[③] 上帝吩咐让人们服从专制政权意味着最高政权的权力是无限的。戈列梅金认为，《十月十七日宣言》只是对立法权做出了限制，而沙皇的管理权没有受到限制，所以沙皇政权仍然是无限的。维特反驳说，《国家根本法》中有这样一条，即俄国的管理建立在坚实

---

① 西德尼·哈凯夫：《维特伯爵——俄国现代化之父》，梅俊杰译，上海远东出版社 2013 年版，第 210 页。

② Н. Д. Ерофеев Российская монархическая государственность на последнем этапе своей истории. 20 октября 1894 г. – 3 марта 1917 г. с. 256.

③ Н. Д. Ерофеев Российская монархическая государственность на последнем этапе своей истории. 20 октября 1894 г. – 3 марта 1917 г. с. 264.

的法律基础之上。既然有这么一条，那么关于无限的管理权一说就应该取消了。Д. М. 索尔斯基伯爵和尼古拉·尼古拉耶维奇大公都以《十月十七日宣言》为据劝说沙皇必须放弃"无限"一词，甚至 П. Н. 杜尔诺夫把"无限权力"当作产生俄国动乱的根源①。虽然沙皇表现出了犹豫，但是在各位大臣的劝说下还是放弃了"无限"一词。

维特认为，全文颁布基本法以及取消"无限权力"一词标志着俄国正式成为立宪国家。虽然维特极力维护沙皇的特权，比如只有沙皇拥有重申基本法的倡议权，杜马和国务会议都没有这样的权力；比如沙皇有权任命包括总理大臣在内的各级官员；有权宣布紧急状态，特别是在非常状态时有权以法令的形式颁布法律；还比如只有沙皇拥有军政和外交的权力，等等。但是，沙皇的权力受到了法律的限制，比如虽然军政外交大权只属于沙皇，但是军队的预算仍然要经过杜马的审批；比如虽然沙皇有权宣布紧急状态并颁布法律，但是在杜马复会后60天内必须提交杜马审议；等等。当然，无论是沙皇还是维特，通过《十月十七日宣言》的颁布到基本法的实施期间的社会骚动，让他们怀疑俄国社会是否有能力行使好手中的权力，以至于沙皇仍然坚持专制，维特无论如何不把杜马变成立宪会议，但是，经过立宪派和保皇派的较量，俄国还是走向了法制国家，制止了俄国的恣意妄为问题，也为政府正常行使武力维护社会秩序提供了法律依据。

当然，维特的坚持纠正了自己起初依靠社会的浪漫，也让自己得罪了左派和右派，更得罪了沙皇。当基本法获得通过以后，杜马召开之前，识趣的维特急流勇退。他很清楚，他的作为已经不再获得沙皇的信任了，这也成为沙皇一再坚持的自己的政权"不是出于恐惧，而是出于至诚"，"出于上帝吩咐而不是出于民众"的原因，俄国在意识到自主这个问题上还有很长的路要走。

---

① Н. Д. Ерофеев Российская монархическая государственность на последнем этапе своей истории. 20 октября 1894 г. –3 марта 1917 г. с. 268.

二、第一届杜马的选举

经过讨论，俄国的新基本法在 1905 年 4 月 26 日获得通过。《基本法》第 84 条说："俄罗斯帝国的管理建立在坚实的法律基础之上，确立了法定的秩序。"第 85 条说："法律对于居住在俄国的臣民，无论是俄罗斯臣民还是外国臣民都有同样的效力。"第 86 条说："任何新的法律没有国务会议和国家杜马的赞成不能通过，没有皇帝陛下的批准不能生效。"[①] 以上几条说明，俄国已经进入了法制的轨道。

法律秩序的确立并没有给俄国带来和平的发展。列宁说："沙皇远没有投降，沙皇制度仍然存在，他只是后退了。"[②] 米留可夫说："什么都没有改变，战争仍在继续。"[③] 当然，列宁的观点是把目标盯在了人民主权上，而米留可夫则依据英国的政治制度，在俄国召开普遍、平等、直接和秘密投票产生的立宪会议。产生这样的认识，当然不是这些领导人不知道遵守俄国的法律秩序，而是在他们的眼里，俄国是落后的。比如俄国学者 Л. Ю. 卡扎尼娜就说："俄国自由主义在转折时期所发生的变化可以这样定义：第一，通过广大的民主知识分子阶层扩大社会基础和选举基础；第二，把俄国知识分子快速欧化，即摆脱陈旧落后的斯拉夫思想，适应西欧哲学、社会学、法学的最新成就以及社会主义和社会民主主义思想。"[④] 就连俄国的沙皇也纠结于俄国能不能很好地实现宪政，以至于自己非常肯定地会有 80% 的选民站在专制制度一边，这也成为沙皇理直气壮推行专制制度下立宪的基础。

正如右翼立宪民主党马克拉科夫所说，俄国在颁布《十月十七日宣言》

---

① Н. Д. Ерофеев Российская монархическая государственность на последнем этапе своей истории. 20 октября 1894 г. – 3 марта 1917 г. с. 308.

② В. И. Старцев Русская буржуазия и самодержавие в 1905 – 1917 гг. Ленинград: изд. Наука, 1977, с. 23.

③ П. Н. Милюков Воспоминания. М.: издательство политической литературы, 1991, с. 221.

④ Л. Ю. Казанина Российский либерализм и реформы П. А. Столыпина (1906 – 1911). Новомосковск: НФ УРАО, 2009, с. 15.

和根本法之后，仍然有很多人纠结于权力斗争，而当杜马召开，立宪真正来临的时刻，大多数人都保持冷漠！但冷漠或者说不发表意见不代表不了解当时俄国时局，恐怕更主要的是多数人不清楚该干什么，在1908年《路标集》发表之后，清醒的知识分子才明白了这样的局面。换句话说，从俄国革命开始到《十月十七日宣言》的颁布，政府和社会其实只有一个目标——就是稳定社会秩序，为真正解决俄国问题奠定环境基础。

沙皇实行立宪的确是为了平静俄国社会所采取的让步政策。当沙皇就沙皇特权问题与大臣们讨论基本法，沙皇的权力即将被限制的情况下，他仍然坚定地说："我颁布《十月十七日宣言》是完全有意识的，一定要把它贯彻到底。"① 然而，如何才能把这件事进行下去是非常伤脑筋的问题。

1905年，俄罗斯第一次革命爆发，知识分子要求进行改革，这股反对力量太大，尼古拉二世不得不答应有限改革，成立了俄罗斯的议会——帝国杜马

俄国的社会虽然经过了1905年革命，但到了1906年仍然是一个激进的

① Н. Д. Ерофеев Российская монархическая государственность на последнем этапе своей истории. 20 октября 1894 г. – 3 марта 1917 г. с. 264.

社会。俄国根据结社自由的公民权利，革命中成立的各种组织转变成政党。俄国政党是一个知识分子的政党，他总有一个将自己与人民结合在一起的任务。这与其说是理论与实践相结合的方法论，不如说俄国的社会还没有觉醒，还需要知识分子的动员。除了坚决与沙皇政权决裂的社会民主党和社会革命党把杜马的召开看作欺骗而继续革命斗争之外，顺应立宪的浪潮而成立的自由派政党以及保守派政党还是愿意参选杜马，实现渐进的转变。

立宪民主党是由地方自治局立宪派人士联盟和解放同盟的自由派组成的，成立于 1905 年 10 月 12 日到 18 日第一次代表大会。为了迎合群众，1906 年 1 月召开的第二次党的代表大会给自己改名为人民自由党，并提出了自己的纲领。从纲领来看，立宪民主党是自由主义的左派。纲领涉及公民权利、国家制度、地方自治、法院、财经政策、农业政策、工人保险和教育问题。从公民权利来看，立宪民主党特别强调法律面前不分性别、信仰、民族的普遍平等，取消对于犹太人和其他团体做出的区分和限制。① 这从原则上来讲无可非议，然而在后面的条款当中又有了不一样的限制。比如，关于地方自治问题，特别是涉及波兰问题的时候说："根据确立的具有立法权的全帝国民主代表制，在波兰王国立刻实行仿照全国代表制选举产生的议会自治制度，保留全国统一并与全国其他成员参与中央代表制。"② 不说波兰在参加全国议会的参选时在俄国的西部省份占据优势，进而挤压了其他代表的名额，造成东斯拉夫民族的极大恐慌，就拿波兰本身来说，他们利用自治完全走向了独立国家道路，必然造成整体的分裂。这不是东斯拉夫民族不想发展，而是在发展的过程中，东斯拉夫人的确在人员素养上无法与作为西斯拉夫人的波兰人抗衡。就如同在土地问题上，尽管立宪民主党也通过国家补偿的办法没收私有土地，建立土地储备，解决俄国因人口增加造成的土地短缺问题，但是，

---

① Съезды и конференции конституционно - демократической партии. в 3 томах. Т. 1. 1905 - 1907 гг. М. : РОССПЭН, 1997, с. 189.

② Съезды и конференции конституционно - демократической партии. в 3 томах. Т. 1. 1905 - 1907 гг. М. : РОССПЭН, 1997, с. 192.

这种办法还是会造成大土地所有者的恐慌，造成像宫廷卫队长特列波夫希望交出自己一半土地而换取另一半土地的和平许诺。造成这种局面的不是俄罗斯人没有权利全面实现民主，更主要的是他们还没有解决温饱问题，更需要通过社会保障和普及初等教育实现最基本的启蒙。同样崇尚自由主义的保守的希波夫、世袭的荣誉公民古契科夫兄弟、男爵 П. Л. 科尔福以及他的副手 М. В. 克拉索夫斯基等人则表现得更加保守。他们曾经因拥护沙皇专制制度而被维特邀请加入维特内阁，但由于害怕得不到社会的信任而放弃了以个人名义入阁，表现出了对社会革命浪潮的恐惧。① 后来，希波夫、古契科夫、П. А. 盖登伯爵、М. А. 斯塔霍维奇、Н. С. 沃尔康斯基公爵人等又着手组建了十月十七日同盟，进一步表明了不同于立宪民主党的立场。

十月十七日同盟，又称为十月党，形成于 1905 年 10 月。由于起初摇摆于是与政府结盟还是与立宪民主党结盟的问题，直到 1906 年 2 月 8—18 日才召开第一次代表大会，完成了十月党的建党工作。十月党提出的纲领也倾向于建设伟大的法制国家，但是深刻地意识到了俄国的实际。高度评价《十月十七日宣言》的价值，把它看成是 1905 年 8 月 6 日宣言的进一步发展，提出俄国人民应与沙皇一道参与国家的建设工作。十月党也呼吁所有俄国人不分等级、民族、信仰地参与自由的政治生活，但是认为，新的秩序既要依靠真正希望和平改良国家并让秩序和法律胜利的人，更要依靠同样否定停滞和革命震荡的人，因为他们既把它看作祖国现时代所经历的神圣义务，也把它看成巨大的危险，希望围绕《十月十七日宣言》所宣布的那些原则友好地团结起来，尽可能由政府尽快地、完全广泛地实现这些原则，同时充分保证国家的稳固，协助政府走在旨在完全、全面更新祖国和社会制度的挽救性的改革道路上。② 十月党在纲领中谈到的第一条与基本法的第一条一致，即保持国

---

① Д. Н. Шипов Воспоминания и думы о пережитом. М. : РОССПЭН, 2007, с. 360.

② Программа союза 17 октября. Программы политических партий России. Конец XIX – начало XX. М. : РОССПЭН, 1995, с. 340.

家的统一和完整，为此它坚决反对把俄国变成联邦制，主张实行在发展和巩
固普选原则之上的具有人民代表制的立宪君主原则。它没有否认君主，但把
君主和人民代表制用法律制度联系起来，给予了君主与社会各自的位置。十
月党之所以看到了君主与社会的共同性，在于他们之间所具有的精神纽带，
正是这一点化解了由于相互监督带来的冲突。当然，十月党也知道俄国社会
还非常弱小，也需要通过加强土地问题、工人问题以及教育问题的解决提振
他们的力量和基本素质。所以，十月党特别重视解决俄国社会的经济发展问
题，比如加强生产力的发展，特别是农业、工业生产力的发展；组织人民能
接受的农业、工业和贸易信贷；广泛地传播技术知识，以提高人民的劳动生
产率，让他们使用国家的森林和矿物财富变得更容易；在累进所得税的基础
上发展直接税，逐渐降低必需品的间接税；发展铁路网、水路公路和畜力路；
等等。而发展这些物质措施不是简单地提高他们的生活水平，而是恢复在传
统社会由于政府监督、保护以及救助而失去的优秀品质，以促进他们适应现
代社会的发展能力。①

　　当然，十月党发展代表制和公民权利的愿望是否能够带来社会的稳定，
使得社会能够走上健康的经济发展的轨道是值得质疑的，因为在更保守的贵
族来看，他们无论如何不能随随便便把自己的权力交给既没有文化也没有经
济能力的人，他们把道德看得更加重要。曾经对杜马抱有极大希望的自由经
济学会的主席 П. А. 盖登伯爵、曾经积极参加立宪活动的 М. А. 斯塔霍维奇
以及 М. М. 科瓦列夫斯基面对革命的浪潮也希望人权不被任性所践踏。② 到
了 1906 年 7 月，由盖登和斯塔霍维奇倡议，吸收左派十月党的 Н. Н. 安德烈
耶夫、Н. С. 沃尔康斯基、Д. Н. 希波夫以及右派立宪民主党 Н. Н. 利沃夫、
Е. Н. 特鲁别茨基公爵等成立和平革新党。希波夫在自己的回忆录里专门谈

①　Программа союза 17 октября. Программы политических партий России. Конец XIX – начало
XX. М. : РОССПЭН, 1995, с. 348 – 349.

②　В. А. Маклаков Первая Государственная дума. Воспоминания современника 27 апреля до8
июля1906 г. М. : ЗАО Центрполиграф, 2006, с. 49 – 54.

到了为什么自己不能加入立宪民主党，其原因是立宪民主党把消极地对待官僚制度看作是消极地对待国家秩序，从而忽视了公民对于维护与保持国家生活所必需的国家权威。而这种忽视具有致命的危险，那就是会破坏复杂的社会改革。①

保守派的贵族更加消极。他们由于害怕冲撞了沙皇，迟迟没有发表自己对于当前形势的意见，直到《十月十七日宣言》颁布，特别是当贵族们的庄园被农民烧毁，他们的土地即将被杜马讨论平分的时候。当所有的社会代表，特别是自由派代表马上就要分享国家政权的时候，这些贵族们才组成地主联盟讨论土地问题，各省的首席贵族才准备联合起来向沙皇上书表达自己的意见。1906 年 4 月 20—23 日，由 П. Н. 特鲁别茨基公爵召集，由谷多维奇伯爵、多列尔伯爵、С. М. 普鲁特琴科、А. Н. 布良恰尼诺夫、Н. Ф. 科萨特金 -罗斯托夫斯基、戈利岑公爵、М. М. 伊万年科、В. М. 乌鲁索夫公爵、П. А. 巴季列夫斯基、Ю. В. 阿尔谢尼耶夫、Д. Н. 策尔捷列夫公爵、В. Н. 奥兹诺比申、X. Н. 谢尔盖耶夫参与的贵族联合会全权代表大会筹备会议在莫斯科召开。会议决定在 5 月 16 日召集全国首席贵族代表大会并组成以 Н. Ф. 科萨特金 - 罗斯托夫斯基为主席的筹委会。经过一个来月的筹备，第一次全俄 29 省贵族联合会全权代表大会于 5 月 21—28 日在圣彼得堡胜利召开。参加会议的有正式成员 114 人（有投票权）、被邀请的成员 135 人（有咨询权），选举 А. А. 鲍勃凌斯基为主席，选举 X. Н. 谢尔盖耶夫为大会秘书，选举 С. А. 沃洛季米洛夫、А. Н. 布良恰尼诺夫、Г. А. 谢奇科夫和 А. И. 季宾为秘书组成员。② 会议着重讨论了贵族对政治形势的态度以及对农业问题的看法，并拟就了给沙皇尼古拉二世的呈文。

贵族们对于当前的政治形势形成了截然不同的两派意见：一派认为《十

---

① Д. Н. Шипов Воспоминания и думы о пережитом. М. : РОССПЭН，2007，c. 401 – 402.

② Объединенное дворянство Съезды уполномоченных губернских дворянских обществ. Т. 1，1906 – 1908. М. : РОССПЭН，2001，c. 44 – 45.

月十七日宣言》是历史的倒退，是对俄国传统的否定，希望沙皇能够收回成命，恢复沙皇专制制度；一派认为《十月十七日宣言》是沙皇顺应历史做出的明智选择，贵族们应该秉承为国服务的理念，积极协助皇帝推进宪政，为实现贵族与人民的和解而努力。经过激烈的争论，保守派的理念占了上风。他们在给皇帝的呈文中说："在几乎是千年历史中最困难的时刻，面对危及国家完整与生活的最大危险，俄罗斯贵族全权代表致书陛下：俄国人民不害怕自称是敌人的外敌，但是害怕那些用不切实际的许诺麻痹人民意识，以友谊为幌子作为掩盖，让人民的意志服从自己，迫使人民按照反国家的原则工作的人。……俄罗斯国家的敌人致力于经济和政治统治，试图用关于土地的幻想赢得农民的盲目信任，并唤起最低级的本能，让农民群众起来开展无意识的斗争。那个没有经过健康的人民理智检验就付诸实施的土地幻想成了选举第一批人民选民的一个最主要的指导。这样，在不正常选举的环境下，在整体陷入革命动荡的时期建立的新的立法机关，不能成为人民思想的真正表达者，它只是人民群众临时情绪的反映。"① 贵族希望沙皇放弃议会，在保留沙皇最高权力的条件下实现俄国生活的健康化以及与人民信仰一致的进一步发展。贵族当然也意识到问题，那就是俄国贵族与人民的分离，没有在社会发展的条件下与农民一起适应时代的发展。贵族几乎把所有的出路都放在了土地问题上。

　　贵族首先强调贵族土地私有制的原则神圣不可侵犯，而无论是革命派还是自由派提出的强制没收土地的主张都是从根本上动摇国家的根基。贵族们知道俄国缺少土地且贫穷，但他们并没有把主要的目标放在平分土地上，而是放在通过买卖和移民调节缺地问题，通过提高劳动生产率来解决贫穷问题，最后通过教育人民培养他们的基督信仰精神和世界观，保留道德的底线。贵族们知道让动荡起来的社会恢复平静不是一件容易的事，一方面他们坚决不

---

① Объединенное дворянство Съезды уполномоченных губернских дворянских обществ. Т. 1, 1906 – 1908. М. : РОССПЭН, 2001, с. 137.

允许放纵欲望和对犯罪的庇护，希望被赋予行政权和立法权广泛地开展合理化斗争；另一方面积极地回归农村，逐渐开化农民不清楚的病态意识，熄灭人为点燃的阶级仇恨，在更新制度的基础上把俄国人民团结在一起。[①]

贵族们虽然明确俄国土地问题是引发革命的核心问题，他们也知道通过捍卫土地私有制调动人民的积极性，但是从贵族们的争论可以看出，他们还是把主要的目标放在了对农民的谴责上，把土地问题归结为农民的懒惰。H. A. 帕夫洛夫说："我们的病不是贫穷，而是自上而下的懒惰，普遍的懒惰。为什么西伯利亚的殖民这么慢，因为懒惰；为什么农业出现问题，因为懒惰。……我们喜欢的土地只耕种了1/3，我们面临着没收这些土地的问题。我们知道，我们中间有着强制没收的捍卫者。难道交给农民银行的几百万俄亩的土地不是强制没收的吗？难道政府用于刺激我们的年息5%的利息券、农民银行的估价方式——不同样是强制没收吗？这些都是懒惰的痕迹。"[②] 何止是农民呢？贵族也同样如此。即便普斯科夫的贵族代表 A. H. 布良恰尼诺夫承认贵族的衰落，还是遭到了众多贵族的反对。就这样第一届杜马成为迎合革命要求的杜马。

第一届杜马是农民和立宪民主党的杜马。根据统计：第一届杜马共选出499人，除了11人因各种原因没有出席外，共有488人参与活动。根据党派的分布，立宪民主党获得173席，十月党获得了16席，农民劳动团获得96席，社会民主党（孟什维克）获得18席，自治主义者（主要是西部边区）获得70席，进步派获得12席（支持立宪民主党），独立候选人100人（包括社会革命党）。[③] 从贵族的角度来讲，适应俄国革命形势的是立宪民主党。他们一方面与左派革命党保持联系，给当局施加压力；另一方面又适应基本

---

① Объединенное дворянство Съезды уполномоченных губернских дворянских обществ. Т. 1, 1906 – 1908. М.：РОССПЭН，2001，с. 138 – 139.

② Объединенное дворянство Съезды уполномоченных губернских дворянских обществ. Т. 1, 1906 – 1908. М.：РОССПЭН，2001，с. 80.

③ https：//ru. wikipedia. org/wiki/Государственная_дума_Российской_империи_I_созыва.

法的需要，推进法制建设。

但正如立宪民主党的主席米留可夫在第三次代表大会所做的报告《立宪民主党杜马策略》中所说的那样："这一次让我们聚集在这个大厅里的这种状况不能不认为是很少有的。它几乎是两种状况结合的再现：一方面，激发国家让唯一规模最大的政党的多数人自觉投票，虽然他们是反对党，但仍然决定参加选举；另一方面，把什么都没有学会，什么都没有忘即的，而且也很难忘却的一组选民摆在政府面前；这个事实具有非常重要的政治意义。"①这的确让米留可夫有些为难。他们没有办法选择是站在政府的立场，在宪法的范围内推进法制国家的建设，还是利用杜马作为工具推进立宪事业。于是，这位具有历史眼光的自由派领袖以英国的立宪会议为标准，以满足人民的道德为愿望，持续地推进立宪事业，把立宪民主党的大好机会浪费在满足革命者的浪潮中。俄国的革命浪潮尽管异常汹涌，但是俄国的人民不是英国的人民，并没有经历过资本主义的启蒙，大多是些还要通过革命知识分子的宣传才能被唤醒的初级群氓，无法履行一个立法者应有的责任。于是，这些饱经革命理想洗礼的知识分子发动了宣传战，用许诺赢得群众的威信。据统计，在加强宣传的竞选者当中，立宪民主党用于宣传的钱是其他党的几倍。在莫斯科君主党宣传花了 1065 卢布，温和派政党花掉了 33.5 万卢布。而在圣彼得堡立宪民主党从犹太人银行里贷款 70 万卢布用于选举，仅印刷传单和小册子就达 235.8 万份。② 让其他政党和政府以为真的可以立宪了。当然，从立宪民主党的纲领来看，的确是各取所需，它一方面满足了自由主义的立宪需要，另一方面也满足了革命者利用杜马继续革命的需要。立宪民主党把大多数经历用于赢取群众威信，因而过多地关注了诸如大赦、废除死刑、质询政府对革命的镇压行为，而忽视了工人农民最为关心的八小时工作制以及土地

---

① Съезды и конференции конституционно – демократической партии. в3 томах. Т. 1. 1905 – 1907 гг. М. : РОССПЭН, 1997, с. 202.

② С. Б. Павлов Опыт первой революции 1900 – 1907. М. : Академический Проект, 2008, с. 474.

问题。

三、激进的第一届杜马的活动

在 1905 年 4 月 27 日第一届国家杜马开幕的这一天，沙皇尼古拉二世在冬宫接见了来自国家杜马和国务会议的代表，表达了自己对于新机构的愿望。他说："受上帝的委托照管祖国的幸福，要求我从人民中挑选代表协助立法工作。我怀着对俄国光明未来的炽热信仰，欢迎我钟爱的臣民照我的吩咐选举出来的你们当中最优秀的人才。你们将面临艰难而复杂的工作。我相信，对祖国的爱以及为祖国服务的强烈愿望将激励我们并把我们团结在一起。我将坚定不移地保护我赐予的机构，同时也坚信，你们将竭尽全力忘我地为祖国服务，了解我如此牵心的农民的需求，启蒙人民，发展他们的福利，当然也不能忘记，为了精神的伟大和国家的幸福，不仅需要自由，也需要法律基础上的秩序。让我诚挚地希望看到我的人民变得幸福成为现实吧，也让我的儿子承继一个强大、幸福和开明的国家。祈求上帝让我和我的国务会议以及国家杜马协调工作，从此让这一天成为俄罗斯大地道德风貌更新的一天、祖国最优秀力量复兴的一天。请认真地开始我吩咐你们的工作吧，证明你们配得上沙皇和人民的信任。让上帝帮助我，也帮助你们。"[①]

沙皇的讲话首先是一篇道德宣告，即沙皇因上帝而与人民站在了一起。其次，新的社会秩序建立在法律基础之上，它不仅约束沙皇，也约束人民。当议员们听完沙皇的报告移步塔夫利达宫以后，国家就成为人民的天下，把法律建筑在人民的意志之上。负责这个工作的是占据杜马优势的立宪民主党。他们在给皇帝的答词中说："陛下，呈请陛下在给人民代表的发言中声明坚决保护机构的不可动摇，并以此要求人民与自己的君主协调实现立法权。国家杜马从中看到了陛下给人民的隆重许诺，坚决保证在严格的法律原则基础

---

① Н. Д. Ерофеев Российская монархическая государственность на последнем этапе своей истории. 20 октября 1894 г. – 3 марта 1917 г. с. 341.

上巩固和进一步发展法律秩序。国家杜马将从自己一方尽一切努力完善人民代表制原则，并提交陛下批准在普选原则基础上根据人民表达的共同意志产生的人民代表制。"① 好一个人民的共同意志，其实，立宪民主党并不能代表人民的意志，因为，人民的意志还是一个抽象的概念。

　　为什么人民的意志还是一个抽象的概念呢？原因在于俄国没有经历过文化的启蒙，还完全为激情所左右。第一，立宪民主党认为造成沙皇与人民相隔阂的是官僚的擅权。它具体表现为在《十月十七日宣言》颁布后仍然在无情地杀戮。为了杜绝这种情况的发生，必须建立普选产生的对杜马负责的政府。取消一半由沙皇任命、而另一半由最高等级选举产生的国务会议。第二，人民承担了国家的税收负担，因此没有缴纳税收的高层无权决定国家的征税额度，也应该取消由纳税民组成的国务会议。第三，必须立刻宣读保证公民个人不可侵犯、信仰自由、言论出版自由、结社集会和罢工自由的法律，否则不可能进行任何社会关系方面的改革。第四，国家杜马认为，没有建立在法律面前人人平等的共同原则，那么建立在法律之上的自由和秩序将得不到稳定的保障，所以国家杜马将制定取消等级、民族、宗教或性别产生的所有限制和特权。除了独立的司法机关有限制公民自由的权力外，国家将取消所有的行政监督，甚至即便有法院的判决也不允许使用死刑。第五，如果国家杜马不拟定使用国家、皇室、内阁、修道院、教会的土地以及强制没收私有土地来满足农民的迫切需求的法律，就不算履行了自己的义务。第六，立刻满足农民和工人的福利、税收、教育和自治的权利，保证劳动人民与其他阶层的平等、公正；同时满足各少数民族的特殊要求。第七，大赦天下，包括释放所有因宗教、政治以及农业违法行为产生的刑事犯。②

　　杜马对沙皇训示的答词充分反映了人民对沙皇政权的不信任，激化了

---

① Н. Д. Ерофеев Российская монархическая государственность на последнем этапе своей истории. 20 октября 1894 г. – 3 марта 1917 г. с. 342.

② Н. Д. Ерофеев Российская монархическая государственность на последнем этапе своей истории. 20 октября 1894 г. – 3 марта 1917 г. с. 344 – 345.

《十月十七日宣言》带来的缓和气氛，同时也决定了杜马给出的立法不会有任何前途。首先，沙皇对于杜马的答词非常生气。沙皇没有按传统接见递送答词的杜马主席，而是派大臣会议主席戈列梅金代收。其次，大臣会议主席戈列梅金也对与杜马的合作不报任何乐观态度，原因正如他和财政大臣科科夫采夫所说的那样："杜马将要做的仅仅是同政府进行斗争，夺取它的权力。一切都仅仅归结为政府是否有足够的力量和能力在那种令人难以置信的条件下保住政权。"① 是否说政府的做法是一种傲慢或者说政府像人民一样仅仅看重了手中的权力而不愿意与人民分享，就如同沙皇所说的，"我设立杜马不是要让它管理我，而是要让它给我出主意"。其实，造成沙皇与杜马之间这样的对立肯定有沙皇对杜马的不完全放心的成分，但是真正让沙皇与杜马之间的互动如此艰难的原因在于他们各自的文化本位主义。

从杜马的层面来看，他们在杜马开幕后提交的法律草案，都是围绕着如何获得权力而少承担责任展开的。如《42 人土地法案》《信仰自由法案》《公民平等法案》《废除死刑法案》《关于修改现行的有关法院的审级制度和诉讼程序法案》《国家杜马成员人身神圣不可侵犯和结社法案》《集会自由法案》《拨款 1500 万卢布用于粮食援助法案》《出版法案》等。这些法律草案中除了《拨款 1500 万卢布用于粮食援助法案》获得批准之外，其他的法案都没有获得批准。没有获得批准的那些法案中主要是围绕着大赦与废除死刑的法案和土地法案。从在这两种法案中沙皇政府与杜马各自关注的焦点来看，反映了他们不同的文化观念。据马克拉科夫回忆，杜马开会的第一天，И. И. 彼特隆凯维奇就发表讲话，要求大赦天下；杜马会议的第二天，工人代表丘里科夫（Чуриков）就要求直接找到沙皇大赦并得到民主改革党的领导人 М. М. 科瓦列夫斯基的支持。彼特隆凯维奇非常生气，认为这是把立法机关

---

① 刘显忠：《近代俄国国家杜马：设立与实践》，社会科学文献出版社 2007 年版，第 137—138 页。

变成递交申请的机关。① 不说杜马的答词中没有就大赦的人群做出政治犯和刑事犯的区分，就当时的社会形势来看也不能完全可行。完全抵制杜马的左派政党社会革命党继续恐怖活动。3 月 17 日炸死了喀山宪兵上校格拉德舍夫，3 月 12 日炸死了特维尔省长斯列波措夫，4 月 1 日炸死了哥萨克军官阿波拉莫夫，4 月 4 日炸伤了被怀疑与警察局有染的工人，4 月 23 日炸伤了莫斯科总督 Ф. В. 杜巴索夫将军，同一天又枪杀了顿河军区的总督日特诺夫斯基。② 右派的黑色百人团也没有闲着，他们把杜马看作犹太人革命的舞台，要求坚决取缔，同时抗议杜马提出的大赦和取消死刑的要求，甚至 А. И. 杜勃罗文在 5 月 13 日的《俄罗斯旗帜报》上刊登文章，建议为这些误选进杜马的"精神病患者"建一座房子，把这些说胡话的人安置在这所房子里。③ 当政府开始讨论大赦问题，甚至尼古拉二世开始接见杜马主席 С. А. 穆罗姆采夫并得到内务大臣斯托雷平的支持时，杜勃罗文致信总理大臣戈列梅金，要求总理采取严格的措施反对革命，必要时实施战地法庭。社会的互不相让如仇人见面。杜马无法从事正常的立法活动。

土地问题是政府与杜马关注的另一个重大问题。但从各自争论的焦点来看仍然反映了不同的价值观念。土地问题主要围绕着要不要保留土地私有制问题展开。在政府提交的土地法案上强调保留土地私有权的价值。政府在杜马发布的土地法案中说："政府意识到了农民的要求是巨大和多种多样的，同时政府认为最大的需求来自少地的农民……然而，国家关注的不仅是少地的农民。因为有充分土地保证的农民，由于土地收成少，同样需要改善经营

---

① В. А. Маклаков Первая Государственная дума. Воспоминания современника 27 апреля до8 июля1906 г. М.：ЗАО Центрполиграф，2006，c. 100 – 101.

② С. Б. Павлов Опыт первой революции 1900 – 1907. М.：Академический Проект，2008，c. 508.

③ С. Б. Павлов Опыт первой революции 1900 – 1907. М.：Академический Проект，2008，c. 513.

状况。"① 政府知道影响土地歉收的原因有很多，如远地、条田地等，但最重要的原因在于"在实行土地平分的村社，最精明强干的当家人没有下决心改善他使用的村社土地，担心在下次平分时这些土地会从他的手里丢掉并转到其他农民手中。为了消除这种状况，应该给个体农民提供机会，使他们对所使用的村社土地拥有不可剥夺的所有权"②。而在杜马提出的劳动团《104 人法案》中则说："所有的土地连同土地上的资源和水源都属于全体人民，属于靠自己的劳动耕种它的人，所有的公民都享有平等的使用权。"③ 虽然立宪民主党提供的《42 人土地法》草案强调了土地私有权，但是他们更加明确的是，"把土地转入劳动者手中是土地政策的主导原则"，为此可以强制征收私有土地。④ 政府的土地法案中在回答这个问题的时候说："在农民当中流行一种观念，认为土地不能属于某人所有，而是应该只由在土地上劳动的人使用，因此必须强制没收所有私有土地，政府认为这是完全错误的。没收私有土地不会增加农民的收入，相反会让全国破产，让农民自己变得永远的赤贫甚至饥饿。"⑤ "在人民中流传着这样的谣言，似乎政府不同意强制没收私有土地，是在保护地主的利益。这是不正确的。政府保护所有人的合法权益，也保护个人的合法权益，强制没收土地不会给土地所有者带来损失，只会给农民带来损失。土地所有者可以通过公证的价格赎买自己的土地，即把自己的土地财产变成钱，这样将会给他们带来与经营土地同样甚至更可靠的收入。农民等级正由于这些措施而遭受苦难。更多有保障的农民将失去部分土地，少地的农民会补充不大一块土地。所有农民将失去在地主庄园中的劳动所得，也

① Н. Д. Ерофеев Российская монархическая государственность на последнем этапе своей истории. 20 октября 1894 г. – 3 марта 1917 г. с. 352.

② Н. Д. Ерофеев Российская монархическая государственность на последнем этапе своей истории. 20 октября 1894 г. – 3 марта 1917 г. с. 353.

③ 刘显忠：《近代俄国国家杜马：设立与实践》，社会科学文献出版社 2007 年版，第 134 页。

④ 刘显忠：《近代俄国国家杜马：设立与实践》，社会科学文献出版社 2007 年版，第 132 页。

⑤ Н. Д. Ерофеев Российская монархическая государственность на последнем этапе своей истории. 20 октября 1894 г. – 3 марта 1917 г. с. 353 –354.

因此失去他们现在获得的大部分货币资金。这样，这些措施将会使全国人民陷入没有出路的赤贫之中……"①

关于土地问题的争论，就像关于大赦的争论一样，劳动者把自己遭遇的所有苦难都归结为沙皇政府和社会上层的剥削，而沙皇和社会上层则抱怨劳动者的不大努力。杜马的召开不只是沙皇政府在革命的压力下做出的简单让步，它实际上给所有人提供了一个发展的平台。当然，有产者会在革命的浪潮下遭受损失，以至于他们会陷入极端的保守状态，但是作为寻求自由的立宪民主党，一屁股坐在人民的意志之上，势必会扼杀来之不易的转型平台，激化社会的动荡。马克拉科夫把它归结为立宪民主党选择的策略，其实是立宪民主党在革命浪潮下只求权力不想付出的民粹主义的复活，自由主义的式微！

戈列梅金政府不仅否定了杜马的答词，而且否定了立宪民主党的土地纲领。戈列梅金的反应引发了杜马的强烈抗议，他们要求政府下台，建立对杜马负责的政府。根据《基本法》政府是沙皇任命的，只有沙皇有权解散政府。杜马之所以不认同政府，是因为他们并不是把政府当作沟通杜马与沙皇的桥梁，而是将其当作沙皇的法令执行人。为此，杜马充分利用自己的质询权，对政府的违法管理实施监督。杜马无权取消政府的做法，其监督仅仅起到向人民解释其行为的作用。不过，由于杜马对政府的不信任，在 72 天的时间里就进行了 391 次质询，其中 123 次为紧急质询，对内务大臣斯托雷平的质询就达 198 次。杜马的质询目的是保证政府的行为合法，但是由于杜马敌对的价值观，让质询失去了应有的力度，加剧了社会对政府的仇恨。最典型的质询就是关于退役准尉安东·彼得罗夫·谢尔巴克延期羁押的紧急质询。

据司法大臣谢格罗韦托夫讲，安东·谢尔巴克是一个退役准尉，因为三

---

① Н. Д. Ерофеев Российская монархическая государственность на последнем этапе своей истории. 20 октября 1894 г. – 3 марта 1917 г. с. 356.

起案件被判处监禁。① 但据劳动团的杜马议员阿拉丁、日金等人的介绍，谢尔巴克是由于参与 1905 年 11 月 6—11 日的莫斯科全俄农民联合会代表大会而被莫斯科最高法院告上了法庭。② 谢尔巴克在给劳动团的议员发的电报中说：审判前，我被关押在一个单人的劳教囚禁室六个月。结果调查持续了两年。我致信杜马，强烈要求最高法院改变强制关押为取保候审，释放全俄农民联合会所有机关工作人员。杜马在讨论是否就这个问题紧急质询司法大臣和内务大臣时，民主改革党的领导人、杜马议员科瓦列夫斯基认为，应该坚决提出质询。原因很简单，谢尔巴克是一个非常温和的人，这样的人怎么可以不审不判被强制关押六个月呢？他认为再也不能容忍这样的不公正继续下去。普斯科夫省的杜马议员、和平进步党的领导人盖登反对质询，他认为这不是质询，在实施紧急质询前应该弄清事实。最终，在多数议员的支持下，重新宣读了谢尔巴克的电报并提出了对司法大臣和内务大臣的紧急质询。

司法大臣在 6 月 12 日回答了杜马的紧急质询。据他介绍，谢尔巴克案涉及三起刑事案件。在三起案件中，两起案件发生在哈尔科夫高等法院管辖区，一起案件发生在莫斯科高等法院管辖区。对于发生在哈尔科夫高等法院管辖区的一起案件由法院的调查员不经法院调查强行判处谢尔巴克监禁，直到缴纳 500 卢布保证金取保候审；发生在同一地区的另一起案件被法院的调查员强行判处无限制监禁。1905 年 2 月，根据谢尔巴克的上诉，哈尔科夫高等法院对巴尔科夫改判有限制监禁，直到缴纳 2000 卢布保证金取保候审。至于第三起案件，即莫斯科高等法院管辖区发生的案件，谢尔巴克也被强行判处无限制监禁。但是对于这起莫斯科高等法院强行判处了 24 个月无限制监禁的案件，也改判为缴纳 500 卢布保证金取保候审。③ 显然，司法大臣谢格罗韦托

① Петр Аркадьевич Столыпин Нам нужна великая Россия. М. : Молодая гвардия，1991，с. 372.

② Государственная дума. Стенографические отчеты. Первый созыв. Сессия первая. Т. 1，сПб，1906，с. 557.

③ Петр Аркадьевич Столыпин Нам нужна великая Россия. М. : Молодая гвардия，1991，с. 372 –373.

夫与谢尔巴克的陈述是有区别的。司法大臣认为谢尔巴克之所以要求杜马主持公道，不是由于高等法院没有给予取保候审，而是对于取保受审不满意。

内务大臣对该事件做了认真调查，做出了如下判断。斯托雷平首先肯定了司法机关对于谢尔巴克采取的处置措施，理由是谢尔巴克犯事的哈尔科夫省苏姆斯克县属于戒严状态，根据戒严法第8条，当地总督有权采取一切维护秩序与安宁的措施。谢尔巴克就是在这种安保状态下被停止了通信和案件审理。第二，斯托雷平把杜马的质询划分为三个部分，第一部分是对警察局活动的指控；第二部分是把沃洛格达、卡里亚辛以及察里津随后发生的骚乱归结为警察活动的结果；第三部分是希望了解大臣能否保证未来不发生类似的骚乱。对于警察局的指控，斯托雷平说，有人指控警察局利用没收的印刷设备印刷非法传单并进行散发，宪兵骑兵大尉布达科夫斯基参与了传单的散发，警察机关没有对他们的犯罪行为采取强制措施，犯了不作为的错误。详细情况则是：1905年12月中，宪兵军官卡米萨洛夫利用搜查得来的波士顿印刷机印刷致士兵书，士兵书讲述的是图库姆城在镇压暴动时半个骑兵连遭到屠杀。致士兵书散发到维尔诺200—300份，此外还散发给部分杜马代表。起初，卡米萨洛夫的领导通报了这件事并指出他作为服役人员不能兼职从事政治宣传，停止了他的活动，立刻销毁发出的致士兵书和传单。骑兵大尉布达科夫斯基因参与12月莫斯科武装起义的斗争而与"10月17日亚历山大联盟"和"亚历山大战斗义勇队"建立了个人联系，同时利用自己的影响在县里散发了传单，尽管由于12月14日以后再没有散发反对革命者和犹太人的传单，他的行为没有被予以追究，但他还是被叫到圣彼得堡，被训示不能再从事政治宣传并立即停止类似活动。至于说警察局不作为，是由于12月3—10日莫斯科武装起义正激烈的时候，莫斯科警察局局长罗可夫斯基被招到彼得堡，延误了行动。值得注意的是，之后预计1906年2月13日在亚历山大罗夫斯克发生的大屠杀没有发生，随后的骚乱也得到了制止。在镇压莫斯科起义的时候，骑兵大尉布达科夫斯基的确在没有足够军队的时候使用了黑色百人团的战斗义勇队，得到了当局的奖励，但这不是支持宣传。根据以上叙述，斯托雷平得出结论：警察局没有印刷传单，也没有制造大规模的人员伤亡。今后政府坚决不允许国家服役人员参与政党的政治宣传。①

至于说在沃洛格达、察里津和卡里亚辛城市发生的警察镇压袭警、焚烧店铺等事件，警察机关的确采用了非常手段，犯了没有按照程序审判以及个别执法人员不公正的错误。今后政府也将加快对这些案件的重审工作，完成向正常管理秩序的转变。但是，不能由此得出结论，大多数服从人员不履行职责。政权不是目的，它是保护生命、维护安宁与秩序的手段。谴责极端的妄为和擅权时，不能不考虑政府无权的危险。不应该忘记，政权的不作为将导致无政府，政府不是软弱和逢迎的机关，而是依靠法律的权力机关。由此可以得出结论，大臣应该要求各部官员谨慎、小心和公正，但是也要严格地履行自己的职责和法律。②

经过这次杜马对谢尔巴克的质询引发的政府与社会之间关系问题的讨论，明确了政府与社会都将依法行事的规则。立宪民主党主导的杜马最终把主要的任务转向了建立对杜马负责的政府上。政府当然也希望缓和与杜马的关系，开始了政府各个部门与立宪民主党领导人的秘密会晤。如宫廷长官 Д. Ф. 特列波夫与立宪民主党主席米留可夫的交谈、外交大臣伊兹沃尔斯基和内务大臣斯托雷平以及农业大臣叶尔麦罗夫与米留可夫的交谈。特列波夫支持建立立宪民主党内阁，但最终因沙皇尼古拉二世的反对而失败。特列波夫也因此抑郁而死。③鉴于政府与杜马的不可调和的冲突，政府通过武力占了上风以后，便策划解散杜马。解散杜马的策划者之一斯托雷平并没有想改变选举法，他的目的就是建立能够得到社会信任的内阁。既然米留可夫直接拒绝了政府

---

① Петр Аркадьевич Столыпин Нам нужна великая Россия. М. ：Молодая гвардия，1991，с. 35 - 37.

② Петр Аркадьевич Столыпин Нам нужна великая Россия. М. ：Молодая гвардия，1991，с. 40.

③ В. А. Маклаков Первая Государственная дума. Воспоминания современника 27 апреля до8 июля1906 г. М. ：ЗАО Центрполиграф，2006，с. 252.

邀请的内阁，那么邀请承认沙皇政府、同时又在社会中得到信任的希波夫组建联合政府便成为新的目标。斯托雷平通过赞成自己主张的 Н. Н. 利沃夫邀请希波夫见面。希波夫告知斯托雷平，自己在地方自治机构中属于少数派，虽然依靠自己组成联合内阁，会吸收类似盖登、Г. Е. 利沃夫这样地方自治局信任的人物，但是他组成的政府如同戈列梅金政府一样，很快就会遭到杜马的反对，导致解散的下场。希波夫主张建立以立宪民主党为中心的内阁，虽然他主张内阁可以以杜马主席穆罗姆采夫为首，但也认为可以吸收米留可夫等立宪民主党领袖，获得杜马的支持。希波夫没有向斯托雷平解释这样做的理由，但他在觐见沙皇时讲明了其中的原因。他认为，杜马与政府之所以出现这样紧张的对抗，完全是政府监督高压的结果，如果政府放弃高压政策，建立以立宪民主党为主导的内阁，俄国就可以消弭革命。① 这样，希波夫完全倒向了立宪民主党。虽然希波夫知道米留可夫自认为是总理了，但是希波夫组建以立宪民主党为主体的联合政府还是遭到了立宪民主党的拒绝。正如穆罗姆采夫所认为的那样，以现在杜马对政府的消极态度来看，俄国近期必将迎来革命。就这样，政府最后组阁的努力失败了。随着政府在《政府通报》上刊登了否决杜马通过的土地法案，政府与杜马的合作走到了尽头。

第三节　政府与杜马的积极合作

一、第一届杜马的解散

立宪民主党主席米留可夫在自己的回忆录里详细地谈论了第一届杜马解散的过程。他指出，是斯托雷平设计了一个农业问题并以此为借口，解散了第一届杜马，而劳动团通过的土地法草案正好提供了这样一个借口，忽视了杜马回应政府农业通告的不可逆转性。杜马对政府农业通告的回应称："为

---

① Д. Н. Шипов Воспоминания и думы о пережитом. М. : РОССПЭН, 2007, с. 457.

了扩大劳动农业居民土地使用面积，把适合农业副业的公家、皇室、内阁、教会和修道院的土地以及有序地强制没收的机关和私人土地投入使用，法律特别列出的土地除外。……然而，虽然杜马坚定地表达了自己的意志，但是各位大臣公布的 6 月 20 日通告代表政府宣布了自己的土地法建议（即拒绝承认强制没收私有土地），因此，国家杜马提醒，根据 1905 年发表的《十月十七日宣言》，政府的任何建议没有国家杜马的赞成不能生效。"① 杜马的回应表明了否定政府土地纲领的坚定意志并自信地坐等这样一个时刻的到来。不管劳动团如何小心对待，如用词比较委婉，都无法改变不平分国家和私有土地的命运。理由正如米留可夫自己所讲，沙皇永远不会与人民的愿望一致。政府与杜马的斗争不可避免。

米留可夫的判断是错误的。沙皇在解散杜马的宣言中说："我谨向我所有的忠实的臣民宣告：我非常诚挚地邀请选民参加立法的建设！谨遵上帝的恩典，我相信我国的人民一定会有伟大而光明的未来，我期待用劳动赢得祖国的幸福与利益！我国人民生活的各个领域都发生了重大的变革，而放在第一位的永远是特别关注用教育之光消除人民的愚昧、用减轻农业劳动的限制消除人民的负担。我们的愿望正经受着严峻的考验。选民除了立法工作，还要投入不属于他们的领域并调查我们提供的地方机关的行为，向我们指出只有我们的君主才能改变的基本法的不完善，从事以杜马的名义向人民发号施令的明显违法行为。为如此无序感到困窘的农民没有期望合法改善自己的处境，而是在各个省转向公开的掠夺、侵占别人的财产、触犯法律以及不服从合法政权。但是，我国的臣民应该牢记，只有在完全有序和平静的条件下才能持久地改善人民生活。当然大家也知道，我们不允许任何形式的任性或无法无天，并以国家的武力让不服从法律的人服从沙皇的意志。所以，我们呼吁所有头脑健全的俄国人团结起来，支持合法政府并恢复我们亲爱的祖国的

---

① Н. Д. Ерофеев Российская монархическая государственность на последнем этапе своей истории. 20 октября 1894 г. – 3 марта 1917 г. с. 357 – 358.

和平。……因此，我们解散现在国家杜马的构成……确认 1907 年 2 月 20 日新的一届杜马开幕。"① 沙皇的宣言谴责了人民破坏秩序的行为，呼吁头脑健全的人尽一切努力启迪人民、减轻农民的负担。沙皇的宣言表明，俄国政府不能一味地让步，应是在杜马的帮助下，一边维护社会秩序，一边着手自由主义的改革。

接到杜马被解散的消息后，立宪民主党感到措手不及。因为他们没有想到沙皇真的不怕革命的继续，解散杜马。立宪民主党做出的第一个回应，是采取了一个十分革命的行动：由 200 多名杜马代表，其中有 120 名立宪民主党人，包括米留可夫，齐聚维堡，发表《维堡宣言》。《维堡宣言》说："最终证明自己没有能力满足人民需求的政府，因杜马致力于把私有土地转交给农民而解散了杜马，为了得到一个听话而谄媚的杜马，政府与群众运动斗争了整整七个月，如果政府能够成功地镇压群众运动，它就不会召开任何杜马。代表们认为，俄国如果没有人民代表，一天也不能存在，政府不经人民代表同意无权向人民征税，无权号召人民服兵役，不经杜马同意所签署的债务合同不能生效，也不会得到人民的承认。最后呼吁公民，在召集人民代表之前不向国库缴纳一戈比税收，任何人都不去参军，所有人要像一个人一样捍卫自己的权利。"②

根据《国家根本法》，如果杜马不批准预算，国家可以执行上一年的预算，杜马无权征召军队。所以，《维堡宣言》的内容是违法的。根据这种情况，沙皇政府宣布立宪民主党为非法组织，把在宣言上签字的第一届杜马代表交付法庭，查封了立宪民主党的机关报《言论报》，许多立宪民主党领袖和杜马中最活跃的领导人被剥夺了选举权。各地的贵族团体也开始驱逐签字的立宪民主党人。7 月 18 日，黑帮分子还刺杀了立宪民主党的农业问题专家

---

① Н. Д. Ерофеев Российская монархическая государственность на последнем этапе своей истории. 20 октября 1894 г. – 3 марта 1917 г. с. 359 – 360.

② Отв. Ред. В. В. Шелохаев Петр Аркадьевич Столыпин: Энциклопедия. М. : РОССПЭН, 2011，с. 95.

赫尔岑施泰因，米留可夫也遭到了毒打，国家杜马主席穆罗姆采夫也遭到了逮捕。[①] 立宪民主党人因签署《维堡宣言》所遭遇的打压并没有让他们伤心，因为他们坚信解散杜马会点燃革命的浪潮。但是，在经历了社会革命党 7 月 17 日斯维尔波尔克暴动、7 月 19 日的喀琅施塔德暴动以及列维尔港 "纪念亚速夫" 的巡洋舰起义之后，群众运动很快对《维堡宣言》失去了兴趣。根据内务部的资料，大约在 1906 年秋，对于解散杜马，欧俄省的农民中一半持否定态度，一半持冷漠态度。只有维帖布斯克省和莫吉廖夫省的农民同情《维堡宣言》，但不追随宣言的号召。沃伦省的农民对杜马持否定态度。基辅农民说，不满意杜马是因为他们整天抱怨，什么也不做，只想拿钱。杜马欺骗人民，不发放土地，制造骚乱，因此需要选举另外一些人。[②] 就这样，维堡期待的效应消失了。

《维堡宣言》的宣布并非偶然，是立宪民主党不想与沙皇政府合作的结果。然而，《维堡宣言》的签署，使得立宪民主党失去了第一届杜马的主动地位。当《维堡宣言》没有取得预期成果之后，立宪民主党的内部出现了分歧。在分裂情况影响党内威信的情况下，米留可夫在 9 月的第四次代表大会指出："在当前情况下，由于不可能执行《维堡宣言》的建议，特别是呼吁拒服兵役的建议，因此大会不能建议以消极抵抗作为一种能立即实现的斗争手段。它几乎成为党的正式路线。"[③] 立宪民主党由于执行《维堡宣言》，使得 180 多名议员遭到监禁和剥夺选举权的处罚，只有 32 名第一届国家杜马代表顺利进入第二届杜马。由于国家执行了行政干预，增加了温和派和右翼政党的名额，第二届杜马的立宪民主党议员也因此缩减到 98 名。曾经的革命政党纷纷放弃了抵制杜马的策略，参加了新的杜马选举。社会革命党的会议决

① 刘显忠：《近代俄国国家杜马：设立与实践》，社会科学文献出版社 2007 年版，第 149 页。

② С. Б. Павлов Опыт первой революции 1900－1907. М.：Академический Проект, 2008, с. 538.

③ Melissa Stockdale. Paul Miliukov and the Quest for a Liberal Russia, 1880－1918. Cornell University Press, 1996：182.

议中说：参加杜马选举不是承认杜马为正常的立法机关；参加杜马选举与坚持战斗策略同时并举；政府、反动派与反对派和革命者之间的斗争就是选举权的斗争；党无论是参加杜马选举还是杜马立法活动都是使群众规模化并组织群众的举措……向他们证明只有通过普遍、平等、秘密和直接选举的立宪会议，才能够有权解决他们提出的要求。① 俄国社会民主工党也在第四次统一代表大会上放弃了对杜马的抵制。曾经抨击孟什维克放弃抵制策略的布尔什维克，也在临近第二届杜马选举时放弃了抵制策略，参加了选举。

这样，第二届杜马虽然没有改变选举法，但由于革命党和温和派以及右翼的加入，立宪民主党失去了在杜马中的绝对统治地位，第二届杜马也变成较为平庸的杜马。据统计：在第二届杜马的 520 人代表中，受过高等教育的有 192 人，占总人数的 36%，受过中等教育的达 90 人，占 18%，而受过初等教育以及没有受过教育者为 238 人，占 46%，居四届杜马的最末一位。②

二、斯托雷平主政大臣会议

沙皇解散第一届杜马最显著的成果是不再对群众一味让步，而是通过实施强硬的恢复秩序的举措落实《十月十七日宣言》的改革承诺，变被动为主动。策略的改变当然得益于新任大臣会议主席斯托雷平。

斯托雷平自从 1902 年升任格罗德诺省长以来，一路得到沙皇的重用，而其秩序改革并行的举措在 1903 年 2 月 15 日接替萨拉托夫省长后得到充分展现。萨拉托夫省是俄国伏尔加河流域的农业大省，也是村社制度非常盛行的地方。早在 19 世纪末期农民运动刚刚兴起的时候，地方自治的自由派就表现出反对派的趋向，随着 1904 年日俄战争的爆发而日益形成反政府的浪潮。萨拉托夫省的农民暴动主要表现为焚烧地主庄园、砍伐地主森林。1895—1899

---

① Партия социалистов – революционеров Документы и материалы 1900 – 1907. 6. Т. 1. М. : РОССПЭН, с. 217.

② 刘显忠：《近代俄国国家杜马：设立与实践》，社会科学文献出版社 2007 年版，第 154 页。

年期间，这里发生过 32 场农民暴动；到了 1902 年达到高潮，波及哈尔科夫和波尔塔瓦省，有 165 个村子表现出反地主的倾向。① 经过 1904 年的日俄战争和 1905 年革命运动，这里再次成为运动的中心。1905 年春天，萨拉托夫省 10 个县有 6 个县发生了暴动，他们不仅提出了经济要求，而且提出了政治要求，农民成为最大的反政府力量。到了 1905 年的夏天，监狱里人满为患。② 在激烈的农民浪潮下，地主们纷纷携带财产逃往城里，因为已经没有足够的力量镇压这里的骚乱。革命形势就这样席卷了整个俄国，形成政府让步的局面。斯托雷平调这里任省长之后，并没有被这种浪潮所左右。他跑遍了萨拉托夫各个县，为的是认清俄国农民暴动的原因。斯托雷平不认同社会革命党人的说法，而是认为只要满足农民平分土地的要求就可以平息骚动。他在 1904 年 5 月 22 日就阿特卡尔斯克县暴动给内务大臣的信中说：杜拉索夫斯克村属于地主尤里耶维奇、奥博连斯基王公等人。尤里耶维奇在这里拥有 400 俄亩的草地牧场，农民们在社会革命党宣传员的影响下占了 78 俄亩草场，同时抢劫了寄存在村社商店里的粮食。对于这里的农民来说，缺乏土地的问题，他们通常通过租赁地主的土地解决。起初由于租金不高，他们还能够与地主和睦相处。然而，自从奥博连斯基王公把 150 俄亩的土地卖给了基辅富裕农民西洛琴科之后，租金涨到了每俄亩 25 卢布，而且西洛琴科要求农民在耕种完他的土地之后才能耕种农民自己的土地。于是，农民在忍无可忍的情况下发动了农民暴动，抢劫了西洛琴科的土地，连带也抢劫了邻居尤里耶维奇的土地。农民在地主与农民的份地边界上摆上桌子，桌上压着"在地主土地上放牧直到事态解决"的标语。当西洛琴科被押到萨拉托夫的时候，受了惊吓的农民马上烧了标语。应该说，在农民少地的地方，剥削的经营方式占据了优势，特别是随着庄园被移交给富农和商人之后，这也为社会革命

---

① А. И. Пиреев П. А. Столыпин – саратовский губернатор （1903 – 1906）. Диссертация кандидата, Саратов, 2000, с. 48.

② А. И. Пиреев П. А. Столыпин – саратовский губернатор （1903 – 1906）. Диссертация кандидата, Саратов, 2000, с. 101 – 102.

党的宣传和骚动准备了土壤。①

斯托雷平与第二届杜马

当然官员不作为也是重要原因。斯托雷平在 1904 年 6 月 10 日写给夫人的信中说："自从 1891 年之前卡塞奇担任省长以来，已经有好长时间没有见到省长了。农民抱怨说：'良心遭到了践踏，真理被出卖了。'要知道他们已经等待了 25 年了，我决定要治理这个地方，让他们知道真理是可以找到的。"② 斯托雷平坚持认为，俄国农民之所以出现骚动，起初是由于缺地，但随着农业商业化之后，是农民越来越不适应经济发展需求的结果。于是，斯托雷平坚决反对社会革命党提出的土地社会化思想，决定强化政府的力量，引导农民走向份地私有化、土地商业化经营的发展道路。在萨拉托夫任职的三年时间里，他解职了不作为的地方自治局官员，强化了省长对地方自治局的领导；在内务大臣 П. Д. 斯维亚托波尔克－米尔斯基倡导向地方自治自由

① А. В. Воронежцев，А. И. Пиреев Саратовский губернатор П. А. Столыпин в зеркале документов（1903－1906 гг.）. Саратов：Изд. ООО 《СП－Принт》，2012，с. 71－74.

② И. И. Демидов，А. Р. Соколов，В. В. Шелохаев П. А. Столыпни：Переписка. М.：РОССПЭН，2007，с. 513.

派人士让步的情况下，恢复省长颁布行政命令、对于违法者给予行政处罚的做法，公开在政府报纸上发表声明，对破坏秩序者予以逮捕或处以 500 卢布的罚款；在农民运动最高涨的时刻，他向喀山军区请求军队援助，组建警察卫队。在斯托雷平的努力之下，到了 1905 年末的时候，萨拉托夫的局势已经基本稳定了。当然，在镇压农民运动的同时，他也劝解工人，维护他们的权益。例如 1905 年 2 月 7 日，由于面粉厂工人罢工，斯托雷平发表声明，允许工人在没有外人压力下讨论自己的需求并提交相应的申请。企业主应审阅这些申请书并通知工人他们可以为他们做什么。他要求维持秩序，不允许在工人中宣传、集会。① 斯托雷平的做法遭到了左翼的坚决反对，以至于后来的学者把他与黑色百人团联系在一起。比如苏联学者 П. Н. 九里亚诺夫说："斯托雷平努力团结所有的反对派，从黑色百人团格尔摩根神父到温和的自由主义地方自治人士。他们集资 6 万卢布，把省城分为三个部分，每一个地方都设立'人民俱乐部'，成为黑色百人团宣传的中心和黑色百人团战斗小分队的基地。"② 在农民暴动的时刻，黑色百人团以屠杀犹太人作为革命运动的回应。对于被杀的犹太人，斯托雷平又何尝不报以同情的态度呢？他说："我作为俄罗斯人，信仰祖国的民族主义，但我正因为是俄国人，不能痛恨异族，包括犹太人。这违背我们的宗教，也违背人性。"③

　　通过在萨拉托夫的锻炼，斯托雷平形成了一套在捍卫体现《十月十七日宣言》基本法下的自由主义的改革思想，并在解散第一届杜马之后迅速被尼古拉二世选为总理大臣，主导俄国的改革。

　　斯托雷平与维特和戈列梅金最大的不同在于，他不赞成直接利用杜马着手改革，也不赞成蔑视杜马而无所作为。当然，把专制制度下的秩序与自由

---

① Петр Кабытов П. А. Столыпин：последний реформатор российской империи. Самара：Изд. 《самарский университет》，2006，c. 145.

② П. Н. Зырянов Столыпин без легенд. М.：Знание，1991，c. 10.

③ В. А. Скрипицын Богатырь мысли，слова и дела. Посвящается памяти Петра Аркадьевича Столыпина. СПб. 1911，c. 4.

主义的改革结合在一起是需要创造性才能的。沙皇尼古拉二世一直坚持说"我的专制政权不是出于恐惧而是出于至诚"，但在解读这个问题的时候，自由派坚持限制专制制度的权力，结果第一届杜马不欢而散，而右派则在专制制度面前无所作为。斯托雷平也提出自己是君主制度的捍卫者，而他与尼古拉二世的合作是出于基督之爱。这种爱不是出于简单的服从，如同右派；也不如自由派那样出于恐惧而必须让沙皇施舍大赦和废除死刑，而是既能对沙皇尊敬，又能正确地理解和创造性地实现沙皇宝贵的国家思想和愿望，由此产生了沙皇给予的斯托雷平的仅有的信任。这种信任不是为了自己的存在，而是照亮了外部的世界，照亮了它拯救和改良的道路。[①] 斯托雷平在回复尼古拉二世对他被炸一事的慰问信时也说："陛下仁慈的慰问信收到了，我荣幸地向您报告，我的生命属于您，陛下；我的一切意念与愿望都是为了俄罗斯的幸福；我向上帝祈祷，赐予我最高的幸福：帮助陛下让我们的祖国走上法律、安宁和秩序的道路。"[②] 尊敬沙皇尼古拉二世而不是指责沙皇的错误是恢复尼古拉二世与斯托雷平之间信任关系的举措，也是俄罗斯从东正教文化中产生出来的承担责任的愿望，就如同俄国哲学家伊万·伊利因所说的那样："为了和平与和平的劳动，东正教会呼吁让人回到世俗世界，在劳动中研究人的宗教性，在上帝面前思考人的宗教性，给人以激励的自由，充满基督教恩典的精神鼓励。"[③] 无论是斯托雷平还是尼古拉二世所努力恢复的也都是这种信任。也就是从这个意义上讲纠正杜马与政府之间相互掣肘的关系，理解沙皇尼古拉二世颁布《十月十七日宣言》不是出于对社会的惧怕，而是出于社会发展的需要；同样也是从这个意义上理解斯托雷平坚决镇压农民焚烧庄园的行为以及反对社会革命党提出的平分地主土地的要求，从巩固私有制和农民银行的土地买卖的角度解决农民的少地以及土地开发的问题。

---

① Д. Б. Струков Столыпин – Великие исторические персоны. М. : вече，2012，с. 36.

② И. И. Демидов，А. Р. Соколов，В. В. Шелохаев П. А. Столыпни：Переписка. М. : РОССПЭН，2007，с. 19.

③ Д. Б. Струков Столыпин – Великие исторические персоны. М. : вече，2012，с. 36.

斯托雷平在担任省首席贵族，特别是担任格罗德诺以及萨拉托夫省长的时候形成了这样的观点并付诸实施，扭转了萨拉托夫省的革命危机，也因此赢得了沙皇尼古拉二世的信任。在第一届杜马担任内务大臣的时候斯托雷平展露了自己的才华，在第一届杜马不能彻底缓和沙皇与杜马之间关系的情况下才因自己的勇担责任的决心和意志被任命为大臣会议主席。

从 1906 年 7 月 7 日到 1907 年 2 月 20 日第二届杜马开幕的 180 天里，斯托雷平做了两项工作：第一项是继续在全国范围内镇压革命运动；第二项就是继续与自由派社会人士谈判组建联合内阁，在对立的杜马和沙皇之间建立起工作的桥梁，发挥政府提供维持秩序、提供议案的作用。由于镇压革命引起的愤怒以及与自由派内阁谈判不顺利，斯托雷平通过《国家根本法》第 87 条非常法发布了必须着手解决的土地法草案，开启了在镇压革命条件下的自由主义的改革。

由于对《维堡宣言》的处置以及对社会革命党革命暴动的镇压，一些激进的自由派和社会革命党致力于暗杀斯托雷平和高官的活动。1906 年 8 月 12 日，这一天是斯托雷平在自己住所的接待日，下午两点钟家里来了将近 40 人，三个恐怖分子化装成警察，来到了斯托雷平的别墅，他们喊着"俄国革命万岁"和"俄国万岁"投掷了炸弹。炸弹炸死了 29 人、炸伤 25 人。恐怖分子当场被炸死，斯托雷平的女儿和儿子都被炸伤，斯托雷平幸免于难。[①] 8 月，社会革命党还炸死了少将米恩将军和彼得堡监狱长伊万诺夫上校，10 月炸死了监狱管理总局局长马克斯莫夫斯基。爆炸不仅限于社会革命党，也发生在黑色百人团当中。所以，为了迅速恢复平静，自己被炸仅过了一周，斯托雷平就利用宪法第 87 条非常法建立了战地法庭，对犯罪行为不经法庭审判在 48 小时之内立即处理。维特曾就战地法庭的建立攻击斯托雷平说："斯托雷平遇刺对他本人产生了很大影响。他在第一届杜马期间采取的那种自由派

① Сергей Степанов Великий Столыпин 《 не великие потрясения, а великая Россия 》 . М. : Яуза：Эксмо，2012，с. 198 – 199.

态度，曾是他通往大臣会议主席宝座的桥梁，然而从那次遇刺后，他的自由派面目逐渐消失了，结果斯托雷平在治国的最后两三年中大搞恐怖活动，最重要的是在国家生活各个方面恣意横行。"① 在利用警察行为对付革命者方面的确如此，因为在 1906 年 12 月革命者炸伤镇压莫斯科武装起义的 Ф. В. 杜巴索夫将军时，杜巴索夫将军请求沙皇饶恕革命者，斯托雷平就此写信给动摇的尼古拉二世说："陛下，我承担着您交给我的沉重的任务，这个任务是对我们祖国的责任，是对俄罗斯和历史的责任，它让我告诉您，令人痛苦和耻辱的是只有杀死一些人才能防止血流成河。"②

斯托雷平也并非都是镇压政策，他也认识到继续争取自由派支持的价值。首先在第一届杜马解散后，斯托雷平马上约谈希波夫、Г. Е. 利沃夫王公，商谈自由派人士入阁以实现以斯托雷平纲领为基础的自由化改革。希波夫和利沃夫激烈反对这个计划，他们认为所有立法问题都不能绕过立法机关加以解决。虽然希波夫和利沃夫不信任斯托雷平，但还是共同给斯托雷平写了一封信，表达了愿意与政府合作的少数派思想。信的主要内容谈了政府应该公开向自由派让步并执行社会改革，组成至少有七位社会人士参加的斯托雷平内阁，把一系列改革的重要问题提交杜马，解决大赦和死刑的问题并取消非常状态，扩大农民土地使用面积，包括强制没收私人土地。③ 虽然这份计划还不能让斯托雷平满意，但是较之希波夫与维特谈判的思路双方已经接近了很多。后来斯托雷平还与盖登伯爵、斯塔霍维奇、古契科夫和 Н. 利沃夫举行了会谈，情况与希波夫的谈判大同小异，虽然没有成功，但造成了自由派的分裂。后来希波夫、斯塔霍维奇、盖登、利沃夫退出立宪民主党，组建了和平进步党。其次，斯托雷平也没有忘记争取立宪民主党。他在自己的办公室

---

① 谢·尤·维特：《俄国末代沙皇尼古拉二世——维特伯爵的回忆》续集，张开译，新华出版社 1985 年版，第 326 页。

② И. И. Демидов，А. Р. Соколов，В. В. Шелохаев П. А. Столыпни：Переписка. М.：РОССПЭН，2007，с. 20.

③ В. А. Маклаков Вторая государственная дума. Воспоминания современника. 20 февраля – 2 июня 1907 г. М.：ЗАО Центрполиграф，2006，с. 57 – 59.

约谈立宪民主党主席米留可夫，希望他能够在党刊《言论》报上发表一篇文章，公开谴责政治恐怖。米留可夫由于还在动摇，便提出了一个条件，就是不署名。斯托雷平答应了。然而，米留可夫最终还是以党刊发表文章要有政党的批准为由爽约了。① 实际上，米留可夫始终无法断绝与革命者的合作，他在《维堡宣言》失败后的隐忍策略仅仅是换取政党的安全。斯托雷平一看立宪民主党并不能成为合作立法的依靠，便不再等待第二届杜马的召开就着手自由化改革了。

1906 年 8 月 24 日，斯托雷平在《政府通报》上刊登了自己的施政纲领。他说："政府的道路非常明确：维护秩序，采取坚定的措施保证人民远离革命行动，同时集中国家全部力量开始建设，在法律以及人民可以理解的真正自由基础上重建稳定的秩序。"② 为此，要做的第一件事就是着手土地问题的解决。第二件事便是颁布保证公民平等和信仰自由的措施。这方面加起来共 12 项内容。③

土地改革是奠基式的改革。斯托雷平认为，如果在 1903—1904 年的时候人们由于缺地而改革，那么到了 1905—1906 年的时候俄国不采取措施消除村社的束缚就没有办法予以解决。为此，他还和列夫·托尔斯泰有过一场争论。托尔斯泰说："既不能存在一个人对另一个人的占有权，也不能存在一个人占有另一个人的土地所有权……因为土地是所有人的财产，每一个人都有使用它的同等权利。"④ 斯托雷平认为："自然赋予人一种天生的本能，比如饥饿感、性感等，在这个序列中还有一种更强烈的感觉——占有感。不喜欢别

---

① П. Н. Милюков Воспоминания. М. : Политиздат, 1991, с. 282.

② Геннадий Сидоровнин П. А. Столыпин. Жизнь за Отечество. Жизнеописание (1862 – 1911). М. : Общество сохранения лит. наследия. 2014, с. 202.

③ 这 12 项内容是：信仰自由、个人不可侵犯和公民平等、改善农民土地占有制、改善工人生活并实行国家保险、连接行政机关与地方自治的地方管理改革、波罗的海和西北西南地区地方自治、波兰王国各省地方和城市自治、改革地方法院、改革中等和高等学校、所得税、普通警察和宪兵融合的警察改革、囊括各种非常安全法的改革等。

④ П. Н. Зырянов Столыпин без легенд. М. : Знание, 1991, с. 31.

人与自己平等，不会像对待自己的土地一样侍弄、改良临时使用的土地，人为地在这方面制服我们的农民，压制他们天生的占有感，就会酿成大恶，其中最主要的表现便是贫穷。我认为，贫穷是最坏的一种恶。给这些人谈自由是可笑的。因为在谈自由之前已经把他们的福利降到了自由的最低限度。"①托尔斯泰当然没有错误，不过这只是传统农业社会的看法，而斯托雷平尽管也同情无地的农民，比如给他们提供救济，但是他提出的解放农民的占有欲符合开发经济的资本主义发展模式，因此斯托雷平更符合时代的要求。所以，他不可能说服这些传统的农民，只能利用宪法第 87 条通过土地法案。斯托雷平的土改方案是成系列的：先是 8 月 12 日的《把皇室土地转交给农民银行出售给少地农民法令》，后是 8 月 27 日的《官地出售给少地农民的程序法令》、9 月 19 日的《利用内阁土地建立欧俄几百俄亩的土地储备和开发西伯利亚的法令》，10 月 10 日的《退出村社法令》，直到 11 月 9 日颁布《关于农民土地占有和土地使用的现行法律的某些补充规定》。根据这一系列法令，农民不仅可以以份地抵押贷款，而且可以退出村社、移民西伯利亚并把需要的土地规整在一起，为集约化经营创造了条件，彻底解放了农业生产力。

当然，斯托雷平除了解决土地问题外，围绕着引发革命的犹太问题也做了大量的工作，希望利用非常法第 87 条释放属于犹太人的正常的生存权利，如取消整个犹太人聚集区的流动限制，取消犹太人参加生产、销售酒精制品方面的限制，取消标识犹太教信仰以及随同流放亲人一起流放，取消对逃避兵役家庭的惩罚，缓和犹太人参与股份公司管理的限制等。但最终由于保守派的黑色百人团和沙皇的激烈反对而作罢。

维特曾经以斯托雷平滥用宪法第 87 条绕开杜马通过关于土地改革这样的大问题，指责斯托雷平蔑视杜马。但从俄国的革命环境来看，不采取这样紧急措施不足以稳定社会秩序，通过改革把俄国引上立宪的道路。

---

① И. И. Демидов, А. Р. Соколов, В. В. Шелохаев П. А. Столыпни: Переписка. М.: РОССПЭН, 2007, с. 174.

三、第二届杜马的合作与斗争

第二届杜马是 1907 年 2 月 20 日开幕的。由于革命政党放弃了抵制杜马的策略，第二届杜马有了革命者，比如，社会民主工党有代表 65 人，社会革命党有代表 37 人。在政府的支持下，保守派在杜马中也有了席位，比如右派代表有 22 人，十月党有 32 人。这样，曾经主宰杜马的立宪民主党就缩小了自己的势力，人数只有 98 人。原来的劳动团在第二届杜马仍有 104 人代表，稳定了自己的势力，民族主义者代表（76 人）、无党派人士代表（50 人）以及哥萨克代表（17 人）也发挥了重要作用。

立宪民主党受第一届杜马对抗政府的影响，策略有了很大的改变。第四次党的代表大会决议肯定了《维堡宣言》中采取的不缴税、不当兵的消极抵抗策略，但是又在第四条指出由于此策略不能实施而拖延执行，要求准备新一届杜马的选举并扩大杜马在立法和预算方面的权力。[1] 立宪民主党代表普遍认为这个策略是矛盾的，盛佳廖夫甚至认为第四条对于党来说就是死亡。[2] 立宪民主党执行的矛盾策略不仅影响了它在群众中的威信，也慢慢失去了在杜马中的影响力。社会民主工党以及社会革命党的加入实际上把杜马变成继续革命的舞台，劳动团的 104 人成了社会革命党的强大支柱，积极推进平分土地的土地纲领。右派则继续支持沙皇专制制度，希望沙皇退回到杜马前的政治状态。这样，民族党团就成为起决定作用的力量，例如波兰党团。受教育程度高、人数少的波兰党团与半识字农民和中断学业的平民知识分子不太有利地分割了开来，让第二届杜马成为"人民无知的杜马"。

斯托雷平非常重视这样的"人民无知杜马"。他一改第一届杜马戈列梅金的不作为，积极活动。他首先在 3 月 6 日发表了热情洋溢的讲话，用自己

---

[1] Съезды и конференция конституционно – демократической партии. В3 – х тт. Т. 1, 1905 – 1907 гг. М.：РОССПЭН，1997，с. 365 – 366.

[2] Съезды и конференция конституционно – демократической партии. В3 – х тт. Т. 1, 1905 – 1907 гг. М.：РОССПЭН，1997，с. 487.

非凡的演讲才能吸引了很多杜马代表。他首先提出了思想与法律之间的关系。他说："在这里不仅每一个法案，而且法案的每一个细节、每一个特点都能对国家的幸福、未来法律的性质产生明显的影响。在人民生活中出现了众多新现象的情况下，必须让政府的每一个个别的意图贯穿一个总的思想，阐明这一思想，使其成为整个法律建设的基础，捍卫这一思想，让它体现在各式各样的法案中。而后还要对与法案相左的思想做出评判，从政府的角度慎重决定它是否与国家的利益相容，是否与国家的巩固和地位的提升相配，是否可以被接受。当然，在进一步制定法律的时候不能拘泥于某种理论，必须考虑各种需要，根据现实生活的各种变化随时增添，如果必要，还要根据明了的生活真相对法案做出修订。"① 这样，斯托雷平已经不再拘泥于单个的思想，而是让每一个思想都服从国家的法律，把思想的纷争纳入了法律的轨道。其次，斯托雷平注意到了新旧思想的不协调。但是，他没有否定旧思想价值，而是在尊重传统的基础上把它看成国家的宝贵财富，如沙皇专制制度，注重它在不同思想中的超法律协调作用，这是基于俄国东正教的价值。斯托雷平没有选择，因为在各种法律确立之前，重心和权力的中心不在法而在人。② 既然沙皇已经主动赐予了这个法律，就必须遵循这个法律，而不是与之对立。

　　斯托雷平当然知道俄国思想的对立是任意为是的表现，不仅存在于社会下层，也出现在社会上层之中。无论颁布多少法律草案，如果不自上而下地把它落到实处，任何法律草案都会付诸东流。原因很简单，因为建立在社会与政府之间的不是信任，而是仇恨，这种情感是无法建立起真正的法制。所以，当立宪民主党强调普遍、平等、秘密、直接投票和责任内阁的时候，斯托雷平更加关注的是农民的土地问题，而且通过非常法的方式获得通过。这

① Ред. С. Елисеев Столыпин П. А. Нам нужно Великая Россия： Полный собрание речей вГосударственной думе и Государственном совете. 1906 – 1911. М. ： Молодая гвардия, 1991, с. 50 – 51.

② Ред. С. Елисеев Столыпин П. А. Нам нужно Великая Россия. М. ： Молодая гвардия, 1991, с. 64.

不是对农民的不信任，而是俄国农民由于长期无权而出现了病态，斯托雷平希望全国人民，特别是贵族阶层帮助他们，恢复他们的造血机能。① 虽然这种帮助有点类似社会主义原则，但是国家只是支付因赋予农民土地而向他们征收利息的一部分，更多的是为了确立个人土地所有制，完成他们从依附向自立的转向。即便这需要倾全国之力，需要长时间的事务性的工作。

农民问题还不是政府努力的全部。除此之外，还有地方自治问题、地方管理问题、警察问题、税收问题、工人保险问题、宗教宽容问题以及教育的普及问题。斯托雷平都一个一个地解释了它们的必要性，但是似乎贵族们并没有买斯托雷平的账。他们利用斯托雷平大力镇压革命运动的机会，大力发展自己的势力。极右派们在国务会议上团结起来，在俄国各地建立黑色百人团。据资料统计：1907 年初，在全俄 74 个省黑色百人团的人数达到了 25 万多人，他们还吸引了大批的普通居民，如工人、农民和小商人。② 他们坚决反对立宪制度，认为这是造成俄国分裂、争斗的主要原因，他们建立自己的战斗小分队，从事暗杀和破坏活动。目的是解散杜马。理由如 A. A. 基列耶夫所说的那样："如果这个杜马不解散，即便不发生革命，我们的立宪主义也会毫无逆转地确立，那时我们就会掉头向下，像西方那样滑向深渊。"③

在这样的社会背景下，立宪民主党虽然也想着走向宪法之路，但还是不能脱离人民太远。这样也就主导了第二届杜马立宪民主党的角色。第二届杜马仍然想着与政府争夺领导权的问题。由于斯托雷平领导的政府完全不同于戈列梅金领导的第一届政府，在杜马开幕前就提出了一系列法律草案，同时还通过宪法第 87 条临时实施了烫手的紧急法案，如《关于重新审查限制犹太人权利法案》《关于农民土地占有和土地使用的现行法律的某些补充法案》

---

① Ред. С. Елисеев Столыпин П. А. Нам нужно Великая Россия. М. : Молодая гвардия, 1991, с. 94.

② Геннадий Сидоровнин П. А. Столыпин. Жизнь за Отечество. Жизнеописание (1862 – 1911). М. : Общество сохранения лит. наследия, 2014, с. 266.

③ А. П. Бородин Столыпин реформы во имя России. М. : Вече, 2004, с. 126.

等。当第二届杜马一开幕，政府提交给杜马讨论的法律就达 53 项之多（在杜马开幕前就讨论了 60 项），① 给了杜马一个具体和可靠的抓手。虽然在纲领上，立宪民主党仍然倾向于左派，但是在策略方面还是着手立法工作，他们认为这是作为反对派按照民主方式进行工作的最适宜的条件。

立宪民主党接受政府的法律草案，也接受各党派的法律草案。为了不让左派和右派根本无法调和的争吵浪费了所有的时间，立宪民主党建议成立写作委托书的委员会，以分配要讨论的问题。由于参加委员会的人员观点也不一致，所以关于要讨论的问题一直争论到了 5 月 8 日。尽管整个第二届杜马政府提供了 287 项法律草案，最终获得通过的只有 20 项。从最终被国务会议审议并被沙皇批准的法案来看，只有三项，且都不涉及当时最迫切的问题。三项中一项是关于新兵数额的法案，两项是关于为因歉收而受害的人提供援助的法案。杜马用于真正讨论法案的时间也只有两周。鉴于这种情况，5 月 26 日，立宪民主党只能又提出了一个折中方案：对提交的法案先不做讨论，一律交给专门委员会审议。②

斯托雷平曾经建议第二届杜马主席 Ф. A. 戈洛文充当政府与杜马的中间人，但是他以英国议会的样子，倾向于杜马的立法权，害怕因充当中间人而损害自己的威信。杜马机关成立法案的制定者、内务部副大臣 C. E. 克雷扎诺夫斯基曾建议给杜马规定审议的次序和期限，但终因斯托雷平不愿意破坏与杜马的合作而搁浅。不过，这件事倒为斯托雷平最终同意改变选举法埋下了伏笔。

斯托雷平期望与杜马合作的愿望未能实现，根本原因还在于政党没有与政府合作的诚意。比如杜马一开幕，左派最关注的还是如何让政府服从杜马，关注诸如大赦和废除死刑的问题。而立宪民主党为了不刺激右派，尽量不涉

① 刘显忠：《近代俄国国家杜马：设立与实践》，社会科学文献出版社 2007 年版，第 159 页。

② В. А. Маклаков Вторая государственная дума. Воспоминания современника. 20 февраля – 2 июня 1907 г. М. : ЗАО Центрполиграф, 2006, с. 163.

及这类敏感的问题，以维持强有力的立宪中心。然而，即便是让政府和杜马都关心的土地问题，也因观点的不同而告吹。这也成为斯托雷平为什么一定要通过宪法第 87 条解决土地问题的原因。马克拉科夫在自己的回忆录里提到斯托雷平实际上在强制没收私人土地问题上与立宪民主党达成了一致，目的是让杜马逐条阅读该法案。① 其实，从斯托雷平关于土地问题的讲话来看，他对于立宪民主党坚持的强制没收土地还是持批判态度的，至少认为它不如左派政党来得真诚。② 立宪民主党罗季切夫在阐述斯托雷平关于 13 万个地主与农民的关系问题时，坚持认为斯托雷平是为了 13 万个地主辩护。③ 这就从根本上决定了立宪民主党在土地问题上势必与左派政党站在一起，最终导致斯托雷平与立宪民主党在二届杜马合作关系的破裂。

左派参加杜马是在革命斗争走向低潮的时候，这是一种策略，目的是把杜马变成革命斗争的舞台。在左派参与的立法活动中表现突出的有两个：一个是关于预算的审议。社会民主工党说："国家杜马不希望承担政府财经政策的责任，因为没有把它提交委员会，因而拒绝批准 1907 年国家收支预算。"社会革命党说："不希望给政府提供同人民斗争的手段，不希望支持似乎国民经济是在人民代表的监督下运行的等有利于政府的错误认识，建议否决提交的预算收支草案，不提交委员会。"人民社会党说："当国家杜马的预算权还只是一个幻想的话，我们不批准预算。"如此等等。虽然立宪民主党从法律角度坚决阻止左派的做法，没有引爆解散杜马这颗炸弹，但在涉及关于军人定额的法律草案时，社会民主工党议员祖拉博夫却在发言中提出了有辱俄罗斯军人的言论。他说："在专制国家，军队是政权用来反对自己人民而不

---

① В. А. Маклаков Вторая государственная дума. Воспоминания современника. 20 февраля - 2 июня 1907 г. М. : ЗАО Центрполиграф，2006，с. 309.

② Ред. С. Елисеев Столыпин П. А. Нам нужно Великая Россия. М. : Молодая гвардия，1991，с. 90 - 91.

③ В. А. Маклаков Вторая государственная дума. Воспоминания современника. 20 февраля - 2 июня 1907 г. М. : ЗАО Центрполиграф，2006，с. 206.

是用来对外防御的，所以他们总是在东方遭遇失败。"① 右派代表普利施凯维奇认为这是对军队的侮辱，建议开除祖拉博夫杜马议员的资格。杜马主席戈洛文出来打圆场，认为祖拉博夫只是口无遮掩，从来没有说过俄国的军队会永远容忍自己的失败。为了维持杜马的团结，他只是建议剥夺祖拉博夫的发言权。虽然斯托雷平以杜马主席公开称赞俄罗斯军队并通过了 1907 年军人定额法案收场，但他还是决定调查社会民主党议员在军队的活动，最终导致第二届杜马的解散。

1907 年 4 月份，首都的警察局秘密监视社会民主党在军队组织的军事组织。1907 年 4 月 29 日，社会民主工党国家杜马议员格鲁斯在综合技术学院宿舍参与制定了军队给予社会民主工党杜马议员的委托书。5 月 5 日，下级官员代表把这份委托书带到了以杜马议员 И. П. 敖佐名义租赁的家中。为了扣押换了服装的士兵，首都警察官员于当天晚上紧急搜查了敖佐的家，发现了 35 名杜马议员和 30 名闲散人员以及不知是哪一个人丢下的六封信和决议书。决议内容涉及社会民主工党议员组织军事组织秘密推翻沙皇政权以及组建民主共和国的问题。② 斯托雷平根据警察的调查结论决定剥夺 55 名社会民主党杜马议员的资格，同时取消其中 16 名议员的司法豁免权。马克拉科夫认为这是斯托雷平为解散杜马而制造的借口，是黑色百人团挑唆沙皇的结果。③但是，为什么斯托雷平还要和第二届杜马，特别是和立宪民主党合作呢？其实道理很简单：第一是斯托雷平在自己的施政报告中说得很清楚，俄国从上到下都充满着没有规则的任意行事，如果不利用沙皇给予的机会努力争取，俄国的进展是不会有任何机会的。因此斯托雷平在明明知道社会民主工党已经准备军事起义的情况下，还是和立宪民主党的马克拉科夫等人见面，要立

---

① Петр Аркадьевич Столыпин Энциклопедия，М.：РОССПЭН，2011，c. 207.

② Геннадий Сидоровнин П. А. Столыпин. Жизнь за Отечество. Жизнеописание（1862 – 1911）. М.：Общество сохранения лит. наследия. 2014，c. 269.

③ В. А. Маклаков Вторая государственная дума. Воспоминания современника. 20 февраля – 2 июня 1907 г. М.：ЗАО Центрполиграф，2006，c. 310.

宪民主党支持政府的行动，甚至希望在第三届杜马希望再次见到马克拉科夫。但是，马克拉科夫没有办法左右立宪民主党，为此他还因为与斯托雷平见面而离开了立宪民主党。第二是斯托雷平在论证土地问题时反复强调，俄国的农民处在病态状态，需要政府自上而下的改革与呵护才能使俄国农民转为正常状态，这也是斯托雷平同意给农民以帮助的社会主义举措但同时又反对立宪民主党主张人民主权思想的原因。正是这种矛盾冲突导致斯托雷平必须解散第二届国家杜马，同时通过改变选举法，建立支持自己的杜马，推进他的改革思想。所以，在解散第二届国家杜马的最高宣言中解释解散的原因时说："第二届杜马的大部分人不能实现我们的愿望，不能怀着一颗纯洁的心和愿望巩固俄国并改善它的制度，而是明目张胆地加大混乱并肢解国家。这些人在杜马中的活动是杜马取得卓有成效工作不可克服的障碍，他们在杜马中播散的仇恨精神妨碍了团结足够数量希望有利于祖国工作的人们。……为了解决这些问题，政府参议院决定在 6 月 3 日解散第二届国家杜马并在 1907 年 11 月 1 日召开新一届杜马。"①

政府为了避免新一届杜马继续前两届杜马的不信任，决定改变选举法，同时让新的选举法体现俄国精神。一方面最高宣言说："根据 1905 年《十月十七日宣言》和基本法赋予我的力量，我们决定只改变挑选国家杜马选民的选举方法……。"另一方面又说："为了巩固俄罗斯国家所创立的国家杜马应该具有俄国的精神，我们国家的其他民族应该在国家杜马中只有满足自己需求的代表，不应该也不能给予他们主宰纯俄国问题的机会。在没有达到发展足够国民性的那些国家边区应该暂时停止国家杜马的选举。"② 从这两条可以看出，尼古拉二世再次强调了自己与宪法的关系，即是自己赐予了宪法；另一方面把俄国前两届杜马的仇恨精神归结为脱离了俄国的精神，他以此缩小

---

① Н. Д. Ерофеев Российская монархическая государственность на последнем этапе своей истории. 20 октября 1894 г. – 3 марта 1917 г. с. 391 – 392.

② Н. Д. Ерофеев Российская монархическая государственность на последнем этапе своей истории. 20 октября 1894 г. – 3 марта 1917 г. с. 392.

和剥夺了俄国异族人的参政议政的权利。也正是这一点被革命者称之为政变，同时也为第三届杜马斯托雷平的改革埋下了巨大的隐患。

第四节　政府主导的"六三"立宪

一、六三体制解析

正如上面最高宣言所介绍的，六三体制改变了选举法，同时也满足国家稳定的需要，提出了俄罗斯精神。关于何谓六三体制，主要有以下观点。一个是传统的苏联观点，代表人物是 А. Я. 阿夫列赫。他从革命的角度论证说："斯托雷平道路的胜利导致阶级力量的重新配比，不仅对资产阶级民主革命的命运和前景产生了最重大的影响，而且影响了社会主义的命运和前景。那么在六三体制时期，来自反革命和反动力量的威胁是什么呢？沙皇专制制度与资产阶级的上层结盟，尝试自上而下地、通过俾斯麦的反革命道路解决资产阶级革命的客观任务，依据普鲁士的样子保证国家资本主义的进步。"[1] 阿夫列赫把斯托雷平的农业改革看作六三体制的基石。一方面，沙皇专制制度寄希望通过消灭村社土地制度消除或者最大限度地削弱俄国现实中的基本矛盾，即用列宁的话说："最野蛮的农村和最先进的工业和财经资本主义之间的矛盾。"另一方面，专制制度还打算解决资产阶级革命中政治领域的任务，通过实现最低限度的自由资产阶级的改革，让专制制度转变成为资产阶级君主制度。阿夫列赫认为这是从专制制度向资产阶级君主制度转变的过渡阶段。虽然阿夫列赫是从革命角度论证六三体制，六三体制标志着革命的终结，但是，俄国走向社会主义革命必须经历这个阶段，对于沙皇和斯托雷平的改革给予了相当程度上的肯定。不过六三体制是沙皇专制制度向立宪君主制度的过渡阶段，因此，内部存在着无法克服的矛盾：一方面，专制制度与资产阶

---

①　А. Я. Аврех Столыпин и третья дума. Изд. Наука，1968，с. 5.

级并不平等，专制制度利用资产阶级达到巩固政权的目的，所以，政府只对沙皇负责，同时资产阶级只有在预算和质询方面与沙皇分享一定的权利；另一方面，资产阶级害怕革命者甚于对沙皇专制制度的惧怕，这就决定了资产阶级的软弱性。沙皇正是利用了地主与资产阶级的矛盾性能够纵横捭阖，形成了俄国的波拿巴主义。① 而这种无法克服的矛盾导致了斯托雷平改革不可避免的失败命运。

B. C. 加金更多地强调了波拿巴主义对俄国的正面作用。他说：波拿巴主义是一种国家形态。因为资产阶级改造社会的任务还没有完成，资产阶级以及所有有产阶级面临着无产阶级革命的威胁。在这样的条件下，国家政权要与地主贵族和资产阶级周旋。资产阶级害怕政权转移到自己手中，于是以立即放弃政权交换渐进的社会解放。政权掌握在独立的全权官僚手中，而国家制度也采用了虚假的立宪形式。立法权在代表机关与王权之间分享，执行机关不对杜马负责。波拿巴主义以反革命的形式登上历史舞台。波拿巴主义与正统主义不同，某种程度上考虑了发展进程中出现的一些变化，承认这是不可逆转的、努力解决资产阶级革命中客观上必须解决的任务。② 虽然加金也提到这种体制必然随着斯托雷平的离去而灭亡，由于俄国农民还没有变成法国的农民，所以俄国的六三体制还要存在一定的时间并发挥应有的作用。

马克思在《路易·波拿巴的雾月十八日》一文中对于波拿巴政权看得很低。他说："波拿巴王朝是农民的王朝……波拿巴王朝所代表的不是革命的农民，而是保守的农民；不是力求摆脱其社会生存条件即小块土地的农民，而是想巩固这种条件的农民；不是力求联合城市并以自己的力量去推翻旧制度的农村居民，而相反，是愚蠢地据守这个旧制度，期待帝国的幽灵来拯救自己和自己的小块土地并赐给自己以特权地位的农村居民。"③ 但是，正如马

---

① A. Я. Аврех Столыпин и третья дума. Изд. Наука, 1968, с. 7 – 8.

② В. С. Дякин Самодержавия Буржуазия и дворянство в 1907 – 1911 гг. Ленинград: 《Наука》, Ленинградское отделение, 1978, с. 4.

③ 《马克思恩格斯选集》第 1 卷，人民出版社 1995 年版，第 678 页。

克思在这篇文章的开头所说的那样，人们自己创造自己的历史，但是他们并不是随心所欲地创造，并不是在他们自己选定的条件下创造，而是在直接碰到的、既定的、从过去继承下来的条件下创造。既然法国在大革命之后的半个世纪里还会出现专制王朝的复辟，可以说这是法国还没有完全成熟到走向共和的程度。还需要从精神上对他们加以医治，正是在这个意义上无论是旧政权还是新政权都要从这个角度上加以调整。正是从这个意义上让旧政权和旧文化还有从精神上推陈出新的空间。

俄国学者 C. C. 奥尔登别尔格写道："机关的继承关系没有遭到破坏；君主着意实施的代表制度只是翻开了俄罗斯帝国一书新的一页。比起亚历山大二世皇帝的大改革时代，这个转折时代所发生的变革更深深地改变了俄国人的生活，而且用时短暂。这几年不是先安定后改革，而是改革后的安定；这是尼古拉二世皇帝实施以及调整改革的必要时期，其中部分改革是有意识地完善，部分是减少或消除不满根源的弊端。"① 虽然奥尔登别尔格没有区分君主制还是立宪制，只是从杜马与沙皇共存的角度称这个过渡时期为杜马君主制，但还是借用英国学者的说法把专制制度看作立法权、执法权和司法权三权的合一。

俄国为什么采用专制制度而不是共和制度的形式，在沙皇看来是源于俄国人的精神。这个精神就是避免被西方文化世俗化奴役的东正教以及由上帝加冕和在任何人面前都不会动摇的专制王权。这种精神越是面对着激烈的资本主义经济发展越应该保守。② 这样，在从现代化视角思考俄国六三体制的学者看来，传统文化成为俄国过渡时期的宝贵财富。这不仅出于西方现代化的基本理论，更是出于俄国的发展实际；不仅出于广泛的世界经验，而且出

---

① C. C. Ольденбург Царствование императора Николая Ⅱ. С. - Петербург：《 Петрополь 》，1991，с. 389 - 390.

② Д. Б. Струков Столыпин - Великие исторические персоны. М. ：вече，2012，с. 102.

于俄国的历史传统。① 既然通过第一届和第二届杜马的尝试,俄国最大的问题不是基于共同理念的建设,而是不分青红皂白地破坏,那么加强政权恰恰成为维护改革秩序的前提。

从阶级观点向文化观点的转变让我们的视野变得更宽了。这样做不仅出于俄国革命进程与俄国革命成果的巨大反差,即革命非常激烈,但结果却越来越让人们变得无话可说,由于"资产阶级的软弱性"而远离革命;而且出于俄国革命的激进性正是忽视了文化的结果,以致造成俄国人行为没有文化的特性:一方面是对人民的信仰和膜拜,另一方面是对文化的怀疑和不爱。② 当然,俄国对于文化的忽视发展已经很久了,对于普通的老百姓来讲就是对专制制度的顺从,因而当资本主义在俄国获得飞速发展的时候,利益的追逐变得愈演愈烈,政府为了推进某项政策不得不加强对社会秩序的维护,避免因利益纷争造成社会的分裂,同时也不得不怀念文化软实力的价值和尊严。当沙皇已经意识到要用俄国的文化传统重新凝聚俄国分裂的社会的时候,沙皇也应该承担因长期忽视文化所付出的代价。换句话说,当沙皇以俄国东正教精神凝聚俄国的时候,自然也就引起革命者对于沙皇维护专制制度的猜测;同样当俄国以东正教融合俄国的时候,那么自然就会排斥非东正教宗教,导致革命的愈演愈烈。所以,当沙皇用俄国文化重新团结俄国社会的时候,还有一个非常重要的任务,如何让这种的文化被没有这种文化的普通人所接受,又如何让反对这种文化的非俄罗斯文化的异族所融合。

二、斯托雷平的改革思想

经过两届杜马,特别是第二届杜马与自由派的合作,斯托雷平无法改变自由派的人民主权思想,沙皇所强调的社会秩序也越来越成为沙皇及其统治

---

① В. В. Шелохаев Столыпинский тип модернизации России. Российская история, №2, 2012, с. 19.

② Николай Бердяев Духовные основы русской революции. Опыты 1917 – 1918 гг. Санкт - Петербург: Изд. РХГИ, 1999, с. 345.

阶级的社会秩序。斯托雷平不得不借助"医生手术刀"避免大规模的社会流血。然而，斯托雷平的行政命令毕竟无法从根本上消除革命原因，他必须通过改革让社会接受沙皇《十月十七日宣言》所赐下的新的社会秩序，让俄罗斯变得再次伟大起来。这就使斯托雷平逐渐形成了自己的思想。

斯托雷平的改革思想包括三个部分：第一个部分是民族国家思想，第二个部分是公民社会思想，第三个部分是斯托雷平的保守的自由主义思想。

传统观点常常把斯托雷平当作沙皇专制制度的维护者来看待，比如阿夫列赫。阿夫列赫从两个方面评价斯托雷平改革，一个是土地改革。他说，斯托雷平土地改革的目的就是再造一个沙皇专制制度的支柱：首先，农民是沙皇专制制度的支柱，因为农民天生具有保皇思想；其次，由于经济的发展，农民不能适应这个时代，于是就需要造就一个富农阶层，作为沙皇的另一个支柱。① 另一个方面则是斯托雷平的民族政策。阿夫列赫说："斯托雷平是坚定的、彻底的民族主义者。""伟大的俄罗斯"的说法不只是漂亮的口头语，而是一个类似农业方针具有重要意义的纲领性口号。他正是在这两个支柱的基础上建立"新的"俄罗斯。"俄国人的俄罗斯"这是从极右派到十月党都坚持的整个俄罗斯沙文主义的战斗口号。② 但若从斯托雷平在杜马发言中贯穿的总的指导思想来看，他所建设的确是伟大的民族国家。他说："建立贯穿于以后所有改革、体现新型法律关系的物质规则，就是应该把根据君主意志改革我们的祖国变成法制国家。因为当成文法不能决定义务，没有保护俄国臣民的个人权利，这些权利和义务就将取决于个人的解释和意志，也就是说它们将不能得到牢固的确立。"③

法制国家首先涉及俄罗斯的君主。斯托雷平说："在这方面，君主的意

---

① А. Я. Аврех П. А. Столыпин и судьбы реформы в России. М. : Изд. Политической литературы, 1991，с. 11，66.

② А. Я. Аврех П. А. Столыпин и судьбы реформы в России. М. : Изд. Политической литературы, 1991，с. 130.

③ Ред. С. Елисеев Столыпин П. А. Нам нужно Великая Россия. М. : Молодая гвардия，1991，с. 51.

志不止一次地证明，最高政权虽然碰到非常大的困难，但是非常珍惜立法秩序和国内重新确立的、君主从上面赐予的代表制度清晰界限的基础。"因此，从这个意义上讲，"历史上的专制政权、君主权力和君主的自由意志就是俄国国家性的宝贵财富"①。其次，法制国家涉及社会下层。最主要的是农民。他说："当农民还很贫穷，当他还没有个人土地所有权，当他还处在村社的钳制之下，当他仍然是奴隶的时候，任何成文法律都不能给他带来公民自由的福利。"② 从这个意义上就完全说明：第一，沙皇作为专制君主自上而下实行了人民代表制；第二，斯托雷平维护私有制度，特别是通过土地改革再造土地所有者阶层就是为公民社会奠定基础。只是由于俄国公民社会基础还比较薄弱，因而过多地关注经济利益。第一届和第二届杜马还没有做出很好的立法工作，但第三届杜马改变选举法并做出更多的财产限制则为平稳地、大量地开展立法工作奠定了基础。

至于说斯托雷平在建设民主法制国家遇到的民族问题，特别是强调东正教会的精神作用方面，的确有忽视犹太教、天主教以及伊斯兰教的做法，为此也造成了俄罗斯沙文主义的民族迫害，成为"俄国各民族监狱"（特别是亚历山大三世时代）。但是，俄国的民族国家建设需要一个从自为民族主义向自主民族主义转变的阶段。在自为民族阶段，斯托雷平强调东正教对于俄罗斯人的主导作用，因而特别提出俄罗斯人忠于沙皇、自我作为的东正教精神。与此同时，斯托雷平在强调东正教对于俄罗斯人的指导作用之外也努力建设多种宗教自由。他说："先生们，人民不明白法律，不明白类似宣称东正教、基督教和异教、犹太教、伊斯兰教平等的高高在上的法律。先生们，我们的任务不在于让东正教适应良心自由的抽象理论，而在于点燃我们俄国东正教国家信仰自由的火炬。先生们，不要让我们的法律草案因让人们产生

---

① Ред. С. Елисеев Столыпин П. А. Нам нужно Великая Россия. М.：Молодая гвардия，1991，с. 102.

② Ред. С. Елисеев Столыпин П. А. Нам нужно Великая Россия. М.：Молодая гвардия，1991，с. 105.

歧义和不理解而成为累赘。要记住，信仰的法律将在俄国发挥作用并得到俄
国沙皇，即过去、现在、将来一亿多人的东正教沙皇的批准。"同时，"东正
教会的权利和优势不能也不应该破坏其他学说和信仰的权利"①。为此，斯托
雷平在第一届杜马和第二届杜马期间着手解决俄国犹太人被迫害的问题，同
时也做了自由选择信仰和给予旧礼仪派同等权利的改革。尽管改革没有取得
应有的结果。在民族自主方面，斯托雷平开展了西部各省的地方自治改革。
这些改革虽然招致了极端保守派的反对，也遭到了波兰人的反对并引发民族
民主革命，但是，这些改革对于在保证国家统一的前提下扩大民族自治、消
弭民族之间的冲突起到了必要的作用。

斯托雷平非常羡慕波兰人在议会中团结一致的素养，他也希望借助西部
地方自治缩小波兰人与俄罗斯人、犹太人和波罗的海民族与俄罗斯人之间的
差距。他说："政治和法律草案（指西部地方自治法案）的目的不是剥削西
部边陲波兰本地人，而是保护俄国本地人。"② 但是，由于长期积累的俄罗斯
人与波兰人之间的矛盾，斯托雷平不得不通过强化俄罗斯人、弱化波兰人的
办法推动西部地方自治，其目的不是带来完全不需要的和毫无结果的政治斗
争，而是通过地方自治，壮大俄罗斯人，与波兰齐头并进，因为他意识到如
果不这样做，俄国失去的将不是刀剑的竞技场，而是思想的竞技场。③

斯托雷平建设民族国家的思想当然遭遇右派专制主义捍卫者的反对，并
在地方自治和西部地方自治问题上遭遇了失败。但是真正造成民族国家思想
备受非议的还是他关于公民社会的思想。正如前面阿夫列赫所说的那样，俄
国的农民的宗法思想使之成为沙皇专制制度的支柱，再造的富农阶层也不过
是在沙皇专制制度上增加了一个支柱而已，没有改变俄国政治制度的本质。

---

① Ред. С. Елисеев Столыпин П. А. Нам нужно Великая Россия. М. : Молодая гвардия, 1991,
с. 219, 53.

② Ред. С. Елисеев Столыпин П. А. Нам нужно Великая Россия. М. : Молодая гвардия, 1991,
с. 149.

③ Ред. С. Елисеев Столыпин П. А. Нам нужно Великая Россия. М. : Молодая гвардия, 1991,
с. 338.

但根据经济基础决定上层建筑的理论，如果俄国没有建立起农民的所有者阶层，就无法保证俄国立宪制度的根本确立，这是被第一届和第二届杜马的政治活动已经证实了的。也正是从这个意义上斯托雷平通过设立战地法庭以及违规改变选举法，通过加强专制政权的方式夯实公民社会的基础，这样土地改革和地方自治改革以及配套的教育改革、司法改革、工人保险改革也就成为俄国建设法制国家的重中之重，刻不容缓。

　　土地改革的重心当然不只是解决农民少地的问题，也不是仅仅提高农业的劳动生产力。斯托雷平土改的重心在于改造俄国的公社。他说："11 月 9 日法令的基础建立在明确的思想和明确的原则之上。很明显，这个思想应该贯穿于法律草案的各个条文之中；从个别条款中抽出一条，而且用另一种思想加以替代，这就意味着曲解了法律，意味着使之失去主导思想。而这个法律的含义，对于所有人都是清晰的。在农民的个性得到确定性发展的各个地方，在村社作为强制联盟成为农民独立发展的障碍的各个地方，在必须给农民侍弄土地之自由的各个地方，在必须给农民劳动、致富和管理自己所有权的各个地方，应该给他们驾驭土地的权利，应该让他们避免过时村社制度的盘剥。"① 所以，关于斯托雷平土地改革的思想是一系列举措，如解散村社，建立土地私有制；如通过国家购买土地，建立土地储备；如允许土地出租，帮助没有土地和缺少土地的人移民西伯利亚；如办理农业学校、建立合作社；等等。特别是斯托雷平坚决捍卫贵族土地所有制，让贵族们活跃起来，成为帮助农民走出误区、恢复竞争活力的领头羊，等等。这些措施的一个最终目标就是消除农民的依赖思想，恢复他们健康的发展活力。

　　斯托雷平无论在建设法制国家还是建设公民社会上都采取了保守主义的思想方法。B. B. 列昂托维奇说："自由主义就是一个个人主义的制度，它赋予人的个性和权利应该远远超过所有其他的东西。然而，自由主义的个人主

---

　　①　Ред. С. Елисеев Столыпин П. А. Нам нужно Великая Россия. М.：Молодая гвардия，1991，с. 176.

义不是绝对的，而是相对的。自由主义绝不认为，人永远都是高尚的，人的意志永远指向幸福的彼岸。相反，自由主义非常清楚地知道，作为一个或多或少充满独立意识和相对自由意志的人，可能像追求善一样追求恶。所以，与无政府主义不同（可以认为表现为绝对的个人主义是某种歪曲），自由主义要求建立客观的法律国家秩序，它与某些个人的意志及其相关的东西相对立。"① 斯托雷平非常清楚，俄国从上到下最大的问题就是缺乏客观的法律秩序，所以当俄国的自由主义派别按照西欧的方式建立了立宪制度，特别是立宪民主党还试图根据人民的主权建立对杜马负责的政府时，自由主义就表现为无政府主义。斯托雷平不得不通过镇压的形式稳定俄国的秩序，又不得不利用沙皇的上帝化身规范农民和贵族。当然，这些举措在激烈的阶级斗争面前都无法保证让他们走向秩序和纪律，只有通过发展个人所有制，特别是农民土地私有制，才能让他们理解为什么需要秩序和客观性。因为有了土地的束缚，他们就再不可能愿意上哪儿就去哪儿，愿意干什么就干什么。正是在这个意义上斯托雷平把自己称为君主主义者。他说："政府应该从自己的角度尽一切努力让立法机关的工作变得容易，让国家杜马和国务会议采取具体的措施并获得沙皇的批准，毫无疑义地重建秩序并巩固符合俄国人民自我意识的法律制度。在这方面，君主的意志不止一次地证明，最高政权虽然在这条道路上遇到了非常大的困难，还是非常珍惜在国内重新确立的、由沙皇赐予的代表制度的立法秩序基础。沙皇政权在各个时期的表现清楚地表明，历史上形成的沙皇政权和君主的自由意志是俄罗斯国家制度的宝贵财富。"②

三、俄国保守派的回应

第三届杜马由于改变了选举法，即贵族地主人数获得的复选代表名额占

---

① В. В. Леонтович История либерализма в России 1762 – 1914. М.：Русский путь полиграфресурсы. 1995，с. 3.

② Ред. С. Елисеев Столыпин П. А. Нам нужно Великая Россия. М.：Молодая гвардия，1991，с. 102.

49.4%，大资产阶级的代表因设立城市第一选民团而获得了 15% 的复选代表，主要由小资产阶级和职员组成的城市第二选民团获得了 11% 的复选代表。而工人和农民的选举代表加在一起只有 25% 的复选代表。这样，第三届杜马议员的 442 名代表中，极右派分子达到 50 人，温和派右派和民族主义者达到了 97 人，愿意与政府合作的十月党人有 154 人，进步派有 28 人，自由派的左派立宪民主党则只有 54 席了，劳动团和社会民主工党更少，分别为14 席和 19 席，社会革命党干脆退出了选举。这样，第三届杜马形成了十月党立宪民主党和十月党右派政党的两个多数。革命者也常常把第三届杜马称为 "老爷式杜马"①。

如何理解第三届杜马的老爷式杜马，是组成上都是贵族和地主，还是策略上肯与政府合作？从立宪民主党的表现来看，能够与政府在权力上展开争夺的政党已经偃旗息鼓了。立宪民主党在第五次党的代表大会上就第三届杜马的策略问题发表意见说："可以认为，虽然《十月十七日宣言》和《基本法》在 6 月 3 日遭到了真正的破坏，但是它仍然保持了自己的法律效力，党继续认为自己的任务仍然是在合法的基础上开展斗争，哪怕只有一丝的可能性。然而，作为反对派政党，立宪民主党不再发挥'不负责任的少数派'作用，因为'不负责任的少数派'术语是在评价'杜马极左派行为'时作用的。他不再把杜马看作为杜马外行动做准备的工具，而是看作沙皇在《基本法》中所准确定义的最高国家机关。"② 这样，立宪民主党实际上放弃了与左派革命政党联合的策略，与十月党一起发挥立宪作用。社会民主工党虽然保留了自己在杜马中的席位，还是发生了孟什维克的 "取消主义" 与布尔什维克坚决取消 "取消主义" 的斗争。列宁坚持沿着 "专制立宪" 的道路缓慢前行，在最艰难、最缓慢、最平淡的日常工作中尽到自己的职责。③ 所以，第

---

① 刘显忠：《近代俄国国家杜马：设立与实践》，社会科学文献出版社 2007 年版，第 178 页。

② Съезды и конференции конституционно - демократической партии в3 томах. Т. 1，1905 - 1907 гг. М.：РОССПЭН，с. 638.

③ 《列宁选集》第 2 卷，人民出版社 1995 年版，第 264 页。

三届杜马就转变成为以斯托雷平为代表的自由派和极右派之间的争取改革的斗争。

十月党是第三届杜马中占主导地位的政党。它坚决支持斯托雷平政府开展自由主义的改革。1907 年 10 月，10 月 17 日同盟及其追随者在政治俱乐部召开了会议。参加会议的有 80 人，包括：十月党人领导人 А. И. 古契科夫、А. А. 克留杰涅尔－司徒卢威、乌瓦罗夫伯爵、沃尔康斯基王公、彼得罗沃－索罗沃沃、卡缅斯基等，还有和平进步党的第一届国家杜马代表 Н. Н. 利沃夫和叶弗列莫夫以及一些右派代表。古契科夫在会上宣布，一定要组成以《十月十七日宣言》为基础的最大的政党，限制极右派和极左派，开展立法工作，实现十月十七日改革。① 十月党常常被当作没有自己纲领的政党而与政府合作。真实情形并非如此。在俄国必须建立一个法制国家方面，立宪君主主义者认为：十月党是一个褒义层面的保守、守旧政党，其保守的意义就是发展英国宪法或者罗马法。② 然而，正如十月党的领袖古契科夫所说的那样，俄国比任何一个国家都需要强大的政权，由它来实施改革。原因很简单，俄国不能协调一致，大家都分成小党，经常在相互让步与协调时发生争斗与口角。争斗和口角当然不是利益层面上的，"而是我们缺乏客观性以及不愿意意识到我们正是在过去曾经犯过错误的地方继续犯错"③。"当然，这个问题属于道德问题。也就是社会希望让政府自由，让痛恨旧官僚陈规陋习的新人把我们引上新路"。斯托雷平就是这样一个人。有人由此攻击十月党是一个政府党，古契科夫坚决反对。他说："在现有法律之下，俄国不需要也不希望有政府党，因为政府独立于政党。不希望是因为这种状况让杜马失去了表达社会舆论的意义。"古契科夫指出："我们属于这样的政党，其目的就是

① Партия 《союз 17 октября》 протоколы съездов, конференций и заседаний ЦК в2 томах. Т. 2, 1907 – 1915. М.：РОССПЭН, 2000, с. 18.

② Л. Ю. Казанина Российский либерализм и реформы П. А. Столыпина（1906 – 1911）. Новомосковск：НФ УРАО, 2009, с. 139.

③ Л. Ю. Казанина Российский либерализм и реформы П. А. Столыпина（1906 – 1911）. Новомосковск：НФ УРАО, 2009, с. 140.

巩固立宪君主制，但不是议会政府。十月党可以被认为是政府依靠的立宪中心。"① 古契科夫的认识是正确的。十月党并不是事事都依从于政府，比如在信仰问题上、民族问题上以及海军问题上都有自己的主张。然而，在革命的氛围下，俄国要想顺利转向建设性的工作，必须承认政府的权威，甚至为此采用极端严厉的镇压手段，这也决定了古契科夫对战地法庭的态度。②

如果说十月党人是支持沙皇政权的立宪主义者，那么极端的保守派则完全成为专制制度的维护者。保守派继续秉持专制制度、东正教和人民性的理念，坚决支持斯托雷平镇压革命运动的举措，特别是斯托雷平关于土地问题的主张，坚持土地私有制，特别是贵族土地私有制，维护等级利益，并把它视为专制制度的基础。当斯托雷平提议逐渐放松对犹太人的限制，取消首席贵族，实现贵族与中小地主地位平等，实现民事法官替代贵族法官的改革以来，极右派贵族利用地方自治代表大会、国家杜马、地方经济事务委员会以及国务会议等机构着手反斯托雷平的改革运动。保守派贵族几乎成为决定政府推翻改革的主要的和唯一的因素。③ 从贵族十月党到贵族黑色百人团（极右派组织）并不是铁板一块，因此很难在合作的第三届杜马给他们下一个定论，他们的情况视改革的具体问题而定，因此具有非常大的不确定性。不过从斯托雷平在 1907 年 11 月 16 日杜马的发言以及接下来杜马给沙皇发布的答

① Л. Ю. Казанина Российский либерализм и реформы П. А. Столыпина（1906 – 1911）. Новомосковск：НФ УРАО, 2009, с. 141.

② 比如，《斯托雷平百科全书》中"古契科夫"词条写道："1906 年 8 月，与许多的自由派社会代表不同，他积极支持实行战地法庭，认为这些措施对于确立国内的法律秩序是必要的。"参见 Петр Аркадьевич Столыпин Энциклопедия. М.：РОССПЭН, 2011, с. 156. 十月党第三次全党代表大会关于个人不可侵犯与非常法的报告中也说："政府在同自己的内敌的斗争中所采取的所有临时法律措施应该纳入非常法状态下理解。报告人援引西方国家同天主教斗争的《基佐法》和《俾斯麦法》证实，他们在利用非常法措施排挤公民时发生的小小的偏差都会导致极大地干预整个社会生活的情况。国家镇压引起的双方矛盾的尖锐化是这样明显，以至于在被追逐者眼里政权所采取的自卫措施都具有强制特点并引发恐怖相向。国家秩序的整体改善只能等到公民自由的到来和向文明政治斗争形式过渡的时候。"参见 Партия《союз 17 октября》Протоколы III съезды, конференций и заседаний ЦК. Т. 2, 1907 – 1915. М.：РОССПЭН, 2000, с. 90.

③ Объединенное дворянство Съезды уполномоченных губернских дворянских обществ. Т. 1, 1906 – 1908 гг. М.：РОССПЭН, 2001, с. 15.

词来看，杜马与政府已经达成了建设性的一致，表明了《六三宣言》神秘主义原则的作用。

斯托雷平在 1907 年 11 月 16 日的发言再次强调，"极左翼政党搞的破坏运动变成公开的强盗行为，并将所有的反社会的犯罪分子推到了前面，使诚实的劳动者破产，使年轻的一代道德破坏"；所以，"我们只能以武装力量对抗这种现象"，"只有拥有成熟的国家思想和坚定的国家意志的政府才有生存权"①。究竟什么可以成为国家思想？斯托雷平始终强调沙皇专制制度是国家的宝贵财富，认为这是从俄国的土地上生长起来的，坚决排斥简单地移植西方思想，特别是社会主义的思想。斯托雷平称之为一种责任意识。他说："政府必须拥有作为统治工具的、有责任感的并能承担国家责任的官员。所以，今后他们提出的个人政治观点将被视为与国家职务不相容。"② 而极端的保守派则把它变成对专制制度、东正教的极端效忠，变成对立宪制度的强烈抵制。如修士司祭伊利奥多尔（Илиодор）所说："政府将在出现大胆杀戮

斯托雷平在办公

---

① 郭春生：《俄国19、20世纪之交法政文献选编》，清华大学出版社2016年版，第14、16页。
② 郭春生：《俄国19、20世纪之交法政文献选编》，清华大学出版社2016年版，第14页。

的情况下使用战地法庭。有意思的是要知道斯托雷平把什么情况看作是非常状态，又把什么杀戮看作是大胆？如果不绕弯子直说，那么必须承认，斯托雷平打开了天窗说了亮话并公开地站在了俄罗斯人民敌人的行列。他依然地大声说着'不怕'！我只是惊讶信仰东正教的俄罗斯人会为这个词给第一大臣发了赞许的电报！简直是失策！我真的不懂，许多东正教徒怎么就不明白，'不怕'一词不是纯粹的来自牢固与忠诚心灵的庄严呼声，而是远离了俄罗斯人民自我意识的小心脏紧张发出的颤抖声。如果斯托雷平真的不怕谋反者，他就不会听没有头脑的、犯罪式的侮辱性发言，立刻叫那些自高自大的、不自量力的坏蛋从这里滚出去。……斯托雷平先生应该知道，俄罗斯东正教人民只有在俄罗斯公民不再受那些海外宪法和立宪民主党怪诞想法麻痹的时候，才会放弃对他'不怕'一词的嘲笑。"①

斯托雷平对于右派的态度显然不同于左派。比如传统观点多次提到斯托雷平自从进入内阁以来，就扶持黑色百人团。如 И. В. 奥麦里杨丘克在《右派政党与斯托雷平》一文里说："斯托雷平非常认真地对待俄国人民同盟，他认为，这个党在 1905 年和 1906 年发挥了历史作用，在镇压革命运动方面给予政府以真正的帮助和推动。俄国人民同盟主席 А. И. 杜勃罗文根据斯托雷平个人指示被委托接受政府对同盟的资助并出版《俄罗斯旗帜报》，每月15000 卢布。大臣还庇护在各个地方的右派组织。"虽然后来杜勃罗文因攻击斯托雷平的自由主义改革而失去了政府对他的资助，但是据 H. E. 马尔科夫证实，斯托雷平并没有中断对俄国人民同盟的资助，每月12000 卢布。② 但不能由此得出结论，斯托雷平便是右派分子。极端保守派的确同意捍卫沙皇倡导的秩序，并在斯托雷平镇压左派革命以及保护大贵族土地私有制的问题上持赞赏的态度。但是，随着社会的不断稳定和改革的不断展开，斯托雷平

---

① Геннадий Сидоровнин П. А. Столыпин. Жизнь за Отечество. Жизнеописание (1862 – 1911). М. : Общество сохранения лит. наследия, 2014, c. 300 – 301.

② И. В. Омельянчук Правые партии и П. А. Столыпин. №. 2, Российская история, 2012, c. 62, 70.

与极右派发生了极为严重的分歧，其主要的问题在于斯托雷平对于贵族的限权。改革是针对贵族的吗？当然不是。也不是针对农民。改革是一种价值观念的转变，即由宗法依附观念向个性独立的转变，从敬拜神灵向个人负责转变。这需要文化革命。如果农民通过斯托雷平改革解决缺地问题，农民运动很快就能平息，但是贵族从为沙皇效忠到被沙皇抛弃，只能依靠经营土地和实业，或者为政府打工赢得一份口粮，他们无论如何是不能接受的，他们才是革命暴动的发动者。当他们真正失去自己在地方的权力的时候，他们的力量才真正爆发。

不过，贵族也不是铁板一块。十月党主动表现出和政府的合作，推动斯托雷平改革；黑色百人团也在斯托雷平的改造下发生了分裂：1907 年 11 月 8 日，俄国人民同盟的副主席 B. M. 普利什凯维奇脱离了俄国人民同盟，建立了米哈伊尔·阿尔汉格尔俄国人民同盟，支持斯托雷平的改革。从第三届杜马给政府写的答词可以看出，沙皇的主导地位得到了确立。答词说："仁慈的陛下：呈请陛下对我们第三届杜马成员致以问候，并对陛下呼吁我们参加即将到来的立法工作表示感谢！我们认为，我们有义务向陛下您表达对俄罗斯国家最高领袖的忠诚和赐予俄国宪法巩固的人民代表权利的谢意。陛下，请您相信，我们将竭尽全力、知识和经验巩固《十月十七日宣言》，根据陛下意志更新的国家制度，让祖国安定，确立法律秩序，发展人民教育，提高全民福利，让不可分割的俄国变得伟大而富强并以此赢得陛下和祖国对我们的信任。"①

对于沙皇的敬意只是承认了沙皇在立宪改革中的重要地位，说明经过第一届和第二届杜马的斗争和杜马外的革命运动后，沙皇政权引导下的合法活动的必要性。但从接下来的改革运动以及改革带来的改革派和保守派的激烈冲突就可以看出俄国文化素养在改革中的作用。从第三届杜马的活动来看，

---

① Н. Д. Ерофеев Российская монархическая государственность на последнем этапе своей истории. М. : Институт российской истории РАН, 2014, с. 420.

五年内杜马共召开了五次定期的例会、621 次小型的会议。大臣和各个部门的总监以及国务会议向第三届杜马共提交了 2567 项法案，其中有 106 项被撤回，79 项被杜马否决，2346 项（95%）被杜马批准，其余的没有被杜马审议。杜马批准的法案中 97% 获得了法律效力。特别是通过了关于土地改革、地方法院、工人的社会保险、西部自治、国民教育的各种法案。[①] 从通过的法案和没有通过的法案来看，都反映了改革派与保守派贵族的激烈交锋，也充分反映了俄国的文化底蕴。就拿通过了的土地改革方案来说，十月党支持斯托雷平解散村社、份地私有和抵押的土地改革纲领，但到了极右派那里在村社问题上出现了两派意见。米哈伊尔·阿尔汉格尔俄国人民同盟坚决站在政府一边，在纲领中声称同盟的义务是扩大农民土地所有权，改善农业文化，为人民提供加工农业的改良工具；关心移民，提倡给予他们精神和物质上的支持。H. E. 马尔科夫完全支持摧毁村社的方针，不仅把村社看成无效的经济制度，而且看成危害政权和地主的经济机制。然而，极右派则捍卫村社制度，认为村社的消灭将导致传统农民的消失，而在农民那里他们无疑看到了专制制度可靠支柱。俄罗斯会议主席 Г. А. 谢奇科夫甚至认为，11 月 9 日法令破坏了等级制度和村社集体土地所有制原则。[②] 当然，右派的分化以及出尔反尔不是基于简单地损害了自身的物质利益，而是他们非常严重的宗教偏见。

我们不理解为什么黑色百人团把俄国出现的危机归因于犹太人，而且对于斯托雷平着手恢复部分犹太人的权利感到极端愤慨。曾经是俄国人民同盟革新派领导人的 А. И. 索博列夫斯基对于斯托雷平死于犹太人之手的事件曾经做出这样的评价："斯托雷平死于犹太恐怖主义者之手，是对他包庇犹太自卫者、拉萨尔·波里亚科夫和其他犹太人，供出俄国人——所谓屠杀者接

① 刘显忠：《近代俄国国家杜马：设立与实践》，社会科学文献出版社 2007 年版，第 180—181 页。

② И. В. Омельянчук Правые партии и П. А. Столыпин. No. 2，Российская история，2012，с. 68.

受调查和审判的合理报应。"① 犹太人是随着波兰进入俄国版图而进入俄国的，但他们由于精明算计而遭到俄罗斯人的敌视，并被圈在俄国西部十省。随着俄国资本主义的兴起，聪明的犹太人很快成为各个领域的佼佼者，如金融领域、教育领域、工商业领域，但也由此遭到了俄罗斯人的妒忌。在俄国革命运动高涨的时候，犹太人成为被屠杀的对象，如 1903 年基什尼奥夫死亡 300 人，1905 年 10 月 18 日波及的 64 个城市和 626 个村镇和关厢地区死伤近 2000 人等。② 斯托雷平曾经担任过省长的萨拉托夫也在 1905 年革命中发生严重的反犹事件，深深触动了他敏感的神经。即使是出于安慰未参与革命的犹太人的考虑，他也期望减轻对犹太人的限制。为此，在 1906 年 12 月把关于缓解犹太人限制的法律草案提交沙皇批准。然而，就在同一天，尼古拉二世收到了黑色百人团 205 份反对法律草案的电报。本来就对犹太人没有好感的尼古拉二世拒绝了缓和与犹太人矛盾的建议。斯托雷平也不得不从长计议，只能在巩固俄罗斯民族肌体的同时逐渐取消对犹太人的限制。③

　　极右派对于犹太人是这样认识的。比如，一份写于不早于 1906 年 2 月 19 日的《致俄罗斯人民书》中说："工人、农民兄弟们，你们知道吗，谁是我们不幸的主要肇事者？你们知道吗，全世界仇恨俄罗斯的犹太人、亚美尼亚人以及德国人和英国人结成了联盟并决定让俄国彻底破产，把俄国肢解成小的王国，分给俄国人民的敌人，这就是我们流血流汗换来的祖国罗斯吗？接下来，他们用狡猾和欺诈夺取俄罗斯农夫的土地，把他们变成犹太人的奴隶，把他们的神父逐出教门，把东正教的教会和修道院变成犹太人的畜棚和猪圈。为了让俄国破产，他们首先唆使日本人反对我们，在战争期间他们每时每刻都在背叛我们，把我们出卖给我们的敌人，因此，我们才遭受了前所未有的

---

① И. В. Омельянчук Правые партии и П. А. Столыпин. №. 2，Российская история，2012，с. 72.

② Александр Миндлин Еврейская политика Столыпина. С. 60. http：//litfile. net/web/283778/278000 – 279000

③ В. В. Шульгин Столыпин и евреи. См. Г. Сидоровнин Правда Столыпина. Саратов：Соотечественник，1999，с. 154.

失败。"①

没有想到，俄国人把犹太人因资本主义的发展带来的竞争归结为对俄国人的灭亡，更可怕的是连日俄战争的失败也归因于犹太人。当然这些不是事实，它反映的是保守派的贵族对于资本主义竞争的不良心态。如果极右派这样发发牢骚也就罢了，他们还居然挑唆俄国人说："不仅有很多仇视俄国的犹太人和其他的少数民族，而且还有许多没有荣誉、失去上帝和良心的俄国人和波兰人在我们敌人那里储存了许多金钱，把千百万投资于下流的、无耻的事业，只是出于无耻的私心和狂妄帮助灭亡我们不幸的祖国。所有这些无耻没有信仰的人，打着人民朋友的幌子，在农村设置工厂，利用你们的愚昧和轻信，用谎言欺骗你们，用无数的许诺唆使你们举行工厂、铁路和邮政罢工，掠夺和焚烧地主的庄园和一切好的东西。"② 黑色百人团依据这种偏见决定：第一，所有的犹太人，不管怎么称呼、什么状况，一律从欧俄和亚俄城市与省份迁到犹太人聚集区，根据省长和市长特别会议决议规定他们放弃商业和其他事业 1—5 年。第二，在犹太人聚集区只赋予一部分犹太人从事商业和手工业的权利，按比例地分配给当地的商业和手工业等级，禁止犹太人从事粮食、肉和木材以及木材制品的生意，完全禁止开设、主导或者参与交易所、银行业务，同时也禁止建商业办事处、贸易公司以及相关机构。第三，其他的犹太人有权被工厂和地主雇用为工人以及从事各种石匠、务农和木工等职业。第四，授权省长让犹太人一年中有不超过七天的时间离开聚居区（首都任何情况下都不能进入），还要有富裕的犹太人做担保。如果擅自离开聚集区或者在聚集区外逗留超过七天，肇事者将被罚款不少于 300 卢布并逮捕 2—3 个月。第五，关闭所有的犹太人学校，犹太人允许上俄国人的学校。如此，如禁止犹太人上大学、包工程，禁止犹太人取外国和俄国名字，禁止

---

① Правые партии Документы и материалы. Т. 1，1905 – 1910. М.：РОССПЭН，1998，c. 130.
② Правые партии Документы и материалы. Т. 1，1905 – 1910. М.：РОССПЭН，1998，c. 130.

犹太人进入剧院以及购买庄园等,① 几乎把犹太人逼上了绝路。

无疑,犹太人代表了资本主义的价值观。黑色百人团以维护俄国人的独特性和封闭性为由给犹太人设立禁区,无疑也关闭了自己的现代化大门。看看黑色百人团的任性,就能知道俄国法制改革的艰难性。这几乎要了斯托雷平的命。不是说斯托雷平不能用行政命令或者商业利益诱惑影响贵族,但是当时的俄国社会还无法解决温饱,而且动不动就举行平分财产的暴动和恐怖活动,他们更容易接受挑唆、树立敌人。

在和革命党的斗争中,斯托雷平继续利用奸细为政府服务。可是随着警察局奸细、社会革命党领导人 E. Ф. 阿泽夫被前俄国警察局局长 A. A 洛普欣(1902—1905)揭露之后,形势变得非常被动。政府刚刚拥有的一点信誉重新蒙上了阴影。阿泽夫也是犹太人,深受俄国排犹政策的影响,在留学欧洲的时候就参加了揭露革命者的活动,获取一些收入。与此同时,阿泽夫还参与,甚至领导了暗杀内务大臣普列维和莫斯科总督谢尔盖·亚历山大列维奇大公的活动,因为他们是极端的反犹分子。然而,阿泽夫信仰自由主义,理智上不能接受恐怖主义。因此,阿泽夫阻止了多起对俄国大人物的暗杀,特别是对尼古拉二世的暗杀。俄国社会革命党恐怖活动的衰落与阿泽夫有着不可分的关系。阿泽夫被揭露这个事件不仅打击了革命党和政府,也促进了社会的觉醒。社会革命党也在此之后走上了民主主义道路。社会民主工党、劳动团和立宪民主党杜马党团曾就此事对斯托雷平发起质询,控告政府的挑拨行为,斯托雷平则以维护政府的权威为由辩护。虽然斯托雷平以判处洛普欣五年苦役结束了这件事,但是加剧了社会对于犹太人乃至政府的不信任情绪,导致黑色百人团的反犹活动愈演愈烈。最著名的莫过于贝利斯案件。1911 年 3 月 12 日,13 岁的俄国男孩安德烈·尤申斯基在去上学的路上被杀。基辅警察局调查处倾向性地认为他是被犹太人折磨而死,为祭祀制作无酵饼。随后,

---

① Правые партии Документы и материалы. Т. 1, 1905 – 1910. М. : РОССПЭН, 1998, с. 131 – 132.

杜马右派党团紧急质询内务部和司法部。右派代表 H. E. 马尔科夫甚至指责犹太教是仇视人类、严厉野蛮的杀人宗教。最终质询因煽动宗教仇视而被否决。斯托雷平曾命人调查真相，无果而终。斯托雷平死后，质询再起，于1913 年 10 月 28 日结束。结果贝利斯被无罪释放。调查显示，此事件不过是右派向国家银行基辅分行贷款时遭犹太银行家拒绝采取的报复举动。①

当一系列无可名状的唯意志论行为让政府的立法工作举步维艰的时候，1909 年初，一批经历过革命而回归理性的知识分子反思了俄国知识分子的行为，结集出版了文集《路标集》。哲学家别尔嘉耶夫这样写道："在我们身上，对待哲学的态度如同对待生活中的其他范畴的态度一样，其中片面性占据了重要的位置；在不同的知识群体中间，关于哲学流派的论证始终带有片面性。在论争的过程中，人们往往卑微地四处寻觅，想知道谁对什么内容更为钟爱，什么内容对什么样的潜意识较为适应。这种片面的解释使得我们知识阶层在思想上混乱不堪，同样也营造出十分沉重的气氛。道德方面的怯懦感日趋加重，对真理的崇尚情感逐渐淡化；与此同时，思想的胆识也渐渐消遁。"② 宗教神学家布尔加科夫则从宗教角度做了阐释，他说："人们多次指出，俄国知识阶层精神面貌中包含着宗教的特性。间或，这些特性接近基督教。首先，……在他们身上形成了蒙难和忏悔的自我感觉；另一方面……可以培养人的幻想能力，有时也可以培养善良的心灵、乌托邦精神等，……由此在他们身上形成了这种特征：西欧生活的'市民'秩序对他们的心理来说是格格不入的，这一秩序包括日常生活的德行、劳动的集约化经济，但又带来平庸和局限之弊。……近年来，这种精神的对峙已经达到了白炽化程度。只要我们试着将俄国知识阶层这一'反资产性'加以分析，它原来不过是由不同成分组成的混合物。其中包括部分世袭地主，他们世代从挣面包的劳务

---

① А. Миндлин Государственная дума российской империи и еврейский вопрос. СПб：Алетейя，2014，c. 277 –292.

② 基斯嘉科夫斯基等：《路标集》，彭甄等译，云南人民出版社 1999 年版，第 9 页。

中解脱出来……还包括大量野蛮的成分，它们对固定的、条理化的劳动和稳定生活方式置若罔闻；然而在一定程度上，还存在着对市侩习气，对'同样尘世隔绝的王国'具有自我满足的无疑是宗教性的抵触。"①

斯托雷平深深地意识到了这一点，也试图通过宗教改革解决这一问题。斯托雷平说："政府及立法机构肩负着调节入教和退教、调节宗教信仰、调节推行宗教信仰的方式、最后确立一种源于宗教信仰状况或政治和非宗教性限制的使命。但是，进入信仰领域、进入宗教信仰领域，……政府，甚至国家都应当极为小心、极为谨慎地行事。"②"教会和国家相互关系的自然发展让教会在教条问题、教规问题上完全独立，也让国家在主管教会制度和教会管理的教会立法领域无法限制教会，在确定国家与教会的关系方面完全自由。……我已经指出并再次重复一遍，保证国内宗教信仰程序的合法途径就是国家既不参与教规问题，也不参与教条问题，不限制教会在教会立法方面的独立性，保留公民根据宗教信仰状况确定其在政治、财产、非宗教和普通刑事准则方面的权利和责任。"③

斯托雷平没有忽视东正教对俄国人的影响。他只是指出了教会与国家联系中断的情况，认为这造成了教会对于信仰问题的教条化和模式化，甚至在普通教徒中出现了无神论。他希望通过恢复宗教信仰重新给俄罗斯人注入活力。他说："我国人民忠于教会，也容许不同宗教信仰，……现在我们面临着落实 4 月 17 日颁布的敕令和《十月十七日宣言》最高原则的大问题。先生们，在你们确定完成这项任务的方式时，不能站到带有政党及政治意图的道路上。在进行其他改革时，你们现在及将来始终都要……考虑如何在不损害我国人民生活原则、不损害过去和现在数百万俄罗斯人联合在一起的国民

---

① 基斯嘉科夫斯基等：《路标集》，彭甄等译，云南人民出版社 1999 年版，第 25—26 页。

② Ред. С. Елисеев Столыпин П. А. Нам нужно Великая Россия. М. : Молодая гвардия, 1991, с. 210.

③ Ред. С. Елисеев Столыпин П. А. Нам нужно Великая Россия. М. : Молодая гвардия, 1991, с. 212 –213.

精神的情况下，按新原则改革、改善我们的日常生活方式。"① 就是从宗教角度接受西方的世俗精神。

斯托雷平的努力并没有说服极端保守派，而是引发了保守派的愤怒，1909 年初，伊里奥多尔大司祭出版了《灭亡亲爱祖国的刽子手》小册子，斯托雷平只能利用行政手段加以制止。从此圣主教公会就与极右派变成去除斯托雷平的主要力量，让斯托雷平经历了一次又一次危机并最终死在了双料间谍犹太人伯格洛夫的手枪之下。

---

① Ред. С. Елисеев Столыпин П. А. Нам нужно Великая Россия. М. : Молодая гвардия, 1991, с. 218 – 219.

第四章

从大贵族地产到土地产权的确立

第一节　大贵族地产的没落

一、农奴制改革下贵族土地所有制的危机

贵族土地所有制是一个评价斯托雷平改革的非常重要的问题。它不仅基于斯托雷平改革是为了巩固大贵族地主阶级利益的评价，而且基于斯托雷平土地改革关于俄国社会转型的评价。

什么是贵族土地所有制？这个问题在学者中间是有争议的。苏联学者格列科夫认为："地主庄园在俄罗斯是一种非常古老的庄园制度，可以说自古有之。早在基辅时期，基辅的大公就将古罗斯各个部分的土地分封给他的随从。"① 格列科夫并没有区分领主的土地私有和军事服役之间的轻重问题，只是讲，随着莫斯科大公政治目标的实现，必须依靠强大的力量——军队，而军队就是在分配土地的基础上建立起来的。基于对国家的重视，反对这一进程的封建主也便变得不再重要，成为保护一己私利的中央集权国家形成的阻碍者。②

---

① Б. Д. 格列科夫：《俄国农民史》下卷，张广翔等译，社会科学文献出版社 2019 年版，第 470 页。

② Б. Д. 格列科夫：《俄国农民史》下卷，张广翔等译，社会科学文献出版社 2019 年版，第 471 页。

俄罗斯学者 Б. Н. 米罗诺夫在《俄国社会史》中已经把贵族的服役归结为农奴制度。他说：到 18 世纪初，贵族已经具有被国家奴化的所有特征。贵族从 15 岁起必须对国家履行供职义务，而且必须从最低一级开始。任职时间没有期限，除非因病失去工作能力外，否则终生不得离职。每个贵族都被固定在其任职的团队和机关。职务非常繁重，经常出现贵族逃避供职义务的行为。对此，政府采取了严厉的惩罚措施，从罚金、体罚到没收财产、剥夺等级权力并折断佩剑。于是贵族学习知识、教育子女以及管理占有的农民都成为不可放弃的义务。[①] 虽然米罗诺夫也不断区分世袭庄园和封地（поместье）的不同权利，但是随着封地渐渐吞并世袭领地，贵族地主出卖、继承和交换自己的封地必须接受国家的批准和严格的限制。贵族也便成了国家的农奴。当叶卡捷琳娜二世执政时期，考虑自己的统治，于是便给予了贵族永久的自由：取消了供职义务，可以到国外接受教育，免除贵族的人头税和劳役，免除了体罚，保护贵族的尊严不可侵犯，确立贵族占有土地和奴隶的垄断权利。但是，附录规定："在俄国需要贵族供职的任何时刻，每一个高尚的贵族都应该响应国家的第一声号召，不吝啬自己的劳动乃至生命，为祖国而效力。"[②] 这一条便把贵族与国家牢固地联系在一起，服役变成权利，但也变成对别人的特权，束缚了自己，也束缚了别人。

美国学者理查德·派普斯曾经把俄国贵族所有制和欧洲贵族的所有制做对比，指出了俄国贵族受奴役的根源。他说："分析俄国贵族演变的历史，应该指出一个重要的情况，那就是俄国缺乏土地所有权的传统。……俄国的土地占有对于国家性质演变的关系与西方欧洲国家的关系完全对立。在西方国家，有条件的土地占有是绝对主义出现的前提，随着国家君主制和中央集权国家的发展，有条件的土地所有制直接演变成为土地所有权。俄国的自由

---

① 米罗诺夫：《俄国社会史》上卷，张广翔等译，社会科学文献出版社 2019 年版，第 380—381 页。

② 米罗诺夫：《俄国社会史》上卷，张广翔等译，社会科学文献出版社 2019 年版，第 396 页。

领地所有权只有在没有君主的地方才存在。随着君主的出现，君主马上着手消灭自由领地所有权，代之以完全依附于服役的有条件的土地占有。在伊凡三世统治与叶卡捷琳娜二世执政的 300 年间，俄国贵族根据沙皇的恩赐占有土地。俄罗斯国家在自己的演进与形成的过程中，不必与殷实的土地所有者阶层竞争，是一个具有头等重要意义的因素。"① 这样一来，俄国贵族要想维持生存，不管是出于义务还是出于权利，都必须与国家联系在一起。不是他们不想获得自由，而是他们就没有这样的习惯，也没有这样的资金与能力。一个连生存都没有办法独立解决的贵族，如何能够真正脱离国家而独立存在呢？

综上所述，所谓的贵族土地所有制是有条件的土地所有制，它对以沙皇为首的国家有着强烈的依附性，其与国家就是一体。当国家面临经济危机的情况下，俄国贵族陷入了非常贫穷的状态。不仅土地越来越集中于大贵族手中，而且为了生存，多数贵族不得不向国家抵押土地，欠下了银行大量的债务。贵族也从此成为腐朽的、寄生的阶层。在西方自由思想的影响下，贵族分裂了：一些人成为专制制度的维护者，并从《圣经》中寻找依据，反对西方的资本主义；一些人则成为专制制度的反对者，变成无政府主义的贵族革命家。

1861 年改革对于贵族意味着什么？意味着贵族脱离农民独立打理自己的庄园。然而，国家的赋税和兵役还要保证，于是村社就变成农村公社。受村社既是村民的自治机构又是政府的行政机构的双重作用的影响，村社成为社会与政府竞相争取的对象。对于贵族来说，除了要处理好与政府的关系外，还得处理好与农民的关系。土地作为贵族生存的依据越来越具有重要的地位。

割地是农民所痛恨的贵族地主的罪恶之一。因为通过割地，大部分采邑农民的物质状况不仅没有得到改善，反而由于是通过减少人口份地来进行的大量割地，而更加恶化了。这种情况也就引起了农民群众性地拒绝接受契约文据，甚至在有一半多的农民没有签字的情况下完成了契约文据的成文工作。

---

① Р. Пайпс Россия при старом режиме. М. ：Захаров，2004，с. 237.

因此，大部分采邑农民得到的份地极少（平均每人 3.4 俄亩），甚至不够维持半饱的生活（靠种地养活自己需要 8—9 俄亩）。① 但是，贵族在实施农民改革的过程中失去了 28% 的土地，到 1862 年留在欧俄贵族手中的土地为 8720 万俄亩（不包括波罗的海各省的土地）。② 虽然截至 1907 年地主从国家获得了 15.406 亿卢布，直接获得（暂时义务农时期）5.27 亿卢布，但是扣除地主在废除农奴制之前抵押在银行的欠款 4.25 亿，他们不得不依靠卖地和寻找其他的致富渠道才能生活。③

通过土地买卖，欧俄贵族土地从 1862 年的 8720 万俄亩减少到 1877 年的 7704 万俄亩，1905 年的 5124.8 俄亩。43 年的时间里，贵族土地减少了 41%。④ 买卖土地并不是随便进行的，首先必须解决农民的份地和农民的义务问题，其次国家禁止出售 1 万至 10 万俄亩之间的好地，所以贵族地主出售土地都是在贵族之间进行调整。贵族地主参与土地买卖的 1863—1872 年达到 51.6%，1873—1882 年达到 42.9%，1883—1892 年达到 34.7%，1893—1897 年达到 33.2%。⑤ 虽然贵族参与土地买卖呈下降趋势并在改革前让位给农民，但是贵族参与土地买卖推高了土地的价格，同时也反映出贵族地位的不断下降。1861 年，欧俄总共有 12.36 万个贵族家庭，加上波罗的海各省的总数为 12.85 万个。其中纳税人不超过 20 个人的小地主家庭占整个地主的 41.6%，纳税人不超过 100 的中等地主家庭占 35%，纳税人超过 100 的大地主家庭占 23.3%。经过几十年的发展，到 1892 年，贵族庄园数从 1861 年的 12.36 万个减少到了 10.19 万个，减少了 17.5%。从土地的分布来看，到 20 世纪初，土地不超过 50 俄亩的小贵族达到了 80%。除了西部各省、乌克兰

① 札依翁可夫斯基：《俄国农奴制度的废除》，叔明译，生活·读书·新知三联书店 1957 年版，第 187 页。

② Беккер Сеймур Миф о русском дворянстве. Гл. 2. дворянство и земля. https://history.wikireading.ru/214371.

③ В. А. Федоров История России 1861–1917. М.：Высшая школа，2001，с. 36.

④ А. П. Корелин Дворянство в пореформенной России 1861–1904 гг. М.：Наука，1979，с. 54.

⑤ А. П. Корелин Дворянство в пореформенной России 1861–1904 гг. М.：Наука，1979，с. 55.

左岸以及大俄罗斯的诺夫哥罗德、斯摩棱斯克、科斯特罗马、雅罗斯拉夫等地外，俄国的小地主非常贫穷，有的连农民都不如。中等贵族一半集中在中央各省和 9 个西部各省，到 1905 年减少到 25.3%，土地面积减少了 23.1%。土地大多集中在大贵族手中。20 世纪初，27800 个地主集中了 3/4 的私有土地，拥有 2/3 的庄园和 70% 以上的土地面积。主要分布在乌拉尔地区、波罗的海周边、西部 9 省以及中部黑土地带。①

从大地主对土地的垄断看不出 1861 年土地改革的成果，它让我们看到的更多的是农民剥削的加重以及大贵族的贪婪。民粹派提出的平分土地以及大贵族反对改革成为必然的发展趋势，以至于在苏联时期学者们一直为俄国是否具备革命条件产生争论。② 这场争论影响了俄国未来的发展方向，不仅影响了对于俄国革命的判断，也影响了关于农奴制废除的判断。当 Б. Н. 米罗诺夫在《俄国社会史》一书中谈俄国农奴制度为什么持续那么长时间这一问题时，提出了俄国农奴制从经济角度来讲更优于资本主义方式的观点。于是我们对于农奴制解放给俄国带来了什么就有了新的认识。米罗诺夫说："大部分自由民生活富足的原因是什么？首先，是获得解放时的条件。那些让自己的农奴恢复自由身份的大地主通常是富裕的自由派人士，他们解放农奴是出于高尚目的，而不是唯利是图，不是想以此发财致富。因此，他们以对农民有利的条件将土地转让，土地价格通常低于市场价格。他们还把整个领地，即连同所有可经营的土地都卖给农民。……自由农民生活富足还有一个原因

---

① А. П. Корелин Дворянство в пореформенной России 1861 – 1904 гг. М. : Наука, 1979, с. 60 – 66.

② 1959 年，苏联学者提出，在欧俄土地制度当中，半农奴制的情形还超过资本主义的情形，这不仅对于 1907 年是正确的，对于斯托雷平改革乃至第一次世界大战时期都是正确的。由于这件事关系十月社会主义前提的问题，因而成为非常严重的政治问题。С. М. 杜勃罗夫斯基斯基等人坚决维护资本主义秩序占据优势，而 А. В. 夏波卡林等人认为俄国既不存在美国式道路，也不存在普鲁士道路问题，等于承认了俄国还不具备社会主义革命的条件，有点孟什维克主义的味道了。А. М. 安菲莫夫后来坚持俄国革命前非资本主义成分占据优势的观点，他讨论这个问题的书籍直到 21 世纪初期才出版了。用安菲莫夫的话说，这个问题不只是意识形态问题，它更主要涉及了俄国未来的发展方向。参见 А. М. АнфимовП. А. Столыпин и русское крестьянство. М. : Институт российской истории РАН, 2002, с. 186 – 232。

就是他们在解放后转成了国家农民。他们同祖先一样继续按传统方式生活，他们拒不执行取消村社、实行个人土地所有制的法令，继续保留土地重分村社，并在那些已经依法取消村社的地区重新恢复了村社。"① 这样，1861 年改革对于贵族土地所有制就有了另外的含义，而不是简单地为了维护贵族和沙皇地主阶级利益了。

首先，俄国农奴制的废除不仅仅是出于贵族的自我发展，更主要的是当时的俄国已经没有足够的力量存在下去了，不仅贵族欠了很多的债，而且国家也由于打仗变得入不敷出了。1843 年俄国国家债务是 5.86 亿银卢布，而到了 1858 年债务达到了 17.59 亿银卢布。外债 1855 年为 2.78 亿卢布。1857 年预算中，2.58 亿银卢布的收入中一个亿用于还债。由于缺乏资金，政府只有从银行借款还债，这种借款在 1855 年就达到了 5.07 亿银卢布，最终造成了 1857—1859 年的银行危机。② 俄国自上而下解放农奴是为了解决整个国家的危机，它不仅是一种客观要求，更是俄国经济发展的必然选择，所以无论是工役制还是代议制，或者是二者兼而有之都不是区分资本主义经营方式和封建主义残余的标尺。

贵族经济发展一般表现在两个方面：一个是土地租赁，一个是自主经营。农奴制改革之后，由于贵族缺乏农具和亲自管理土地的经验，一般多采用租赁土地的方式，建立起与农民之间的联系，这就是工役制和分成制的由来。库尔斯克有 322 家私人贵族地主经济。172 家小地主共拥有土地 1613 俄亩，出租土地的有 14 家，出租土地 258 俄亩，占出租土地总数的 7.1%。完全出租土地的有 6 家，出租了 187.1 俄亩。79 家中等地主出租土地的有 29 家，占整个中等贵族的 36.7%，出租土地 3367.5 俄亩，占出租土地的 19.9%。完全出租的有 3 个庄园，面积有 510 俄亩。值得一提的是，由于出租面积大，

---

① 米罗诺夫：《俄国社会史》上卷，张广翔等译，社会科学文献出版社 2019 年版，第 412—413 页。

② М. Т. Флоринский Россия：история и интерпретация в двух томах. Т. 2, Санкт - Петербург, наука，2013，с. 129.

贵族庄园

中等贵族土地出租超过一半要转租，这样的庄园有 2217.5 俄亩。37 家大地主，共有土地 38859.3 俄亩，出租了 20 个庄园，占庄园总数的 54%，出租土地 7132 俄亩，占大地主土地的 18.3%。大贵族地主庄园没有完全出租的，但也有 3 个庄园出租了 90.5% 的土地。还有 5 个庄园共有土地 4752 俄亩，3034 俄亩既不出租也不耕种。大贵族出租土地的比例与中等贵族相当，以短期出租为主。①

　　贵族出租土地，推动了土地租赁价格的上涨，如 1883 年萨马拉县的土地租赁价格为每俄亩 3 卢布，8 年前每俄亩只有 60 戈比。萨拉托夫省则从每俄亩 3 卢布涨到了 8 卢布，随后连续涨到了 10 卢布、15 卢布乃至 20 卢布。这当然是商业化的行为，也正是这种行为改善了土地的使用状况。贵族土地自已使用的逐渐增多，减少了出租的情况，如库尔斯克省的别尔哥罗德县1865—1885 年中等贵族出租土地从 20.6% 降低到 9.8%，大贵族则降低到了3.5%。贵族出租的土地从以耕地为主转变为耕地和草场与牧场兼顾，降低了耕地与牧场不协调的状况。大多数贵族在耕作制度上实行三圃制，但也有相当一部分贵族使用了四圃制，少量的地主实践了六圃制、十圃制等。大多数贵族还是以种植小麦、燕麦为主，以适应粮食的出口。随着贵族契约文书签署的完成，贵族逐渐转向代议制，逐渐结束了依靠农民工具种植自己土地的情况。不仅如此，他们还增加了农业工具和耕畜，改善了土地耕作的状况，工具甚至使用了播种机、脱粒机和扬谷机，虽然数量不多。更多有条件的农场还办起了农业加工企业，如糖厂、面粉厂、酒厂，等等。如沃罗涅什省1870 年就拥有糖厂 8 个、酒厂 23 个、面粉厂 93 个、榨油厂 11 个，总价值在1069710 卢布，一般的厂价值在 1000—5000 卢布。[①] 贵族的庄园和工厂广泛使用雇佣工人，大多是经济不独立的挣外快的日工。平均耕种 1 俄亩土地冬季收入 10.1—11.8 卢布，而夏季收入 11.7—13.5 卢布，日工资平均冬天13—36 戈比，夏天 32—59 戈比，妇女减半。[②] 雇佣制已经说明贵族采用了资本主义的经营方式。

二、贵族与农民在土地问题上的势不两立

贵族的发展不敢估计过高，资本主义的经营方式让他们的道路一波三折。大贵族更多地与农民经济联系在一起。小贵族则逐渐沦为一般的小地主，如果没有什么文化，与独立后的农民也没有什么区别。这就是经济发展给从事农业的劳动者带来的两极分化。

农奴制的废除是自上而下进行的。从一开始农奴的解放就不是太情愿的，

---

① B. A. Шаповалов Поместное дворянство Европейской России в50 – 90 – е гг. XIX века. Белгород：ИД 《Белгород》 НИУ 《БелГУ》，2014，c. 164.

② B. A. Шаповалов Поместное дворянство Европейской России в50 – 90 – е гг. XIX века. Белгород：ИД 《Белгород》 НИУ 《БелГУ》，2014，c. 173.

国家的推动造成了贵族与农民的决裂。当时的文献是这样记录的："农民对沙皇抱着天真的信念，不相信宣言和'法令'的真实性，而确信：沙皇是赐给了'真正的自由'，但贵族和官吏或者暗中把'真正的自由'偷换了，或者是为了自私的利益来解释这种自由。"马克思就此得出结论："在关于1861年2月19日解放的宣言颁布之后，农民中间发生了普遍的骚动和暴动；他们认为宣言是伪造的假文件。"① 农民认为这个文件是被贵族偷换了，其实贵族从经济的意义上来讲又怎么可能愿意放弃曾经的农奴制度呢？除了我们前面提到的贵族和国家的欠债要求必须着手改革外，更主要的还是贵族出于明智的考虑，农奴制已经成为社会发展的严重障碍，不改变就不利于国家和社会的进步。因此，解放是一种理性的行为。然而，理性行为绝不符合俄国的传统，它只是少数明智的开启者的行为。对绝大多数因改革而受损的人们来说，趋利避害造成了他们之间彼此的伤害，伤害的结果不是搞一些简单的暴动，而是出现了自杀式的民粹主义。

"民粹主义"一词首次出现在19世纪60年代中期的文献中。民粹主义最初的含义是力图关注、研究人民的日常生活，力图减轻民众负担，首先是减轻农民负担的愿望。② 民粹主义并不是简单地反映群众不幸的呼声，如同恩·弗列罗夫斯基著的《俄国工人阶级状况》中所描述的那样。他说："在平常的年景，沃洛格达的农民怎么也无法靠自己的份地生活，他在耕种份地中，平均可以生产价值25卢布50戈比，在好的年景，按夸大（情形）计算，可以生产44卢布40戈比。他应当从中交给地主和富家捐税17卢布25戈比；在平常年景，给他剩下8卢布25戈比，即一天不到2.33戈比。如果他交不到好运，找不到挣点别的钱的办法，他就得出卖牲口，如果出卖了牲口以后还是这种平常的年景，而且还是找不到工作，他就无法按时缴纳租赋，而他

① 札依翁可夫斯基：《俄国农奴制度的废除》，叔明译，生活·读书·新知三联书店1957年版，第147—148页。
② 马龙闪、刘建国：《俄国民粹主义及其跨世纪影响》，广西师范大学出版社2013年版，第109页。

的不上肥的土地将收成越来越差，总之，大量土壤趋向贫瘠，大量农民遭到破产。在好的年景，他还剩下 27 卢布 15 戈比——全家每天还剩 7 个半戈比。如果他将与家里人每天吃 3 俄磅黑麦面包，那么他在面包上就花掉了 5.25 戈比，他根本无法再花什么钱了。"① 民粹主义传达了一种看待资本主义生产的价值观。1866 年一份在彼得堡散发的传单中说："弟兄们！一个想法长久地折磨着我，使我不能平静。为什么我说热爱的、支撑着整个俄罗斯的普通的俄国人民过着如此贫困的生活？为什么他们不停息地繁重劳动、他们流的血汗不能给自己带来好处？为什么他们一辈子都白白地劳动？为什么世世代代的劳动者——普通的人民：农民、工人和其他手工业者——的近旁，在豪华的高楼里住着的却是无所事事的寄生虫贵族、官吏和其他富人——他们靠普通人民养活，他们损人利己，吸吮着庄稼人的血？……我想知道，聪明人对这些是怎么想的，我开始阅读各种各样的书……弟兄们，于是我才知道，沙皇是我们一切祸害的真正的罪魁祸首。沙皇设置官吏，是为了更便于他掠夺人民，通过他们来向人民征收苛捐杂税，而为了使人民不敢反抗这些搜刮人民的人，沙皇还组织了常备军。沙皇为了让这些官吏为其竭尽犬马之劳，不惜搜刮庄稼人的钱财，千方百计满足这些恶棍的要求。把他们称为贵族、地主，统统分给他们土地。而在此以前是这些土地的主人的农民，却被送去受官吏和地主的奴役。"② 这种观点是受法国空想社会主义思想的影响，试图通过给人民权利，让俄国人民摆脱压迫，过上富裕人的生活。这种观点被称为虚无主义的价值观：虚无主义就是用批评的眼光去看待一切，不服从任何权威，不跟着旁人信仰任何原则，不管这个原则怎样被人认为神圣不可侵犯。③ 虚无主义的可怕之处不在于怀疑，而在于否定原则，是一种功利主义的价值表现。这一点当然归结于俄国长期的（自彼得大帝以来）宗教疏忽，形成了

---

① 恩·弗列罗夫斯基：《俄国工人阶级状况》，陈瑞铭译，商务印书馆 1984 年版，第 246—247 页。
② 中央编译局国际共运史研究室：《俄国民粹派文选》，人民出版社 1983 年版，第 41—42 页。
③ 蒋路：《俄国文史采薇》，东方出版社 2003 年版，第 65 页。

对基督教教导的教条式膜拜。当资本主义的竞争到来的时候，他们崇尚人的高尚道德，要求在不受苦难的条件下全面改善人民生活。[①]

民粹主义逐渐在俄国形成思潮以后，在 19 世纪 70 年代走向民间，从事宣传工作。在宣传不能奏效的情况下，他们又分裂为"黑土平分社"和"民意党"两个组织。黑土平分社尚且能够在宣传的同时从事一些帮助农民解决实际问题的工作，如搞土地测量、教授农民技术、给农民提供医疗和法律服务、为他们提供小型贷款以及组织合作社等工作，他们的目标就是通过宣传实现"自由村社的自我组织和自我管理"。民意党的主要任务就是代表人民的意志向专制政府宣战。1881 年的《民意报》写道："从战端一开，就不是为了生，而是为着赴死……这场残酷的厮杀没有其他结局：或者是政府摧毁运动，或者是革命推翻政府，二者必居其一。"[②] 无论是黑土平分社还是民意党，都把目标盯在了平分别人的财产和夺取保护私人财产的政权，为此不惜采用恐怖暗杀的方式。

民粹主义虽然是对农民在改革后所受压迫和剥削的回应，是一种革命的反应，但是对于自上而下的经济发展产生的极端自杀式的回应不是简单的经济纠纷就可以解决的。由于民粹主义闹出的动静很大，影响了俄国改革促进社会发展的方向，以至于在亚历山大三世反改革时期，把经济发展演变成增加经济财富的方式，忽视了经济发展带来的精神解放。民粹主义不断唤醒人民走向现实，深深影响着俄国的社会转型。

随着铁路的发展，俄国的工业化获得了第一次推进，迎来了俄国 19 世纪 80 年代工业的高涨。在工业化的推动下，俄国的农业也获得飞速发展，成为欧洲市场上的主要粮食供应者。维特曾经优先发展重工业，加强对农业的剥夺，俄国出现了工业高涨下的粮食大饥荒，出现了农民对土地的特别需求。

---

① Г. Б. 波罗马廖娃：《陀思妥耶夫斯基：我探索人生奥秘》，张变革等译，商务印书馆 2011 年版，第 11 页。

② 马龙闪、刘建国：《俄国民粹主义及其跨世纪影响》，广西师范大学出版社 2013 年版，第 165 页。

受"农民是老爷奴仆"的传统思想的影响，当农民遭遇饥荒或者缺少土地的时候，他们希望贵族老爷能够把土地免费发放给农民，同时免除给贵族和国家的赋税。[①] 这样，在商品经济的条件下，贵族与农民的关系就陷入了恶性的循环。一方面，农民认为土地是上帝的，土地应该属于在土地上耕作的劳动者，于是在土地紧张的情况下，他们想到的就是免费夺取地主的土地；另一方面，转型自主经营的贵族地主一定会按照市场化的要求，加强对利润的计算，越来越打破了贵族对农民的依附，出现对个人土地私有制的维护，同时利用自己的特权寻求国家的帮助，包括利用新建的贵族银行寻求低息抵押贷款。这样，经济越发展，贵族与农民的矛盾越尖锐。如果受民粹思潮影响的贵族自认为欠人民的账，那么这些人就会把俄国社会的发展方向引上不归路。

当 19 世纪 90 年代俄国农业由于欧洲粮食市场遭到美国、阿根廷的冲击而陷入价格危机的时候，贵族与农民在价值观上的冲突爆发了出来。贵族成为农民攻击的对象：焚烧地主庄园、抢劫地主财产成为司空见惯的事情。如何看待这件事情，是不是一定要把它上升到道德的高度，这是一个非常重要的问题。俄国 19 世纪著名的民粹派政论家 A. H. 恩格尔哈特（1832—1893）曾在写给农民的 12 封信中谈到改革后农民的状况。由于国家赋税沉重、农艺水平低等原因，农民的生活水平一直很低。虽然贵族地主与农民已经脱离了人身依附关系，但是贵族地主作为老爷，农民有什么事情还是来求老爷的，让老爷给他们拿主意。比如，恩格尔哈特在第二封信中介绍了这种情况。他有一个老乡，名叫科斯季克（костик）。科斯季克有份地，由于生活所迫并不以份地为生，而是通过打猎和偷盗贴补家用。科斯季克经常打猎，在老爷恩格尔哈特来到庄里的时候将猎物卖给老爷。科斯季克嗜酒成癖，这几乎是所有俄罗斯人的特点，特别是在收获季节或者各种节日里。恩格尔哈特并不反感喝酒，只要不因此成为恶习，还会在节日的时候请科斯季克喝酒。恩格尔哈特认为科斯季克是一个好的酒徒，不同于来自城里、官僚以及工厂里的

---

① О. А. Сухова Десять мифов крестьянского сознания. М.：РОССПЭН，2008，с. 120.

酒鬼。科斯季克还有偷盗的习惯，在恩格尔哈特来看也并不是特别严重的。他为此举了一个例子。

在恩格尔哈特村子里有一个名叫马托夫的小商人，经营各种杂货。一次，科斯季克偷了马托夫四张毛皮，两张卖掉，两张藏在附近的森林里。马托夫并没有急着报官，而是调查周边的详细情况，如有谁卖毛皮，周边都住着些什么人，等等。通过调查，马托夫了解到，最有可能偷盗的就是科斯季克，因为他最近经常喝酒和买东西。马托夫的目的不是把科斯季克送进监狱，而是从他那里要回毛皮。于是，他了解到所有情况后，把科斯季克带到了乡公所。通过私下调解，科斯季克还回了还没有卖掉的毛皮，把已经卖掉的毛皮以两倍的价格退还了金钱。恩格尔哈特认为马托夫非常了解农村人的实际情况，通过私了而不是经过法院才能解决自己丢失毛皮的问题。原因很简单，一方面，农民都害怕坐牢或经过法院，因为凡是坐过牢的人名声就丧失了；另一方面，经过法院，法官要调查取证，不说农民和小商小贩由于忙工作没有时间出席听证，即使有时间也会由于农民的道德观而保持沉默，这对于马托夫找回毛皮于事无补。①

恩格尔哈特作为贵族老爷不是不了解法律对于规范农民行为的重要性，也没有为村民偷盗、酗酒等坏行为张目。但恩格尔哈特对待村民的这种行为没有上升到文化冲突的高度，讽刺农民愚昧、落后，而是通过尊重农民喝酒和偷盗的习惯，通过他们可以接受的办法，逐渐改变村民由于贫穷而产生的偷盗等违法行为，接受通过劳动和购买的方法走上自我发展的道路，因为老爷是有文化的阶层，除了帮助还处在愚昧状态的农民吃上饭，还要给他们提供启蒙。处理他们的酗酒和偷盗行为就是最好的方法。

政府在农民运动爆发的时候着手处理农民因不适应资本主义的发展而出现的饥饿、偷盗乃至起义的行为时，采取了自由主义的方式，结果不仅没有

① А. Н. Энгельгардт Из деревни12 писем，1872 – 1887. М. ：изд. Наука，1999，втрое письмо. http：//www. mysteriouscountry. ru.

解决问题，相反激化了矛盾。1905 年革命之前，维特对待农民的态度就是这种方式的典型代表。维特在 1898 年 10 月曾经就农民问题给沙皇写了一封信，阐述自己关于农民问题的观点。他一改关于农民问题的斯拉夫主义的观点，提出俄国出现农业危机的根本原因在于没有将农民当作人。他说："法律并未明确其权利义务。其福祸不仅取决于地方最高当局之裁夺，时而竟取决于不肖之徒之喜怒。对其发号施令者不乏其徒：诸如地方自治长官、警察局长、派出所长、警士、司务长、乡司书、教师；凡系'财主'，莫非其顶头上司，农民在村会，或一闻人大声吆喝，即俯首帖耳，惟命是从。彼等不仅福祸受上述人等主宰，人身亦属其支配。"① 维特建议不仅要取消对农民的鞭笞权，而且给予他们与其他公民同等的法律审理权。农民不仅要摆脱物质之疾苦，而且要激发其精神之伟力，使其成为真正自由之臣民。经过维特等人的努力并借助 1905 年革命，俄国的农民被取消了赎金，而且取消了连环保。

然而，正如前面恩格尔哈特所遭遇的问题那样，不是一些行政命令就一定会让农民得到法律规定的权利，就如同不是通过行政命令，农民就不会偷窃，不会当酒鬼，或者不再表现出对贵族老爷的依赖，这是一种精神的奴役。可以说，在命令执行的过程中，不仅贵族老爷会把所谓的文明做法强加给农民，而且还会以农民不能执行这些规定而发火，认为他们是不可救药的。其实，他们时而违法，时而遵守规则，正是已经觉醒的表现。启蒙者必须耐着住性子，否则很多情况一定是进一步，退两步。

所以，解决俄国农业危机的问题不只是要解决农民的土地多少的问题，也不是采用贵族土地私有制和采用平分土地的问题，而是真正让农民感觉到自己是一个"人"，他们的选择得到尊重。1861 年农奴制的改革以法律的形式规定了贵族与农民的平等的地位，与其说农民首先起来反对贵族偷换了沙皇赐予的自由，继而刺杀站在地主立场上的沙皇，不如说农民含着泪一步一

---

① 谢·尤·维特：《俄国末代沙皇尼古拉二世——维特伯爵的回忆》，张开译，新华出版社 1983 年版，第 418 页。

步地感受生活的艰辛和不易；与其说农民因贵族抛弃了他们，与他们分割土地，从他们手中夺取口中的一点饮食而痛恨贵族，不如说农民被无情地抛弃了，他们曾经与贵族的宗法纽带彻底割断了。农民在经历不是人的过程之后，他们终于明白了，俄罗斯人并不独特，不是用武力占有了土地就可以狂妄地蔑视一切，同样他们获得再多的土地，也得一分一分地耕作，土地不再是俄罗斯，驾驭土地的俄罗斯人才是俄罗斯。是留学西方的俄罗斯贵族最先明白了这样的道理并开启了改革，当然他们也最先成为这种文化的牺牲品。贵族慢慢地放弃了太多的土地，开始学着经营；同样，他们也明白，逐渐获得的土地，无论是获赠的土地，还是租种的土地，抑或是花钱购买的土地，只有开发了才是自己的土地。俄国人经历了革命和相互的屠杀才能明白这样的道理。这也是金雁教授考察俄国农业现代化过程中结出青色果实①的来龙去脉。

三、贵族对土地问题的解决

贵族对于土地问题的认识并不完全一致。当经历了1892年到1902年两场农民运动之后，沙皇下令彻底解决农民问题。受对农民不同认识的影响，政府成立了解决农民问题的两个组织：一个是维特领导的"俄国农业部门需求特别会议"，一个是以普列维为代表的内务部会议。维特的农业部门需求特别会议成立于1902年1月，一直运作到1905年3月。维特的目的是想弄清农业的需求以及有利于工业和相关部门的人民劳动所采取的措施。维特不仅吸收了包括财政部、内务部、农业部等相关部门的官员，还吸收了各个领域的社会活动家，了解地方农民的需求。特别会议在各省县设立了分委员会，讨论了农村的土地需求、村社土地所有制、租赁、农村的劳工问题、手工业、农民问题、地方自治以及国民教育问题等。参与讨论的各地委员会把焦点集中在农民的积极性和首创精神。一些地方认为，农民因为受到村社束缚，没

---

① 金雁教授将其称之为"不公正的改革带来了反改革的公正"。参见金雁、卞悟《农村公社、改革与革命——村社传统与俄国现代化之路》，中央编译出版社1996年版，第203页。

有所有权意识，因此不可能有任何积极性；一些地方认为，村社是不能放弃的社会环境，应该关注如何在保留村社体制下解决农民破坏法律的问题，等等。① 内务部对农业问题的讨论则以 1901 年成立的"编辑委员会"为代表，领导人是 A. C. 斯基申斯基，后来担任了土地规划和农业管理委员会的领导人。内务部关注的焦点在于土地整理，目的是维护社会秩序。一般都认为，斯基申斯基代表了反动贵族的利益，主张捍卫村社制度。② 经过两个部门激烈的争论，到 1903 年 2 月 26 日，沙皇终于颁布了关于农民问题的宣言。宣言说："为了配合巩固国民经济而预先提出的任务，指定国家信贷机关，特别是贵族土地银行和农民土地银行尽力巩固和发展俄国农村生活的支柱——领地贵族和农民的福利。把我们预先草就的有关重新审查农村形势的立法以及根据以上指定程序采取的初步行动的报告集转交给地方，以便在享有社会信誉的称职的活动家的亲自参与下，由省委员会进一步充实该报告集并适应当地的特点。其报告的基础是农民村社土地占有制不可侵犯，同时寻找让个体农民容易退出村社的办法。"③

维特的激进主张并没有得到尼古拉二世的赞许，他于 1903 年 8 月辞去了财政大臣职务，渐渐失去了自己的影响力。由维护沙皇专制制度的普列维召集地方经济事务委员会（1904 年 3 月）讨论农民问题，并逐渐形成了后来斯托雷平付诸实施的土地纲领。内务部主持农业问题的是内务部副大臣 B. И. 古尔科。古尔科认为，维特是从培植俄国工业的角度解决农民问题的，因而始终忽视了对农民问题的解决，以至于让反对派认为维特的农业政策不过是

① В. В. Казарезов Крестьянский вопрос в России (конец XIX – первая четверть XX в.). Т. 1. М. : Колос, 2000, с. 205 – 215.

② В. В. Казарезов Крестьянский вопрос в России (конец XIX – первая четверть XX в.) Т. 1. М. : Колос, 2000, с. 110.

③ Н. Д. Ерофеев Российская монархическая государственность на последнем этапе своей истории. 20 октября 1894 г. – 3 марта 1917 г. М. : Институт Российской истории РАН, 2014, с. 29.

维护贵族地主利益的手段。① 古尔科认为，俄国的农民问题必须通过土地私有化才能解决，这是俄国革命的关键。为什么是农民土地私有化？原因在于农民依附于村社。只有土地私有化才能激发出农民的创造力。但是，古尔科一直主张解决农民土地私有化问题必须以土地整理的形式进行，这样一来，农民才会感到实惠，解决现实与观念上的冲突。古尔科从当时的政治形势出发，认为俄国问题是农民的社会福利问题。换句话说，如果俄国一开始就把村社观念和资本主义观点对立起来，势必不利于农民问题的解决，也只有解决了农民的生存问题，才能建立起农民走向现代社会的基础。②

　　贵族在 1902—1906 年的农民运动中遭到了极大的威胁。仅以农民运动的见证者的描述为例："在格拉马咨金县，农民不仅烧毁了粮食，而且焚烧了整个庄园、住房、酒厂和其他设施。同时必须指出，在 2 月 20—21 日夜间，农民们起初毁坏了赫涅尔酒厂的粮食，而后在 22 日再次焚烧了整个酒厂，……个别人简直爆出了野兽行为，还拖走了一些自己喜欢的东西。在德文斯克县，赤贫饥饿的农民摧毁了几个庄园，能拿的拿，能带的带，不能拿的就地销毁，门、窗、炉子、家具和所有家庭用品全部摧毁，有几个庄园的牲畜也被偷走。"③

　　接连不断的农民运动，激化了贵族与农民之间的矛盾，对此俄国走上了政治化的解决道路。农民问题受民粹派思潮的影响，此时已经完全走上平分贵族土地的道路。受到威胁的贵族决定组织起来，表达自己对俄国前途的看法。当贵族在 1906 年 5 月 21—28 日召开第一次贵族联合会全权代表大会的时候，表达了自己对土地问题的看法。贵族在讨论的时候，基本上提出了两种意见：一种意见认为，可以把部分地主土地转交给农民，如 П. А. 乌赫托

---

①　В. И. Гурко Черты и силуэты прошлого：Правительство и общественность в царствование Николая II в изображение современника. М.：Новое летературное обозрение，2000，с. 60 – 61.

②　В. И. Гурко Черты и силуэты прошлого：Правительство и общественность в царствование Николая II в изображение современника. М.：Новое летературное обозрение，2000，с. 166 – 215.

③　В. В. Казарезов Крестьянский вопрос в России（конец XIX – первая четверть XX в.）Т. 1. М.：Колос，2000，с. 37 – 38.

姆斯基公爵和 A. H. 布良恰尼诺夫。然而，多数人认为解决土地问题必须通过巩固农民土地私有制解决，逐渐实现从村社土地所有制向私有制的转变。①贵族 H. A. 帕夫洛夫把俄国的土地问题归结于政府的农业政策，认为正是政府的不作为的政策，使得国内大多数人产生了社会主义的思想，让人们变得越来越懒惰。革命便是这种观念的结果。H. E. 马尔科夫认为，革命的形势既然已经形成了，就不能采取急功近利的办法，必须慢慢地调整农民对土地的需求，只要贵族与农民的土地关系不中断，贵族与农民的信任关系就不会消失。②马尔科夫从根本上否定立宪制度，认为只要土地问题解决，相信农民一定会重新站在政府一边。③经过争论，代表大会最终得出结论：否定社会主义政党提出的平分土地的要求；不承认俄国农民绝对少地，如果存在少地情况，也是少数情形；彻底确立了俄国农业危机的病根在于否定了所有权；坚决反对强制没收的办法，认为只要通过每年投放市场 350 万俄亩的土地就可以调节土地危机；最后，解决俄国土地问题的核心还是让劳动人民从粗放转向集约化地经营土地，解决他们的生活问题。④

　　贵族在第一次代表大会上对土地问题的关注并没有改变农民平分土地的愿望。根本的原因不在于贵族愿不愿意承认这样的情况，而在于如何让农民接受土地分配的不平均和土地私有制不是出于贵族的私意而是经济发展的必然结果。由于贵族和农民互相指责，除了彼此不尊重外，还造成了相互的伤害。

　　从第二次代表大会开始，贵族把主要的目标转向保护自己的利益上。在

----

① Под Ред. А. П. Корелин Объединенная дворянство. Съезды уполномоченных губернских дворянских обществ 1906 – 1916 гг. в3 томах. Т. 1, 1906 – 1908. М. : РОССПЭН, 2001, с. 14.

② Под Ред. А. П. Корелин Объединенная дворянство. Съезды уполномоченных губернских дворянских обществ 1906 – 1916 гг. в3 томах. Т. 1, 1906 – 1908. М. : РОССПЭН, 2001, с. 70, 69.

③ Под Ред. А. П. Корелин Объединенная дворянство. Съезды уполномоченных губернскихдворянских обществ 1906 – 1916 гг. в3 томах. Т. 1, 1906 – 1908. М. : РОССПЭН, 2001, с. 121.

④ Под Ред. А. П. Корелин Объединенная дворянство. Съезды уполномоченных губернскихдворянских обществ 1906 – 1916 гг. в3 томах. Т. 1, 1906 – 1908. М. : РОССПЭН, 2001, с. 149.

贵族联合会关于保证农村个人和财产安全措施的报告中说，俄国农民之所以发生暴动主要是知识分子的挑唆。他们总是让愚昧的群众相信，成功时，暴动是不受惩罚的。最坏的情况也不过让几个活动家监禁个一年半载的，大多数人则不受处罚，还能保留抢来的东西。① 因此，为了实现正常的农村生活，为了采取必要的措施提高农民的经济日常生活水平并保护各个层次的所有者的财产安全，为了恢复农村安静与信心，政府必须加强对屠杀、骚乱、强制、掠夺、劫掠、焚烧的主谋者、挑唆者和执行者的镇压，全力恢复法律和权利的尊严。不仅从法律上，而且从实际结果上裁定屠杀者、焚烧者、强制者以及掠夺者所承担的财产责任，不排除对屠杀者财产的强制拍卖。对受害者给予补偿，其资金从停止赎金之日发放给直接或间接参与屠杀的农民的长期贷款中扣除。②

贵族进一步从国家的历史文化论证了保护贵族土地所有制的价值。文件说，贵族并不否认他们已经成为私人土地所有制的代表，他们应该放弃自尊，继续表达自己的阶级利益。但是，贵族获得的土地是他们捍卫国家利益换来的，如今，这样的权利给了包括贵族在内的所有其他等级……，如果此时破坏了贵族土地所有权，那么就破坏了这种服役的精神，因此，贵族坚决反对废除贵族土地所有制，同时对破坏这种所有制的人加以惩罚。③

最后，第二次代表大会就如何提高农民福利发表了自己的意见。代表先从应对反对派提出的改善农民的举措入手，如停止赎金的征收，发放贷款，建立土地储备以及享受优惠地向农民出售土地等，认为这些措施不过是根据西方的要求所采取的举措。实际上，俄国并不如西方那样缺乏土地，相反有着比西方更多的土地。由于经营不善，俄国并没有获得西方那样的粮食收成，

---

① Под Ред. А. П. Корелин Объединенная дворянство. Съезды уполномоченных губернских дворянских обществ 1906 – 1916 гг. в3 томах. Т. 1, 1906 – 1908. М. : РОССПЭН, 2001, с. 269 – 270.

② Под Ред. А. П. Корелин Объединенная дворянство. Съезды уполномоченных губернских дворянских обществ 1906 – 1916 гг. в3 томах. Т. 1, 1906 – 1908. М. : РОССПЭН, 2001, с. 270 – 271.

③ Под Ред. А. П. Корелин Объединенная дворянство. Съезды уполномоченных губернских дворянских обществ 1906 – 1916 гг. в3 томах. Т. 1, 1906 – 1908. М. : РОССПЭН, 2001, с. 273 – 275.

即使通过平等出售的办法，也无法解决农民土地问题。其次，政府制定一系列政策时并没有了解各地的实际情况，而是官僚化主观臆断的结果。俄国的地方条件千变万化，农民的土地问题必须交给当地使用土地的贵族和农民自己解决。即便把所有的非劳动者的土地平均发放给农民，俄国的农民也不过增加了34%的土地，但却剥夺了其他方面的享受。原因很简单，俄国的农民之所以产生缺地的想法，原因是他们把收成等同于土地空间。① 解决土地问题是非常困难的，不是说人们不理解其中的道理，就如同波兰人、波罗的海人以及芬兰人，他们很好地利用了土地，虽然政府希望他们为国家的发展出力献策，但他们仍然秉承分离的愿望，无论如何不能帮助俄国解决俄国的土地问题。所以，俄国人生活在不利于经济发展的村社体制之下，如果不从根本上解决他们的福利问题，任何土地私有都只会换来对土地的投机，就如同人们利用白酒取暖在极端的情况下变成酗酒一样。

贵族的回应不能说没有一定的道理，但在革命的浪潮面前，如何变被动的抱怨为主动的牺牲呢？这取决于政府的引导。

第二节　斯托雷平对贵族土地观念的改变

一、斯托雷平与贵族土地所有制

斯托雷平的土地改革，长久以来都被看作维护贵族地主阶级利益的改革。这样的认识在一开始是有一定道理的。首先，斯托雷平的土地改革是在革命的条件下出现的，用斯托雷平的话说，他要消除革命的原因。贵族为了保持自己的另一半土地，愿意把自己一半的土地拿出来，分给农民。其次，斯托雷平把革命的危机归结于俄国社会发展的滞后性，这种滞后性来源于村社集

① В. В. Казарезов Крестьянский вопрос в России（конец XIX – первая четверть XX в.）Т. 1. М. : Колос，2000，с. 5.

体主义对个人的束缚。贵族是俄国文化的精英，俄国要想把落后的农民改变
过来，必须有贵族作为领导。再次，斯托雷平的土地改革就是把国家和地主
的土地动员起来，交给少地的农民耕种，但在革命者看来，斯托雷平保留了
贵族土地所有制，保留了大量的封建残余；而在自由派看来，如果剥夺所有
权，将是对农业文明经营的取消。俄国革命是一种文化的冲突，激烈而尖锐。
斯托雷平站在自由派一边，进一步加剧了这场革命。这样，关于斯托雷平改
革与贵族土地所有制的关系就有了不同的评价。Н. Л. 罗佳琳娜认为："在有
机的市场转换的过程中，斯托雷平执行的不是行会政策，而是制度政策，旨
在发展新的经济形式。总理提出了对农业等级中两个阶级贫穷原因的解读，
相信无论是地主经济还是农民经济都需要另一种经济形式。斯托雷平的纲领
没有把地主作为特权阶级予以保留。加强对农民份地的动员以及拍卖贵族庄
园是一个过程的两个方面——自然而然地摧毁村社的自然经济体制。"[1]
С. М. 杜勃罗夫斯基认为："斯托雷平改革具有阶级性质。它的实施是为了满
足地主、资本家和农村富农的利益。这是少数人为了保存半农奴制土地所有
制作为地主国家的基础、保存君主制政权以及地主农奴主一整套专制制度而
对农民基本群众实行的强制。"[2] 前者显然把改革当作解决农民问题的新的经
济类型的改革，适应了所有的人；后者显然是出于公正的角度，出于对斯托雷
平改革引发的阵痛的谴责，站在了被压迫者的立场上。

其实，二者并不冲突。从利益的角度看，贵族在革命中遭遇了重大的损
失，被摧毁庄园的大部分被拍卖，[3] 实现地主的土地转移到农民手中已经成
为一种必然。最好的情况是让这种转移使国家少遭受些损失，各个阶层在过
渡过程中平缓一些。从贵族所采取的措施来看，他们从道德角度不认同土地

---

[1] Н. Л. Рогалина Власть и аграрные реформы в России XX века. М. : Энциклопедия российских деревень，2010，c. 42.

[2] С. М. Дубровский Столыпинская земельная реформа. М. : изд. Академии наук СССР，1963，c. 8.

[3] Сергей Кара - мурза Ошибка Столыпина. Премьер，перевернувший Россию. М. : Алгаритм，2011，c. 114.

的平分，认为平分土地不仅不能加速农业的发展，相反会激发农民的贪欲。从经济发展的情况来看，这样的认识是正确的。但问题是，俄国通过革命实现的土地流转是贵族和农民都不认同流转形式的结果：贵族希望通过渐进的发展慢慢实现转变，是对流转问题的搪塞；农民通过土地流转实现的是与贵族平等的愿望，而非发展自己的经济。贵族与农民在土地流转问题上的激烈冲突，让他们认识到流转的必然性。斯托雷平改革就是从这个地方开始的，因而具有超阶级的性质。基于此，斯托雷平仅仅代表贵族地主的利益，或者仅仅代表自由派的利益，抑或代表沙皇政权的利益的认识是不全面的，忽视了文化在其中所起的作用。

斯托雷平自从接替戈列梅金担任大臣会议主席以来，他规定自己的任务就是超越自身的利益局限，实现从大动荡向伟大俄罗斯的转变。斯托雷平自己是贵族出身，首先是地主，其次是官僚，改革自然会牵扯他的利益。他卖掉了自家的庄园，身先士卒。[①] 然后说服沙皇家族贡献自己的土地 180 万俄亩，以建立土地储备。弗拉基米尔·亚历山大罗维奇大公曾经激烈抗议，但是在沙皇的劝说下完成了拍卖。[②] 尼古拉·米哈伊洛维奇大公甚至建议捐献这些土地。除了皇室和国家的土地外，最主要的是把地主的土地在农民银行的帮助下转交给农民。比如，E. A. 巴拉金斯卡娅 1907 年 6 月卖掉了位于沃罗涅日省鲍勃洛夫斯克县 8 个农村公社的安娜庄园 10265 俄亩土地；E. A. 巴拉朔夫经过 43 笔交易，卖掉了 2500 俄亩土地；沃龙佐夫 - 达什科夫伯爵被迫卖给农民银行 783 俄亩土地，农民银行对此表示感谢。[③] 土地规划与农业管理局局长 П. A. 瓦西里奇科夫王公的女儿卖掉了王公的庄园 3.7 万俄亩土地。贵族联合会主席 A. A. 鲍勃凌斯基公爵支持斯托雷平的卖地主张，1905

① Мария фон бок Воспоминания о моем отце П. А. Столыпине. М. : Эксмо, 2014, c. 180.

② А. П. Бородин П. А. Столыпин и дворянское землевладение. №. 2, российская история, 2012, c. 93.

③ А. М. Анфимов П. А. Столыпин и Российское крестьянство. М, : Институт Российской истории РАН, 2002, c. 243 – 244.

年 11 月卖掉 1.26 万俄亩土地，获利 160 万卢布。① 47 个省的欧俄贵族（3 个波罗的海省份除外）1905 年共有 4980 万俄亩土地，卖掉 1750 万俄亩，购买 730 万俄亩，总共损失 1020 万俄亩，到 1915 年 1 月，还有 3960 万俄亩土地。② 贵族出售的土地价格有高有低，但从卖地的心情来看，有各种因素，诸如害怕农民焚烧、土地调节或者希望获利等，但大多数贵族的心情如瓦西里奇科夫所说："愿意支持斯托雷平的部分纲领，但是没有任何热情。"③

　　斯托雷平论述保留贵族土地所有制是在两个场合下讲的。第一次是在谈立宪民主党、社会民主工党和人民社会党党纲时讲的。斯托雷平认为他们的纲领只讲利益关系，这种利益关系，哪怕是所有其他阶层服从多数人的利益关系，都会引发社会革命，改变所有的价值观以及所有的社会、法律和公民关系，是对"地方稀缺文化源泉的摧毁"④。第二次是在第二届杜马谈论农民生活方式和土地所有权时讲的，这里提到让全国人民帮助农民获得他们需要的土地，这些人包括所有国家赋税的缴纳者、官员、商人、自由职业者以及农民和地主，让负担平等分摊，不至于都落到国家的少数 13 万人头上，因为随着他们的消失，文化的中心也消失了，无论人们怎么称呼他们。⑤ 果然，安菲莫夫在分析这个问题的时候，就是把文化源泉直接归结为"地主的文化源泉"⑥，这不仅把农民与地主对立起来，而且把农民的文化和地主的文化对立起来，加深了人民之间的鸿沟。

　　安菲莫夫把文化源泉归结为地主的文化源泉，加深了地主与人民之间的鸿沟。斯托雷平只是用道德超越了利益的鸿沟。斯托雷平没有指出富足的道德是什么，与村社农民秉持的道德理念有什么不同，只是自上而下地通过行

---

① А. М. Анфимов П. А. Столыпин и Российское крестьянство. с. 248.

② А. М. Анфимов П. А. Столыпин и Российское крестьянство. с. 250.

③ А. П. Бородин П. А. Столыпин и дворянское землевладение. №. 2，российская история，2012，с. 94.

④ Ред. С. Елисеев Столыпин П. А. Нам нужно Великая Россия. с. 87.

⑤ Ред. С. Елисеев Столыпин П. А. Нам нужно Великая Россия. с. 95.

⑥ А. М. Анфимов П. А. Столыпин и Российское крестьянство. с. 110.

政命令的方式推动，因而遭到了财政大臣 B. H. 科科夫采夫、土地规划和农业管理局局长 Б. A. 瓦西里奇科夫王公和圣主教公会总监奥博连斯基王公的反对，他们认为这必须经过杜马而不是宪法第 87 条付诸实施。[①] 从这里就可以想见，其中的差别有多大，通过后引发的反响会有多么强烈。

　　贵族对于维护土地所有权，允许农民退出村社是支持的，这在 1905 年 11 月召开的土地所有者代表大会就已经提出了，并得到 1906 年第一次贵族联合会全权代表大会的复议。贵族对此并非没有分歧，认为政府的做法会激发争夺土地的浪潮，这已经被土地投机、哄抬土地价格所证实。贵族 C. 别赫捷耶夫已经在第二次贵族联合会代表大会上的报告中指出，俄国人把土地当作了母亲，而西方人则把土地当作了商品。任何非俄罗斯人干预俄罗斯人对土地的态度，就像干预东正教事务一样，是他道德基础的灭亡。[②] 所以，贵族在这个问题上表现得非常谨慎，通过的决议中也只是指出："世界上农民向好的经济制度的转变都是自上而下进行的。"没有直接提出强制摧毁村社。[③] 贵族与政府之间的分歧就在这里。

二、贵族是小农经济的引领者

　　斯托雷平与贵族的分歧主要在于是否让贵族成为农民的引领，而不是关于农业发展的战略分歧。斯托雷平在 1907 年 5 月 10 日杜马讲话中说："现在，国家正在患病。患病最重、最孱弱，也是最萎靡的部分，就是农民。我们应该帮助他们。有人提出了一个简单、自动和机械的办法：把现有的 130000 个庄园夺过来平分。这还是国家吗？这让我想起了拆东墙补西墙的故事，这不是缝了袖子剪了前襟吗？先生们，不能强化病体，这是割自己的肉

　　① Под ред. Б. Д. Гальперина Особые журналы Совета министров Российской империи1906 год. М.：РОССПЭН，2011，c. 209.

　　② Под Ред. А. П. Корелин Объединенная дворянство. Съезды уполномоченных губернскихдворянских обществ 1906 – 1916 гг. в3 томах. Т. 1，1906 – 1908. М.：РОССПЭН，2001，c. 293.

　　③ А. М. Анфимов П. А. Столыпин и Российское крестьянство. c. 105.

斯托雷平画像

养自己的身体；应该给有机体注入活力，为病体注入营养液，那时，有机体才会战胜疾病；无疑，这件事全国都应该参与，国家的各个部分都应该帮助现在最弱的这个部分。"①

斯托雷平的这段话让不同的党派产生了极为不同的认识。比如，革命派的政党会站在农民的立场上说斯托雷平是捍卫地主阶级的利益；自由派左派立宪民主党会讲这是允许没收地主的土地，以解决农民的少地问题；而路标派则把这个问题转入文化领域，认为俄国农民的病根在于不倾向于真理，而是倾向于平等，手段成为目的本身。谢尔盖·卡拉－穆尔扎干脆以此为依据，把村社的平等思想与西方的个体思想对立起来，并从东正教上寻找依据。他认为："地主夺取土地，农民从来都认为是不合法的。这是不可调和的，甚至最保守的地主在革命时期也同意把自己的一半土地分给农民。然而，农民只有一个要求——土地国有化。恩格尔哈特说，土地是沙皇的。当然这不在于土地属于沙皇所有，而是沙皇是所有土地的主人。社会要求平分土地，让土地不荒芜，这是农民在从广义上看待这件事，而不是像一些报纸的记者所传的那样，夺取老爷的土地，然后转交给农民。"② 这样就比较艰难了：这是文化的冲突。换句话说，如果农民从文化上不认同斯托雷平改革，即使其改革能够带来经济的繁荣，在繁荣的同时还是会出现农民反改革的浪潮。贵族作为斯托雷平改革的引领者会变得更加艰难。

当然，这是一个过程。在 1906 年，贵族的庄园尽管受到了农民的焚烧和

① Ред. С. Елисеев Столыпин П. А. Нам нужно Великая Россия. c. 94.

② Сергей Кара – мурза Ошибка Столыпина. Премьер, перевернувший Россию. c. 124.

抢劫，但是，贵族还能够以沙皇国家利益为重，为国家分忧解难。如贵族联合会在给沙皇的呈文中说："同样，在现有条件下，贵族不能不注意到国家生活中最尖锐的土地问题。在不害怕被责备似乎有意保护自己利益的情况下，贵族坚决而直率地声明，他们认为自己的使命不是捍卫现在的土地占有者的利益，而是广泛的国家利益、所有阶层的福利以及千百万农民的利益。贵族认为，执行建立在强制没收私人占有原则之上的土地法会从根本上动摇国家生活最稳固的根基之一——所有权的不可侵犯性，它也同样会在全国人民的福利以及国家的正常发展问题上有所反映。破坏土地所有权自然会引发对别人的不动产以及动产权利的破坏并使之合法化，破坏人们对劳动的兴趣，消灭了对自己的爱和对别人的尊重，崇拜武力，使国家生活面临着陷入无数并发症的危险，而这是与合法国家的尊严格格不入的。"[①] 但是，当斯托雷平以宪法第 87 条公布了 11 月 9 日法令，即《关于涉及农民土地占有和土地使用的现行法律某些补充规定》，特别是在 1908 年 10 月 23 日开始讨论的时候，问题就变得比较严重了。

　　贵族把斯托雷平改革看作是强制损害土地所有权。这就必须分析土地所有权的意义。贵族在第三次全俄贵族联合会全权代表大会上谈斯托雷平改革就是通过农业银行把贵族的土地从有文化人的手中转移到没有文化人的手中，造成土地的投机，无法解决农民增产的目的，也无法解决农民少地的问题。如 Д. Н. 科瓦尼克认为，随着俄国革命的到来，地主恐慌了……恐慌让许多人卖掉了自己的土地，做出了很多的牺牲，这是悲剧……但对于国家来说，就是把土地从有文化人的手中转到无文化的人手中，这未必有益。[②] 俄国的土地问题一个原因在于人口增加，涨幅居欧洲首位。然而，就人均土地面积

　　① А. П. Корелин Объединенное дворянство. Съезды уполномоченных губернских дворянских обществ. 1906 – 1916 гг. в3 тт. Т. 1, 1906 – 1908 гг. М.：РОССПЭН，2001，с. 137 – 138.

　　② А. П. Корелин Объединенное дворянство. Съезды уполномоченных губернских дворянских обществ. 1906 – 1916 гг. в3 тт. Т. 1, 1906 – 1908 гг. М.：РОССПЭН，2001，с. 445 – 446.

而言，人均拥有土地 8.7 俄亩，高于法德的不足 4.5 俄亩。① 俄国的问题在于其落后的生产能力，如第一次世界大战前俄国的小麦平均收成每俄亩 55 普特，那么奥地利则为 89 普特，德国 157 普特，比利时 168 普特。② 当然，俄国还有气候因素和土壤因素，影响了土地的使用方式，如三圃制；还影响了农民的生存方式，如村社制度。但是俄国的主要问题在于人的意识，所谓听天由命。当资本主义的竞争因素以战争压迫的形式袭来的时候，农民第一个想到的一定是增加土地，于是便与贵族形成争夺土地的局面，也就出现了土地集中在大贵族手中和地块分散与遥远的局面。

斯托雷平土地改革的核心首先是明确土地所有权的价值，其目的就是提高农民的劳动生产力，最主要的是劳动的兴趣。农民的劳动兴趣来自土地所有权而不是均分财产，这是人性决定的。为什么斯托雷平把私有观念当作人性，而不是均产思想呢？原因是经济竞争的外在压力。经济竞争刺激了农民的欲望，人们一定会把占有放在第一位而不是平等。至于说，在民粹派政党的党纲里仍然觉得平均分配土地才是农民的愿望，这是出于文化传统。没有受过什么教育的农民自然而然也就认为应该平分别人的财产。但农民运动和劳动团在杜马中提出土地要求时却出现了奇怪的现象：一方面农民要求平分地主的财产，但另一方面又不愿意平分自己的财产。这也是列宁提出的农民小资产阶级性。③ 对于贵族所要做的就是让农民变得理性，遵守法制，而不是随便剥夺别人的财产。

---

① В. В. Казарезов Крестьянский вопрос в России（конец XIX – первая четверть XX в.）. Т. 1. с. 16.

② В. Г. Тюкавкин Великорусское крестьянство и Столыпинская аграрная реформа. М.：Памятникиисторической мысли，2001，с. 70.

③ 列宁说："最充分的自由和最彻底的对地主的剥夺是否会消灭商品经济呢？不，不会消灭。最充分的自由和最彻底的对地主的剥夺，是否会消除拥有许多牛马的富裕农民和雇农、日工之间，即农民资产阶级性和农村无产阶级之间的鸿沟呢？不，不会消除。恰恰相反，上层等级（地主）被粉碎和消灭得越彻底，资产阶级和无产阶级之间的阶级对峙也就越深刻。农民起义的完全胜利将有怎样的客观意义呢？这个胜利将会彻底消灭农奴制的一切残余，但是绝不会消灭资产阶级的经营方式，不会消灭资本主义，不会消灭社会划分为阶级、划分为富人和穷人、划分为资产阶级和无产阶级的现象。"参见《列宁选集》第 1 卷，人民出版社 1995 年版，第 656—657 页。

贵族有争议的当然不是斯托雷平不保护土地所有权，而是在国家的整个氛围都倾向于平分地主的财产而不是尊重别人的土地所有权的情况下，如何通过农民土地银行购买土地，完成向发展农民经济生产力方向的转变。因为对于俄国来说，大约只有20%的土地掌握在土地所有者手中，而其他的土地都掌握在国家财政机关手中。[①] 所以，国家不仅要摆平贵族，更主要的是让贵族获得与农民平等获取贷款和发展经济的资助，而不是让贵族逃走，让农民走向平分财产。所以，国家保护土地所有权，不仅是针对地主贵族，更主要的是针对农民。于是国家成了贵族乃至农民攻击的对象，虽然农民的理由只是把改革看作满足地主贵族的需要；而贵族的理由在于改革破坏了东正教的道德。

斯托雷平改革的艰难之处在于人民应该在保护国家完整的条件下维护个人的责任与义务。对于沙皇贵族来说，虽然出于东正教的考虑要热爱国家，必须把自己置身于国家之中，与此同时又要把自己变得强大。贵族是国家的顶梁柱，他们曾经为了国家献身，因而获得了国家的荣誉称号和土地；如今，贵族仍然为国家献身，但却没有资格享有国家的特权，他们必须容忍曾经为自己服务的农奴崛起，变成与自己一样强大的、富裕的、有文化的人，这便是牺牲。问题不在于贵族有没有牺牲的境界，问题在于经济发展带来的对国家的离心离德的情况。

斯托雷平的土地改革面临的第一个问题便是牺牲贵族的土地。这个方面已经引起了分歧：一方面造成贵族对于国家服役变得越来越冷漠，有的甚至放弃了对自己土地的经营，逃进城里；另一方面，很多贵族逐渐沦为平民，生存变得越来越艰难，失去了贵族该有的担当。第二个问题是改革摧毁了村社。安菲莫夫说："对于（斯托雷平）提出的目标——完全摧毁村社来说，巩固土地所有权的道路实现了吗？答案应该继续从逐年退出村社的材料中寻

---

① А. П. Корелин Объединенное дворянство. Съезды уполномоченных губернских дворянских обществ. 1906 – 1916 гг. в3 тт. Т. 1, 1906 – 1908 гг. М. : РОССПЭН, 2001, с. 380.

找。从 1909 年开始的退社数目的下降就可以得出结论，这个下降对于斯托雷平改革者来说是灾难性的。"① 这样便把培养农民的所有权的愿望与反对村社制度对立起来，它带来的只能是战争，而不是提高农民的劳动生产力。第三个问题是通过土地整理，形成的单独田庄和独立农场并没有取得好于村社土地所有制下的经济效益，还造成了社会纷争的局面。对于目光盯在单独田庄和独立农场的学者来说，其原因是他们不相信从村社独立出来的人能够发展生产力，而不是用于投机。如安菲莫夫说："人数最少、最富有以及最让人记恨的团体，是一些收入依靠与农村下层搞贸易和高利贷业务、粮食贸易和土地投机等业务的农村的富农恶魔。富农一般也有自己不大的经营，但不是主业。农村的富农不会超过一两个，如果多了，就会引发彼此的纷争。"② 第四个问题是改革最后不是为了实现农业生产力的发展，而是为了土地整理本身。比如，安菲莫夫说："并不是所有的富农都支持退出村社，因为对于他们来说，这样就不能使用牧场、养殖场、放牧林闲地以及介于收割过的庄稼地与绿地之间的放牧区。……但是，最主要的问题在于，划分出单独田庄和独立农场完全破坏了村社中其他人的土地使用，自然农民就会反对退出村社的人，反对土地整理工作人员强制划分土地。"③ 斯托雷平为什么还要这样做呢？最主要的是给有独立生产欲望的人以机会，给死水一潭的农村经济打开一个缺口。

对于贵族来说，最大的问题不是不能融入商业经营，这就如同 В. Л. 库谢列夫所说："在私人银行有贵族和农民分部吗？没有，私人银行只与农民打交道。所以，为了不把银行区分为贵族银行和农民银行，只是与农民打交道，就必须在国家银行里准确地提出问题。我认为，在我们这里存在着两面性，是由于在土地占有上混淆了概念。农民银行被理解成村社土地所有制，

---

① А. М. Анфимов П. А. Столыпин и Российское крестьянство. с. 121 – 122.

② А. М. Анфимов П. А. Столыпин и Российское крестьянство. с. 129.

③ А. М. Анфимов П. А. Столыпин и Российское крестьянство. с. 129.

当农民活着的时候，就有权使用土地，而我们把占有的概念理解成为继承权，这个权利农民是没有的。在观点上做这样的区分是不正常的，也是不公正的。我不能同意济宾的观点，认为小笔贷款是有害的。因为不仅需要钱，也需要人手。……贷款只有在地主真正用于改善自己经济的时候才能得到解决……当我们的庄园成为居民的文化绿洲的时候，我们就厉害了。"① 问题是贵族能够放下自己的偏见，帮助农民确立所有权思想，扭转他们平分财产的观念吗？这样就否决了贵族银行是商业性质，而农民银行只是为了满足农民土地需求的认识了。当然，对于没有经济实力确认自己所有权的农民来说，农民是银行的确应该履行优惠农民的义务，把土地贱卖给农民，这是政治任务，也是贵族为了国家的发展所要付出的代价。

对于农民呢？这一点当然也是很难的。一方面，农民在购买银行土地的时候，常常要花上一大笔钱，也在一定程度上受市场变化的影响。如安菲莫夫在列举贵族出售土地给农民时，有的卖得贵，有的卖得便宜，这不仅会影响农民土地所有权的获得，更主要的是会增加农民对于贵族的仇恨，导致农民战争。所以，当土地交易，特别是农民把自己的份地作为抵押办理贷款和移民的时候，就必须通过立法让土地划归一处变得更加容易。这也是 1911 年 5 月 29 日法律的内涵。这样，克里沃舍因把土地整理委员会交给地方，不是把它看作官僚机关，而是看成专门委员会：必须靠近农民生活这是任何中央机关都不能达到的。② 至于说，斯托雷平让有能力的人退出村社，建立单独田庄和独立农场，完全是为了解决农民独立经营的问题。虽然从所掌握的资料来看，单独田庄和独立农场比村社经营效率高得不多，还是能从几个方面看出独立经营的优势。第一，根据 1913 年克里沃舍因掌握的不同地区 12 个县的资料，单独田庄和独立农场的 75% 都规划为一块土地。虽然有 7% 的独

① А. П. Корелин Объединенное дворянство. Съезды уполномоченных губернских дворянских обществ. 1906 – 1916 гг. в3 тт. Т. 1, 1906 – 1908 гг. М. : РОССПЭН, 2001, с. 491 – 492.

② В. Г. Тюкавкин Великорусское крестьянство и Столыпинская аграрная реформа. с. 198.

立田庄和农场卖掉了自己的土地，但还是有 314 户购买了新的土地或者移民西伯利亚。[①] 第二，脱离村社获得独立的个体们平均都有 10 俄亩左右的土地，成为俄国的中产阶级。一些人手多的个体户租赁别人的土地以巩固自己的经济地位。例如，图拉省的博罗金斯克县，所有的独立农庄主中租入土地的占 57.1%，租出土地的占 40%，而独立田庄主和村社社员分别租入土地60.9% 和 51.3%，而租出土地分别占 23.4% 和 18.9%。[②] 第三，个体户们平均有 6.5—7.5 个劳力，其中雇工达到了 3 个，特别是夏秋季收获的季节。第四，个体户们为了加强自己的经济，增加了牲畜和工具。如在莫洛茨克县每个个体平均增加 1.8 匹马和 2.5 头牛；在勒热夫斯克县分别有 3.3 头马和 3.5头牛；在西切夫斯克县分别拥有 3 头马和 1.5 头牛。而添置的新工具分别增加了 59%、33% 和 69%。[③] 第五，个体户们纷纷进行土地改良。如 1913 年，在莫洛茨克县有 246 个个体户进行了土壤改良，独立农场主和单独田庄主分别支出了 145 卢布和 67 卢布；在特洛茨克县分别支出了 375 卢布和 32 卢布；在勒热夫斯克县分别支出了 70 卢布和 23 卢布；在西切夫斯克县则分别支出了 50.7 卢布和 28 卢布。使用化肥的土地分别为克拉斯诺乌法县 275.3 俄亩（独立农庄和单独田场总共 821.6 俄亩）、莫洛茨克县为 177.2 俄亩（总数380.7 俄亩）、勒热夫斯克县为 249 俄亩（总数 297 俄亩）、西切夫斯克县为436.5 俄亩（总数 804.2 俄亩）、特洛茨克县为 719.5 俄亩（总数 931.2 俄亩）。[④] 第六，最主要的表现是提高了劳动生产率和收成。如沃伦省 1914 年个体户的收成提高了 80%；1913 年斯摩棱斯克省黑麦收成独立农场主每俄亩

---

① И. И. Климин Столыпнаская аграрная реформа и становление крестьян – собственники в России. СПб：Центр исторических и гуманитарных исследований «Клио»，2002，с. 219.

② И. И. Климин Столыпнаская аграрная реформа и становление крестьян – собственники в России. СПб：Центр исторических и гуманитарных исследований «Клио»，2002，с. 221.

③ И. И. Климин Столыпнаская аграрная реформа и становление крестьян – собственники в России. СПб：Центр исторических и гуманитарных исследований «Клио»，2002，с. 222 – 223.

④ И. И. Климин Столыпнаская аграрная реформа и становление крестьян – собственники в России. СПб：Центр исторических и гуманитарных исследований «Клио»，2002，с. 226.

生产 65 普特，而村社社员每俄亩收获 55 普特；燕麦每俄亩分别收获 63 普特和 56 普特；荞麦分别收获 60 普特和 48 普特；土豆分别收获 511 普特和 402 普特。①

虽然对于少地农民的帮助有一定的非议，有人认为通过农民银行完成农民土地购买的作用是有限的，甚至购买的价格也不低：如 1906—1912 年银行出售土地的平均价格在每俄亩 113 卢布，购买私人土地的价格则达到了每俄亩 127 卢布、145 卢布和 152 卢布。但是，在市场规则的影响下，贵族卖出了 1450 万俄亩的土地，占贵族土地的 1/4 还多，而购买农民银行出售的土地者中，截至 1910 年，无地的农民购买 27.9% 的土地，少地的农民（不足 6 俄亩）购买了 52.7% 的土地，二者相加达到 80.6%。② 土地买卖虽然有各种因素，比如，地主是为了躲避庄园的焚烧，国家是透过这种办法解决少地问题等，但是斯托雷平改革对于农民经济发展的救助是巨大的。第一，土地规划与农业管理总局通过让农民银行购买粮食的办法帮助降低丰年粮价，以改善农民的贫穷状况。第二，土地规划与农业管理总局通过派驻农艺师为不善经营的农民建立示范田。为此建立的农艺协会吸收政府官员、地方自治局的人士以及当地的农艺技术人员发送关于个体农民耕作措施的通报，让独立农庄和单独田场在 26 个省广泛传播。第三，对农业实行广泛救助，增加国家的农业投资。1907—1913 年国家用于农业救助的拨款从 1.2 万卢布增加到 590 万卢布，用于资助农业副业的资金从 1908 年的 570.2 万卢布增加到 1913 年的 2905.5 万卢布。地方自治局的农业救助从 1906 年的 410 万卢布增加到了 1912 年的 1300 万卢布。第四，设立农业学校。1912 年，土地规划与农业管理总局在 1 万个村子举办近 1.7 万场报告会，吸引了 90 多万农民。有 820 个农业培训班吸引了 5.4 万名农民学习等。③

---

① И. И. Климин Столыпинская аграрная реформа и становление крестьян – собственники в России. с. 229.

② В. Г. Тюкавкин Великорусское крестьянство и Столыпинская аграрная реформа. с. 214，212.

③ В. Г. Тюкавкин Великорусское крестьянство и Столыпинская аграрная реформа. с. 214 – 218.

移民亚俄曾经被看作流放不听话农民的方法，其实，自斯托雷平执政之后移民变成解决农民土地问题、培植农民独立经营意识的重要方法。国家不仅给予移民补贴，而且还免费发放土地。1904 年移民卖掉 70% 的土地，出租 18%，交给村社的 12%。农民不仅获得了启动资金，而且获得了所需要的土地。据 В. К. 库兹涅佐夫统计，生活在西伯利亚的 1.4 万户移民平均拥有耕地 5.4 俄亩，而家乡只有 2.4 俄亩；拥有草场 25.5 俄亩，在家乡只有 0.6 俄亩。① 移民在 1909—1910 年曾出现过降低，经过斯托雷平和克里沃舍因的考察，及时调整了用地政策，实施低价购买，逐渐把亚俄的土地制度与国内的土地制度——确立私有经济统一起来，对于俄国农业市场的发展做出了重要贡献。

三、贵族从支持个体向支持村社的演变

根据前面的情况可以看出，无论是出于保护自己的利益，还是从根本上解决农民的土地问题所做出的牺牲，贵族们已经减少了自己的土地。在斯托雷平的主持下，完成了小土地所有权的建设。

但问题到此并没有结束。正如维特也曾经主张给予农民土地所有权不仅具有政治的必要性，而且具有经济的必要性那样，财政大臣科科夫采夫也持同样的观点，然而，他们始终不敢通过行政命令的方式将其付诸实施，希望能够通过杜马获得农民的普遍支持。斯托雷平根据行政经验并没有等待杜马的批准，而是自上而下通过沙皇的行政命令强制实施。在斯托雷平看来，11 月 9 日法令的意义固然巨大，但不能夸大它的意义。他清楚地知道，事情不是语言，甚至也不是法律可以成就的，而是需要在实施农业改革方面开展大量的组织工作。②

---

① В. Г. Тюкавкин Великорусское крестьянство и Столыпинская аграрная реформ а. с. 281.

② Сергей Степанов Великий Столыпин. 《Не великие потрясения, а великая Россия》. М. : Яуза: Эксмо, 2012, с. 269.

果然，改革的进行并没有收到预期的效果，而是带来了巨大的抱怨。如1915 年，欧俄土地整理委员会通过了 118157 份决议，其中居民的投诉为2200 份。1720 份诉状投诉土地整理工作的不正确行为；298 份投诉贷款和补助；23 份投诉国有土地的出售；40 份投诉土地的出租；34 份投诉取消农民银行的庄园；7 份投诉银行帮助购买庄园的事宜；78 份则投诉别的事情。这样，整个改革期间，居民投诉涉及两个方面的事情：第一，涉及改善土地占有条件以及土地使用秩序，即巩固土地个人所有制、退出村社以及把整个村子规划为独立田庄和单独农场事宜；第二，涉及发放贷款和无须返还的补贴事宜。①

关于巩固土地个人所有制以及划分独立田庄和单独农场问题上，主要涉及独立的个体与村社社员的土地划分问题。有人抱怨个体把村社中的好地划分走了，留下来大量不好的土地；还有人抱怨，有人把自己的土地划分出去了，但是还回来的是村社的牧场和林地，甚至一些人说，独立出去，需要自己修路、掘井，由于不能享受国家的补贴而使得经济破产；等等。如何看待划分中的不公平问题？不能否认地方政府机关有偏袒独立个体的情况，也有僧多粥少产生的资金不到位的情况，但是把土地从村子里划分出来进行独立经营，有利于农民土地所有者的提升。总的来讲，由于土地平等分配的理念作用，以及个体独立产生的自私自利，导致对土地规划和土地所有的否定，更主要的是上升到了反对民族国家的高度。正如《俄罗斯会议通报》所说："11 月 9 日法令对于俄罗斯的未来可以避免灾难并取得比较正面的结果只有一种情况，即划分独立地块的农民既没有权利出售土地，也没有权利抵押土地，让这块土地永远属于他们的主人及其家庭。让农民束缚在这块土地上，对于农民还是俄国都是光明的未来。对于这个纲领唯一的例外，这是为了消

---

① И. И. Климин Столыпинская аграрная реформа и становление крестьян – собственники в России. с. 166 – 167.

贵族与村社

灭条田，在同村里可以交换地块。"① 俄罗斯通报的观点反映了保守派的思想。他们把斯托雷平改革看作整理地块，维护贵族与农民由于划分土地所破坏的宗法伦理关系。

这样，无论是过去的革命者，还是今天的保守派，都把维护村社制度当作自己的首要目的，所不同的是：革命者以村社作为与贵族地主争夺土地的工具，而保守派则把村社看作维护贵族与农民宗法关系的工具。

无论是革命者还是保守派所纠结的都是土地私有化让人变得自私自利，这一点是完全违背东正教的伦理道德的。斯托雷平与宗教民粹派列夫·托尔斯泰所争论的便是人的价值：托尔斯泰捍卫的是人与人之间的平等，他在意的不是开发与富足，而是占有上的平等，也就是我们常说的"贫穷的平等和没有剥削"；斯托雷平在意的是开发与富足，让每一个人的智慧得到充分发

① Л. Ю. Казанина Столыпинские реформы в оценке российского общественного мнения（1906－1911）. М.：АПКиППРО, 2012, с. 102.

挥，这就需要让每一个人对自己的生活负责，而不是依靠集体与别人。斯托雷平反复强调：退出村社的农民应该具有私人所有者的所有权利。11 月 9 日法令早就预见到了支配份地的限制。份地只能卖给农民、公社和协作社，而有权接受过去份地抵押的只有农民银行。这个限制对于农民是有益的。农民像贵族、商人、市民和其他等级的代表一样具有财产权。所有权与责任联系在一起。过去的村社社员在成为个体土地所有者之后就一劳永逸地摆脱了束缚，他们像银行家、工厂主和商人一样自己承担风险，可能在经营不善的情况下破产，但也有机会依靠自己的理智决定和不懈努力而变得富有。[①] 可是，贵族在遭受到权利损失，特别是遭受到农民对他们的不尊敬的时候，他们为了沙皇和祖国倡导的对农民的引领转变成对俄国独特性的维护，他们的重心也越来越转向发展农业生产力、农业技术以及手工业方面了，贵族对农民的启蒙工作也越来越成为少数人的主张了。

于是，斯托雷平后期关于改革本质的论述也越来越不能像刚刚颁布那样大张旗鼓地揭露村社的束缚性了，他说："废除村社是一个长期的过程，而且政府也不打算到处取消这种制度，因为村社在过时的地方已经不存在了。"[②] 当有人问这是否会放弃对弱者的保护了呢？斯托雷平说："政府从来没有在任何地方声明，国家不再关心弱者，不再关心无助的人以及不再关心在农村公社和农民家庭中没有能力的人。无疑，关心这些人是政府的责任，但是，他们，这些弱者不应该成为沉重的包袱，不能像一个沉重的枷锁压迫农民阶层，压迫从事耕作的阶级，抑制他们的首创精神以及改善自己生活的愿望。"[③] 所以，自从 11 月 9 日法令颁布以来，政府总是小心地解除农民的束缚，从来不对他们采取强制。至于说由于自主经营所带来的竞争，则是一

---

① Сергей Степанов Великий Столыпин.《Не великие потрясения, а великая Россия》. М. : Яуза：Эксмо，2012，с. 267 – 268.

② Сергей Степанов Великий Столыпин.《Не великие потрясения, а великая Россия》. М. : Яуза：Эксмо，2012，с. 281.

③ Ред. С. Елисеев Столыпин П. А. Нам нужно Великая Россия. с. 253.

种新的经营方式的必经阶段。这也是斯托雷平在与保守派争论的时候反复强调的。譬如，在评价国务会议成员 A. C. 斯基申斯基的发言时，斯托雷平补充说："我感觉国务会议成员斯基申斯基非常清楚地理解了我的一个思想，即 11 月 9 日法令把份地保留在农民手中，但是他也犯了一个错误，即把 11 月 9 日法令小心地完整保存了家庭所有制的思想强加给了我。"① 当家长真的由于醉酒或者衰败而决定出售或者抵押土地的时候，必须有家庭所有成员的参与。所以，斯托雷平提出的发展农民所有权并不是破坏家庭关系，而是强化了各自的责任意识。斯托雷平所真正关心的是通过划分地块的办法提升不负责任的农民的意识，完成从土地束人向人控土地的转变。

贵族在农民争取土地的过程中愿意让出自己的部分土地以保全自己其余的土地，因而从维护贵族土地所有制的角度同意斯托雷平的改革思想。然而，随着改革的不断深入，贵族从维护俄国专制制度、东正教和人民性的一体化的角度越来越反对摧毁村社了。他们从过去斯托雷平改革的拥护者，变成斯托雷平改革的反对者。他们在土地改革上没有获得成功，他们越来越通过国务会议的力量挑唆沙皇，诋毁斯托雷平正在夺取沙皇的权力。

第三节　非等级土地产权的确立

一、农村资产阶级对贵族的冲击

斯托雷平通过改革创造出来的农民土地所有者被称为单独田庄庄园主（отруб）和独立农场主（xyтop）。与村社经济相比，单独田庄庄园主就是尽可能地把土地归置到一块土地上，而自家的宅院仍像以前一样留在农村之中；而独立农场主也把所有的土地或者大部分土地归置到一块土地上，与单独田庄庄园主不同的是，这块土地上包括自家的宅院，同时也包括饲养牲口的一

---

① Ред. С. Елисеев Столыпин П. А. Нам нужно Великая Россия. с. 258.

些农用建筑设施。① 这些人从村社的土地上独立出来，形成了俄国的新型资产阶级。在俄国，资产阶级有着特殊的含义。我国学者多以"抠门""吝啬鬼""守财奴""小商贩"来加以形容，也有不择手段的暴发户的含义。② 俄罗斯思想家别尔嘉耶夫从精神上做了精确的概括。他说："'资产阶级性'是人的一种精神状态，而不是人的社会阶级地位，它是由精神对物质生活的态度、精神的不自由和精神无力克服物质的控制所决定的。"③ 从宗教的角度来讲，"'资产阶级'对可见的东西的喜欢始终都甚于不可见的东西，对这个世界的喜爱甚于另一个世界。……真正与资产阶级精神对立的……是贵族精神"④。这样，资产阶级不仅不择手段地抠门，而且没有任何精神追求。

在苏联时期的著作里，虽然论述了斯托雷平土地改革带来的生产力的变化，但是就斯托雷平培植出来的庄园主和田庄主都是农村的富裕阶层这一点，认为他们都是利用高利贷等方式致富的。例如杜勃罗夫斯基曾说："政府卖地给农民，千方百计地保护地主利益，所以提高了出售土地的价格，而提高价格使建立富农经济极为困难，因而阻碍了经济的发展，重建的庄园必须给银行支付更高的购买资金，无疑也阻碍了新的庄园的建设。……每个庄园主和田庄主由于购买土地都欠农民银行的债或者借助于农民银行，下层则欠私人的债。这就证明了他们大多依赖于地方的高利贷资本。"⑤

苏联历史学家将农民利用银行的钱或者借私人的钱搞经营视作借高利贷，认为这样提高了他们的生活成本，对于农民来说带来的一定是破产。站在农民立场说话的人一定认为这是政府的强制，保守的有文化的人则说这是在俄

---

① П. Н. Першин Участковое землепользование в России. Хутор и отруб, их распространение задесятилетие 1907 – 1916 гг. и судьбы во время революции (1917 – 1920гг.). М. : Новая деревня, 1922, с. 16 – 18.

② 金雁：《苏俄现代化与改革研究》，广东教育出版社 1999 年版，第 7 页。

③ Николай Бердяев Духовные основы русской революции Опыты 1917 – 1918 гг. СПб: Изд. РХГИ, 1999, с. 32.

④ Николай Бердяев Духовные основы русской революции. Опыты 1917 – 1918 гг. с. 33 – 34.

⑤ С. М. Дубровский Столыпинская земельная реформа. М. : Изд. Академии наук СССР, 1963, с. 280 – 281.

国贴上了西方人的东西，因而更加剧了社会对改革的反动。比如俄国人民同盟的主席杜勃罗文说："斯托雷平不是国务活动家，他希望通过强大的行政权力减缓与革命的斗争，但这些权力成为加剧革命的源泉，发展了可怕的任意妄为。他希望自己被称为严守法律的人，但他践踏了法律。斯托雷平由于无限度的妄为和经常的强制行为激起所有人反抗自己，从农民到官员。接下来人们称斯托雷平是一个'没有才能的官员'。"①

要知道，通过土地改革，使俄国历史上第一次承认 1 亿农民是"人"，与其他等级具有平等权利，拥有土地所有权的人是斯托雷平。当然，从这个意义上来讲，斯托雷平是伟大的。但是，俄国的问题在于俄国的大多数农民都是不识字的，同时也非常贫穷，因此，俄国农民被当作人看待不一定是快乐的事情。原因很简单，斯托雷平土地改革是让农民有偿地获得土地，而且要激发起劳动的乐趣，这必须吃很多的苦头。俄国农民在改革中大部分仍然留在村社里，更主要的是村社能够避免农民在歉收或者劳动不好时流落街头。这也是斯托雷平反复强调村社是阻碍自由人发展的原因。而俄国要想改变这种局面，一定是由有毅力的贵族或者政府发起改革，不可能是由农民自发产生的。

问题的关键是，斯托雷平改革是在 1905—1907 年革命的背景下产生的。从革命者提出的口号到革命政党在第一、二届杜马中提出的土地纲领，基本上都是平均分配地主土地。换句话说，他们把俄国农业问题归结为缺地问题。农民的这种认识形成了斯托雷平的改革背景。如果斯托雷平不牺牲贵族的利益，解决农民的少地问题，那么俄国根本没有办法解决农民耕种土地的问题。所以，斯托雷平土地改革是从贵族卖地开始。这样不仅可以把贵族多余的土地平静地流动到愿意耕种土地的农民手中，而且给俄国解决农业问题带来了资金。杜勃罗夫斯基把俄国的土地分为三类：一类是份地，主要用于满足农

---

① М. А. Давыдов Двадцать лет до великой войны. Российская модернизация Витте – Столыпина. СПб. : Алетейя, 2014, с. 296.

民的日常需求；一类是经营土地，为了挣取利润；一类是收取地租的土地，满足地主的日常需求。地主贵族的私人土地在出售给农民的过程中，有各种情况。总的来说，贵族在 1906—1915 年土地整理的九年过程中，出售了自己的私有土地 1750 万俄亩，购进 730 万俄亩，到 1915 年，买卖相抵，贵族剩余 3960 万俄亩的土地。如果 1906—1907 年只有 1.1 万贵族出售土地，那么在随后的七年里，出售土地的贵族增加了一倍，人数达到了 2.16 万人。如果头两年地主卖地平均 95 卢布/俄亩，那么随后几年价格达到了 113 卢布/俄亩。[1] 根据杜勃罗夫斯基分析，贵族出售土地一方面是由于革命摧毁了地主的庄园，另一方面就是土地租赁价格下降了 30%，农民工人工资提高，还有一个很重要的原因就是解决农民的少地问题。[2] 虽然杜勃罗夫斯基说，通过出售贵族土地根本无法解决农民的土地问题，但从土地出售的情况来看，实现了大土地所有制向小土地所有制的转变。据安菲莫夫计算，商人和荣誉市民在九年时间里共有 2.9 万人买卖土地，数量和贵族差不多，但从买卖的比例来看，商人共拥有 1280 万俄亩的土地，损失了 170 万俄亩，占原有土地的 13%。价钱也从起初的每俄亩 88 卢布涨到了 95 卢布。[3] 47 个省的工贸联合会 1905 年共有 436.4 万俄亩的土地，九年间卖掉 120 万俄亩的土地，买入 95.7 万俄亩的土地，共损失 24.3 万俄亩的土地。[4] 1906—1914 年，农民个人卖掉了 360 万俄亩的土地，购买了 720 万俄亩。通过买卖，农民个人拥有的土地从 430 万俄亩增加到了 730 万俄亩。[5] 综合以上情况，在土地买卖过程

---

[1] А. М. Анфимов П. А. Столыпин и Российское крестьянство. М. : Институт российской истории РАН, 2002, с. 250.

[2] С. М. Дубровский Столыпинская земельная реформа. М. : Изд. Академии наук СССР, 1963, с. 309.

[3] А. М. Анфимов П. А. Столыпин и Российское крестьянство. М. : Институт российской истории РАН, 2002, с. 253.

[4] А. М. Анфимов П. А. Столыпин и Российское крестьянство. М. : Институт российской истории РАН, 2002, с. 255.

[5] А. М. Анфимов П. А. Столыпин и Российское крестьянство. М. : Институт российской истории РАН, 2002, с. 256.

中，所有阶层中，只有农民私有者增加了土地。农民购买土地多需要贷款，所以主要是通过农民银行实现的。据秋卡夫金讲，1906—1907 年，农民银行给农民出售了 130 万俄亩的皇家土地。整个 1906—1905 年的九年里，农民银行共卖给农民土地 410 万俄亩。而从 1910 年开始，90% 都卖给了独立庄园和单独田庄。这样，购买银行土地的主要是贫穷的和少地的农民。份地不足 1.5 俄亩的购买者达到 17%，而份地 1.5—3 俄亩的购买者达到了 19%，而份地超过 15 俄亩的购买者只有 3.2%。到 1910 年，无地者购买了农民银行出售土地的 27.9%，少地者（不足 6 俄亩者）购买了银行出售土地的 52.7%，换句话说，80.6% 的银行土地由贫农户购买。[①] 虽然这里面有安菲莫夫所说的土地价格被抬高，以及小土地所有者占有的土地不如大土地所有者，但它撬动了土地的流动，特别是大地产向小地产的流动。让小土地所有者感受到了土地流转的好处。

对于斯托雷平土地流转是否真正能够增加农民的土地产量还是仅仅产生了土地投机的效果存在质疑，以至于政府中一直有关于农民银行拍卖土地是摧毁大地产还是市场正常流动的争论。一些贵族对于斯托雷平的做法提出质疑，认为这是政府强制摧毁了大贵族土地所有制，不仅每天让 3000 俄亩文明经营的土地破产，而且还要花费农民银行几十亿卢布的费用。[②] 古尔科的说法尽管有些夸大，但是就当时的社会氛围来看，斯托雷平改革的局面会变成农民抢劫贵族地产的一场闹剧。原因非常简单，从卖地的情况来看，地主不仅抬高了价格，而且商人，甚至农民也都成为这场土地买卖中的投机者。因为任何一个人都很清楚，购买土地经营所付出的代价远远超过购买土地倒卖赢得的利润，在一个多数人都不得温饱的情况下，投机是买卖土地的必然选项。

斯托雷平急忙转向，不仅主张把农民银行转移到内务部管理，以便有力

① В. Г. Тюкавкин Великорусское крестьянство и Столыпинская аграрная реформа. М. : Памятники исторической мысли，2001，с. 213.

② Ю. Б. Соловьев Самодержавие и дворянство в1907 – 1914 гг. . Ленинград：《Наука》 ленинградское отделение，1990，с. 92.

地推动土地的买卖，更主要的是他把土地改革的重心转向土地整理，并由
A. B. 克里沃舍因在 1908 年 6 月 11 日接替了瓦西里奇科夫担任土地规划与农
业管理总局的局长。克里沃舍因把工作的重心转向地方，在各个地方建立分
局，参加分局的人员也从过去的官僚扩大到了地方自治局的人员、农业协会
的专家、农民银行地方分行的管理人员、省农业监察员以及省土地整理委员
会的成员以及他们邀请的专家代表，为购买土地的农民从事经营提供资助、
派驻专家、提供农业技术知识，建立示范经济。据统计：1907—1913 年，国
家为帮助农民拨款从 1.2 万卢布增加到 590 万卢布，采取的措施也从建立试
验田发展到成立专门的亚麻、土壤改良、园艺业以及种子改良机构，更主要
的是大力发展了农业教育。不仅政府这样做，同时也带动了过去曾经与政府
作对的地方自治机构扩大对农业发展的帮扶，到 1912 年，34 个省的地方自
治机构的救助预算增加到了 1300 万卢布，占地方自治机关整个预算的
5.9%。[1]

　　斯托雷平 11 月 9 日法令从颁布到 1910 年 6 月 14 日变成法律经历了一个
非常重大的转变：如果说 11 月 9 日法令颁布的时候改革以退出村社为主，即
宣布把村社占有的自己使用的土地划归自己必须有村社简单多数的同意；那
么，到了法律通过的时候，人们已经不需要退出村社，即不需要村社同意，
任何时候都可以确定土地私有制了。[2] 虽然退出村社的情况并没有达到预期
的目标，特别是很多人把退出村社看作投机的机会，从而转向土地整理，但
是，土地整理对于退出村社有了一定的限制：如土地整理时，土地整理者手
中最多不能超过六份份地，农民出售土地只能卖给自己村社的人，为了避免
退出村社的人和没有退出村社的人在使用公用土地设施上发生纠纷，鼓励整
村退出村社等。这些措施当然是政府为了规范土地投机带来的损害农业的后

---

　　① В. Г. Тюкавкин Великорусское крестьянство и Столыпинская аграрная реформа. с. 217 – 218.

　　② П. А. Столыпин Программа реформ Документы и материалы. Т. 1. М. : РОССПЭН, 2011,
с. 381，424.

果，但没有改变建立农民土地所有权的初衷。

二、贵族对土地改革的抵制

根据以上情况我们可以看出，斯托雷平改革看不出成功，也不能得出不成功的结论，因为从收成的情况来看，农民的收成比地主的收成高出 18%，这不算很大的比例，而且整体来看，地主庄园经济比农民经济高 30% ~ 40%。[①] 况且在斯托雷平改革这段时间里，俄国是个丰收年，以至于久里亚诺夫宁可把改革时期农业的发展归结于天气和其他因素（取消赎金、世界粮价的提高，地主盘剥的减少等），也没有归结于斯托雷平的土地改革。[②] 斯托雷平土地改革是俄国社会转型的重要组成部分，如果从短暂的经济改革来看，如解决农民的土地问题等，并没有马上看到建立独立农场和单独田庄的作用，相反还会加剧投机行为。所以，当因退出村社以及土地整理造成了农场主和个体户与村社社员由于共同使用村社牧场等公共设施发生纠纷的时候，人们就会马上想到了农民的价值观：俄罗斯的农民想成为主人，并不想成为雇工，这才是有保证的地位，所以他们最主要的方法是扩大份地，把地主的土地转移到农民的手中，而不是成为真正的雇工。[③] 卡拉·穆尔扎以此得出结论：农民与贵族地主的分歧不在于经济纷争，而在于来源于宗教根源的世界观纷争。农民要求平分地主的土地只是要求平等，并不想为了致富而成为地主的雇佣工人。斯托雷平自上而下地强加只能加剧这样的仇恨。[④]

应该说，从斯托雷平改革的初衷来看，土地改革不过是让农民走向理性行为的一个步骤，所谓土地所有权是农民自由的基础。斯托雷平自上而下地

[①] С. Г. Кара – мурза Ошибка Столыпина：Премьер，перевернувший Россию. М.：Эксмо：Алгоритм，2011，с. 121.

[②] П. Н. Зырянов Столыпин без легенд. М.：Издательство 《Знание》，1991，с. 26.

[③] С. Г. Кара – мурза Ошибка Столыпина：Премьер，перевернувший Россию. М.：Алгаритм，2011，с. 122.

[④] С. Г. Кара – мурза Ошибка Столыпина：Премьер，перевернувший Россию. М.：Алгаритм，2011，с. 121.

推进改革，目的是依托有自由主义传统的贵族实现这个发展目标，其中所带来的纷争和冲突是必然的步骤。卡拉·穆尔扎曾说："由于受欧洲教育的贵族和政策都来自欧洲私有权的概念，就可以明白，农民的要求在他们的眼里就是犯罪以及令人厌恶的对别人所有权的觊觎。"① 所以，农民与贵族的斗争是不可调和的。当11月9日法令在第三届杜马开始讨论的时候，贵族内部已经出现了分歧。温和的贵族右派支持斯托雷平的土地改革，认为改革给俄国的农民带来了福利。斯托雷平的最大的贡献就是通过让农民摆脱村社的束缚，让农民自由地凭借自己的劳动经营土地，有机会成为真正的土地所有者。② 极右派代表杜勃罗文及其追随者坚决反对斯托雷平改革，认为他的改革破坏了传统专制制度的根基。

保守派关注的焦点在于斯托雷平对村社的破坏。正如前面我们所讲的，所谓对村社的破坏在于政府强行通过改革实现固定村社份地为个人所有，造成了独立的庄园主和个人与村社社员之间围绕公共牧场、水源、道路产生的矛盾。这种矛盾是村社经济转型的必经阶段。正如 И. Л. 戈列梅金向 П. Н. 特列别茨科依所说的那样："这个法律（指11月9日法令）已经实施三年了，并且已经成功地让几十万个农民成为土地所有者。真正的改变它已经晚了，这会给整个农民土地整理的事业造成危险的不确定性和混乱。现在不得不把它变成法律了：因为头已经掉了，就不用为几根头发哭泣了。"③ 然而，保守派为什么会从支持摧毁村社又转向把村社理想化呢？不是这些贵族仅仅出于对自己的经济顾虑，更主要的是出于对新型经济制度的怀疑。正如国务会议中的极右派代表 Д. А. 奥尔苏费耶夫所说的那样："村社是有着某种不足的过渡阶段，同样，村社经济和独户经济对于发展农业都是不好的环境。他

---

① С. Г. Кара－мурза Ошибка Столыпина：Премьер, перевернувший Россию. М. ：Алгаритм, 2011, с. 125.

② 《Новое время》, 5 сентября 1912 г. См. Ф. И. Долгих Правые в III и IV государственных думах России （1907－1917 гг.）. Диссертация кандидата исторических наук, М., 2004, с. 181.

③ А. Б. Бородин Государственный совет и указ 9 ноября 1906 года. с. 75. http://www. Russiabgu. narod. ru.

们更加坚定地执行小心对待村社的思想，认为村社制度符合大多数农民的法律意识，保证出现无产阶级和赤贫蔓延。因此，强调 11 月 9 日法令的优势，不是一下子提出问题，不是摧毁村社，而是尝试协调不同的土地占有形式，为个人的首创开辟广阔的空间。如果把村社与农业骚乱联系在一起，把村社与帝国农业的普遍落后联系在一起，也是有争议的。所有具体的修正其目的都是使 11 月 9 日法令变得无害，共同的任务就是阻碍消灭村社的过程。更坚定的立场是，不触动村社，把独立庄园和集约化经济完全限制在农民银行的管辖之下。"①

通过以上的叙述我们可以发现，保守派并不是不赞同确立土地私有制，但更主要的是他们不是从经济上，而是从心理上思考村社对于农民的作用，特别是俄国大多数人还处在村社的生存环境之下。自从村社转变成为农村公社，公社变成政府下属的一个单位。其实，公社还是一个自治单位，不仅是农民生存的经济空间，而且是农民存在的社会空间和文化空间，村社就是农民，农民就是村社。从贵族到农民，他们虽然有文化的不同，但是，贵族真正把农民改造成为个人主义的小土地所有者，真不是买卖地以及把他们组织在一起就可以的。这有一个心理转变的过程。就连反对地主土地所有制的左派也同样认为，必须调节无论是团体还是个人退出村社的问题。因为法令的主要不足在于它不是支持公正的关系原则，而是把重心转向了独户的占有，从而导致的是村社土地所有制的瓦解，而实际上农村公社应该保证从一种土地所有制向另一种土地所有制的过渡。②

我们必须注意到，国务会议讨论农民土地问题成立的特别委员会有三派。他们分别是：左派即立宪民主党及其追随者 3 人，M. M. 科瓦列夫斯基、A. A. 马努依洛夫以及 B. П. 恩格尔哈特；中派即十月党人、民族主义者和波兰议员 15 人，H. П. 巴拉谢夫、Б. A. 瓦西里奇科夫王公、A. C. 叶尔麦罗

---

① А. Б. Бородин Государственный совет и указ9 ноября 1906 года. с. 76. russiabgu. narod. ru.

② А. Б. Бородин Государственный совет и указ9 ноября 1906 года. с. 76 russiabgu. narod. ru.

夫、Д. К. 格夫利奇、М. В. 克拉索夫斯基、И. Н. 列昂托维奇、П. Н. 特鲁别茨柯依王公、Ю. В. 特鲁勃尼科夫、Б. И. 哈年科、А. И. 雅科夫列夫（1910 年 1 月 15 日去世后由 А. П. 尼科尔斯基接替）以及来自独立的中右派的 С. Е. 波拉佐利和 А. Б. 涅伊德哈尔特和来自波兰的 И. Э. 奥利扎尔、К. Г. 斯基尔穆恩特、И. А. 谢别科；右派 12 人，С. С. 巴赫杰耶夫、А. С. 斯基申斯基、В. М. 安德烈耶夫斯基、В. А. 布特列罗夫、М. Я. 格沃鲁霍 – 奥特洛克、В. А. 德拉舒索夫、В. А. 卡尔波夫、А. А. 纳雷什金、А. Н. 纳乌莫夫、С. С. 斯特罗米罗夫、А. П. 斯特鲁科夫和 Я. А. 乌沙科夫。他们几乎都希望 11 月 9 日法令回到 1903 年 2 月 26 日的宣言精神，即保证个体退出村社的权利，但是保证一定条件下村社的存在。他们小心地呵护着村社，对于退出村社、建立独户的庄园性质不做评价，以免引发不必要的心理挣扎。

个体经济的拥护者当然从经济的角度分析农民，认为只要给他们提供机会就能够顺利成为经济发展的领头羊。当然这需要付出极其艰苦的努力。即使斯托雷平为此想了很多办法，包括强制镇压主张平分的革命政党，通过非常法第 87 条提前实施造成既定事实，但我们还是无法回避人们不想要太多的付出就要有收获的平等分配的思想，他们把这个思想当作教条看待，当作上帝一样保卫。贵族有三重身份：第一层，贵族是国家的支柱。贵族联合会刚刚成立的时候，他们花了大量的时间讨论贵族联合会是政党还是陛下的臣民，他们始终不敢承认自己的独立价值，更不能够表达自己的意志。大多数贵族认为，贵族联合会不是讨论贵族自己利益的机构，而是为沙皇考虑全国利益的机构。他们拥护斯托雷平土地私有化改革，不是出于斯托雷平改革带来的个性的解放，而是斯托雷平改革能够振兴沙皇俄国，巩固沙皇专制制度。当斯托雷平土地改革真的带来了个性的独立和社会的纷争，保守的贵族马上转向对斯托雷平的攻击，认为他的改革旨在摧毁沙皇专制制度的根基。第二层，贵族是大土地所有者。贵族土地买卖虽然使贵族占有的土地减少，但并没有从根本上改变大贵族垄断地产的格局。根据安菲莫夫统计：9 年的经济改革后，47个省有个体户70万个，拥有土地8190万俄亩，拥有500俄亩及其以上的大地产有26500户，共有土地5890万俄亩，占个体农户的2/3。土地的这种集中情况不仅在欧洲，就是在全世界都很难碰到。9年中，大地产卖掉了1730万俄亩，购买了1130万俄亩，到1915年的1月1日，大地产为23105户，替代了过去的26519户，土地达到了5300万俄亩。① 问题当然不在这里，最主要的是大土产占有的性质。美国学者派普斯一直认为俄国的大地产是地主的领地，他在这里掌握着生杀予夺的大权。派普斯引用 P. 法捷耶夫的话说："俄国是历史上唯一的一个国家样板，在这个国家，全体人民、所有等级，没有例外地不承认在最高政权之外拥有独立的社会力量，不仅不承认，甚至不能幻想，因为任何一种社会力量都会被消灭在萌芽之中。"② 这便出现了贵族个体挑战改革的文化因素。第三层，贵族是国家的管理者。贵族是在国家的号令下拍卖土地的，拍卖土地有巩固自己地产的因素，但真正利用拍卖土地的机会投资农业和工厂的少之又少。大部分在获得资金以后跑到城里从事服务行业，美其名曰为国家服务能够获得比经营土地更多的工资，实际上是没有决心从事经济开发工作。斯托雷平依靠贵族支持自己的事业变得越来越艰难了。

更让人不可思议的是，保守派的黑色百人团居然在斯托雷平改革的关键时刻重新捍卫俄国的宗法制度，并把斯托雷平的改革归结于犹太人的挑唆。1909年莫斯科召开的俄罗斯人君主代表大会的决议说：依据东正教是头等的和占统治地位的宗教的思想，圣主教公会仍然是所有东正教问题的唯一最高机关。为了让国家生活中一直坚持基本法确立的"保护信仰容忍和限度的规则"，政权机关应该采取措施取缔一些违背现有法律的行为，取缔一些非东

---

① А. М. Анфимов П. А. Столыпин и Российское крестьянство. М. : Институт российской истории РАН, 2002, с. 260.

② Ричард Пайпс Русский консерватизм и его критики: исследование политической культуры. М. : Новое издательство, 2007, с. 227.

正教信仰的宣传以及使罪人承担法律责任。① 在土地问题上公开指责 1906 年
11 月 9 日法令，特别是允许抵押和转让份地的法令，导致份地转入各种外
族，特别是犹太人、波兰人以及德国人手中，而正是通过他们，俄国的国家
风貌将不可避免地失去。因此，11 月 9 日法令发展到最后，不仅造成千百万
农村无产阶级，而且威胁国家的稳定甚至生存。② 重申第四次俄罗斯人君主
党代表大会确立的关于对犹太人的认识，即犹太人不断地进行旨在使人民破
产、道德败坏、暴动的革命活动，或者对于安置犹太人的人民表现出敌视，
妨碍俄罗斯人在工商业方面发挥自己的力量等，因此，代表大会相信，俄罗
斯同盟在俄罗斯人中间激发支持俄罗斯的工商业者和手艺人的意识，它的成
功可以使俄罗斯人民摆脱犹太人的束缚。③ 黑色百人团对于民族意识的强调
不仅重新挑起俄罗斯人与犹太人的矛盾，而且把自己改革中出现的问题都归
结于犹太人外族的干扰，会丧失对自己存在问题的判断，从根本上断送改革。

斯托雷平当然不会在犹太人问题上与保守派较劲。俄国保守派对改革的
反对还是观念上的，如果不从权力上彻底改变贵族和农民的不平等地位，那
么贵族不仅不会成为农民的样板，还会加剧贵族与农民的矛盾。然而，斯托
雷平在与保守派贵族的较量中失败了，大大延长了改革的进程。至于说俄国
改革为什么会如此艰难，更主要的是俄国的社会还没有得到经济发展的实惠，
对于任何辛苦付出都会报以敌视的态度，从根本上加剧了改革代价。

三、非等级土地所有权的确立

通过以上关于斯托雷平与贵族的较量，不难发现改革的艰难性。为了弄
清楚其中的原因，我们必须明确斯托雷平改革的要旨。

---

① Правые партии: Документы и материалы. Т. 1, 1905 – 1910 гг. М.: РОССПЭН, 1998,
с. 476.

② Правые партии: Документы и материалы. Т. 1, 1905 – 1910 гг. М.: РОССПЭН, 1998,
с. 489.

③ Правые партии: Документы и материалы. Т. 1, 1905 – 1910 гг. М.: РОССПЭН, 1998,
с. 331.

　　斯托雷平土地的改革核心并不是解决农民的少地问题，因为少地可以通过平均分配地主土地实现，何苦还要通过农民银行购买私有土地，引发土地投机以及无地农民的暴动呢？当然，斯托雷平土地改革也不是仅仅巩固贵族土地所有制，否则也不用通过巩固公社的份地为私有，造成农民私人土地所有者与村社社员之间围绕村社公共设施展开的纠纷。斯托雷平土地改革其核心是提高广大农民的核心竞争力，提高他们创造财富的能力。

　　斯托雷平改革有几个非常不利的因素。首先，俄国地域广阔，这是扩张的结果。所以，在所有人的眼里，解决土地问题的办法一定是增加土地面积。无论是贵族占有大地产，还是农民要平分地主的土地。贵族占有地产美其名曰是私有财产不可侵犯，因为庄园是有文化含量的土地经营，而把土地转移到农民手中就是把土地转移到没有文化人的手中，这等于开历史的倒车。理论上这种说法是正确的，但是，正如上一节所说的那样，贵族对于生存来讲有三重保护，开发土地只是三重保护的一种，更何况他们是土地的主人。即便需要开发，也会采取非常省力省时的工役制或者租赁土地。当他们完成土地所有者身份的转换之后，特别是平息农民暴动以后，他们自然要维护与农民仍然保持千丝万缕联系的农村公社。至于农民，更会以人口增多以及土地是上帝的为由产生平分地主土地的想法，这也是不费力就想收获的掠夺思想。其次，俄国信奉东正教。但是自从彼得大帝以来，东正教所宣传的就是忠实于政权，忠实于老爷。至于说政权把人民带到哪里，人民不知道，也不会关心。因为农民们相信，土地是我的，但我是沙皇和老爷的。一旦我遭遇危险，沙皇父亲和老爷不会抛下我的。这就是宗法关系生活准则。东正教通过仪式的方式，强化了这种信仰，以至于要改革这种观念势比登天。

　　俄国革命和改革所遭遇的便是俄国通过互通互保的宗法制度已经无法确保国家的生存，俄国非改革不可，所以，斯托雷平本人所面对的不仅是土地问题，而是整个制度和观念。斯托雷平先有和托尔斯泰的关于土地所有权的对话，随后就有了与左派和右派关于强制社会转型的争论。斯托雷平采用了各种非正常的手段实施他的土地改革，一步一个坑，险象环生。斯托雷平之所以通过宪法第 87 条造成既成事实，[①] 就是使不能完全接受土地买卖的人实现土地流转，待流转之后实现土地的调整：愿意为土地付出的全部投入土地，而不愿为土地付出的可以出售自己的土地，没有担忧地转入其他领域。在买卖面前，人人平等。即便出卖了土地后，因不能很好地利用售地所得陷入破产的境地，也不能扭转流转的格局。对于贵族来讲更是如此，或者是依靠土地经营发财致富；或者是卖掉土地走上服役或者当官的道路。贵族不再是别人的统治者，而是像普通人一样，依靠自己的付出赢得生存的机会。

接下来，斯托雷平把主要的目标转向农民如何经营土地。土地整理委员会在这方面发挥了重要的作用。土地的获得不只是通过买卖实现的，更主要的村社的份地也可以固定为私人所有。虽然固定私人所有之后可以买卖，但是申请为私人所有不仅使土地得到了整理，减少了条田和远地，更主要的是便于庄园、田场个体农民的独立经营。正是在这方面，学者们对于斯托雷平土地改革产生了分歧。

苏联学者杜勃罗夫斯基说，把份地固定为私人土地的农民大多把土地卖掉了，不仅没有实现再造独立的土地所有者，而且引发了土地所有者和村社社员的阶级斗争。据杜勃罗夫斯基统计，到 1916 年 1 月，退出村社并固定村社土地为个人所有的共有 2478224 户，退出土地 15919208 俄亩。他们当中大部分卖掉了土地。卖地者共有 1101769 人，其中 83%，即大约 914468 人是过去的村社社员，17%，即大约 187301 人为过去的独户土地所有者。卖地的村社社员占退出村社的 36.9%。[②] 卖地者从 1908 年开始到 1915 年逐年增加。如果 1908 年卖掉土地者为 36152 户，那么到 1913 年则达到 232146 户，随后逐渐减少，到 1915 年也有 79082 户。卖地者以最缺少土地的省份为多。卖地者卖地基于以下原因：卖掉全部土地移民乌拉尔以外的占卖地者的 12.6%，

---

① А. Б. Бородин Государственный совет и указ9 ноября 1906 года. с. 75. russiabgu. narod. ru141.

② С. М. Дубровский Столыпинская земельная реформа. с. 360.

卖掉全部土地用于购买欧俄土地的占 30%，卖掉全部土地用于补贴手艺活或服役的占 26.4%，因劳动力不够而卖掉全部土地的占 11.1%，因歉收、疾病和酗酒而卖掉全部土地的占 9.6%，其他原因的占 10.3%。[①] 购买土地的情况没有统一的材料，根据萨拉托夫省的情况，没有播种的农户有 3 户购买土地，占购地者的 3.2%，购买 22.1 俄亩；播种不足 3 俄亩土地的农户有 3 户购买土地，占购地者的 3.2%，购买 8.4 俄亩；播种 3.1—9 俄亩的农户有 16 户购买土地，占购地者的 17.2%，购地 96.5 俄亩；播种 9.1 俄亩以上的农户有 71 户购买土地，占购地者的 76.4%，购地 891.5 俄亩。杜勃罗夫斯基由此得出结论：土地掌握在资产阶级手中，而且土地价格在逐年提高，特别是地主出售的土地。[②]

　　其实，斯托雷平通过土地整理再造土地所有者就是提高农民选择的机会。首先，土地买卖已经造成地主贵族的土地流动到了农民手中，达到了解决闲置土地的目的。其次，买卖土地者中独户土地所有者占少数，刚刚脱离村社的农民肯定要接受土地买卖诱惑的考验，更何况从卖地的原因看，大多都是为了购买土地或者脱离土地进城。再次，确实由于歉收或者酗酒卖掉土地的只在少数。而斯托雷平针对这种情况提出限制家长代替家庭成员出售属于家庭的土地。至于说由于土地买卖而造成的土地集中在少数人手中，如杜勃罗夫斯基列举萨马拉省尼古拉耶夫县一个叫斯捷尔利科夫的人购买了 180 俄亩的份地，在斯塔夫罗波尔省一人拥有的份地超过 1000 俄亩。更有意思的是，通过土地买卖，外国人购买了大量的份地，引发了民族冲突，如斯塔夫罗波尔省的康克林公社一位德国的殖民者约纳坦·吉茨购买了 3157 俄亩的份地。[③] 为了避免这种情况，政府规定农民卖土地只能卖给农民，同时购买土地者手中不得超过六份份地。

① С. М. Дубровский Столыпинская земельная реформа. с. 375.

② С. М. Дубровский Столыпинская земельная реформа. с. 379，381.

③ С. М. Дубровский Столыпинская земельная реформа. с. 376 – 377.

对于土地整理前后侧重点的改变，即斯托雷平通过 11 月 9 日法令让个人土地所有者整理土地，建立独立农庄和单独田场；而在 1908 年克里沃舍因担任土地规划与农业管理总管理局局长后，特别重视整村整村的团体土地整理。苏联学者安菲莫夫由此得出结论：克里沃舍因背着斯托雷平偷偷地改变了斯托雷平依靠强人的方式，理由是"土地整理的目的是结束阻碍农业技术改善和劳动生产率提高的无序"，而斯托雷平在世的时候以维护地主土地所有制的个人土地所有者整理土地的方式已经失败。[①] 安菲莫夫的结论显然把个人土地整理和团体土地整理对立起来，并以此作为克里沃舍因背叛斯托雷平改革的依据。安菲莫夫的结论是建立在地主经济等同于个体经济的基础上，而从土地整理的情况来看，个体退出村社并与村社由于共同使用的经济设施而出现分歧应该是正常现象，这不仅是地主的问题，也是能够退出村社的富裕农民的问题。对于斯托雷平启动土地买卖确立土地所有权，其目的就是建立更多的土地所有者，应该讲这个目标实现了，也因此得罪了反对造成个体与村社社员纷争的反改革者。

斯托雷平从启动土地改革伊始就是要提振精神萎靡的村社社员，而 11 月 9 日法令的重心就在于使有产者退出村社，建立独立的田庄和农场。从 11 月 9 日法令的启动以及第三届杜马的讨论，已经可以看出 11 月 9 日法令给仅仅维护社会秩序的保守派以震动，包括革命者。列宁虽然认为这有利于地主，但在革命失败后对于斯托雷平改革促进资本主义发展的作用也给予了高度的评价，以至于认为斯托雷平改革已经完成了资产阶级民主革命的使命。改革引发富人与穷人的阶级冲突也是必然的，斯托雷平也正是倒在了这种阶级冲突之中。斯托雷平一直念念不忘自己为改革献身的信条，也早已预料到了这个结果。然而，让斯托雷平没有想到的是，他的改革不仅遭到革命者的激烈反对，也遭到了支持他的十月党和温和右派的反对：十月党显然过分关注了斯托雷平的改革策略触动了法律至上的信条；而右派显然没有忘记东正教的

---

① А. М. Анфимов П. А. Столыпин и Российское крестьянство. с. 131，133.

信条，对于土地流动带来的冲击让他们失去了对斯托雷平的信心。斯托雷平不得不再次启动西部地方自治，以少数民族自治激发俄国人的斗志。

从斯托雷平在第三届杜马关于土地改革的发言，说明他的中心并非摧毁村社，也不在于把私有土地所有者与村社土地所有者对立起来。他说："11月9日法令有一个明确的思想和原则……在俄国农民个性已经得到一定发展的地方，在村社作为强制联盟成为妨碍农民独立性的地方，必须给农民把劳动付诸土地的自由，必须给他们劳动、致富以及管理自己所有权的自由，应该赋予他们控制土地的权利，避免过时的村社制度的盘剥。"① 关于是否都要废除村社，斯托雷平也有精彩的论述。他说："法律规定既在耕种不太重要的地方，同时也在存在让村社具有较好使用土地手段的地方，不能摧毁村社。"② 为了避免混乱，斯托雷平着重指出最好不要在使用村社的地方强调私有的重要性，相反，也不要在村社已经过时的地方肯定村社集体的重要性。而法律赋予农民以土地所有权，就是让农民充分地使用自己主宰土地的权利，如有权管理自己的土地，有权确保土地属于自己，有权要求把个人地块规划到一块土地上，可以购买土地，可以把土地抵押给农民银行，最终可以出售自己的土地。这一切都依靠理智、依靠自己的意志，让自己完全成为自己幸福的缔造者。③ 当然，俄国经常会出现农民不能正常运用理智的情况，比如醉鬼和乞丐会利用自己的家长权力出卖了家庭的土地，让获得土地的家庭重新陷入赤贫和流浪的地步，所以斯托雷平坚决反对家庭式的村社，并通过行政命令给土地以一定的限制，如份地不能规划为其他等级，如份地不能抵押给农民银行以外的银行，份地不能抵押，也不能留作遗产；但不能限制土地所有者。这就是斯托雷平培养土地所有者，医治俄国农民懒散疾病的方法。

以上苏联学者把斯托雷平改革的重心放在有多少人递交了土地规划申请，

---

① Ред. С. Елисеев Столыпин П. А. Нам нужно Великая Россия. с. 176.
② Ред. С. Елисеев Столыпин П. А. Нам нужно Великая Россия. с. 176.
③ Ред. С. Елисеев Столыпин П. А. Нам нужно Великая Россия. с. 177.

有多少人利用出售土地的权利重新陷入贫困的地步，这就曲解了改革的初衷。无疑，俄国是一个大多数农民懒散的国家，特别是相信平分土地或者强人帮助弱者是天经地义的文化，所以，斯托雷平改革为俄国引入了不同于村社制度的个性解放的文化，其所带来的影响一定是天翻地覆的。不仅被改造的农民有这样的想法，即便是清醒的贵族也会出于秩序的考虑重新倡导村社制度，这是斯托雷平最失望的地方。为了把自己的改革进行到底，斯托雷平不仅利用了非常手段，更主要的是利用民族主义整顿俄国贵族，让他们成为俄国改革的坚定支持者。这就是斯托雷平废除贵族特权的地方自治与地方管理改革。

第五章

地方管理与地方自治

第一节　地方管理与自治的扩展

一、土地改革引发的冲突

土地改革是斯托雷平改革的重中之重，是解决革命危机的重要手段。然而，改革实施以后，引发了贵族地主与新兴农村资产阶级之间的冲突。贵族地主以退出村社的庄园主没有文化而不接受他们；村社社员也同样以庄园主损害了村社的利益孤立他们。改革加剧了社会的危机。据杜勃罗夫斯基统计：1907 年俄国农村发生暴动 2557 起，1908 年 2045 起，1909 年 2528 起，1910 年 6275 起，1911 年 4567 起，1912 年 1810 起，直到 1913 年才衰落下去，变成 647 起。[①] 为了说明农民暴动的性质，杜勃罗夫斯基把这些暴动的年份与巩固土地所有权的人数联系起来，恰好巩固土地所有权人数越多的年份就是暴动越频发的年份：如 1907 年巩固土地所有权的有 48271 人，1908 年则飙升到 508344 人，1909 年达到最高——579409 人，1910 年虽有所减少，也达到了 342245 人。[②] 于是，杜勃罗夫斯基得出结论，一方面改革加剧了农民与地主之间的冲突；另一方面加剧了农民的无产阶级化。社会也出现了两种性质

---

① С. М. Дубровский Столыпинская земельная реформа. с. 530.
② С. М. Дубровский Столыпинская земельная реформа. с. 532.

的战争：一个是农民与农奴主之间的民主战争，一个是农业工人、农村贫民与资本主义企业主之间的社会主义战争。[①] 阶级斗争的加剧也标志着改革的失败。

斯托雷平改革首先是从镇压革命开始的，也正是从这个角度贵族地主同意让步，着手土地改革，让出一部分土地以换取俄国的和平。然而，当改革进行之中，当贵族地主遭遇农村资产阶级冲击的时候，贵族则以捍卫沙皇专制制度和俄国东正教文化为由主张恢复村社，挑起了村社农民与新兴农村资产阶级之间的文化冲突。由此看来，斯托雷平对于俄国革命性质的判断已经不是阶级斗争和文化冲突这样简单了。

阶级冲突是革命无产者关注的中心。因为无论是贵族地主，还是新兴的资产阶级，在改革中无一不关注自己的利益，没有一个为了弱势群体着想，因而是没有道德的。当新兴的农村庄园主与农村无产阶级一同威胁到贵族利益的时候，贵族则记起了东正教的道德，批评斯托雷平的自由主义改革，试图恢复传统的社会政治制度。其实，无论是革命者还是贵族群体都意识到俄国根本无法回到过去了。在抨击斯托雷平改革的同时，革命者仍然热赞斯托雷平对生产力发展的贡献；贵族也意识到了斯托雷平对贵族土地所有权的尊重。那么，革命所带来的究竟是什么呢？斯托雷平土地改革仅仅是解决农民的土地问题并以此为沙皇专制制度再造一个基础吗？

土地改革显然有解决农民少地问题的因素，斯托雷平也通过买卖土地解决了这个问题。引发争论的是土地买卖造成了两极分化，土地转移到不亲自耕种土地的投机商人手中，让依靠出租土地的贵族和依靠村社的农民变成无产者。俄国土地问题的关键在于人们都不愿意劳动，造成俄国的财政危机，改革就是让不愿意劳动的人劳动。斯托雷平给人以土地所有权的目的不是让有土地的人继续吃地租，让没有土地的人继续依靠村社，而是让土地流动起来，让经营土地的人流转起来，让人通过土地创造更大的价值。1861 年农奴

---

① С. М. Дубровский Столыпинская земельная реформа. с. 536.

制改革，农民获得了自由，解放出来的农民和资金进了城，办起了工业，促进了工业的繁荣。虽然国家通过行政手段造成了工农倒挂、造成农村和农民的暴动，但是工业发展还是给农民带来了更多的发展机会。1900 年前后政府对于农民问题的关注就是解决农民与工人、农业与工业的平衡问题。讨论的结果便是减轻农民负担，并在国家的支持下变成土地所有者。1906 年斯托雷平掀起的土地改革运动便是讨论结果的实践。

从 1861 年到 1905 年，俄国的改革都是自上而下进行的，政府扮演了先行者的角色。然而从利益的角度来看，无论如何政府都是维护自己的统治，社会必须反对政府，以此捍卫社会的利益，政府与社会的冲突变得不可调和。然而，俄国从宗法社会向阶级社会转变的过程中，道德也在悄悄地发生着变化。如果宗法社会强调个人对集体的依附，那么阶级社会强调的则是个人对上帝的依附，个人通过对现世职责的履行实现上帝的应许，[①] 从而实现个人对物质利益的超越。俄国的自由派知识分子由于过分强调自我的价值而反对专制制度，相反，保守派的贵族则以捍卫国家的统一而否定对个人权利的捍卫。介于二者之间的斯托雷平则成为二者攻击的对象，在杜勃罗夫斯基、阿夫列赫以及加金眼里，这两种矛盾也就变得不可调和，革命变得不可避免。

基于对个人责任的履行，在一个崇尚等级利益、以文化为由蔑视农民的环境里实行改革，不仅要解决农民的土地经营问题，更主要的是要确立农民应有的尊严地位，使其真正成为国家的主人，这就应该给予农民与贵族地主平等的自治地位，更主要的是让已经成为俄国公民的贵族地主承担起地方社会福利和公共事业的责任，享有与农民平等的司法权利。除了土地改革之外，最主要的是实行更广泛的地方自治和司法改革，理顺政府与社会之间的关系。

地方自治是 1864 年大改革时着手实施的。由于受资格条件的限制，1864年法令颁布后十年间，仅在 34 个紧密相连的欧俄省建立了地方自治机构。在

---

① 马克斯·韦伯：《新教伦理与资本主义精神》，于晓、陈维纲等译，生活·读书·新知三联书店 1987 年版，第 60 页。

实行地方自治的 34 个省中只建立了省县两级，而且是当作解决社会福利问题的经济机构。因此，地方自治机构也就逐渐成为国家机器中的第五个轮子。[①]在国务会议讨论地方自治机构关于贵族特权问题时，П. A. 瓦卢耶夫坚决捍卫贵族特权，因为他认为群众可比作沙土，而不是坚固的基石，只有地方贵族才能够保证坚定不移地忠于、爱戴国君和祖国。[②]虽然在陆军大臣 Д. A. 米留亭的反对下改成了全等级的三选区的制度（地主选区、市民选区和农民选区），在一个官宦盛行的国家里，地方自治简直成了贵族的一个施舍，这也就为地方自治发展成为自由派反抗政府埋下了伏笔。随后的地方自治成为社会反抗官僚的机关，不仅寻求在经济、国民教育、卫生保健以及社会救济领域的优势，而且逐渐寻求获得政治权利，并在 20 世纪初革命运动兴起的时候成为推动宪政的主导力量。其实，无论是民粹派还是自由派内部，他们在确立自己在地方自治机构中的任务时就分成了两派：革命民粹派主张推翻沙皇政权，而自由民粹派则主张从事关心民众的小事；自由派左派主张建立立宪君主国，而自由派的右派则主张杜马君主制度。虽然在激进派的努力下，俄国走向了立宪制度，但是宪政变成一场相互约束的绳索：斗争替代了妥协；政治理论替代了实际问题的解决。

俄国的地方自治促进了俄国社会的发展。地方自治主要的资金用于教育、文化启蒙和医疗。根据财政部的资料统计，34 个实行地方自治的省份用于卫生保健的支出在 1895 年达到总预算的 27%，1900 年达到了 27.6%，1910 年

---

① Г. А. Герасименко История земского самоуправления. Саратов：Поволжская академия государственной службы им. П. А. Столыпина，2003，c. 20. 关于第五个轮子的说法还来自列宁的《地方自治机关的迫害者和自由主义的汉尼拔》一文，文章说："地方自治机关从建立之初就注定作为俄国国家管理机关这个四轮大车的第五个轮子，官僚政治只有在它的无限权力不受到损害时才容许这个轮子的存在，而居民代表的作用只限于纯粹的事务工作，只限于单纯在技术上执行这些官僚所规定的各项任务。地方自治机关没有自己的执行机关，它们必须经过警察才能工作，地方自治机关彼此并无联系，地方自治机关一经成立就被置于行政当局监督之下。"参见《列宁全集》第 5 卷，2014 年第二版增订，第 30 页。

② 邵丽英：《改良的命运——俄国地方自治改革史》，社会科学文献出版社 2000 年版，第 51 页。

达到 28.4%，1911 年达到 27.5%；用于国民教育的资金 1895 年为总预算的
14.2%，1900 年达到 17.6%，1910 年攀升到 25.4%，1911 年则为 27.1%。
如果说 1877 年用于地方自治局工资等方面的固定开支占到预算总数的 40% ~
60%，那么，从 1895 年政府把用于地方民用管理的费用排除出地方自治预算
外开始，1901 年这笔费用已经缩减到了 15%。到 1912 年俄国中部 9 个省这
部分开支不超过 10% ~ 15%，莫斯科省为 15.3%，其中 9.8% 还用于道路建
设。用于医疗、保健等非必要性的开支占预算的 68% ~ 83%。① 地方自治虽
然增加了人民的税收负担，但是，通过地方性的社会性投入，地方特别是农
村从来没有听说过的卫生保健、医疗救护、卫生常识、启蒙教育、道路建设
以及社会救济等方面获得了前所未有的发展，深深地改变了俄国的社会支
柱——农民世界的宗法特征，改变了各省的社会文化面貌。

　　如何看待地方自治带来的俄国社会的觉醒，特别是激进的贵族在走向民
间过程中对苦难、愚昧的农民产生的深切同情引起的走向极端的民粹派运动，
是正确认识俄国未来发展道路的重大问题。贵族走向民间，主动地为农民牺
牲的精神令人敬佩，农民通过接受教育，提高了经营水平和审美意识，这是
改变他们不思进取的一剂良药，但是这是否能够成为他们通往现代社会的桥
梁还是值得深思的。② 俄国的民粹派运动其主要特点就是以人民的愿望为自
己的愿望，把人民引上了平分财产的道路上去。而当农民平分了地主的财产
并没有达到致富的目的时，激起了他们更加强烈的欲望，建立农民公社政权，
失去了提高生活水平的初始愿望，民粹主义走向民间的运动失败了。地方自
治不只是针对社会下层，特别是农民的一场运动，它是一场包括贵族在内的

---

　　① Т. И. Волкова Российское земство и социокультурная модернизация страны в начале XX века.
Ярославль：издательское бюро《ВНД》，2012，c. 48，47，49.
　　② 沃尔科娃在总结地方自治的时候说："地方自治活动是俄国独特的民族现代化形式，加强了
国家的文化构成，促进了国家精神生活的发展。地方自治人士的文化启蒙工作使农村居民适应了城市
文化，掌握了更加广泛的价值体系。所以，地方自治的特点就是帮助社会下层，特别是不太有能力独
立融入国家文化生活的农民融入国家文化生活。" Т. И. Волкова Российское земство и
социокультурная модернизация страны в начале XX века. c. 197.

自我改造运动，目的是获得开发自我的价值。贵族的走向民间运动，完全牺牲了自我，导致社会出现了严重的无政府状态。

俄国的地方自治是从省县开始的，而且针对的是俄国自身。当俄国的地方自治演化成为一场反异族（尤其是犹太人）、反政府运动的时候，政府在1890年颁布了第二部《省县地方自治机构法》。新的地方自治机构法首先减少了地方自治会议议员的人数，其次降低了土地所有者的土地数额额度，提高了农民土地数额额度，最后提高了贵族议员在地方自治局中的比例。[①] 似乎地主数量的增加有利于巩固地主阶级的利益，其实是增加了他们对于地方自治工作的付出。新法更主要的是改变了地方自治机关只管地方事务因而是经济机构的认识，地方自治机构不仅要解决地方经济问题，还要负责完成某些国家行政任务，为国家的利益与目标服务，至少不能与国家政权并驾齐驱，更不能游离于政府之外。国家利益是至高无上的，地方自治机关只有更好地实现国家利益才有存在的价值。于是，苏联学者 Л. Г. 扎哈洛娃据此认为，1890年的改革是对1864地方自治的反改革。[②]

政府对地方自治理念的改变并没有削弱地方自治的发展，相反随着工业化的高涨，国家需要更广泛的人民教育、更完善的医疗保障以及更集约化的地方自治机关活动。于是在新法颁布之后，地方自治机构的活动支出增加了。1890年他们的费用为4800万卢布，1895年达到了6600万卢布，1900年达到了8800万卢布。用于统计、教育、医院的支出更大了。[③] 更主要的是国家加强了对地方自治的监管。曾经的自由派逐渐离开了地方自治，走上了独立组建政治组织的发展道路，直到1906年立宪杜马的召开。当自由派与政府围绕要不要立宪的问题争论得不可开交的时候，农村这个让所有人头疼的地方再

---

① 邵丽英：《改良的命运——俄国地方自治改革史》，社会科学文献出版社2000年版，第62页。

② 邵丽英：《改良的命运——俄国地方自治改革史》，社会科学文献出版社2000年版，第62页。

③ Г. А. Герасименко История земского самоуправления. с. 30.

次发飙，出现了大规模的农民运动，他们焚毁庄园，抢劫粮食和财产，贵族不得不同意让出自己的土地，与农民分享。

然而，俄国的问题当然不是自由派认为的利用农民的力量迅速建立立宪政权，也不是如贵族所说加强对传统宗法文化的歌颂，而是在地方自治贵族发展的基础上扩大乡村地方自治，培育农民中地方自治的健康力量；加强政府对社会的监督，区分政府与社会各自的职能，让他们有序健康地发展。

二、地方管理与自治的扩展

地方自治问题的重新开启是斯托雷平改革的一系列举措中的一项，宣布于 1906 年 8 月 24 日，是巩固个人自由权利的措施之一。斯托雷平将地方自治与地方管理连接在一起，其目的是区分政府与社会的职能，加强政府对社会的监督。

斯托雷平的地方自治与地方管理问题并不是突发奇想，关于扩大地方自治的范围，确立政府对地方的领导早在 1902 年普列维当政的时候就提出了。它起于内务大臣普列维的一份札记。札记说："必须加强和集中省长的权力，通过联合各个地方机关到一个中央机关，调整和简化现代省级管理。"札记得到了沙皇尼古拉二世的支持，并组成了以普列维为代表的特别委员会着手这一工作。① 当委员会讨论开始之后，情况发生了变化。委员会认为，在目前国内秩序遭遇社会挑战的情况下，问题不只是加强省级政府的权力，更主要的是加强国内秩序的整顿。这不仅牵扯地方管理的问题，也涉及地方自治的问题。В. К. 普列维、П. Н. 杜尔诺沃、Б. В. 施蒂默尔、Н. А. 季诺维也夫、А. Н. 莫索洛夫、С. А. 托里、和 В. В. 冯·巴尔等保守派甚至主张扩大地方社会机关的管理权限，加强省县的非集中化。为此，普列维还在 1904 年 3 月 22 日建立了解决地方管理问题的地方经济事务委员会。

随着自由派力量的加强，争取报刊自由和杜马质询的呼声一浪高过一浪，

---

① В. С. Дякин Был ли шанс у Столыпина? Сборник статей. Спб.：《ЛИСС》，2002，с. 154.

地方经济事务委员会

政府逐渐让步，把属于省县地方自治的权力逐渐下放到地方，提出实行乡村和区域地方自治的主张。取消阶层的选举制，实行全阶层选举制，取消县地方自治局长官，代之以选举产生的地方自治局主席；与此同时，设立联合各委员会部门的县长，扩大他们的权力。

调整地方管理是随着斯托雷平的土地改革而展开的。土地改革加大了农民脱离贵族的过程，小地主犹如雨后春笋一样地在农村发展起来，形成了对农村公社的冲击。最主要的表现就是脱离农村公社的小庄园主仍然使用农村公社的设施，但他们不参与农村社会福利和公共设施的建设，这导致了村社社员对于斯托雷平土地改革的强烈抵制，加强乡村管理的改革刻不容缓。

斯托雷平在提交的地方自治改革草案中说："消除农民的等级管理，确立不中断的乡村、地区、县、省无等级地方自治组织的链条。"方案尤其强调："如果在阶层划分与阶级划分同时存在的地方还保留阶层的划分，那就变成纯粹的幻想。"因此，在地方自治机构中应该利用财产原则替代等级原则。①

---

① В. С. Дякин Был ли шанс у Столыпина? Сборник статей. Спб. : 《ЛИСС》, 2002, с. 157.

首先，取消乡村等级管理，设立经济村社。文件说："乡村农民等级管理，特别是当下管理农民事务的地方自治长官、县代表大会和省执机关应该取消。独立于地方管理之外，但占有村社份地的农民组成的公社变成纯粹的土地联盟或者土地公社，理由是：组成土地公社的成员占有公社的份地；为了满足共同占有土地产生的经济需求，公社被赋予法人权利和征税权利；土地公社经营的主要业务是根据习惯法以及现有专门法令管理已有份地的经济事务。代替取消的最低地方自治单位——等级农村公社的是全等级的农村区，农村区由依附于独立农村居民点的各种土地占有形式构成。由村长和村会组成的农村管理机关有权管理农村区下辖的公共设施和公共福利，同时由区管理机关征收货币税以满足产生的需要。凡是在农村区占有不动产和拥有工商企业的人，其估值达到 150 卢布，不分等级都是村会的成员。在人口众多的公社，村会可以由村会议替代，其成员由公社财产估值达到 1500 卢布的完全具有财产资格者选举产生。缴税土地估值超过 7500 卢布的私人土地所有者给予特殊的地位。大地主单独成立独立的土地所有者农业区，对辖区公共设施的维护由他们的所有者个人承担。"[1]

其次，建设全等级自治乡，接受县行政和县地方自治机关的委托。文件说："地方自治的下一级为全等级乡，其管辖的部分包括土地公社、私人、国家、皇室以及教会、修道院和农村公社占有的土地。乡管理的领导机关为乡会议，由土地公社和在乡里拥有征税不动产的私人所有者以及乡里的所有地主选举产生。此外，乡会议成员还有在乡里占有土地的国家、皇室和修道院代表。选民的人数由土地公社和私人根据每家缴税所需的财产资格估值数 7500 卢布确定。乡管理机关的管理范围除了地方公共设施和公共福利外，还要设立和资助乡警察，履行行政和地方自治机关具有全国意义事务的委托（服兵役、征税、征收地方自治的实物贡赋等等）。为了满足自己的需要，乡

---

① Особые журналы Совета министров Российской империи. 1907 год. М. : РОССПЭН, 2011, с. 34.

会议确立乡税制度，其额度根据乡里征收的地方自治税比率确定。由乡长直接领导日常工作和执行乡会议决议，人数多的乡可以成立乡管理局。"①

再次，扩大县地方自治机关的权限，对县地方自治与县行政机关的权力范围做出区分。鉴于全县经济要求的扩大，除了现有的县地方自治机关外，应该根据全新的原则选举县地方自治机构。新原则不同于等级原则，但接近1864 年地方自治条例，设立三个选区，只是取消了农民选区。新的地方自治选举突出财产原则，第一个选区是大地主选区，纳税财产额度不少于 7500 卢布。第二个选区为城市所有者选区，主要包括在城市和县城拥有工商业企业的人，征税财产额度不少于 7500 卢布，小城市不动产所有者少于 7500 卢布，但不低于 750 卢布者可以参加选举，但需要通过两轮投票，选出全权代表参加议员选举。第三个选区是乡会议，参加县议员选举的选民除外。议员的总数根据每个选区的每位议员纳税财产资格 15 万卢布为准，多的不超过 60 人，少的不少于 30 人，前两个选区的议员不得少于 3 人。纳税财产估值不少于 15 万卢布的不动产和工商业所有者直接参加地方自治会议。除了改变地方自治选举外，地方自治机构的权限也扩大了。根据 1902 年地方自治法则，县地方自治机关只管理地方食品事务，那么现在还要授权县地方自治会议签署债务合同、确定地方自治机关的实物贡赋以及编制义务条例等以前只有省地方自治会议才拥有的权限。更主要的是，县地方自治机关在自己的权限范围内完全独立，政府机关只是对地方自治机关执行会议决议是否合法实行监督，取消了对他们行为是否合适进行评判的权力。只是在地方自治机关职员履行职责犯罪的时候，政权机关才会保留检查和提醒的权力。选举产生的地方自治机关不仅有权对不履行义务条例的人追究司法责任，而且可以对其实施处罚，还有权对不接受处罚者按既定程序移交司法机关。②

---

① Особые журналы Совета министров Российской империи. 1907 год. М. : РОССПЭН, 2011, с. 35.

② Особые журналы Совета министров Российской империи. 1907 год. М. : РОССПЭН, 2011, с. 35 – 36.

当然，政府机关也参与了地方自治机关事务的建设。除了对地方自治机关颁布示范章程、学习大纲、报表和会计规则给予指导外，还在地方自治机关无法满足地方公共设施和公共福利需求（如建设和维护学校、医院等方面）以及编制地方自治机关管理范围、采取措施需要全国资金，特别是在出现传染病和歉收的时候积极参与。重建政府的县级机关，监督地方自治机关的活动，实施中央行政机关在地方开创的事业。建议设立县长及其附属的县委，协调所有的县级政府管理工作。县长被冠以副省长的称号，是全国政权在县里的代表，县所有政权机构的行政人员，不分部门都服从他的领导；他同时也是县委员会的主席。由县不同部门的代表和职员、贵族、地方自治局和城市代表组成的县委替换现有的县里的各个委员会。除了管理被取消的各个机关，如县代表大会行政机关、县兵役机关、县执行委员会和县学校委员会之外，还要解决县各机关联合行动的问题、行政司法问题、乡村土地机关职员责任问题以及地方警察监督机关和向省级机关呈送结论的问题。县委或在公共机关召集会议，或组织各个机关。随着县长的确立并取代首席贵族主持县委工作，县首席贵族在县委的情况完全是另一个样子。县首席贵族只是贵族阶层的代表，他们关心的只是贵族阶层的利益，而从事的具有社会意义的工作只剩下了监管人民教育、主持县地方自治会议和县土地整理委员会的工作。①

以上的情况说明，随着社会经济的发展，除了需要扩大地方自治机构的范围和权限外，更主要的是要强化地方自治机关和行政机关联系。为了加强对社会经济的管理，在转变范围狭小的等级管理之外，也要重新理顺政府与社会的关系。

在内务部提交了关于乡村地方自治草案之后，交大臣会议讨论。首先研究的是为什么要把建立小的地方自治单位提到首位。因为对这个问题的解决

---

① Особые журналы Совета министров Российской империи. 1907 год. М. : РОССПЭН, 2011, c. 36.

在各个层面预先决定了未来各级地方管理制度的许多细节。然而，在拟定最低地方自治单位时，大臣会议发觉县级生活的各个方面彼此联系的是这样紧密，以至于在确立未来小的地方自治单位的主要根基时不仅不可避免地要触动县管理制度，而且要改变地方自治机关的选举原则及其职能。正是基于这样的理由，大臣会议才会提出这样的建议和县级未来管理制度的主要原则。内务部同时解释，在县里安排政权机关的代表，协调县级各机关之间的活动，为的是让政府在地方的所有代理机构协调一致。扩大地方自治机关的职能并进一步分化给乡村区域自治，不可避免地要相应加强行政权力，赋予相应的全权并足够近距离地监督各级地方自治机关，包括最低级的地方自治机关，用统一的领导尽可能地协调县不同政权机关的分散行动。这样一来，建议地方管理的中心从省里下放到县里，这样的建议也会完全符合复杂的地方生活。①

大臣会议认为，未来治理县级管理的原则是这样受欢迎，它的实施满足了地方生活的迫切需求，非常方便用这样一个观点分析内务部的某个具体的建议，如把占有份地的农村公社变成特殊的土地联盟的思想。接下来，大臣会议分析了为什么要建立划分为农村区和乡两个层级的地方自治单位。一个原因是：随着工业生活的不断发展，许多县都已经分化成为小区，普通人的经济需求和整个地方利益变得更加复杂，县里的地方生活变得非常独立，所以，县地方自治已经不能满足需要，必须建立更小的地方自治单位。有人提出一些农村远离文化中心，没有足够的力量建设地方自治单位，乡地方自治就足够管理这些地方了。然而，从发展的前景来看，1904 年 12 月 12 日沙皇颁布的建立除省县地方自治单位之外的更小的地方自治机构的法令是合适的。至于说是否采取村乡两级地方自治结构，可以讨论，根据经验，也可以建立区地方自治单位作为最低级的地方自治机构。还有一个原因是，在许多靠近铁路、航道和工商贸易中心的村子存在着许多独立的经济利益，这是土地联

① Особые журналы Совета министров Российской империи. 1907 год. М. : РОССПЭН, 2011, с. 37.

盟所不能涵盖的。于是，19 世纪 80 年代国务秘书卡汉诺夫为首的特别委员会就建议建立独立的、类似城市的地方自治村，区分于以宅旁园地为中心建立起来的土地联盟。而实行村、乡两级地方自治体制就不再必要了，于是，大臣会议把重心转向最小地方自治单位规则的制定上。① 最主要的还在于俄国历史上就存在着教区自治单位，管理着人民的日常生活。有人建议以教区作为单位，重建教区地方自治单位。卡汉诺夫委员会认为这样做不合适，原因很简单：教区是以东正教为主，现在各个地方有不同的宗教信仰，如果强行人为地组建东正教教区，势必会造成管理装置的混乱。然而，从这时起，卡汉诺夫委员会也着手思考以教区作为地方自治单位的尝试。在俄国的北方地区，教区一直没有中断，仍像以前一样是社会经济生活的中心。地方主教会议筹办机构认为这无论对于教会还是对于国家福利都是无比重要的工作，希望在不久的将来恢复教区的工作，以替代没有什么根基的乡地方自治单位。甚至一些地方自治长官为了方便监督乡长，擅自停止了乡的设置。因此，大臣会议建议，未来着手建立以教区为基础的乡地方自治单位。②

　　大臣会议的解释给社会提供了理解的渠道，同时对一些不符合实际情况的条文做了修改后提交第二届杜马讨论。草案实际涉及了贵族的利益，他们要承担更多的地方自治的责任。为此，早在 1906 年 11 月召开的第二次贵族联合会代表大会上就表达了贵族的态度。大贵族 Н. Ю. 西里德尔－舒里德艾尔明确表示，他们的等级利益与政府的利益不一致。③ 接下来贵族对地方管理改革的反对转向第三次贵族联合会代表大会，有人甚至建议派代表到尼古拉二世那里，停止地方改革。Н. Е. 马尔科夫、Д. Н. 科瓦尼克、В. Н. 奥兹诺比申明确表示反对。斯托雷平抵制不了贵族的反对，从杜马中拿回了草案，

① Особые журналы Совета министров Российской империи. 1907 год. М. : РОССПЭН, 2011, с. 38 – 39.

② Особые журналы Совета министров Российской империи. 1907 год. М. : РОССПЭН, 2011, с. 39 – 40.

③ В. С. Дякин Был ли шанс у Столыпина? Сборник статей. Спб. : 《ЛИСС》, 2002, с. 161.

交由贵族联合会和有贵族参加的地方经济事务委员会讨论。

三、对地方管理与自治扩展的讨论

村地方管理与自治在地方经济事务委员会讨论过程中，主要涉及三个问题。第一个问题是关于实行村地方管理与自治的必要性问题。斯托雷平在大会上问："为了满足农村居民公共设施的需求，是否总体上愿意实施新的管理形式呢，哪怕不是处处实施。"[①] 大家一致表示赞同。村地方自治有争论的主要是第二个问题，就是征收税收的问题。村地方自治的费用来自参与地方自治的村里人。由于征税主要来自不动产，如土地和工商业贸易企业资产等，所以，税主要来自地主。A. H. 纳乌莫夫建议，实行新的管理方式必须有 2/3 的多数投票通过。法案委员会主席 И. И. 斯代尔里格夫表示反对，认为这样做就等于拒绝实行新的管理方法。于是，就出现了由谁来决定实施新的管理办法的问题。C. И. 祖博洽尼诺夫认为，应该保护贵族地主的利益，为此，由村民们投票申请，只要有多数人同意实行新的管理，就可以启动。斯代尔里格夫认为这同样会阻止改革的实施，坚持只要客观条件具备，县级机关就可以决定实施，不必询问居民的意见。来自斯摩棱斯克的省地方自治会议的议员 A. E. 库巴洛夫斯基指出："无论哪里，无论任何机关，无论是县委还是县地方自治会议，如果没有人决定张罗，没有人努力和请求，地方村级管理不可能实施。"[②] 这样，问题又回到了起点。H. Ф. 多列尔一针见血。他说，人们都知道，村级管理增加了人们的税收负担，如果是申请实施，村级管理任何时候都不可能付诸实施。实施只能取决于国家的意志。这样，实行村级管理的两种办法把政府与社会对立起来，村级管理被推上了极端。最后地方经济事务委员会通过了原初提交的方案，即在村社的管理范围与村子的管理

---

① К. И. Могилевский Столыпинские реформы и местная элита. Совет по делам местного хозяйства（1908－1910）. М.：РОССПЭН, 2008, с. 77.

② К. И. Могилевский Столыпинские реформы и местная элита. Совет по делам местного хозяйства（1908－1910）. М.：РОССПЭН, 2008, с. 80.

范围不吻合的地方以及一个村子有几个庄园的村社主动实行村级管理，不经过地方经济事务委员会批准了。斯托雷平完成这个意向之后离开了会场。

其实，反对实施斯托雷平的村级管理思想的真实想法在斯托雷平走后表达了出来。地方经济委员会的村管理改革草案委员会主要是贵族代表，他们不同意草案的基本条例，从根本上否定草案的实质。贵族说，政府实施村管理的改革目的是把农民和地主的权利等同起来。[1] 换句话说，贵族从根本上否定全员等级制度。草案的一位作者 И. М. 斯特拉霍夫斯基从实际情况对实行村管理改革给予解释。他说，由于经济的发展，在村子与村社边界不一致的地方以及村子里有几个村社的地方，或者出现了联合村会，或者没有村会，还有一种情况是一个村社的村会管理几个村社，而村子的发展让村子的社会福利和社会公共设施失去管理，势必会造成社会混乱。政府从这种实际情况出发，成立土地村社或者土地联盟，通过选举的办法解决村会缺席的情况，对于消除混乱、整顿农村社会秩序起到良好的作用。А. И. 雷克申说得更加严峻，如果实行草案委员会的修改意见，村子里将没有任何组织。[2]

切尔尼戈夫省地方自治管理局的主席 Н. П. 萨维茨基突出强调了关于征税的问题。他说，村管理改革让地主最激动的就是征税问题。钱不是一个小问题，因为没有钱，任何公共设施都是不能建设的。为了征税，必须考虑的不只是宅旁园地领域内的财产，而且还要考虑宅旁园地之外的财产。理由如下：第一，通常拥有大的宅旁园地财产的地主没有带来收入的大块土地；第二，村子需要的不是地主在宅旁园地内有财产，而是需要在宅旁园地之外有财产。[3] 这样的情况在小俄罗斯比较普遍，在库尔斯克省则不太普遍。萨维茨基提出是否让联合村社替代农村公社呢，这样一来，实行村改革不仅没有

① К. И. Могилевский Столыпинские реформы и местная элита. Совет по делам местного хозяйства (1908 – 1910). М.：РОССПЭН, 2008, с. 81.

② К. И. Могилевский Столыпинские реформы и местная элита. Совет по делам местного хозяйства (1908 – 1910). М.：РОССПЭН, 2008, с. 83.

③ К. И. Могилевский Столыпинские реформы и местная элита. Совет по делам местного хозяйства (1908 – 1910). М.：РОССПЭН, 2008, с. 84.

带来农村组织的改善，相反破坏了村社组织。这样，萨维茨基就把斯托雷平关于扩大村管理的改革转变成为破坏村社组织的改革的问题，巧妙地转换了改革的论题，贵族地主关注的经济问题转换成为斯托雷平改革的一个原则问题。其实质就是贵族地主所说的不能把自己与普通地主等同起来，不放弃贵族的特权。

第三个问题就是关于村改革的管理职能。根据内务部的设计，村是最低的地方自治单位，目的就是打破村社对于农民个性发展的束缚。代表们对村改革成立的村会和村长职能都没有提出异议，唯一有争议的便是村长应不应该拥有警察职能。叶卡捷琳堡市杜马议员 Н. Ф. 马格尼茨基指出，他非常不理解草案中关于"阻止犯人犯罪和犯规的行为"的表述，草案委员会建议把这个权力委托给村执行机关——村长，直到警察到来。马格尼茨基告知与会者反对把警察职能转交给村长的理由，即村长一般都是半识字的粗人，如果把这种职能交给他，村长势必会把自己的任性夹杂其中，结果带来的坏处超过益处。法案委员会主席 И. И. 斯代尔里格夫没有对马格尼茨基的理由提出反驳，而是举了一个教会节日杀人的例子，认为如果在警察到来之前不把制止这件事的责任委托给村长，那么委托给谁呢？马格尼茨基直接指出，阻止杀人行为不是权力，而是责任，这不只是村长的责任，而且是任何一位见证者的责任。如果把这样的责任当作权力委托给村长，村长就要判断哪些是犯罪，哪些是犯规。如果村长认为某人在街上弹奏手风琴是犯规，他就把自己的意志强加给了"犯人"。① 虽然马格尼茨基和斯代尔里格夫举的例子有些极端，但这里涉及一个要不要继续把警察留在村子的问题。无疑，农奴制解散，村长作为家长已经失去了监护村民的责任，现实当中，特别是在经济发展的背景下一定会出现打架斗殴的情况，某种情况下更需要警察维护秩序。但正如警察局长 М. И. 图鲁谢维奇所讲，地方经济事务委员会总是以这样和那样

---

① К. И. Могилевский Столыпинские реформы и местная элита. Совет по делам местного хозяйства（1908－1910）. М.：РОССПЭН, 2008, с. 90－91.

的方式把警察问题引进地方管理领域不是偶然的，但是，图鲁谢维奇对此表示坚决反对，原因是警察改革以及重新分配其职能的问题已经超出了地方经济事务委员会的权限范围。[①] 虽然图鲁谢维奇说得比较生硬，但他暴露了一个问题，经济事务委员会谈论的就是扩大地方自治权限的问题，理应扩大农民的自主权限，而不是把农民当作罪犯看待，实行警察管理。如果由于经济纠纷出现的骚乱就引入警察机制，必然会与扩大地方自治权限议题发生冲突，保守派以维护秩序为由重新探索这个问题，还是不肯放弃自己对农民的监护责任，反对改革。

乡改革较之村改革在功能上有了一些突破。首先乡改革把乡作为最小的地方自治单位，执行省县地方自治机关的决议，称之为地方自治的乡执行机关；其次，乡还是政府机关命令的执行者，这样乡就具有双重使命：既是地方自治机关，又是行政机关。[②] 较之村引入了警察机制，即把原本属于村的警察权力转交给了乡里。在争论关于乡里警察职能的性质问题时，普斯科夫省的贵族代表 H. C. 波利亚恰尼诺夫把警察当作保护地主贵族利益的工具，而因萨尔斯基干脆把警察机制引入了乡里，把乡长当作了警察局局长，恢复到了旧有的体制。[③] 这种矛盾的状况引发了经济事务委员会对于改革必要性的争论。卡卢加地方自治局议员 C. A. 波波夫认为，由于家乡骚乱和革命运动还没有平息，人民还不具有所有权的概念，乡里面也没有足够的人担任相应的职务以及征收太多的税收不利于社会的发展等，现在还不利于乡的改革。而圣彼得堡的省长 A. Д. 季诺维也夫刚好认为，现在的乡管理是俄国农村动

---

① К. И. Могилевский Столыпинские реформы и местная элита. Совет по делам местного хозяйства （1908－1910）. М.：РОССПЭН，2008，с. 93.

② П. А. Столыпин Программа реформа. Документы и материалы в2 т. Т. 1，М.：РОССПЭН，2011，с. 309.

③ К. И. Могилевский Столыпинские реформы и местная элита. Совет по делам местного хозяйства （1908－1910）. М.：РОССПЭН，2008，с. 102.

乱的根源。① 显然，这是贵族内部的矛盾，不能不说俄国是否能通过改革理顺经济摩擦状态还存在争议。

正如前面所说，乡改革如同村改革一样，首先非常必要，它是配合农村个体经济发展的必要步骤。所引发的争论主要围绕着改革引发的费用问题以及如何确立贵族与一般村民的权利关系展开的。和村管理改革一样，乡的费用问题仍然是一个让贵族非常关注的问题。从政府的角度来看，根据县地方自治局税收的一定比例征收乡税，是考虑"农民会因乡征税让大地主破产"。② 但是贵族对于政府的意见提出了两种考虑：一种考虑认为贵族既然参与了地方自治，就应该相信农民是公正的。如 С. И. 祖博恰尼诺夫所说："没有任何根据以各种办法减少支付税赋，哪怕是大地主。既然财产估值是公正的，那么税赋也应该根据估值分摊，减少一些人的税赋是什么意思呢？"利赫特尔也认为："如果大地主只是缴纳部分土地的税收，那么乡也只能做部分服务，我无条件地反对给某些人以缴税上的优惠。我们应该依托人的理智，相信他们天生的公正性。"③ 这部分人显然相信乡管理建立在经济独立的基础上，他们应该根据实际情况确立收税的定额。而另一部分贵族则出于另一种考虑，如坦波夫地方自治局主席 И. И. 斯戴尔里科夫认为应该首先解决原则问题，即从总体上规定税收的增加的额度或者说规定小地方自治单位的征税额。他进而批评现有的秩序，认为扩大地方自治预算超过 3% 就要得到内务部的批准，他感觉，在制定地方自治单位预算时除了无序之外，没有给予任何定额。他建议，如果要给征税确定限额，那么就按照俄亩数征税。他以自己的家乡为例，乡地主拥有 4500 俄亩土地，农民拥有 3000 俄亩土地，全乡 30 个议员 29 个来自拥有 3000 俄亩土地的农民，因此他建议大地主只缴纳

---

　　① К. И. Могилевский Столыпинские реформы и местная элита. Совет по делам местного хозяйства（1908 – 1910）. М. : РОССПЭН，2008，c. 98.

　　② К. И. Могилевский Столыпинские реформы и местная элита. Совет по делам местного хозяйства（1908 – 1910）. М. : РОССПЭН，2008，c. 112.

　　③ К. И. Могилевский Столыпинские реформы и местная элита. Совет по делам местного хозяйства（1908 – 1910）. М. : РОССПЭН，2008，c. 115 – 116.

100 俄亩土地税。① 不能说斯戴尔里科夫只是出于自己利益的考虑，俄国的现实很清楚，俄国贵族在地方的势力很弱小，无论确立征税定额还是不确立征税定额，只要实行全员等级乡管理，那么税收的负担一定全部落在拥有大量土地的贵族肩上。最终关于税收的问题还是确立了征税的最高额度，但是也规定征税的数额不能少于没有实行乡改革之前的状况。

最后，贵族把目光盯向了议员的选举制度。按照内务部乡改革的规定，乡议员设立了两个选区：一个是由土地公社和农民银行协助购买土地组建的土地协会组成，一个是由在乡里占有不动产不少于一年的私人机构和个人组成。剩下的就是国家、修道院和皇室土地在乡里的代表。② 显然，较之国家皇室和修道院来讲，贵族个人在乡里占有的土地最多，当然根据选举的原则，他们占据的人数最少，而缴税最多，这是贵族地主最为担心的事情。既然贵族不能减少缴税的额度，那么，贵族就必须加大在乡议员中的比例，扩大在乡里的决策权。首先，贵族同意乡议会选举实行全员等级选举，但是，他们建议把贵族个体机关和个人选区分成两个：一个是大贵族地主选区，一个是小地主选区。季诺维也夫认为这没有任何意义，因为在一些乡里，大贵族地主本来就很少，即便单独成立一个选区也没有意义。Н. Ф. 利赫特尔坚决反对大地主和小地主两个选区的做法，认为大地主独立出来，甚至不经过选举就凭借土地财产资格自动成为议员是不公平的，建议放弃第三选区的思想。③ 普斯科夫的首席贵族 Н. С. 布良恰尼诺夫指出了贵族区分地主选区的原因，他认为贵族一方面担心实行全员等级乡选举后，大贵族会被农民"吃掉"，第二担心税赋全部落到贵族身上。然而，正如 И. И. 斯戴尔里科夫所说，既然设立了小的地方自治单位，某些人不经过选举就成为议员是不能想象的。

---

① К. И. Могилевский Столыпинские реформы и местная элита. Совет по делам местного хозяйства（1908－1910）. М.：РОССПЭН，2008，с. 111，113.

② П. А. Столыпин Программа реформа. Документы и материалы в2 т. Т. 1，М.：РОССПЭН，2011，с. 310.

③ К. И. Могилевский Столыпинские реформы и местная элита. Совет по делам местного хозяйства（1908－1910）. М.：РОССПЭН，2008，с. 119.

但是乡改革草案委员会主席别克托夫说，改革后的乡不仅是小的地方自治单位，还是一个全新的组织，必须小心对待给大地主一定优惠的问题，给他们参加经济生活以合适的地位。

经过讨论，无论是村改革还是乡改革，政府都希望加强土地改革后农村社会秩序的管理，但是，这里面所暴露出来的问题还是让从村社中独立出来的贵族地主担心他们的利益受损，所以他们不断地争取自己的权利和利益。贵族既是改革的主要支柱，又是政府防范的投机对象。从乡村管理改革上，国家还是倾向于加强乡村地方自治权力，但同时又小心地加强政府对贵族地主的监督，设立乡委员，以加强对经济不断独立的乡村的领导，这也引起了贵族的忧心。

在县改革问题上，政府与贵族的矛盾就充分地暴露出来。

第二节　首席贵族权力的削弱

一、县机构的改革

虽然乡改革较之村改革强化了行政领导，如乡的设立和取消以及乡管理的边界和所在地的确立和变更事宜由省委根据县委的呈文和结论确定，而乡管理的实施命令还是由乡委员根据县委的指示下达。[1] 但是，乡和村一样更多地还是加强地方自治。然而，从县改革开始，充分加强了县长的行政权力。

县机构改革条例开宗明义就指出："县代表大会、县调停吏代表大会、农民事务代表大会、县地租机关、县兵役机关和县执行委员会予以取消。在每个县设立县长职务。"[2] 这在内务部最初拟定的草案中没有提及，显然，这

---

① П. А. Столыпин Программа реформа. Документы и материалы в2 т. Т. 1, М. ：РОССПЭН，2011，с. 309.

② П. А. Столыпин Программа реформа. Документы и материалы в2 т. Т. 1, М. ：РОССПЭН，2011，с. 319.

是加强县长对各个委员会的领导，建立国家的垂直系统。县长成为中央在地方的权力代表。文件说："县长是政府的共同权力在全县的代表。县长经内务大臣推荐由最高政权任命。所有县级政府机关和内务部各部门的公职人员以及区政府委员按照领导、监督和检查的程序服从县长。除了司法机关外，对于县政府的所有其他机关和所有其他部门的公职人员，县长有权知悉他们的业务情况，在需要由县长履行属于他们采取的某些共同措施时实施领导。对于地方自治机关、县城和位于全县范围内的非县城机关，县长有权要求地方自治局和城市管理机关汇报他们机关的情况；有权应省长的要求检查所有地方自治和城市机关并向省长汇报检查结果；如果有必要，有权参加县地方自治会议和城市杜马会议或者他们的全权代表会议，如果在做决策的时候县长不能参加，有权让他们就讨论的问题做出解释；当这些机关或者其全权代表会议的决议需要向省长提供复件的时候，有权从他们手中获得复件。县长是县所有各机关组成的县委的主席并领导县委的工作和业务。县长履行省长及所属各个领域的省机关的委托。在活动程序上，县长服从省长的领导和监督。县长根据每年的活动情况向省长汇报县里及县政府和社会机关的活动情况。"[①]

成立了县委并由县长主持，这是将顺行政与司法与社会的关系，加强了执行机关、司法机关与纪律机关的相互牵制。关于行政机关，文件说："每个县都设立了县委，并对其机关设立了如下规则：在县长的主持下，县委由县首席贵族、县委的固定成员以及根据县委规定参与相应所属部门类别会议的成员组成。根据县委的工作程序和内涵，县委管辖的业务分为三类：执行业务、行政司法业务和纪律检查业务。县委执行机关管辖的有：土地所有制条例以及乡、村和区管理条例所规定的业务和对象之外，根据现有法令属于县代表大会行政机关、县调停吏代表大会、县兵役机关和县执行委员会的业务和对象，农民土地所有制条件以及乡、村、区管理条例完全取消的业务与

---

① П. А. Столыпин Программа реформа. Документы и материалы в2 т. Т. 1, М. : РОССПЭН, 2011, с. 319 – 320.

对象，根据农村居民食品需求保证条例转交给地方自治机关的业务与对象，以及根据3章6条、10条规定的县委行政司法或纪律检查的业务除外；农民土地占有条例以及村乡管理条例所管辖的对象；审议和解决政府机关和公务人员之间在管辖的对象方面产生的纠纷；协调政府机关和公务人员与县地方自治、城市管理之间在管辖对象方面的行动；讨论县长给县委做出结论的关于县管理方面的措施；审议和解决省长和省委委托县委采取的措施。县委管辖的执行事务由县委执行机关解决，其组成人员有县地方自治局的主席、县警察局局长和县地方军事长官、县警察局局长和县城市长或者非县城的市长、县税收监察员、县地方自治局和县城市长和非县城市长的成员之一、县城政府及其官员之间纠纷方面的机关代表以及县地方自治局或者市管理局所有成员和相关部门的代表。"①

关于司法机关，文件说："县行政司法机关所管辖的业务有：请求（诉讼）取消政府区委员的不正确的决议或命令的业务，或者对请求者拒绝他们的那些方面采取必要行动的业务（包括对区委员做出的农村居民土地制度指示和命令提起诉讼的业务）；根据区委员的报告，按照监督或诉讼程序取消土地、乡村村会或者会议的决议的业务，或者取消破坏法律举行的村会决议的业务以及上述机关必须完成必要法令的业务；根据区委员的报告，按照监督或诉讼程序取消土地、村乡管理机关的不正确选举的业务，还有不批准那些需要批准职务的机关选举的公职人员的业务；农村永久世袭租户土地制度条例委托的县地租机关业务。县委管辖的行政司法业务由县委的行政司法机关解决，其成员有县区法院成员、两名县地方自治会议选举成员、一名城市杜马成员或者县城市全权代表会议成员，还有地方副检察长，不过副检察长不参与事务的决策，只将审查的事务所做的结论呈递给县委。县行政司法成员由地方自治机关和城市机关从地方自治或市议员中选举产生，任期三年，

① П. А. Столыпин Программа реформа. Документы и материалы в2 т. Т. 1, М. : РОССПЭН, 2011, c. 319 – 320, 322.

这些议员有权直接参与选举会议，而且由于是选举产生，管理局的主席和成员，以及县城市长和非县城市长不能被解职。县行政司法事务程序遵循以下规则：除了司法委员会主席认为必须确立秘密审理案件以确保社会秩序或者正常的审理过程外，案件要公开审理；案件审理都是口头进行的，同时所有的审讯记录都要记入在案；在审理时申诉人有权就已经诉讼的案件做出解释，为此需提前送达听讼日期通告；像申诉人一样，负有责任的土地、村乡社会机关全权代表就取消相关诉讼以及监察程序的村会或会议决议享有同样的权利；当通过决议的时候，由会议主席宣告案件决议；除此之外，审理农村永久世袭地租土地制度案件还要遵守县地租机关为此制定的规则。"①

关于纪律检查机关，文件说："归县委管辖的纪律检查事务如下：对村乡管理机关选举的服役公职人员的职业犯规实施处罚，同时不经申请就可以将他们取消、调离和解除所担任的职务；对所有县政府机关办公厅服役的官员和警察职务不经申请就可以调离和解除；对于低级办公厅和警察官员以及自由雇佣的政府和社会机关职员的职务不经申请就可以调离和解除，只有当调离和解除职务取决于上级领导时，才可以根据现有合法依据取消类似措施；官员因刑事责任判处监禁的决议根据刑事司法程序的 1091 年和 1095 年预定条款办理。县委管辖的纪律检查事务由纪律司法机关解决，其组成人员有：负责村乡管理事务的地方自治管理局的主席和县城市长以及非县城市长、负责其他事务的决定这些职员职务的人或者他们的顶头上司。县委就其管辖的所有事务做出的决议和决定，除了能够定夺的事外，其余都可以由事务的参与者通过县委发送诉状的办法，在决定宣布之日起 30 天内上诉给省委（地租业务期限为两个月）。在人民起义、毁灭性的火灾和水灾、流行病等特别的情况下，县长有权采取必要的措施以及协调所有机关的行动，召集县城相关部门的长官和代表组织联合办公。县委的固定成员由内务大臣任命，遵守任

① П. А. Столыпин Программа реформа. Документы и материалы в2 т. Т. 1, М. : РОССПЭН, 2011, c. 319, 322, 323.

命政府区委员遵循的规则。在县委固定成员缺席、休假、病退、死亡或者被解除和去职的情况下，其职务可由省长指定的政府的区委员履行。不管县委的固定成员参不参加会议，他们都有下列责任：为县委会议的报告做准备、准备报告；根据县长的委托，为所有县管理的事务撰写报告；直接管理县委办公厅。"①

县级管理的改革主要涉及社会上层对于社会下层的管理，除了履行中央政府的命令之外，还要把下层的命令上达中央政府。县级管理主要涉及乡村以及县里的地方自治和城市自治，特别是当他们在履行中央政府职责与地方自治的情形发生冲突的时候，官员在地方自治人士的眼里就会成为官僚，而地方自治人士在政府官员眼里成为犯上作乱者。为了缓解这种局面的发生，政府在县与乡村之间设立了区长，执行县长的命令。区长学名为"区政府委员"。关于区长设立的总则说："区政府委员是政权在区里的代表，根据区长的条例规则监督地方管理机关的活动，代表政府协助他们的管理并履行政府给他们的特别委托。区委员的部门不分等级涉及区的所有居民以及区管辖范围内的所有地方管理机关，城市社会机关和一般警察官员除外。每个县的区政府委员人数由内务大臣根据分配区政府委员总数的条例确定和更换，而区的范围由省委根据县委的介绍和结论确定和变更。"②

区政府委员作为政府在区里的代表由内务部部长任命，其特别的规定如下：第一，年龄不低于 25 周岁、获得高等和中等学校毕业证书或者具有相应经验的人都可以担任区政府委员，如果这些人成为政府职务的候选人，有权担任独立的行政职务，或者担任以前为了履行区政府委员义务受过培训的那些职务。第二，没有官职的人也可以担任区政府委员的职务。第三，区政府委员不可以兼任政府和社会的其他职务，福利机构、学校和医疗机构的荣誉

---

① П. А. Столыпин Программа реформа. Документы и материалы в2 т. Т. 1，М.：РОССПЭН，2011，с. 319，323，324.

② П. А. Столыпин Программа реформа. Документы и материалы в2 т. Т. 1，М.：РОССПЭН，2011，с. 319，326.

职务以及地方自治和城市议员的称号除外。①

区政府委员履行这样的职责：第一，管理土地、村乡业务，参与完善农民的土地制度，主持征缴国家税收的工作，主持兵役和军马役义务，履行政府机关的委托以及在非常状态下发布命令的义务。第二，区政府委员履行农民土地占有以及村乡管理条例委托的土地、村乡管理事务，同时就上述事宜与相应机关保持联系。第三，区政府委员履行关于农村条例委托给调停吏和地方自治区长履行农民土地制度方面的义务。第四，区政府委员履行根据现有法律委托给区地方自治区长的征收公共税收的义务。第五，区政府委员在动员时指导乡长对兵役和军马役义务的实际履行并根据现有法律发布命令。第六，省县管理机关委托给区政府委员的事宜如下：检查省县管理机关管辖的以及位于区范围内的规则、机关和人员；提供省县管理所需的资料和结论，警察资料除外；在非常状态下，如发生人民暴动、饥馑、流行病、毁灭性的火灾和水灾条件下发布命令。第七，在非常状态以及无法及时请示相应的权力和命令的情况下，区政府委员必须采取诸如警示和取缔等不受委托的措施，领导所有地方行政和警察机关的行动并向县长报告发布的命令。②

区长的任命虽然来自内务部，但是他所管辖的事务确实确保了政府对社会下层的监督，主要是负有报告和维持的责任。由于区长并没有警察权，所以他是县级管理改革的一个延伸。

二、关于县级改革的讨论

斯托雷平改革的一个宗旨就是加强对地方自治的监督，这是实行土地私有化改革的非常重要的举措。行政改革涉及的主要问题是把地方自治长官的权力转交给县长和区长，剥夺了任职地方自治长官的贵族，特别是首席贵族

---

① П. А. Столыпин Программа реформа. Документы и материалы в2 т. Т. 1，М.：РОССПЭН，2011，с. 319，326，327.

② П. А. Столыпин Программа реформа. Документы и материалы в2 т. Т. 1，М.：РОССПЭН，2011，с. 319，327，328.

的行政权力。所以，县级改革引发了贵族极为激烈的争论。

　　首先引发争论的是关于区长的设置。关于区长的争论是这样的，委员会认为区长被内务大臣任命，负责区各个部门的联合与协作。由于他手中没有经济大权，联合基本上无法实现。区长的职责是监督，由于区长手中没有警察权力，所以委员们质疑区长权力的履行。地方经济委员会成员、警察局局长 М. И. 图鲁谢维奇说："为了维持内部的秩序，各个地方的警察都是独立的组织，下级警察组织服从上级警察组织。这样一来，警察的代理人服从这个领域之外的官员是对建立警察组织基本原则的破坏。"正是基于这一理由，图鲁谢维奇建议把区长纳入警察系统，成为警察官员，委托警察权利与义务，严格服从上级警察官员。① Н. П. 萨维茨基从区长的性质驳斥了图鲁谢维奇，他认为警察并不是独特的组织，而是一个结构完整的组织。警察首要的任务是保护秩序与安全，为此警察局的领导就应该是受过教育和有发展前途的人。萨维茨基指出，目前，说起警察就走向极端，他们除了保护秩序和安全之外，什么都干，他们已经脱离了地方的生活。区长不能近距离地监督下级警察，只能要求他们外在的表现。区长派警察就是维护地方的秩序，如果警察不能保护所有权，不能让农民平静地使用自己的田园，那么警察就失去了其存在的意义。而俄国国内动乱的根源也在这个地方。图鲁谢维奇并不否认警察的安全保护责任，但是他把这个保护归结为国家保护。至于说地方利益，警察关心的不到位在于警察与行政职能划分不清，应该改革。萨维茨基从区长与警察的关系重新论证了这个问题。他说，区长作为政府在地方的代表，没有警察权力区长的工作就徒有其表，因为在人民的眼里，警察总是把自己与地方自治长官隔离开来，甚至隔离了地方自治机关的活动。如果不赋予地方自治长官以警察职能，就不会实现区政权的真正联合，所以，区长只是大大阉割了的地方自治长官。当讨论转向区长的权限问题时，地方自治人士更多地

---

　　① К. И. Могилевский Столыпинские реформы и местная элита. Совет по делам местного хозяйства（1908－1910）. М. : РОССПЭН, 2008, с. 198－199.

要求赋予区长以警察和司法职能，否则区长的权力就变得非常含糊了。[①]

草案的委员会主席 И. И. 斯戴尔里科夫直接以警察和司法权力已经超出了地方经济事务委员会讨论的范畴为由转向了对区长监督职能的讨论。由于监督问题有了政府插手地方自治事务的嫌疑，地方贵族特别是保守派贵族千方百计地夺取在地方政权方面失去的阵地。保守派贵族的代表 А. Д. 萨马林说："地方改革的所有方案，其主要目的就是加强政府在地方的权力；委员会的结论并没有满足这个任务。我不知道政府如何构建我们的村乡机构，当然，政府只想保持旁观者的角色……起初，政府给予地方自治机关以广泛的自由，但 1890 年不得不从本质上改变了对地方自治的态度。这样的错误不应在小地方自治单位问题上重复。"[②] B. C. 别克托夫反驳了萨马林关于设置对地方自治的监督就不符合政府的意图和地方自治的性质的观点。这个观点正如内务部地方自治局局长 Я. Я. 利特维诺夫所说的那样，政府并没有否定对人民及其社会机关监督的思想，但同时也没有放弃对农民福利的关注。于是在改革的过程中，政府变得如此纠结，因为俄国的农民还不足够独立，在农民走向独立的过程中，势必要防止贵族地主对他们的伤害，于是便有了处处防御崛起中的贵族的作为。

贵族十分纠结区长代表政府对地方自治机构以及土地整理委员会的监督问题，并以区长只是代表官僚实施监督、缺乏社会基础为由否定区长的权力。当他们没有办法否定设立区长的必要性之后，他们只能把主要的目标放在了区长的任命上。根据内务部的方案，区长由内务大臣任命。贵族认为，区长要了解地方的现状，最好在任命他的时候与地方自治局成员和首席贵族协商。根据 А. Е. 库巴洛夫斯基的意见，这样不仅首席贵族可以担任区长，而且地方自治局的主席也可以担任。最后，Н. С. 布良恰尼诺夫提出了妥协方案，

[①] К. И. Могилевский Столыпинские реформы и местная элита. Совет по делам местного хозяйства（1908 – 1910）. М.：РОССПЭН，2008，с. 202.

[②] К. И. Могилевский Столыпинские реформы и местная элита. Совет по делам местного хозяйства（1908 – 1910）. М.：РОССПЭН，2008，с. 203.

即县委可以拟定特殊候选人的名单，省长最终从这些名单中挑选。当地方经济事务委员会就此问题对方案进行投票之后，经过地方社会人士同意的区长任命方案被通过，这样，在区长的问题上，地方贵族的意见占据了上风。不过，政府用区长代替地方自治长官的任务得以实现。①

经过以上过招，政府处理贵族对于区长的意见只是小试牛刀，接下来真正削弱贵族力量的是关于县长的任命。县长取代首席贵族成为县里的领导人让贵族非常气愤，引发了贵族强烈的抗议。斯托雷平说："充当县里实际掌权者的首席贵族完全不把解决国家的任务、执行国家在地方的政策与自己联系在一起，他们在地方阴谋勾结，行动强制不合法，经常甚至完全不出现在县里。为了提高县管理的效率，建议设立新的集体机关——县委并设立县长作为县机关的领导和县委的主席。"② 自由派贵族代表、图尔盖省长 И. М. 斯特拉霍夫斯基把县改革草案提交地方经济事务委员会讨论，他和《俄罗斯报》的编辑 И. Я. 顾良德都是斯托雷平政府的发言人。他在向委员会叙述县改革草案时这样说："甚至是贵族最凶恶的敌人，也承认贵族尤其是首席贵族对于发展地方社会生活和社会独立活动的作用。我们应该为地方自治机关体制感到骄傲，它受到了贵族文化工作的滋润，在道德权威方面发挥了领导作用。"正是地方自治工作成为县首席贵族的主要使命，因此，他们才没有履行各个县行政委员会的工作。但这不能说明县首席贵族对行政指导工作的消极。更何况县首席贵族在地方的神秘作用不可能不对地方产生重要的影响。首席贵族突然被取消了县领导工作，被县长所替代，被弃置一旁。虽然斯托雷平给了县首席贵族以县长第一候选人的位置，但是县长毕竟是政府的官员，从根本上破坏了社会生活的本质。"在新的政治结构中我们应该这样提出问题：我们是否应该给首席贵族分享新的职能？"

---

① К. И. Могилевский Столыпинские реформы и местная элита. Совет по делам местного хозяйства（1908 – 1910）. М.：РОССПЭН，2008，с. 210.

② К. И. Могилевский Столыпинские реформы и местная элита. Совет по делам местного хозяйства（1908 – 1910）. М.：РОССПЭН，2008，с. 212.

斯特拉霍夫斯基继续说，县级管理分为两种并行的制度：一个是社会制度，如地方自治及其附属机构——校务委员会和土地管理委员会；一个是行政制度，即省级机关在县里的组成机构。内务部法律草案没有涉及社会制度，但草案的范围是明确和紧凑的：省级政府机制在县一级是完全瘫痪的状态。然而，实际产生了两种管理行政事务的组织形式：一种是责任组织形式，一种是非责任组织形式。责任制度的实质在于，无论哪种管理部门既要信赖固定的政权和固定的管理机关，也要信赖监督发展状况并提交相应主管机关的管事者，以便承担相应的责任，协调它与上级之间的活动。就其实质来讲，这些活动都具有个人性质，所以不可避免地为其配备一些人、设立一些职务。在一定的情况下，行政权力必须遵守某种集体形式。所有的责任、对事物发展进程的所有监护在一定情况下仍然依托相应的管理机关，只是个人的裁夺因其活动的集体仪式而受到了限制。非责任制度的基本特征如下，固定的管理部门信赖的不是某一个人，不是专门为此设立的管理机关，而是综合了不同职务的联合体。为了在技术上保证其发挥作用，这些人表面上组成了一个集体，让其中的一个人担任主席。这个人没有独立管理的职能，他只是一个总统，甚至不用居住在会议或者委员会会议所在地，只需在开会的时候出席。他完全不能服从主管此事的上级权力机关，对于所管事务完全不负责任。他的责任只限于他和他的集体所通过的决定是否合法。这就是由首席贵族主持的县里的委员会。① 非责任制度的弊端显而易见，为了适应发展的需要，内务部决定选用责任制度。

斯特拉霍夫斯基的阐述引发了委员会的讨论，他们把设立的县长和县委与首席贵族对立起来，并分成了两派。少数派同意内务部提出的观点，但是多数派反对内务部的方案，同时提出了自己的主张。多数派认为，县长的职权范围主要在执行警察领域并履行官方的义务，那么县委就应该由首席贵族

---

① К. И. Могилевский Столыпинские реформы и местная элита. Совет по делам местного хозяйства（1908 – 1910）. М.：РОССПЭН，2008，c. 216 – 217.

主持。多数派对于内务部文件的批评表现在三个方面：第一，管理的集中化有些多余，这对国家是有害的，他们认为没有任何必要贬低县首席贵族对于地方生活的影响，这不仅是对贵族等级利益的损害，而且是把地方自治原则、社会自立原则放在了第二位。第二，改革具有阶级性质。缩小首席贵族的影响范围，忽视了这个职业的社会使命以及思想意义。作为社会的选民，首席贵族是得到人民信赖的；另一方面，首席贵族作为为沙皇和祖国服务的等级是国家使命最可靠的执行者，因此，出于其独特的气质以及这样崇高的使命，都应该让其成为行政机制和地方人民的纽带。第三，改革不合时宜。在县里进行普遍改革的时候，在某些方面动摇能够对于地方生活产生妥协和缓和影响的那种成分未必会小心，这样的改革是不合时宜的，未来在组建无等级组织的改革中特别建议，不是削弱而是加强社会原则。基于以上理由，委员会的多数派建议把首席贵族纳入新的县管理的体系之中。①

当委员会的建议无法得到实施的时候，委员会建议要保持参议院对他们活动的有计划的监督。少数派对于多数派的观点提出反对，认为随着县长退出县委主持，县制度将面临瓦解。多数派投票支持由县首席贵族主持县委，同时还要兼任县长。至于说，首席贵族可以优先选任县长的提议，他们提出反驳，认为这样会影响他们的威信和事物的本质。从这个意义上，贵族还是把主要的精力放在了社会问题上。

接下来，委员会把主要的目标转向修改内务部草案的规则上来。他们坚决反对县长参加地方自治会议和城市管理会议，消除县长代表省长对贵族实施的监督。委员会认为，县长出席这些会议会导致更大的分歧。这对于县长施加压力的地方自治会议不好，对于县长来说也会由于失误或者过分偏袒不符合政府利益的一方而有陷入尴尬状态的危险。委员会对于内务部草案的原则的改变遭到斯特拉霍夫斯基的激烈批评。他说，委员会关于由县首席贵族

---

① К. И. Могилевский Столыпинские реформы и местная элита. Совет по делам местного хозяйства（1908 – 1910）. М. : РОССПЭН, 2008, с. 219 – 220.

主持县委的建议，这看起来好像是没有错误的细节问题，但这会使制度的结构导向不负责任的管理一边。如果通过以上建议，将会比现有的制度更加恶化，不只是让县首席贵族逐渐掌握县行政权力，更主要的是会产生两个指挥机关，实际上是两个不负责任的组织。如果首席贵族说我领导县委，那么县长会以反对或者暂停县委的决议的方式破坏县委的实际工作，这会让县里的工作人员无所适从，会产生内讧。所以，作为不懂得服从的首席贵族，既不能成为行政首脑，也不能主持县委。

于是，政府与首席贵族以地方经济事务委员会为战场，公开厮杀。积极反对政府方案的有 П. П. 戈利岑、И. А. 库拉金、А. П. 乌鲁索夫、Н. Б. 谢尔巴托夫、А. Д. 萨马林、В. М. 乌鲁索夫、С. И. 祖波恰尼诺夫、А. Н. 纳乌莫夫、А. Д. 萨马林、С. А. 潘丘利泽夫、С. А. 波波夫、А. И. 穆赫雷宁、С. Т. 瓦伦－谢克列特、А. Г. 拉吉科夫、Э. К. 博罗德斯基；积极支持政府方案的有委员会的主席 Н. Ф. 利赫特尔、Н. Г 冯·毕尤金克、С. С. 塔季谢夫、В. Ф. 准可夫斯基、Д. К. 格夫里奇、Я. Г. 格洛洛波夫、Н. Н. 罗斯托夫采夫、С. А. 别克托夫、А. Д. 季诺维也夫、Н. М. 别列别尔金、Н. Ф. 斯特拉多姆斯基。① 反对政府改革方案的人更多的是从地方自治的角度思考行政改革问题。如 А. П. 乌鲁索夫和库拉金强调说，首席贵族要依靠社会舆论和社会信任，主要的意义不在于让他主持县委，而在于让他成为政府与人民之间的桥梁。А. Д. 萨马林认为，政府的改革只是技术改革，不是生活的需要。② 政府方案的拥护者季诺维也夫、斯特拉多姆斯基以及别克托夫强调指出，地方管理的改革方案渗透了无等级原则，所以，给等级团体提供县级管理的头等和领导地位是整个改革进程不连贯的一步。从无等级的角度来讲，加强首

---

① К. И. Могилевский Столыпинские реформы и местная элита. Совет по делам местного хозяйства（1908－1910）. М.：РОССПЭН，2008，с. 224－225.

② К. И. Могилевский Столыпинские реформы и местная элита. Совет по делам местного хозяйства（1908－1910）. М.：РОССПЭН，2008，с. 232－233.

席贵族的作用对于整个国家以及地方利益都是无益的。①

斯托雷平并没有妥协，认为这会造成双重政权的局面。最终，斯托雷平采取了非常的措施，他利用贵族不经常参加会议的情况，利用官僚的多数投票通过了政府草案。贵族投票失败了，但他们并没有放弃自己的努力，他们以保留自己独特意见的方式表达自己的观点，对于斯托雷平来说，这个胜利也只是个皮洛士式的胜利。因为贵族虽然做出了让步，但却获得了暂停县委决定的权力。②

三、首席贵族权力的削弱

关于县级改革，贵族们保留了自己的特殊意见，潘丘利泽夫列举如下。第一，这个草案的基础是省长、县长个人权力，同时两个人都直接依附于内务部。草案的解释性札记说，只有内务大臣才有权就选举省长候选人致上峰台鉴，这样自然而然就必须让省长担任内务部成员中相应的职位。不用说，省长职位的设置就归结为省长对部司长的小小依赖，从这时开始，各个部门的长官在最高国家管理事务联合行动上只能依靠大臣会议，这样，随着省长权力的加强，各个部门的孤立状况会更加严重，出现的不是地方的联合，而是权力的分散，不是减少部门的摩擦，而是加剧部门的摩擦。第二，部里所做的方案重心不在于委员会，而在于个人，不在于委员会的权力，而在于个人的权力，这就对县长的个人素养提出了要求。实际情况是，俄国找不到1000 个可以替代县长的人选。第三，首席贵族影响有形式上的限制；不是所有县首席贵族都实际拥有县管理的全权；未来不能以首席贵族为基础通过扩大行政权限来联合县行政体制，所以应该取消县首席贵族的行政权。实际上贵族的权力是实实在在的，是历史上形成的，政府应该让贵族考虑全等级的

---

① К. И. Могилевский Столыпинские реформы и местная элита. Совет по делам местного хозяйства（1908－1910）. М.：РОССПЭН，2008，с. 233.

② К. И. Могилевский Столыпинские реформы и местная элита. Совет по делам местного хозяйства（1908－1910）. М.：РОССПЭН，2008，с. 240.

利益。更主要的是贵族并没有如内务部草案上所讲的消极地对待地方事务，在总数 318 个首席贵族中常驻在县里的达到 243 人，占总数的 76.41%。最后，贵族所承担的工作都是无补偿的工作，如担任校务委员会主席、地方自治委员会主席以及土地整理委员会的主席。①

叶卡捷琳诺斯拉夫省首席贵族、参议员尼古拉·乌鲁索夫王公则从精神上分析了首席贵族的价值。他说："任何改革首先弄清楚的是现有条例的不足之处，并用来源于生活、来源于过去的那些条例而不是理论加以替代，在新的制度中做出某些改善，但是，只有那些被社会认知并感到通切必须和刻不容缓的改革才具有生命力。我特别重视社会参与地方生活问题的正确提法。但我对那些政府只考虑社会情绪、只遵循所谓的社会舆论的思想不感兴趣。遗憾的是，社会舆论是这样难以捕捉，是这样常常不确定，国家的管理方法是不能确立在这样的基础上并付诸实施。但是，过分喧闹的、大吹大擂的、纠缠不休的社会的一部分很容易被当作多数，很容易制造社会舆论的幻景；政府的智者必须有能力认识真正的社会舆论，严格地遵循历史上形成的民族基础，远离那些从外面吹来的，与国家的独特气质和生命不一致的东西。"②显然，乌鲁索夫的重心不在于社会舆论是难以把握的，而在于说要考虑民族的习惯与传统。

俄国贵族与农民的联系和纽带是什么，其实就是俄国历史上形成的宗法传统。贵族曾经说这种传统就是"全心全意为沙皇和农民利益的服务精神"③。斯托雷平改革就是破坏了这种纽带，因此尽管政府通过行政命令的方式把各部门协调在一起，但仍然不能消除各部门之间的利益纷争，因而削弱了政权的力量。乌鲁索夫有一点说对了，那就是俄国社会还没有足够力量发

---

① Объединенное дворянство Съезды уполномоченных губернских дворянских обществ. Т. 2, кника1. 1909 – 1910 гг. М. : РОССПЭН, 2001, с. 288 – 291.

② Объединенное дворянство Съезды уполномоченных губернских дворянских обществ. Т. 2, кника1. 1909 – 1910 гг. М. : РОССПЭН, 2001, с. 276.

③ Объединенное дворянство Съезды уполномоченных губернских дворянских обществ. Т. 1, 1906 – 1908 гг. М. : РОССПЭН, 2001, с. 845 – 846.

展出独立的社会力量，还需要在政府乃至在贵族的帮助下发展地方自治，由于国家没有就地方自治问题提出更新的主张，就在管理问题上加强了官僚的力量，这样势必会削弱社会力量，让社会走上依附于政府的老路上去。

不过，乌鲁索夫对于斯托雷平的指责并没有完全说到俄国的点上。首先是政府的作用。在斯托雷平眼里，政府是法制的政府，它起到的就是上传下达以及监督的作用，把政府的法令落实到位，同时还起到联系各个分支部门的作用。政府的主要目的就是保证社会的各个部分在法律的范围内运行，而社会的各个部分各自起到独立的作用。首席贵族指责政府不能起到连接的作用，其主要理由是官僚只服从于上级，不了解地方的情况，常使自己陷入孤立，没有机会起到联合的作用，换汤不换药。这样的说法恰恰是政府不应该做的。因为政府一旦陷入利益之中，就会使自己因利益问题而无法执法，这也是政府把首席贵族与行政县长区分出来的原因。其次，关于地方自治和城市自治不太健全影响了社会势力的发展，这是一个非常重大的问题。政府所采取的扩大地方自治机构的权限以及把自治的范围扩展到乡村应该是对这个方面的改善。政府并没有把警察的权限下放到村，其目的就是扩大村社的权力范围，相反，政府的改革主要关注乡村的社会福利和公共设施，一定程度上损害了贵族地主的经济利益，这也是贵族反对政府乡村改革的主要原因。但是，政府加强了警察的监管并把警察职能放在县长的职能之下，其目的就是不让警察成为阻碍社会进步的障碍。加强乡村法院的建设，虽然有习惯法因素，与国家的法律有一定的不和谐，但是，农民的行为不再是简单的顺从，而是在法律的范围内自由发展，这也是法制的目的所在。再次，关于首席贵族参与县委工作，特别是在地方自治、校务委员会以及土地规划委员会的主导地位，发挥的就是首席贵族对社会的引领作用。首席贵族退出行政主导，把担任县长的首席贵族纳入行政领域，就是强化贵族的社会地位，用自己的经济能力、道德和知识能力显示自己的实力。这不是对贵族地位的削弱，而是更加明确社会的分工。最后，县长参与地方自治机构、校务委员会以及土地规划委员会的会议，是为了更好地了解社会状况，保证做出正确的决策。

　　首席贵族对于政府改革的激烈反应主要基于政府对首席贵族的监督。首席贵族把监督看作政府对他们的不信任，这一点不是来自利益关系，而是来自宗法关系。宗法关系建立在道德的基础上，以限制利益的发展为前提。当俄国社会处于资本主义的发展状态，贵族关心自己的利益，忽视国家的利益属于正常现象。如果贵族不能脱离于行政监管岗位，势必造成以权谋私的嫌疑，这也是斯托雷平为什么称贵族对于政府事务冷漠的理由。至于乌鲁索夫反复证明，首席贵族并没有冷漠政府事务，这只是他个人的感觉或者只是为贵族的辩护，不能消除农民对地主贵族的以权谋私的怀疑。

　　贵族的首席思想来自彼得大帝以来的总督制。总督的意思是皇帝派来地方的代表，他只对皇帝负责。① 这样总督便与民众产生了鸿沟。自从贵族获得自由以来，贵族也有了地方皇权思想，他们对农民的指挥便成了老爷对农民的吩咐，处于一种不平等的地位。随着农奴制的解放，农民对贵族的这种态度变得越来越不能忍受，演变成了逢贵族必反的非理性状态。农民反的其实就是贵族对他们不平等的颐指气使的态度，而这种态度在贵族看来是为农民着想、是好心。斯托雷平用县长替代首席贵族的制度打破了这种宗法制度，通过赋予每一个人经济权利和自治权利实现人的自由。重心在于把贵族的宗法地位变成法律地位。县长在县里的协调机制来自斯托雷平关于省长机制的设立。斯托雷平把省长变成协调省级各个部门以及省地方自治机构的中心，以区别总督时代的省长只履行某一个方面职权的软弱形象，使之成为全省的真正"主人"。② 省长是全省的"主人"，县长是全县的"主人"，区长则是全区的"主人"。首席贵族之所以对斯托雷平以官僚的印象，在于这个命令

---

① Объединенное дворянство Съезды уполномоченных губернских дворянских обществ. Т. 1, 1906 – 1908 гг. М. : РОССПЭН, 2001, с. 844.

② 省长"主人"的含义是：一方面保证对公民机关的活动和参加地方管理的官员实行监督，另一方面采取一系列必要的措施在全省准确地履行最高政府的法律和要求，同时赋予单个机关和官员以义务。П. А. Столыпин Программа реформ. Документы и материалы в2 томах. Т. 1, с. 266.

是内务部发出的，还是内务大臣或者大臣会议主席的特派员，[1] 当然更主要的是俄国的内阁与皇室还处于不稳定的状态。

政府与贵族的冲突表明，俄国的贵族还处在游离于政府控制之外的地方自治状态，与为国家服务的传统贵族理念发生了冲突。贵族无法避免改革给他们带来的冲击，因此千方百计地利用自己的政治地位为摆脱经济冲击做掩护，实现贵族的软着陆。土地改革已经让贵族遭受了损失，地方管理改革，特别是让他们失去县里的政治地位，无疑让他们的损失雪上加霜，自然引发贵族的激烈反对。他们只能以自己为国家献身的传统思维方式和与农民的宗法关系为自己辩护，这样做虽然一时能够巩固贵族的地位，但是也给自己戴上了一副枷锁，阻碍了自己社会地位的演变，加深了社会危机。

改革让贵族承担了改革的代价，这是由贵族的社会地位决定的。如果贵族都不能理解改革所付出的代价，那么，农民就更无法追随改革了。由于俄国改革的自上而下性，贵族必须成为农民的启蒙者，因此也是改革代价的必要承担者。从潘丘利泽夫和乌鲁索夫为贵族的辩护看，他们并没有放弃自己的宗法老爷的认识，更不能从公民应该承担责任的角度理解斯托雷平的改革。斯托雷平反复强调要进行宗教改革，确立对分裂派教徒以及非东正教徒的平等地位，遗憾的是，俄国并没有完成这样的宗教改革，因而这些贵族从宗法的角度为自己的损失辩护，这是俄国贵族发展以及斯托雷平改革的必经过程，同时也是俄国的悲剧所在！难怪果戈理那么强调，地主要以上帝的名义给农民做出表率。

第三节　垂直地方管理体系的建立

一、省级改革

省级改革是斯托雷平地方管理改革的最后一步。省改革首先确立的是省长的位置，它是最高政权在省里的代表，是地方政权的最高机构。省级改革也设立了省长、省委，和县级改革有些类似，是加强中央管理。与县级改革不同的只是增加了省委办公厅，以显示省级改革的强大。

关于省长做了这样的规定：作为省最高政府的主要代表，省长依托严格的法律管理省里的所有事务。省长的任命、调任和解职由沙皇和最高法令决定。被认为有资格担任省长的人选经大臣会议点头后由内务大臣呈送沙皇惠签。省长由内务部管辖。根据相应的法律、章程和条例，省长同时兼任省委员会主席以及其他委员会、专门组织和机关的领导人。当政府与司法机关发生纠纷，以及要补偿因服从行政部门的公职人员命令带来的损失时，根据刑事和民事诉讼法，省长应出席司法机关的特别会议；作为副职可以成为监狱监察员委员会成员以及保护东正教僧侣的省特别机关的成员。省长管理的对象、权利、义务、行动与交往程序、工作报告与责任除了本条例之外，由一般和特别机构、条例、章程和其他法律确定。省长作为省最高政府的主要代表监督政府法律和命令的准确执行，通过赋予他的权限保持社会的稳定与安全，通过他的管理关心全省的福利。①

省长履行大臣委员会主席、各部长以及总管理局局长的命令，以上命令涉及的各个分部的领导从省长那里获得最新指示并把执行这些指示所采取的措施通告省长。如果省长发现非自己管辖的各分部领导不能准确地履行省长下达的指示，省长将把情况除了呈报给内务大臣外，还要呈报给相关大臣和

---

① П. А. Столыпин Программа реформ. Документы и материалы в2 томах. Т. 1, с. 330 – 331.

大臣委员会主席。除了司法机关、国家监察机关、国家银行和高等学校外，省长监督省内所有的政府和社会民用机关与公职人员。省长也有权要求政府与社会各民用部门对他们所采取的措施提供资料和解释。省长个人或通过行政助理有权对省内各政府和社会民用部门与职员实施检查，并把检查结果提交省委员会审议，审议结论通报内务大臣和相关大臣。如果省长认为有必要，可以进行全面检查，检查结果除了通报内务大臣和相关大臣外，还要通报大臣会议主席。按指定程序做出的检查还要有省长特别指派的内务部代表参加。省长有权参加所有地方自治和城市杜马会议。当省长希望发布声明时，应听取所有情况。①

省长有权在自己管辖的省里根据条例指定的程序颁布所在地区人员必须执行的特殊行政法令。省长就某个方面颁布的行政法令，目的是根据地方条件保证遵纪守法和安全，同时警告和取缔破坏社会安定和国家秩序的行为。但是，省长颁布的行政命令任何时候都不能与法律相重叠，也不能违背法律。省长就某一方面必须发布行政命令，要把自己的建议提交省委总部通过。如果所提建议涉及相关其他部门的利益，省长需提前将建议提交省委总部通过，同时还要与相关利益部门代表协调。省长要不迟延和普遍按照既定程序颁布法律、陛下的宣言和命令、政府参议院的指示和最高长官的命令，并在全省执行和充分转达。根据陛下的特别吩咐，省长立刻采取必要的措施，既是表明收到了皇帝陛下的命令，又是对他命令的真正执行，省长要大胆地向陛下报告情况，同时也让详细报告的部长或主管领导知晓，此外，及时把自己所有命令通告他们。②

省长是全省所有警察的主要长官，是土地管理事务的主要领导。省长监督国税完好不差地收取并监督对欠税者的惩罚。省长对全省的初等和中等教育实施监护。不直接参与初等和中等教育的管理，但要采取一切措施关注它

① П. А. Столыпин Программа реформ. Документы и материалы в2 томах. Т. 1，с. 331－332.

② П. А. Столыпин Программа реформ. Документы и материалы в2 томах. Т. 1，с. 333.

们的发展，同时在出现骚乱的时候做出相应的指示，在重要的时刻向上司通报高等教育情况。省长可以批准按官价不超过 1 万卢布的企业承包、供货以及其他业务，所有其他情况省长要呈报大臣以及主管承包、供货或者其他业务的部门。根据特别条例，省长批准受各部和主要管理机关委托的各地和执行人制定的各个经济业务的价格，本着有利于操作和为国家带来利益的态度，审查已经签署的、高层没有下令或者没有正常批准的承包和供货条件，以符合当地的资金和实际情况。省长监督国家经纪人签署合同以及根据有利于国家的条件和价格购买粮食、饲料和其他物资，只有承认交易完全符合当地的价格和贸易情况，才给他们确认省长认为最合适的资金并批准他们建议的价格。①

省长每年向沙皇呈送全省的情况汇报。呈送报告的程序与日期以及报告的形式由大臣会议确定，伴随报告还要向大臣会议发布各个部门的法令，同时确定提交省长报告所需资料的程序和日期。当陛下出差经过某省时省长还要向沙皇、皇后和皇储专门报告民事情况。省长从沙皇和参议院接受的命令、吩咐和指示只向沙皇和参议院报告情况。省长在非常重要的情况下可直接向沙皇和参议院汇报情况。省长要向各大臣、各部门总管局长以及总督汇报情况，还要与总管局和各部司局以及他们的领导和长官、其他省长、各大主教和外国主教、学校总监、各大学和高等学校校长、省首席贵族、高等法院院长和区法院院长、皇室领地管理机构和邮电机构的长官、国家银行的管理机关和办事处长官、国家检查总局的长官建立联系。省长与军事部门之间的互动程序由文职与军职相互关系的特殊规则确定。省长给省委员会，国税局，农业和国家财产管理机关，交通部，间接税、关税、矿山及其他委员会，监狱监察局，统计局，戒酒检察机关和其他机关，社会救济机关，地方自治与城市管理机构，东正教僧侣特别保护机关，档案委员会等机构提出建议。省长应该对规则和相应的法律负责。②

---

① П. А. Столыпин Программа реформ. Документы и материалы в2 томах. Т. 1，с. 334.
② П. А. Столыпин Программа реформ. Документы и материалы в2 томах. Т. 1，с. 335.

关于省长助理做了这样的规定：省长有两个助理：一个是行政助理叫副总统，一个是警察助理。警察助理承担省警察局长的责任。

省长助理由内务大臣任命并呈报沙皇。省长行政助理是省里老人，出席各种会议。当省长在任时，他仅次于省长，排在第一位；当省长不在任时，他代替省长，职位仅次于省首席贵族，行政助理同时兼任省办公厅主任。

在不设省监狱长的地方，行政助理监管劳改营和监狱；在没有报刊监管机构和负责人的地方，监管全国私人报刊。行政助理可代行省委员会主席，可依法对犯错办公厅秘书、文职人员与其他职员实行纪律惩罚。

省长行政助理负责发放津贴，打印文件，发放证书，重印沙皇文件、指示，执行法院判决等工作。①

省改革也设立了省委。省委是全省的最高权力机构，根据下列条款和相应的法规确定的组成机构、管辖范围和程序发挥作用。省委也由省长领导，分为省委总部、省委执行机关、省行政司法机关和省纪律检查机关。省委统辖省委各机关的所有事务，如果法律中没有规定，所有的事务根据为各机关确立的总规则加以解决。所有的问题，省委都应该根据法律加以解决，如果不同意省委的决策，省长有权暂时停止执行，有权找到内务大臣按照一定的程序取消针对问题所做的决策。在实行地方自治经济管理条例的省，参加省委相应机关的不是省县地方自治局的主席，而是省县地方自治经济机构的主席，不是省地方自治会议选举的成员，而是该委员会选举产生的省地方自治经济事务委员会的成员。这个委员会由两个当地参加护林事业的林主和一个缴纳手工业附加税的人组成。没有设立地方自治机构和实行地方自治经济管理的省，代替地方自治机关的代表和选举产生的两个当地林主与一个手工业附加税缴纳者的，是省长任命的相应省委机关的人员。②

关于省委总部的人员构成和职能。除了主席外，省委总部由以下成员组

①　П. А. Столыпин Программа реформ. Документы и материалы в2 томах. Т. 1，с. 336 – 337.

②　П. А. Столыпин Программа реформ. Документы и материалы в2 томах. Т. 1，с. 337.

成：省首席贵族，省行政助理，省警察局局长，省参事，省监狱、医院、兽医业和建筑领域的监察员，省土地测量员，区法院检察长，税务局局长，皇室、矿山和国家贵族土地以及农民土地银行分行长官，农业与国家财政管理机构的长官，交通局局长，工厂监察员，省地方自治管理局的主席，省城市长，两名选举产生的省地方自治会议成员和一名选举产生的省城市杜马成员。在审查一些县里事务时，省委总部的构成人员由这些县的地方自治管理局主席或市杜马等人组成。在涉及国家的货币核算，省长对于预算、地方自治与城市机关资金分摊的意见，社会机关向上级政府寻求对地方需求的资助意见时，省总部机关的构成人员由监察院的管理人员组成。在审查总机关没有代表的部门业务时，相关部门的地方管理的长官如果在机关所在地，应邀请他出席机关会议并享有投票权，否则就邀请相关部门派出的全权代表参会。此外，在必要的时候，省委将邀请具有专业知识的人参会并给出必要的解释。机关总部管理的事务如下：命令设立城市和县，省长建议的预算和地方自治与城市机关的分摊事务，地方机关向上级机关声明和申请国家资助地方需求的事务以及地方一般利益和需求事务，颁布相关行政条例，审查公职人员的行为事宜以及抵御流行病、动物传染病的措施等。只有在某个地方出现特别贫穷或者出现绝对不利的状况，地方政府缺乏资金以及不能通过地方征税的办法解决时，省委才可以向上级政府申请贷款或者其他国家给地方自治与城市机构的资助，或者由国家采取认为非常必要的措施。省委总部机关对于需要贷款和符合国家资助对象的地方自治与城市机关的声明和申请以及遇到特殊情况申请资金支持的结论，在列有必要的资料和准确的预算统计情况下，可以通过内务大臣转交大臣会议，以便让相关部门完全有可能及时地把以上结论和申请列入预算并得到大臣会议的满足。①

省委总部机关审核省长颁布的、保证法律执行和地方安全的义务条例。相关部门代表发布自己不同意省委决定的说明不能暂停以上决定的执行，但

---

① П. А. Столыпин Программа реформ. Документы и материалы в2 томах. Т. 1, с. 338 – 339.

是，相关大臣如果与内务大臣沟通后，有权提交参议院，报告取消省委决定的项目，建议省长暂停义务条例的实施，尽管这些条例已经颁布。省委总部机关赞成的义务条例由省长发布，印刷三次之后，转交给省或警察地方机关，或者特辖市各部门。此外，三个月内张贴到广场和主要街道的显眼的地方，以及法令所涉及的地方警察机关、区乡村镇机关。补充、变更以及取消已发布的义务条例遵照以上情形执行。已经颁行的所有义务条例省长必须立刻呈送内务大臣，附录中列有义务条例的备份以及省委总部的记录。私人和社会机关对义务条例的上诉自颁布之月起按通行程序提交参议院。如遇义务条例必须取消，内务大臣将情况报告参议院。为了发展和适应地方条件或者工厂与矿山机关确立的规则，省长颁布的义务条例作为本条例的一个例外要根据执行机关的决议做出。对以上命令的上诉也提交给工厂和矿山机关。工商贸易大臣有权暂停以上义务条例的执行。如果出现这种情况，这些条例也要转交工厂和矿山机关审议。①

省委执行机关除了主席之外，还有省长行政助理、两位省参事以及来自省委的负责省委监察或省委土地测量的参事。除了以上人员外，地方自治与城市事务还要有省首席贵族、税务局局长、区法院院长、省地方自治局的主席、省城市长和选举产生的省地方自治会议或者省城市杜马成员等行政人员参加；兵役事务还要有省首席贵族、省地方自治局主席、选举产生的地方自治局成员、区法院院长或副院长、任命的军区长官和担任部分指挥的边防军成员军官参加；满足军队住房事务还要有省首席贵族、省税务局局长、政府成员、省地方自治局主席和省城市长，军事和邮电部门的成员以及相关部门的成员参加；涉及工厂矿山、森林保护、手工业税收和小型贷款业务的部门也要有相关人员参与。省委执行机关管理由相应法律指定的、已被法律取消的省机关以及省地方自治和城市事务机关、省兵役机关、省工厂和矿山实业机关、公社事务机关、手工业税务机关管理的所有事务，还有法律规定的省

---

① П. А. Столыпин Программа реформ. Документы и материалы в2 томах. Т. 1, с. 340.

执行委员会、护林委员会和小型贷款委员会管理的事务。除此之外，执行委员会还负责对省长指定的地方公职人员和警察官员因延迟服役以及玩忽职守做出处罚；负责侦缉不同人员的事务并把部门文件呈递给参议院；为了提交相应部门，根据土地测量法收集土地占有和土地所有人变更的信息。在没有设立地方自治机关以及没有实行地方自治经济管理的省份，归省委执行机关管辖的那些依据条例归地方自治会议和地方自治经济事务委员会管理的事务，但就其性质来讲又没有相应的法律管辖的属地和公职人员的问题，要求省长解决。①

省委行政司法机关组成人员除了主席外，还有省首席贵族、省长行政助理、区法院院长、税务局长、省地方自治局主席和省城市长。视不同性质的事务，根据机关成员的权利，还包括相应的省参事、监察员或省土地测量员。根据事务性质委托他们起草报告，供机关讨论。涉及国家手工业税收事务和军队住房供应事务的报告应同国家税务局局长协商拟就，涉及森林保护事宜的报告应同地方农业管理的长官和国家财政大厦或者接替他的助手或者森林监察员协商拟就；涉及工厂和矿山事务的报告应与老的工厂监察员或者工厂监察员协商拟就。除了以上人员外，行政司法机关还包括：由省地方自治会议选举产生的地方自治和城市事务的成员，省城城市杜马选举的地方自治和城市事务的成员；由军区长官任命的、指挥部分军区的兵役事务军官；管理工厂和矿山事务的省警察局局长、老工厂监察员或者工厂监察员、区矿山工程师或者助理、三个地方工厂的成员和矿山工业工人，管理护林业务的农业和国家财政局局长或者任命的局长助理，或者森林监察员，另类森林监察员，省城的皇室领地管理员，还有省地方自治会议选举的森林拥有者的两个成员；手工业税收业务的间接税管理员和两个从补交手工业税的纳税员选举产生的人员，一个是省地方自治会议选举产生，一个是省城城市杜马选举产生。②

---

① П. А. Столыпин Программа реформ. Документы и материалы в 2 томах. Т. 1，с. 341 – 342.

② П. А. Столыпин Программа реформ. Документы и материалы в 2 томах. Т. 1，с. 343 – 344.

行政司法机关还包括检察机关的官员，然而他们不参与以下事务的决策，只向自己的机关呈送结论。这些事务包括：对县委和城市机关的决定提起诉讼；对县地方自治局和城市机关修改选举名单的命令提起诉讼；对选举地方自治会议和城市杜马所犯错误以及选举市民代表和选举商业、市民和手工业代表所犯错误提起诉讼；对省县地方自治会议和城市杜马决议的不合法和不予执行提起诉讼；省长对相应的法律不能阻止的省县地方自治和城市杜马会议提出建议；省长对地方自治和城市机关就相关法律指定他们的项目颁发行政命令遇阻时提出建议；对工厂监察员相关项目的命令提起诉讼；林主和林业管理员对保护森林或者护水的调查记录给予回应，对私人林主或者林业管理员拟订的保护林业经济计划做出回应；对税务局和国家手工业税收事务的公共机关和特别机关的决议提起诉讼；省长对他们审议的消除开设公社的障碍以及关闭公社提出建议。行政司法机关同时也审议行政部门的下级机关对办事程序、法律理解，对警察管理和行为方式以及对各机关之间管辖范围争执的质疑。行政司法机关解决县城市机关所在地和人员管辖范围的争执，如果县和城市机关所在地或者不同省的一个和不同部门的公职人员之间发生争执，那么争执由肇事并提供理由的省份解决。对于县委和城市机关决定提起的诉讼在相关法律规定的期限内提交所在县委和城市机关，并把自己的结论告知省长。对于以上所列对象提起的诉讼和回应，不迟于向陈请者宣布诉讼和回应对象的指示之日起以省长的名义提交，如果指示没有公布，自执行之日起提交。省长对以上诉讼和回应在两日之内提交机关审议。通知诉讼人就指定的案件到机关听取，在宣读报告和就相关内容给出口头和书面解释时，诉讼人及其律师有权参加。然而，如果机关可以认为诉讼人能够及时获得通知，诉讼人或者他的律师不能出席也不能阻止诉讼的决定。机关的案件审判程序及其相关规则由内务大臣和司法大臣根据民事司法审判规则协商制定。关于取消政府人员或机关下达的指示的机关决定被认为是终审判决。关于取消地方自治会议和城市杜马法令的机关决定可以根据下列程序上诉：如果本条款和相应的法令对于机关的决定不被当作是终审判决，如果相应的法令没有指出其他的上诉程序，可以把诉状提交参议院第一司，但要经过指定的机关送达而且不迟于把机关决定的拷贝文件送达诉讼人一个月期限内。以上诉状由省长送达参议院附有机关的解释。执行诉讼决定不影响呈递诉状。①

省纪律检查机关组成人员除了主席之外，还有省首席贵族、省长行政助理、地方区法院院长、省相关人员参事、省地方自治局主席、省城市长和选举产生的省地方自治会议和省城市杜马的议员。纪律检查机关也包括监察官员，他不参加决定的起草，但向机关提出自己的意见。纪律检查机关对地方自治、城市与等级机关的职务失范实施纪律处罚，不管是选举产生的，还是自由雇用的，都是由省长批准和派出的。上一条列举的那些人的责任问题或是由相应的地方自治、城市和等级会议的决议提出，或者由省长下令提出，同时由省长转交省委纪律检察机关讨论，预先由相应的被告提出要求。通知发给被告到机关听审，被告或者律师有权参与案件的报告并就此给出口头或者书面解释。如果可以认定被告及时收到了通知，即使被告或者其律师不出席也能不阻止案件的解决。地方自治机关、城市机关和等级机关被雇人员可以根据纪律检查机关的决议做出诉讼并判决不纳入服役名单、除名。经选举进入地方自治机关、城市机关和等级机关服务的人员，根据纪律检查机关的决议就可以诉讼并判处不纳入服役名单。这些人员的去职由内务大臣委员会决议决定并由大臣批准。②

省改革决议中还设立了办公厅。办公厅由省长的行政助理领导，成员包括省参事，医疗、兽医、建筑、监狱的特别监察员，省土地测量员及其助手，省办公厅的秘书、办事员及其助手，省各机关报的编辑，印刷所的主管，档案管理员，收发员，办公楼巡视员等，还有办公厅的官员和服务人员。省办公厅署理法令规定的委托给被法律取消的省执委会、省长办公厅和省各机关

---

① П. А. Столыпин Программа реформ. Документы и материалы в 2 томах. Т. 1, с. 345 – 346.
② П. А. Столыпин Программа реформ. Документы и материалы в 2 томах. Т. 1, с. 346 – 347.

的所有事务。此外，还有颁布省级法律和上级政府的命令、决定、调离、去职、退休以及进阶等事务，设立法律规定权限内的职务并批准地方自治、城市、等级机关的职员以及记账部分事务等。

二、关于省改革的讨论

省级改革引起了地方经济事务委员会的激烈争论。由于省级改革更进一步触动了贵族地主的利益，因此，他们只对省长的改革做了讨论，之后会议就匆匆转向了。

关于省长设立的讨论分三次会议进行。1908 年 11 月 22 日是第一次讨论，主要涉及省长设立的主要依据。H. П. 乌鲁索夫公爵指出，内务部的方案没有界定未来省级机关的权限，也没有解决权力的非集中化问题。A. M. 梅莫尔斯基进一步指出，解决地方改革问题，必须首先讨论地方自治和城市改革问题。显然，贵族们一下子就指出省改革的弊端，削弱了地方贵族的利益。斯托雷平政府的代表 A. Д. 阿尔布佐夫和 И. Я. 顾良德回应说，对于各个部门来讲，最愿意让委员会讨论的不是某一个方面的改革，而是一整套涉及全省生活改革的统一方案。然而，这在技术上是不可能的，也不是政府改革活动的目的。相反，省级改革方案就是非常抽象的，其结构好像几何图形，所以，以这样和那样的方式对实际权利有所触动的都尽量远离。[①] 原本在县级改革中受到损失的贵族期望在省改革中能够有所补偿，现在又告吹了。

地方经济事务委员会对于省长设立的问题集中在以下几个方面：第一是关于省长的任命问题，第二是省长不在位时行政助理的替代问题，第三是省长的监督检查问题，第四是省长参加地方自治和市杜马会议的权限问题，第五是省长发布地方行政法令的问题，第六是省长对初级和中等教育的监督问题，第七是省长的责任问题。

---

① К. И. Могилевский Столыпинские реформы и местная элита. Совет по делам местного хозяйства（1908 – 1910）. М. : РОССПЭН, 2008, с. 242.

　　委员会关于省长任命的资格问题指出，内务部法案对于省长的任命只是出于信任的考虑，没有提出就职资格问题。委员会认为最起码应该有教育资格和服役年限的限制并公布省长候选人的信息。关于省长不在位的职务替代问题，委员会认为，省参事就了解全省的管理问题并不比替代省长位置的省长行政助理差，因此建议省长每年都要向内务大臣提供两名候选人，内务大臣根据正式程序批准推荐的次序。关于省长对社会机关的监督权，委员会认为没有解决未来地方自治和城市改革的实质问题，建议专门辟出一条解释这个问题。至于说省长对于政府机关的监督说得有点模棱两可，委员会建议最好由不归省长管辖的人实施监督。对行政机关监督的重点不是行政部门的行为是否合乎省长的意图，而是是否合法。省长是大臣会议的代表，不是内务大臣的代表，所以关于监察的结果不是报告给内务大臣，而是大臣会议主席。参与全面检查活动的不是内务大臣的代表，而是视情况由省委的政府官员履行。省长参加地方自治和市杜马会议，由于在某种程度上触及了地方自治和城市改革的问题，委员会建议最好在重新审查地方自治和城市条例之后进行。委员会不同意内务部方案中关于省长颁布地方行政法令是保护行为规范和安全、警告和取缔破坏社会安定和国家秩序的说法，更不同意地方行政法令颁布前要在省委预先讨论、简化上诉方式以及省长必须与相关部门的利益攸关方协调的意见。委员会认为，颁布地方行政命令是现行法令发展的结果，为了避免省长与利益攸关方勾结，建议在出台地方行政命令前不得与利益部门协调。至于说省长对于中小学的监督，委员会认为这是省长的义务而不是权利，省长必须是监督，而不是命令。因此，委员会建议明确它的措辞，即省长必须监督中小学教育法的严格执行，对于任何失序行为通知相应的教育长官。由于对省长的责任缺乏明确的规定，所以关于省长的上诉权首先作为特殊的责任专门列出，其次明确规定上诉的程序和日期以及解决诉讼的期限，最后，为了揭示省长的实质，必须给出一定的标志，即省长颁布的个人法令被认为是合法的，同时颁布法令的程序和方式是机关和人们感兴趣的。①

1908 年 12 月 5 日，地方经济事务委员会召开了第二次会议，就省长的设立问题再次展开讨论。委员会只涉及了省长问题，其他问题还是没有讨论，可见他们对于内务部草案不重视的态度。关于省长问题的讨论，委员会关注最多的还是省长与地方自治和市杜马的关系问题，害怕省长如果不明确自己的责任以及上诉程序，就没有办法保证贵族的利益。地方经济事务委员会关于省改革小组的主席 В. В. 米列尔－扎克美利斯基认为，关于省长的规定与其他关于省委和办公厅的规定没有什么关系，准备拒绝进一步的讨论。内务部副大臣 С. Е. 克雷尚诺夫斯基回应称，地方经济事务委员会的讨论没有什么正式意义，修改和补充也已经来不及了。这样，地方经济事务委员会与内务部对立起来。对草案投票，社会人士反对草案的达到 40%。

社会人士反对省长的核心还是行政部门会剥夺他们的权力，所以，他们反复纠结于省长的权力问题。Н. Ф. 马格尼茨基说，省长的职责是监督，所以，他应该置于部门之外。关于接替省长位置的行政助理，委员会建议称为副省长。至于说省长关心福利问题，С. Н. 马斯洛夫等人认为这是省长对社会权利的干预，建议措辞上要指出省长不过是履行最高政权的特殊义务。Н. С. 布良恰尼诺夫、Н. Г. 毕金科和 А. Д. 季诺维也夫很理性地做出反对，认为省长的权力范围已经做了明确规定，没有必要担心。省长关心社会福利的权限就是希望把行政人员与社会人士联合起来。委员会的大多数人支持三人的观点，反对者只有 13 人。②

关于省长的监督权，委员会还是有分歧的。叶卡捷琳诺斯拉夫省杜马议员 Я. Г. 哥洛洛博夫和普斯科夫省地方自治局主席 С. И. 祖波恰尼诺夫认为省长监督的不仅是政府人员行为的合法性，还要监督他们是否达到了个别部门

①　К. И. Могилевский Столыпинские реформы и местная элита. Совет по делам местного хозяйства（1908－1910）. М.：РОССПЭН，2008，c. 243－246.

②　К. И. Могилевский Столыпинские реформы и местная элита. Совет по делам местного хозяйства（1908－1910）. М.：РОССПЭН，2008，c. 248.

的联合以及消除部门分歧的目的。监督地方自治机关和市杜马社会组织的建议被取消了，认为这件事要在新的地方自治法公布之后列入。关于对教育机关和财政机关的监督，C. A. 别克托夫、C. И. 祖波恰尼诺夫、C. C. 塔季谢夫不希望把大学排除在省长的监督之外。A. M. 梅莫尔斯基和 A. K. 波格列尔克表示反对，认为大学已经处在学监的监督之下，不能又处在平级的省长的监督之下。根据 1905 年 12 月 5 日法律，大学已经脱离了行政当局的控制，由教育部管辖，作为最高真理的代言人和传播者不应该受到任何行政当局的侮辱。最终会议投票结果 35 人对 33 人，多数人支持给予省长监督高等院校合法性的权力。社会人士其实左右为难，他们一方面认为给予省长过分的权力不好，但也感觉到了"最高真理"在身边的危险，他们其实更接近于省长。祖波恰尼诺夫和 A. H. 赫沃斯托夫建议给予省长监督国家银行机关活动的权力，因为这关乎粮食市场、合作社和小型贷款等业务。保守派建议给予省长监督银行活动是否合法的权力，但不允许省长干涉银行业务。①

关于省长参与地方自治局和市杜马会议的权力引发了激烈的争论。大多数代表表示反对给予省长这样的权力，认为省长参加地方自治会议没有成为习惯，所以没有必要让他们参与会议，也没有现实需要。社会人士的反对最主要的是担心省长干涉他们地方自治机关和市杜马的活动。政权权威的拥护者，同时也是贵族自由的捍卫者发现，地方自治会议主席陷入了复杂的状态，因为会议的情绪明显阻碍了事态的发展。最后地方经济事务委员会否决了省长监督社会组织的权力。关于省长颁布行政法令的权力，马格尼斯基坚持把这一条从法案中剔除，认为这与第二条相违背。委员会提出的发展现有法律时才可以颁布行政法令的观点仍然不能否定参议院的优先权。别克托夫为了缓和马格尼茨基强硬的立场，建议把这个权力交给省委。支持省长发布行政法令权力的人认为，否定省长的这个权力就等于否定了所有人发布行政命令

---

① К. И. Могилевский Столыпинские реформы и местная элита. Совет по делам местного хозяйства（1908 - 1910）. М. : РОССПЭН，2008，с. 249 - 250.

的权力。最后，多数人还是支持给予省长发布行政命令的独立权力。①

　　第三次会议于 1908 年 12 月 8 日举行。这次会议主要讨论省长与省内重新任命的职员之间的关系。起初争论的是任命是否要经过省长的同意、是否允许人们在获得省长同意前履行义务呢？委员会认为可以给省长一个月的时间表示不同意见。也有人认为，允许试用，但不经省长同意任何人都不能任职。经过讨论，给予试用人暂时试用的时间，但不是任命。

　　1909 年春对草案的审议继续进行。讨论很大程度上是对修辞上的修改。但是，政府很快对于省改革失去了兴趣。原因如 И. М. 斯特拉霍夫斯基所指出的那样，省改革草案审核了，但没有完成部门的联合。这与其说是贵族的反对，不如说是政府内部，特别是财政部的反对。

　　贵族发现在地方经济事务委员会上不能彻底否定省改革的草案后，他们又另辟蹊径。在 1909 年 2 月召开的第五次贵族联合会代表大会上，Н. Е. 马尔科夫指出，省改革关于省长的表述表达的只是政府的观点，而不是最高政权的观点。这是对于斯托雷平关于省改革的最大的攻击。萨拉托夫省地方自治局的主席潘丘利泽夫更是在 1909 年 3 月 19 日地方经济事务委员会会议上指出，省长作为政府的代表是对国家的背叛。② 贵族联合会的举动立刻引起了尼古拉二世的回应。尼古拉二世把斯托雷平叫到自己这里，让他解释省改革反对专制制度的行为。斯托雷平为自己的改革辩护。虽然斯托雷平有力地维护了自己的改革，但是，贵族挑起的改革背叛国家和君主的定性让改革成了一种闹剧。

三、关于垂直管理体系的确立

　　斯托雷平关于地方管理的改革事关改革的生死存亡，目的便是克服自农

---

　　① К. И. Могилевский Столыпинские реформы и местная элита. Совет по делам местного хозяйства（1908 – 1910）. М.：РОССПЭН，2008，с. 251.

　　② Объединенное дворянство Съезды уполномоченных губернских дворянских обществ. Т. 2，кника1. 1909 – 1910 гг. М.：РОССПЭН，2001，с. 288；К. И. Могилевский Столыпинские реформы и местная элита. Совет по делам местного хозяйства（1908 – 1910）. М.：РОССПЭН，2008，с. 255.

奴制废除以来国内形成的无政府状态。

俄国贵族攻击政府改革的就是其官僚体制，认为这样做会损害俄国的社会利益，那么，斯托雷平为什么说要结束俄国的无政府状态呢，这不是矛盾吗？熟悉俄国历史的人都知道，自农奴制废除以来，俄国一直存在着反对专制制度的斗争，如民粹派运动。正是俄国的沙皇政府夺取了人民的权利，让人民经受了严重的剥削和压迫。如果沙皇代表人民恢复俄国的宗法传统，那么人民才有可能确认最高当局的合法性！① 俄国民粹派自称俄国的无政府主义者。俄国的自由主义者也曾经借助于地方自治机构从事了有利于社会发展的活动，如我们熟知的帮助农村建立学校、修桥补路、医疗保健、战胜瘟疫，特别是帮助农民提供小型贷款等，有力地促进了农民的进步。但是，随着亚历山大二世被刺，政府加强了对革命运动的镇压，最主要的是即位的亚历山大三世加强了对专制主义的强调，自由主义的自治运动也受到了打压。自由派与政府关系的重点也逐渐转向了政治斗争，直到 19 世纪末 20 世纪初革命运动的重新高涨。自由派虽然维护个人的权利和自由，但在民粹派无政府主义浪潮的推动下，也逐渐乐见恐怖主义的活动，社会秩序渐渐丧失。② 当斯托雷平面对萨拉托夫省的革命浪潮，几乎出现了政府无力应付社会暴乱的局面，屠杀、抢劫成为常事。贵族地主宁可让出部分土地，也要换取自身的安宁。虽然从革命的角度看到了强硬派贵族的让步，极大地推动了俄国的宪政

---

① 民意党执行委员会在刺杀亚历山大二世之后曾经给亚历山大三世写了一封公开信，谈到了他们革命的理由。信中说："陛下，……现在我们并不存在真正意义上的政府。政府按其本身的原则来说只应当表达人民的愿望，只应当实现人民的意志。然而，……皇帝的政府使人民屈服于农奴制，使群众处于贵族的控制之下；现在它又公开制造一个危害最大的投机商阶级。它所进行的一切改革只能导致人民遭受更多的奴役和更大的剥削。……请相信，一旦最高当局不再独断专行，一旦它决心实现出自人民意识和良心的要求，您就能勇敢地驱逐那些玷污政府的暗探……"而所谓人民的意识和良心不过是"土地理想应当十分明确，不应当把农民与老爷对立起来，而应把雇工与包括一切富农在内的土地的主人对立起来；在运动中应当体现真正的村社理想，而不应体现把土地分到私人手中的要求；应尽可能使国家的力量失去活动能力。"参见《俄国民粹派文选》，第 546、547、597 页。

② 米留可夫在回忆录中说，对于内务大臣普列维的暗杀带来的兴奋是普遍的。而司徒卢威进一步指出，过去和现在产生革命恐怖的历史必然条件是我国社会舆论、法律和权利的软弱无力。参见 М. И. Леонов Партия социалистов - революционеров в1905 – 1907 гг. М. : РОССПЭН, 1997, с. 132.

运动，但是俄国的无政府状态并没有从根本上得到改观。

俄国贵族曾经是沙皇的支柱。但是，随着俄国农奴制的废除，贵族也走上了追求利益的资本主义发展道路。贵族与地方管理之间的关系经历了这样的发展阶段，起初是村社调停吏阶段，即由政府挑选贵族调节地主与农民因分割土地而产生的纠纷；其次是县村社代表大会阶段，大会由县首席贵族领导，由所有县调停吏和内务部任命的政府官员组成，审核农民与地主签署法律文书时引起的诉讼和争论，解决农民关于农奴制废除前以地主名义购买的不动产的诉讼，重新划分赎买契约涉及的农业设施；再次是村社法官阶段，虽然村社法官仍由县首席贵族、地方自治局成员、县警察局局长、调停吏以及县法官担任，但是较之来自贵族的调停吏以及有官僚背景的县村社代表大会来说，强调了法律的重要性。由于调停吏、法官或者警察大多出身于贵族，所以常常遭到农民的攻击。农民认为大多数调停吏常常坚持亲贵族的立场，而贵族认为，他们常常偏袒于农民。这样，事情就变成贵族活动家 П. А. 克里夫斯基所说的那样："从 1864 年开始，总体上来讲，担任调停吏这些职务的是些受尊敬的人，但也是没有活动能力的人。"①

接下来，调节贵族与农民的关系的任务交给了新设立的县农民事务机关司法、公证与警察机关。县农民事务机关作为集体机关由主持工作的县首席贵族、警察局局长、县地方自治机关主席、一名荣誉调停吏和固定成员组成。如果说部分人员因为任命和地位获得职务而没有报酬，那么一部分职员则根据学历和财产资格选举，贵族优先，带薪工作，工资由地方自治机构承担。被选中者交由省长初定，再由省长交内务大臣批准。省级农民事务机关来自贵族的职务被取消了，他们由税务局局长、省地方自治局主席和根据圣意任命的来自符合资格、选举产生的县固定成员组成。这样省县农民事务机关就成了中央控制的官僚队伍。由于贵族与官僚的勾结，农民时有对当地政权和地主拖延解决农民份地分配问题的上诉，都以失败告终。固定成员们履行的

① А. П. Корелин Дворянство в пореформенной России 1861 – 1904 гг. М. : Наука. 1979, с. 190.

基本上是过去调停吏的职责，引起了高层的震动。参议院建议进行改革，建立一长制政权。1889 年 7 月 12 日，国家设立了地方自治长官，解决贵族与农民的事务问题。新条例把县划分区，每个区要有一个地方自治长官，年龄不小于 25 岁，有从事教育或者行政的经历，还要拥有不少于财产资格一半的土地或不少于价值 7000 卢布的资产。替换这些职务程序形式上取消了选举原则，符合资格要求的人员多为县首席贵族。省长根据与相应的省县首席贵族的会商而不是以前的协商挑选候选人并报内务部批准。地方自治长官成为王朝的官员，并从国库领取 2500 卢布的年薪并享有为国家服役的 4 级官员的所有权利。① 地方自治长官极大地扩充了他们干涉农民地方自治事务范围的权利与义务。

国家逐渐加强对地方自治机关的监管力度，还是不能扭转贵族对农民事务的干预以及农民对贵族的反抗。原因其实非常简单。无论处理农民事务的是什么样的机构，都无法改变贵族，特别是首席贵族在农民事务机构中的主宰地位。农奴制改革改变了他们与农民的宗法关系，完全变成利益关系，然而，贵族特权诏书里给予他们的上书参议院的特权并没有消除，不仅有效地方便了他们把农民的缺点报告给沙皇，而且还有力地阻击了政府、内务部对他们的监督。为了自己的阶层利益，他们会不遗余力地利用自己的经济地位和政治地位为自己服务，还会利用自己为祖国和沙皇服务的美丽道德捍卫自己的不足。于是，省长已经不再是政府的"主人"，而是成为省首席贵族的影子。②

政府从 19 世纪 70 年代到 19 世纪 90 年代先后采取了两种办法解决政府与社会之间的关系问题。一方面是通过加强行政命令的方法，把各个分散的委员会联合在一起，这叫作横向联系，如 M. C. 卡汉诺夫在 1881—1885 年组

---

① А. П. Корелин Дворянство в пореформенной России 1861－1904 гг. М. : Наука. 1979，с. 197.

② А. П. Корелин Проблемы местного управления в России на рубеже XIX－XX вв. история и историки，№1. 2005，с. 186.

织的卡汉诺夫委员会，其目的就是通过联合省政府机关，尽量吸收地方自治人士，明确他们的权利和责任，建立起以省长为中心的联合政权。另一方面就是19世纪90年代出台的通过巩固执政制度，扩大地方自治机关的地域和职权范围，加强国家对地方自治的拨款，削弱反对派以达到目标，这叫作纵向联系。两种方法都没有从根本上解决政府与社会的矛盾。波别多诺斯采夫认为，俄国人民还没有做好充分自治的准备；而维特则认为地方自治与专制制度思想格格不入。① 当19世纪末20世纪初俄国农业危机爆发以后，特别是自由主义走向政治解决的发展道路时，维特走向了立宪的道路，试图彻底解决政府与社会自治之间的冲突。当革命无法彻底解决宪政问题的时候，以戈列梅金为代表的专制政府下的地方自治成为主流。他的观点为俄国规范地方自治，将行政与司法独立出来的纵向发展开辟了道路。

　　内务大臣普列维已经开始了加强省长、县长对地方行政和自治管理的规范化进程，普列维称之为非集中化的过程。普列维通常采用邀请的办法让社会人士参与政府立法的工作。由于首席贵族不肯放弃自己的特权，特别是俄国革命化的浪潮削弱了纵向管理的建制。接下来新上任的自由派内务大臣斯维亚托波尔克－米尔斯基积极开展与自由派的政治合作，专制制度背景下的尝试扩大地方自治的工作结束了。宪政的建立还是没有解决地方自治的问题，就连最基本的土地问题还在纠缠于是平分地主土地还是建立土地私有制的问题上，更何况需要农民独立承担赋税的地方自治了，更加变成首席贵族对自己经济权利和政治权利的捍卫了！不过有一个方面经过杜马的较量解决了，就是俄国在保持公民权利的前提下，加强了政治力量。

　　不管俄国是否具备公民社会建设的经济文化条件，1905年革命以及俄国政府的君主立宪制度的确立已经从法理上解决了全等级的法律规范问题。俄国的核心问题是在宪政政权的条件下，加强地方自治管理和经济管理。换句

---

① А. П. Корелин Проблемы местного управления в России на рубеже XIX – XX вв. история и историки，№1. 2005，с. 191.

话说，也就是在加强政府权力的条件下实现对普通村民的发展，对地方自治的发展，在创建与国家政权紧密联系在一起的殷实的农人下层时把部分国家义务、国家负担转交给他们。① 这一条首先决定了俄国在发展地方自治的时候要加强政府的领导，这不仅出于俄国政治秩序的需要，也出于俄国人民对以沙皇为首的国家的热爱。俄国贵族不是建立在热爱政权的基础上，而是从削弱首席贵族权力的基础上声讨斯托雷平改革，把沙皇政权与斯托雷平政权区分开来，制造了专制政权与宪政政权的冲突。其次，贵族曾经声讨斯托雷平用县长、省长替代首席贵族就是削弱了贵族的文化作用，用官僚制度替代俄国的历史文化传统。斯托雷平则从法治角度论证了这个问题。他说："有社会成分参加的国家活动的所有领域应该分为三个范畴：第一个范畴为代表会议实现的政治范畴，第二个是在地方自治中表达出来的社会范畴，第三个是行政范畴。一方面政府希望看到的除了广泛发展的地方自治外，还有强硬出击、毅力行动的政权；另一方面政府无论如何不否认社会成分参与纯行政工作。但是，必须把行政社会机关与行政执行机关区分开来。"② 根据这个原理，斯托雷平充分吸收了首席贵族参与行政，做行政兼职的工作，另一方面又大力加强了贵族在地方自治、土地规划以及学校管理方面的主导工作，绝没有削弱贵族在社会和政治工作中的作用，特别是在县委和省委的立法工作。只是由于贵族越来越追求个人利益，才把贵族的行政工作与地方自治工作区分开来。这不仅有利于贵族在社会中的专门工作，而且有利于贵族与平民的平等地位。由于贵族的宗法特权思想导致贵族在地方管理中失去首席贵族的地位时丧失了自己的尊严，这是一场文化的失落。第三，当省长县长发挥对贵族的监督作用的时候，贵族不仅认为这是脱离了社会的表现，而且认为这违背了俄国传统文化，得出颠覆俄国国家性的可怕结论。

---

① Ред. С. Елисеев Столыпин П. А. Нам нужно Великая Россия. с. 106.

② Речь на заседании общего присутствия Совета по делам местного хозяйства. 2 декабря 1908 г. См. : П. А. Столыпин Переписка. М. : РОССПЭН，2007，с. 630.

　　斯托雷平关于地方管理的改革是对 19 世纪末农业危机以来改革的继续。与内务大臣西皮亚金和普列维的改革不同，斯托雷平改革是在宪政改革和土地私有化改革的基础上进行的，是有发展基础的。由于社会自我意识觉醒的缓慢以及贵族向资产阶级转化的微弱，导致改革的失败。地方管理改革是斯托雷平土地改革的继续，也是表明贵族是否实现顺利转型的晴雨表。虽然改革失败了，但是斯托雷平失败的只是策略，而不是方向。当俄国的贵族不再成为地方改革支柱的时候，斯托雷平把地方改革转向到了西部，试图借助西部的自由主义势力推动改革，结果引发了俄国内部的民族冲突。

第六章 | 西部地方自治

第一节　西部地方自治的启动

一、土地与地方管理改革对西部地方自治的推动

斯托雷平土地改革和地方自治改革越来越遭到贵族的反对。斯托雷平土地改革的核心是再造小土地所有者，为俄国的公民社会奠定基础。内务部副大臣古尔科代表贵族激烈反对斯托雷平的做法，他认为，斯托雷平通过农业银行逼迫贵族出售土地，执行了立宪主义的思想，除了带来云山雾罩的理论学说之外，没有提供任何建议，带来的只能是农民的破产。他认为，只有增加农民的财富，才能重建国家。[①] 从经济角度来讲，古尔科的观点无疑是正确的，因为无论是农民还是贵族都有一个从自给自足的经济向盈利经济转变的任务。从自给自足的角度来看，吃饱饭自然是头等重要的事情；但从盈利的角度来看，盈利则变成头等大事。

实现经济增长涉及个人开发的问题，所谓个性独立，表现在经济上实现个人土地所有制，以确保人员的自由流动和土地的集中开发。俄国从传统的自给自足的农耕经济向开发的资本主义经济的转变分两步完成，第一步是

[①]　Объединенное дворянство Съезды уполномоченных губернских дворянских обществ. Т. 2, Книга1，1909 – 1910 гг. М.：РОССПЭН，2001，с. 145.

1861 年的农奴制改革，让农民脱离地主而独立，由宗法依附关系变成经济利益关系。第二步是斯托雷平改革实现的，它让农民获得了土地所有权，获得了自由流动、扩大生产的机会。虽然俄国农民由于地广人稀以及农村公社的束缚，让他们的独立举步维艰，有的甚至出现了投机和产量不如村社农民的局面，但是农民小土地所有者的确立，让农民走上了独立的发展道路。

贵族并不都同意古尔科的观点。比如 П. Л. 乌赫托姆斯基王公在第五次贵族联合会代表大会上指出："至于说报告人（指古尔科）指责当今政府无所作为，我认为，为了发展农业经济，为了激发农民耕种，我们的政府采取了最坚定的措施，个人土地所有制的繁荣完全取决于这一点。这就是 11 月 9 日法令。这个法令第一次为提高农民农业生产率奠定了基础，而且是稳定的基础。先生们，不应该忘记，而是应该牢记，实行个人所有制，这是发展农业经济最主要、最坚定的步骤。"①

乌赫托姆斯基与古尔科的分歧属于价值观的范畴。乌赫托姆斯基站在资产阶级的立场上，古尔科则站在了宗法利益的立场上。显然，在捍卫贵族利益方面古尔科的观点一定更受欢迎，甚至从眼前经济效益角度看待问题会更有说服力。当大量关于脱离村社的单独田庄和农场主损害了村社农民利益的投诉不断涌现的时候，黑色百人团把土地私有制上升到了摧毁沙皇政权根基的高度，为改革的进一步推进蒙上了阴影，特别是一些极端保守派把发展农民土地所有权看作犹太人、德国人以及波兰人的阴谋，使得俄国发展偏离了正确的方向。

黑色百人团的"阴谋论"不是偶然的。斯托雷平土地改革是在革命的背景下产生的，俄国革命虽然为自由派所掌控，但是他们的土地纲领总是伴随着民粹主义的色彩——均分财产。与其说 1905 年革命是资产阶级民主革命，不如说俄国不能充分发展资本主义经济更加确切。一切反对斯托雷平改革的

---

① Объединенное дворянство Съезды уполномоченных губернских дворянских обществ. Т. 2, Книга1，1909 – 1910 гг. М. : РОССПЭН，2001，с. 167.

理由，如改革是革命引发的，改革的目的就是摧毁整个村社以及改革是对农民的强制等，① 都是基于对农民的同情。从价值观的角度来看，还是在否定斯托雷平改革对于宗法经济的革命性突破。至于说列宁把劳动团提出的平分贵族土地、保护自己土地视为小资产阶级行为，这是夸大了农民的革命作用。同理，贵族在革命运动面前捍卫土地所有权，虽有"文化价值"的考虑，也不会高于农民对财富的认知，只不过贵族居于统治地位，又是国家利益的支柱，他们的宗法特征常常被忽略，只从剥削农民的角度批判其反动性，同时与大资产阶级相提并论。大贵族仍然期望国家的保护，在与农民的争夺中失去了文化引领作用。其实，贵族的重心不是经济，而是政治，他们关心的不是财富，而是特权。这样，结束斯托雷平自由化产权改革的不是农民革命，而是贵族的反动。

这就涉及了斯托雷平的地方管理改革。地方管理改革是与土地改革同时进行的改革。就像土地改革中贵族有义务引领农民致富一样，在非集中化分散管理的过程中，也要加强贵族对农民分担祖国义务的引领，这就是斯托雷平地方自治的理想。② 可是，在发展地方自治的过程中，特别是 1890 年地方自治法强化了贵族的作用之后，贵族越来越成为把持地方经济、社会、司法的特殊力量，激化了社会的矛盾，以至于在农民革命浪潮下，国家出现了严重的无政府状态。秉承贵族与农民平等的原则，斯托雷平希望贵族能够发扬服务国家的精神，给农民做出表率，关心农民的福利，为地方自治承担更多的税收，特别是自觉维护省长和县长的行政权威，发挥支撑政府的作用。然而，受特权思想的影响，贵族们不愿意降低自己的地位，总是以俄国农民没有文化为由强调等级的重要性。例如，在地方经济事务委员会讨论地方自治机关无等级选举原则的时候，图拉省的地方自治局议员 А. П. 乌鲁索夫王公

---

① В. Г. Тюкавкин Великорусское крестьянство и Столыпинская аграрная реформа. М.：Памятники исторической мысли，2001，с. 132，151，153.

② Ред. С. Елисеев Столыпин П. А. Нам нужно Великая Россия. с. 106.

说："不能总是逆流而上，但是要履行选民的意志，就要反对（无等级选举的）改革，因为，并不是所有旧的都是不好的。毁坏的祭坛还是祭坛，推倒的神像还是上帝，这是旧选举制度（即等级选举制度）的本质特征。"①

从斯托雷平对改革与专制制度之间关系的认知来看，明显维护的还是专制制度。他说："要知道最高政权是俄罗斯国家思想的保护者，它体现的是国家的力量与完整，如果俄罗斯存在，那么只能是在俄罗斯儿女的顽强保护下，只能是在坚定维护团结俄罗斯并保护俄罗斯免遭瓦解的政权之下。"② 可是，随着改革的不断深入，包括贵族在内的社会各阶级出现了严重的离心倾向。不管是农民把自己的利益损失归结于贵族，还是贵族把自己的利益损失归结于农民，从各自倾向性的目标来看，他们都愿意把责任归给政府，主张回到过去的宗法制度。就农民来讲，坚决维护工农民主政权，就贵族来讲，坚决维护沙皇专制制度，寸步不让。而在讨论地方管理税收的缴纳问题时，则互相推诿。当改革深入互相付出代价的时候，俄国出现了内讧，挑唆成为时髦。从革命者的角度来看，阿泽夫③被揭露败坏了政府的道义形象，同样也让革命者的形象大大受损。而从保守的贵族来说，则把责任归结于犹太人及斯托雷平，从根本上否定了斯托雷平自由主义改革。保守派贵族借助海军部的编制和海军预算问题发起的对斯托雷平的倒阁运动引发了斯托雷平与尼古拉二世之间的信任危机。④ 改革的根基动摇了。斯托雷平清醒地认识到，

---

① К. И. Могилевский Столыпинские реформы и местная элита. Совет по делам местного хозяйства (1908－1910). М.：РОССПЭН，2008，с. 167.

② Ред. С. Елисеев Столыпин П. А. Нам нужно Великая Россия. с. 107.

③ Е. Ф. 阿泽夫（1869—1918），小市民出身，曾经为政府警察局和社会革命党的战斗组织效力。在革命最激烈的时候曾组织暗杀了俄国内务大臣普列维和莫斯科总督 С. В. 亚历山大罗维奇大公，二人都曾是激烈的反犹主义者。1905 年革命之后，阿泽夫逐渐退出恐怖活动，在他的干涉下，阻止了对尼古拉二世和斯托雷平的数次暗杀。1908 年，在记者 В. Л. 布尔采夫和曾经的警察局局长 А. А. 洛普欣的联合揭露下，阿泽夫的双重身份被曝光，给予斯托雷平政府和社会革命党的道德形象以致命打击。阿泽夫在信仰上崇尚自由主义，然而，犹太人在俄国的特殊地位让阿泽夫成为不光彩的角色。阿泽夫被揭露是斯托雷平改革深化的结果。

④ П. Кабытов П. А. Столыпин：последний реформатор российской империи. Самара：издательство《самарский университет》，2006，с. 181－182.

这是土地改革和地方管理改革引发的宗法文化和资本主义文化之间的冲突。既然斯托雷平改革起源于斯托雷平的家乡科夫诺，俄国的改革必须引向西部，通过西部的地方自治引导俄国的改革。这是形势使然，也是斯托雷平的孤注一掷。

二、斯托雷平西部地方自治的想法

关于西部地方自治早在 1890 年就已经提出，但是，由于当时高昂的民族情绪而不合时宜，就被搁置了。随着革命的不断推进以及《十月十七日宣言》的颁布，西部 9 省以及波兰 10 省的少数民族在杜马和国务会议的代表却比较多。比如第一届杜马有西部边区自治主义者 70 席；第二届杜马有民族主义者 76 席，其中波兰人占了 46 席；第三届杜马在少数民族减少的情况下，波兰人还占据 11 席。① 国务会议当中，1908—1909 年第四次例会选举产生的波兰代表 9 人当选，理由是在没有实行地方自治的省份，代表从贵族地主中选举产生，② 而波兰人口只占西部 9 省的 4%。

早在 1898 年担任科文省首席贵族的时候，斯托雷平就产生了西部地方自治思想，因为从实践中他深深地感到，科文省由于异族地主占据优势而没有实行地方自治，严重地阻碍了地方文化的发展。在斯托雷平的努力之下，科文省成立了农业协会，为了共同利益，联合了当地的波兰人、立陶宛人和俄罗斯人。③ 1906 年担任内务大臣之后，斯托雷平重拾扩大地方自治的思想，然而，随着地方管理改革的受阻，特别是扩大犹太人权利法案的搁浅，愿望再次落空。时间到了 1909 年，斯托雷平越来越不能忍受自由派和保守派在地方管理、土地改革方面的分歧，试图通过民族问题突破改革的瓶颈。

早在 1909 年 10 月 15 日召开地方经济事务委员会共同会议的时候，斯托

---

① 刘显忠：《近代俄国国家杜马：设立与实践》，社会科学文献出版社2007 年版，第 153、178 页。

② Учреждение Государственного совета 24 апреля1906 г. См. В. А. Демин Верхняя палата Российской империи 1906 – 1917. М. : РОССПЭН, 2006, c. 333.

③ Полиша, Финляндия и Столыпин. https: //www. bestreferat. ru/referat – 166315. html.

雷平就做了实行西部地方自治改革的报告，阐述了波兰人参与城市自治与俄罗斯国家性之间的关系。① 1910 年 5 月 7 日和 1910 年 5 月 15 日，斯托雷平又在国家杜马分别谈了把 1890 年地方自治条例推广到西部九省的法律草案和波兰人在西部地方自治机关的议员人数问题，深入阐述了自己在西部九省推广地方自治的原因和原则。

斯托雷平首先对 18 世纪俄国对波兰的政策做出评价。他说，14 世纪西部各省是一个强大的立陶宛国家，当 18 世纪这个边区转为俄国统治时，上层已经波兰化并转信天主教，而被奴役被剥削的下层则依然保持着对东正教和俄国的忠诚状态。这个时候，俄罗斯国家有权力把俄罗斯的国家原则自由地纳入边区。我们看到叶卡捷琳娜大帝在边区安置了俄罗斯农民和俄罗斯官员，设立了省直机关代替立陶宛的法规和马格德堡法，虽然还有些仁爱，但已经清楚地表达了女王巩固边区形成的俄罗斯潮流、注入俄罗斯新生力量的强烈愿望，其目的就是恢复以前的俄罗斯国家色彩。可是，继承人保罗一世和亚历山大一世认为这是一个错误，会挑起俄罗斯斯拉夫原则与波兰拉丁原则的对抗。对于波兰人，最公正的做法是不再认为这样做是有必要的和有益的，同时，为了有利于俄罗斯国家思想，必须吸引他们的上层。不说皇帝们为恢复到以前状态所采取的国家措施，就说边区的地方自治经济，被安置的俄罗斯居民重新迁出，立陶宛的法规和议会重新恢复，选举了自己的议员、法官与公职人员。皇帝采取的宽容举措，与其

斯托雷平近身照

___

① П. А. Столыпин Переписка. М. : РОССПЭН, 2007, с. 637 – 640.

说是公正法令不如说是政治诱惑。这让波兰知识分子容易有机会从事政治斗争并让人们以为他们为了表示感谢远离政治斗争。结果让亚历山大一世皇帝大失所望。边区很快恢复了波兰风貌。东正教大都会教会变成波兰维尔诺大学的解剖学院，出现了很多秘密组织，并在1831年举行了反对俄罗斯的武装起义。武装起义之后，沙皇尼古拉一世做了归并教会的工作，同时把维尔诺大学迁往基辅。可是，当亚历山大二世再次恢复亚历山大一世的对波政策后，边区再次发生武装起义——1863年起义，边区也再次波兰化。而废除农奴制则建立起了波兰对俄罗斯人的经济优势，形成俄罗斯人对波兰人的依赖。斯托雷平总结了亚历山大一世和亚历山大二世对波兰人的让步政策，认为西部边区只有执行俄国的文化政策才是治理西部边区的出路。①

接下来，斯托雷平列举了1906年俄国建立杜马后波兰人的表现，更进一步说明了执行俄罗斯国家政策的必要性。他说，最近西北边区和西南边区发生了同样的情况，波兰的僧侣和知识分子努力制造暴动，向人民渗透并把他们纳入民族的轨道。他们强制替换所有信奉东正教的村乡公职人员，驱逐信仰东正教的教师，普遍提出要求。在西北边区，罗马天主教徒罗波男爵发挥了特殊的作用。他的作用之所以大，是因为他是半德国人、半波兰人，但究其观点和信仰来说，他又是一个非常安静的人，在俄罗斯中心地带生活了很长时间，不可能被看作天生的宣传员，由于各种状况和必要性的缘故，他很质朴，由于自身的素养，他自然而然地就会成为在立陶宛居主流地位的波兰潮流的化身。斯托雷平曾经不止一次地和他交谈，留下的印象是这样的。他深受伟大的解放时代占据亚历山大一世和亚历山大二世头脑的思想压迫，似乎相信，俄罗斯的国家原则在边区已经被摧毁，完全不存在了，那么留下来的空间就必须赶快填充波兰的内容。他甚至公开而有意识地宣称，当地的普通人应该由波兰人组成，如果可能的话，最好有一样的信仰。他说，不仅波兰王国实行自治，其他地区也实行自治。他甚至鼓吹说，趁着现有管理进一

---

①　Ред. С. Елисеев Столыпин П. А. Нам нужно Великая Россия. с. 275 – 278.

步涣散，在管理机关的权威彻底消失之前，必须把这些地区交给有经验的、忠诚于边区管理的人。波兰知识分子很欢迎自己的牧师。牧师巡视了自己的教区，这是对波兰土地的示威性的游行，所到之处设立了波兰旗帜和徽标装点的凯旋门，举行伴有乐队和火把的欢迎会以及穿着民族服装的骑手集会。这里的人民被完全催眠了。为了破坏他们的威信，9 月 4 日最高当局下令解除了罗波的职务。①

斯托雷平觉得这些还不够，因为在罗波的宣传下，波兰社会着急把西部边区变成具有波兰色彩的边区，把农业社会变成波兰的社会。斯托雷平举例说："1901 年明斯克举行农业展览，展览会到处是俄罗斯的旗帜和签名，对俄罗斯的展品也非常尊重。可是到了 1908 年和 1909 年，在波罗斯库罗夫、温尼采、斯仑克举办的农业展览会上到处充满了波兰人印记，俄罗斯的色彩完全被消灭了。同样，在西南地区 1906 年组成了俄罗斯地主协会，他们想与波兰地主肩并肩、手牵手，他们到彼得堡要求消除与波兰地主的所有差别。然而，不久，联合被摧毁了，基辅和日托米尔举行的波兰代表大会上宣布波兰文化优于俄罗斯文化，波兰人在西南地区有着特殊的地位，甚至《基辅日记》上刊登波兰地主来信，声明他们非常厉害，不再需要联盟，也不再需要俄罗斯人的帮助。"② 斯托雷平大声宣布："我们应该告诉波兰人，政策没有仇恨，但是会有结果。"波兰人一意孤行，即便在选举国家杜马和国务会议的时候，也不会改变。1906 年本来准备按比例选举代表在西部地区实行地方自治，由于这个原因而被搁置了。

既然西部地方自治势在必行，西部俄罗斯人被波兰人掠夺的历史就必须终结。为此，斯托雷平提出了如下建议：第一，改变财产和税收选举标准，实行民族选区制度。有人说这样会挑起民族仇恨。斯托雷平解释说，首先波兰人非常有纪律，也有很高的文化修养，按照俄罗斯选举会议的办法一起选

① Ред. С. Елисеев Столыпин П. А. Нам нужно Великая Россия. с. 280.
② Ред. С. Елисеев Столыпин П. А. Нам нужно Великая Россия. с. 280 – 281.

举议员并不明智，因为俄罗斯人对此比较冷漠，选举出来的人多对波兰人有利。即便采用民族选区做法也不能保证俄罗斯人的国家利益，为此必须采用俄罗斯人在选区中占优势的做法。① 其次即使理论上不同的民族选举不同的议员，大多数人都是俄罗斯人和信仰东正教，然而，多数独立的地主们早就失去了自己的民族特征，变成波兰人，而且不折不扣。有人建议考虑两个因素，一个是民族因素，一个是财产文化因素。其实，这样的修正还不如纯粹按照人口因素更加有利。因为在波兰人数占优势的省波兰议员少了，而在俄罗斯人占优势的省波兰人却多了。况且西部六省按照政府的建议选举，波兰议员有 256 人，按照委员会的办法则达到了 457 人，超过了总数的 70%。其实，波兰议员不超过 30%，其余 70% 为农民和俄罗斯的大小地主，由于俄罗斯人大多不生活在西部，农民和俄罗斯地主还是受到富裕的波兰人的压迫。所以，第二，斯托雷平建议增加东正教僧侣的因素，县里不少于三名，省里不少于四名，对农民施加有利的影响。第三，有人建议地方自治机关可以是波兰人也可以是俄罗斯人，斯托雷平认为应该从法律上确定俄罗斯人最低比例。第四，为了确保俄罗斯人在地方自治机关中占到一半以上，规定地方自治长官必须由俄罗斯人担任。②

在解释的最后，斯托雷平再次强调，他之所以偏向俄罗斯人，不是对波兰人有成见，而是从实际情况出发，真正地保护俄罗斯人。③ 于是，西部地方自治真的借着重新选举波兰国务会议议员的机会实施了。

三、西部地方自治改革的提出

西部地方自治问题主要是解决俄国与波兰的关系问题。波兰是叶卡捷琳娜二世与普鲁士和奥地利三次瓜分波兰的时候进入俄国的。拿破仑借助法国

---

① Ред. С. Елисеев Столыпин П. А. Нам нужно Великая Россия. с. 282.
② Ред. С. Елисеев Столыпин П. А. Нам нужно Великая Россия. с. 284 – 285.
③ Ред. С. Елисеев Столыпин П. А. Нам нужно Великая Россия. с. 285.

大革命在与整个欧洲决战的时候，建立了华沙大公国。拿破仑失败之后，华沙大公国的大部分又成为沙俄的波兰王国。俄国一直致力于俄国与波兰的融合工作，波兰也利用各种机会寻求着民族的独立。如 1830 年起义和 1863 年起义。然而，波兰如同俄国国内也有着两派意见：一派意见主张波兰在西方国家的支持下寻求自治，如以安·扎莫伊斯基和列·克罗嫩贝格为首的白党；一派意见主张在消除农村封建关系的基础上把民族起义发展成为土地革命，战胜强大的沙俄侵略军，恢复波兰独立，如东布罗夫斯基领导的红党。[①] 1863 年起义失败之后，波兰失去了自治的地位，波兰王国变成"维斯瓦边区"，天主教会遭到严重迫害，什一税被取消，神职人员由国家任命，在政府、法院和学校里必须使用俄语，波兰人所担任的职务被俄罗斯人所替代。争取民族自治的斗争变得更加迫切。

俄国的君主立宪制度的确立似乎给波兰又提供了独立的机会，波兰国家民主党上书沙皇请求赐予波兰"广泛自治"，但是社会民主党、社会党和崩得毅然抵制杜马。即便在革命逝去，波兰代表也曾经在第一届和第二届杜马占据很大的比例。六三政变之后，受管理应体现俄国精神的意识的影响，波兰在杜马中和国务会议中的名额被大大压缩，但他们的影响仍然不小。比如在西部九个省，根据六三选举法，一个省选举一个国务会议议员，虽然波兰人只占总人口的 4%，但是由于他们在大地主中占据优势，所以，九个国务会议议员都是波兰人。

当围绕土地改革，特别是地方管理改革导致民族主义兴起的时候，国务会议当中的民族主义者就提出改变国务会议的选举法。提出改变选举法的是 Д. И. 毕赫诺。毕赫诺（1853—1913）是基辅省的国务会议议员，曾担任《基辅人》杂志的主编、俄国人民同盟基辅分同盟的领导人，积极支持全俄民族同盟。毕赫诺对于自由主义运动持反对态度，他认为，管理像俄罗斯这样的帝国民主制度和殖民地自治是不能奏效的。如果俄国的核心（指专制君

---

① 刘祖熙：《波兰通史》，商务印书馆 2006 年版，第 264—265 页。

主）被削弱了，殖民地将肢解俄罗斯帝国或摧毁俄罗斯的核心。民主给国家带来的只能是野蛮和仇视异族。异族为了自由、平等和自治，不会对国家有谢意和忠诚。① 毕赫诺反对设立杜马，认为这是危险的一步。虽然六三体制对此有所修正，但不能对其结果抱太大的希望。在毕赫诺眼里，议会与宫廷是不能相容的。他认为，杜勃罗文为了拔出议会之根做了大量工作，但是太过疯狂，斯托雷平的做法也未必有什么希望，所以，从1908年开始积极支持民族同盟，在基辅创立俄国边区协会。在西部实行地方自治就是这方面的一个重要举措。

1907年，毕赫诺被任命为国务会议议员。1909年，他提出立法建议，改变西部九省的国务会议选举办法，得到了斯托雷平的支持。同年5月8日，内务部向国家杜马提交了推迟西部地区国务会议例行选举一年的法律草案，但是，国务会议的选举要在夏天举行，国家杜马来不及讨论，这样国务会议的选举或者按照旧方案执行，或者延迟一年按照新选举办法执行。然而，十月党人反对延迟选举，认为应先在西部各省实行地方自治，确立新的选举办法，然后再进行国务会议的选举。斯托雷平表示反对，认为这样做会花费很长时间。最终双方达成妥协：选举不推迟，但要把西部各省的国务会议议员的权限缩短到一年，同时在西部各省推行地方自治。

在国务会议演讲的时候，毕赫诺首先指出了欧俄16省以及波兰10省没有实行地方自治选举办法的弱点。他说，由于这些地方没有实行地方自治，他们选举国务会议议员只能按照国家杜马的选举办法，即按照财产和全等级选举办法进行，根据这种办法，西部各省的议员全部是波兰人。这违背了全等级选举办法的原则。为了让波兰人和俄罗斯人都享有平等的权利，毕赫诺建议建立民族选区——一个是波兰地主选区，一个是俄罗斯地主选区。为了保证俄罗斯人代表的权利，毕赫诺建议对少数民族做出最大的让步——给他们所有选票的1/3。这样就可以充分保证俄罗斯人的权利，消除政治上最大

---

① Петр Аркадьевич Столыпин Энциклопедия. М. : РОССПЭН, 2011, c. 439.

的不公正。但毕赫诺不理解有人指责他的建议激发了民族主义的情绪。他反问，为什么按照等级、财产划分选区不会引发情绪，按照民族划分选区就会引发民族情绪？他认为刚好相反。点燃民族情绪只会在两个民族争夺各自候选人的时候出现，这可能是胜利，但绝不会平静。[1] 斯托雷平随后也发表了讲话。他对毕赫诺提出的建议总体上表示支持，内务部将拟定法律草案。在西部边区实行的新的选举法案将建立两个选区，俄国的议员将由俄罗斯人选举，而波兰的议员将由波兰人选举，这就是民族选区。这样，无论是波兰人还是俄罗斯人，哪一个民族出现沙文主义的代表都不能作为候选人进入国务会议。[2]

这样，西部九省即西北选区（维林省、格罗德诺省和科文省）、西部选区（莫吉廖夫省、明斯克省和维帖布斯克省）和西南选区（基辅省、波多尔斯克省和沃伦省）将实行地方自治。每个选区由三个省组成，选举的代表大会有两个：波兰土地所有者大会和俄罗斯土地所有者大会，所有非波兰人加入俄罗斯土地所有者大会。每个选区从俄罗斯代表中选出两名代表，从波兰代表中选出一名代表，九省共选出六名俄罗斯代表，三名波兰代表。经过内务部的修改，结合斯托雷平的意见，西部地方自治法案主要有以下条件：第一，把阶层选区变成民族选区，加强俄罗斯人的比例；第二，取消俄罗斯人不占优势的西北选区；第三，选举的财产资格降低一半；第四，增加东正教僧侣的代表，县地方自治会议不少于三个，省地方自治会议不少于四个；第五，地方自治局的主席由俄罗斯人担任，成员中俄罗斯人不得低于50%；自由雇用的职员只能是俄罗斯人。[3] 这样，斯托雷平就有了偏袒俄罗斯人的嫌

---

① Василий Шульгин Последний очевидец мемуары очерки сны. М. : 《ОЛМА – ПРЕСС》, 2002, с. 131 – 132.

② Василий Шульгин Последний очевидец мемуары очерки сны. М. : 《ОЛМА – ПРЕСС》, 2002, с. 133.

③ Ред. С. Елисеев Столыпин П. А. Нам нужно Великая Россия. с. 284, 274, 330.

疑，一度被俄罗斯学者当作俄国的沙文主义者。①

草案通过得并不顺利，从 1910 年 1 月末提交国家杜马，直到 1910 年 6 月才在杜马获得通过，其间围绕法案十月党与保守派同斯托雷平产生了激烈的争论。当杜马勉强获得通过之后提交国务会议，国务会议在 1911 年 3 月否决了该提案，引发了斯托雷平与保守派的激烈冲突。

第二节　贵族保守派与贵族自由派的较量

一、西部地方自治法案在杜马中的争论

西部六省的地方自治法案在 1910 年 5 月在杜马着手讨论。讨论中引发争论最多的是第三条。第三条说："省县地方自治会议的议员人数以及有权参与选举县议员的县级会议的土地俄亩数由附属的登记名单决定。评估要求参与地方选举会议选举县议员的另一个不动产的规模为 7500 卢布。根据条例每个县的省地方自治议员至少有一个来自农村公社。"② 政府的省地方自治法案考虑两个因素：一个因素是民族因素，一个因素是财产因素。由于两个因素各占一半，结果取了一个平均值。杜马委员会在讨论这个问题的时候，听取了 A. H. 巴拉丁斯基的意见，取消民族因素，只留下财产因素。结果在委员会的名单中，省县地方自治局波兰议员比政府的名单多出了一倍半。③ 在第二次宣读后，Ю. H. 克烈波夫提出的用委员会的替代方案被否决，政府方案

---

① А. Я. Аврех П. А. Столыпни и судьбы реформ в России. М. : Издательство политической литературы，1991，c. 130.

② П. А. Столыпин Программа реформ Документы и материалы. Т. 1，М. : РОССПЭН，2011，c. 357，368.

③ РГИА. Ф. 1278. Оп. 2. Д. 1171. Л. 196. Я. А. Седова либеральная тенденция в поправках, внесенных государственной думой третьего созыва в законопроекты правительства П. А. Столыпина. Вестник пермского университета. 2017，выпуск1（36），c. 160.

获得通过。在第三次宣读后，И. Н. 叶夫列莫夫①拟定的名单由于只考虑税收因素而被否决。

关于财产资格，政府的方案是按照俄罗斯中部各省地方自治选举的要求确定的。自从法案提交地方经济事务委员会讨论后，经过省地方自治会议的申请和地方经济事务委员会的批准，内务大臣有权降低议员选举的资格。杜马在讨论这个问题的时候则走得更远。根据 А. А. 乌瓦罗夫伯爵的建议，杜马委员会准备降低一半财产资格。杜马委员会的部门代表指出，地方自治机关可以申请降低财产资格，但接下来，政府要接受乌瓦罗夫提出的建议。乌瓦罗夫的修改通过了逐条宣读，但在第二次宣读时，反对派提出的完全取消财产资格的建议被否决。

关于俄罗斯农民议员问题，政府的方案中给县地方自治局三个名额，省地方自治局没有名额。杜马委员会对这一条没有变更。在逐条宣读时，乌瓦罗夫和波多尔斯克省农民 С. О. 卡鲁夏克曾提议把县地方自治局农民代表提高到50%，而叶夫列莫夫也曾提议把农民代表提高到不少于1/3，但不超过一半的程度。在第二次宣读时，农民议员 М. С. 安德烈丘克提议每一个县都要有一名农民代表参加省地方自治会议，这一条被通过，但是安德烈丘克提出的给予农民议员交通和住宿补贴的要求被否决。第三次宣读时，安德烈丘克的建议均被通过了，尽管杜马委员会建议完全否决。

最后，政府法案的第三条在增加了安德烈丘克的建议后在杜马获得通过。

第四条关于禁止犹太人参加地方自治选举，也不能被选为地方自治议员的规定，被杜马委员会接受。虽然在逐条宣读时，人民自由党党团提出取消这一条，最终还是被杜马否决。

政府草案规定，地方自治机关的职员，无论是选举产生的，还是雇佣来的，必须保证是俄罗斯人，地方自治局主席也要由俄罗斯人担任。杜马委

---

① И. Н. 叶夫列莫夫是来自顿河军区的首席贵族，曾担任第一届、第三届和第四届杜马代表，1917 年临时政府时期曾担任司法部部长和救济部部长。此时是作为和平进步党发言。

会完全否认了政府的说法以及其他的建议。在第二次宣读时，情形有所变化。政府方案提出地方自治局中俄罗斯人议员不少于一半。Г. В. 斯科罗巴茨基提出修正，认为大多数议员应该是俄罗斯人，而且由农村公社选举产生。由于这条修改更加符合民族利益，所以，以 146 票对 142 票的微弱多数优势获得通过。但是借助于选举实现俄罗斯人占据多数的规定被否决。

在第三次宣读时，右派代表虽然提出恢复政府的说法，但随后又撤销了，认为第二次宣读通过的建议更加符合民族特点。不过，在签字的时候，右派代表 С. В. 沃伊科夫又提出了一条修改意见，认为地方自治局的职员中不允许有犹太人。这一条最终被否决，杜马通过了斯科罗巴茨基的修改。[①] 为了照顾民族主义者的利益，规定地方自治局中管理国民教育的职员应由俄罗斯人担任。

关于地方自治局中东正教僧侣代表的规定，即县地方自治会议有三个僧侣，省地方自治会议中有四个僧侣，引发了热议。杜马委员会建议省地方自治会议中的僧侣人数由四个减为三个。第二次宣读的时候，起初杜马通过了进步党提出的县地方自治会议中僧侣数由三个减为一个的建议，但随后就遭到了否决。第三次宣读时，民族主义者 П. Н. 巴拉朔夫提出县地方自治会议两个僧侣、省地方自治会议两个僧侣的折中建议也遭到了否决。最后，巴拉朔夫重新拟定了这一条，即恢复 1864 年地方自治法案关于僧侣参选的规定，取消 1890 年关于僧侣的规定，最终这一条获得了通过。[②]

政府关于西部地方自治法案几乎完全被通过了，但是关于俄罗斯人以及农民在地方自治局中占据优势以及僧侣参与地方自治选举的规定被修改了。

从整体来看，关于西部地方自治的思想，极右派害怕在西部实行自治会冲击俄国的旧制度，十月党等害怕挑起民族纠纷，而左派更是反对斯托雷平

---

① Я. А. Седова либеральная тенденция в поправках, внесенных государственной думой третьего созыва в законопроекты правительства П. А. Столыпина. Вестник пермского университета. 2017，выпуск1（36），с. 161.

② Там же.

对波兰人的歧视政策。斯托雷平认为只有建立拥护自己的民族政党才能彻底解决这个问题。

虽然西部地方自治思想最终在杜马获得通过，但是，在该法案提交国务会议后进展得并不顺利。

二、国务会议对西部自治法案的否决

西部地方自治法案是 1911 年 1 月 18 日提交国务会议讨论的。国务会议从 1 月 21 日开始讨论。斯托雷平认为，该法案会在 1911 年国务会议上获得通过。他的理由在于至少国务会议有自己的兄弟党，类似内兄内特尔哈特和来自维帖布斯克省的国务会议成员奥夫洛西莫夫，还有来自基辅的民族主义者毕赫诺。然而，超乎斯托雷平的想象，法案在国务会议上遭遇了非常大的阻力。

争论主要围绕两个问题。第一个问题是关于设立民族选区的问题。右派认为，斯托雷平的民族选区制度还不够民族主义，如果盲目实行，将直接承认波兰的独特性，从而摧毁俄罗斯的国家性。这看起来很合逻辑，实际上没有丝毫的建设性。他们不喜欢波兰人占据优势，但更不喜欢改变这种体制。他们更主要的是认为这种改革比较虚伪，因为在边区实行民族选区制度早就存在了，没有什么稀奇的地方。

更主要的是第二个问题，即十月党提出的降低选民的财产资格。他们从中看到的是过分的民主化。首先，波兰的民主代表反对降低财产资格，因为这样做会降低他们的影响。其次，降低了财产资格，将使民主主义泛滥。如左派就认为，民族选区和财产资格将让每一个人感到困窘。[①] 最重要的是增加农村资产阶级在地方自治局中的代表，破坏了最有文化的地主人士参与地方自治事务的规则；夺取的大贵族和中等贵族的权力，不会落到俄国的农村

---

① Б. Г. Фёдоров Пётр Аркадьевич Столыпин Биография П. А. Столыпина. М. : Гареева，2003，c. 362.

资产阶级手中，而是落到了乌克兰的农村资产阶级的手中。①

在国务会议讨论的过程中，斯托雷平曾经组织西部各省的代表觐见沙皇，以寻求沙皇的支持。沙皇也于 1911 年 2 月 11 日接见了西部各省的代表团。因被代表团成员感动，沙皇嘱咐国务会议主席 М. Г. 阿基莫夫督促法案通过。国务会议保守派领导人 П. Н. 杜尔诺沃知道此事后，召集右派开会，决定以阿基莫夫的名义上书尼古拉二世，表达自己反对草案的想法。阿基莫夫害怕卷入此事，拒绝了杜尔诺沃的要求。为了达到目标，杜尔诺沃又找到了国务会议议员 В. Ф. 特列波夫。杜尔诺沃、特列波夫背着斯托雷平去觐见尼古拉二世，谎称斯托雷平组织的代表团是事先准备好的。当特列波夫询问尼古拉二世国务会议成员是否可以凭良心投票的时候，尼古拉二世点头应允。特列波夫和杜尔诺沃趁此机会，马上通知动摇的国务会议成员支持自己。于是，在 1911 年 3 月 4 日投票的时候，国务会议以 92 票对 68 票否决了西部地方自治法案。② 分析一下反对法案的人，更多的是见风使舵者，而不是真正的反对西部地方自治。

信心满满的斯托雷平听到这个结果后感到非常沮丧。立宪民主党的报纸《言论报》报道说，当国务会议有人通知斯托雷平投票结果的时候，他的脸突然变得通红，举止惊慌失措。十月党的报纸也说，杜马的同事们坚信，对法案的否决是反对斯托雷平阴谋的结果，而不是对法案的不满。这是保守派们给斯托雷平设置的陷阱。③ 斯托雷平快速地离开国务会议大厦，并于第二天给沙皇尼古拉二世写了一个便条，请求沙皇接见并递上了辞呈。沙皇接到了辞呈，三天没有答复。

首都报纸立刻充满了斯托雷平政策终结的祭文。他们写到，斯托雷平的

---

① В. С. Дягин Самодержавие Буржуазия и дворянство в 1907 – 1911 гг. . Ленинград：Наука, ленинградское отделение，1978，c. 213.

② Б. Г. Фёдоров Пётр Аркадьевич Столыпин Биография П. А. Столыпина. М. ：Гареева，2003，c. 364.

③ А. Я. Аврех П. А. Столыпни и судьбы реформ в России. М. ：Издательство политическойли-тературы，1991，c. 195.

辞职是铁定的事实，甚至有人还预测接替斯托雷平的继任者——财政大臣 B. H. 科科夫佐夫。一些民族主义者甚至开始逃离即将沉没的大船。然而，大部分民族主义者动员起来，消除出现的恐慌，向社会解释，只有斯托雷平才能应对这种复杂的局面。他们谴责这是恐怖和阴谋，是混乱和内耗，非常气愤左派的幸灾乐祸。有人甚至找到孀居的皇太后，希望她出面给予支持。

斯托雷平回归家庭

没有得到回音的斯托雷平，在递交辞呈的第四天被孀居的皇太后玛利亚·费多罗夫娜叫到了加特契纳。当他走到皇太后的办公室时，在门口碰到了沙皇，沙皇刚刚哭过，没有和斯托雷平打招呼就匆匆而过，还不时地用手绢擦拭泪水。皇太后玛利亚·费奥多罗夫娜微笑着热情迎接了斯托雷平，希望他能够留在总理大臣的岗位上。皇太后向斯托雷平重复了方才向沙皇说过的话。说："我深信，只有你有力量和机会挽救俄国并把俄国引上正确的道路。我相信，我能说服他。"[1] 皇太后甚至恳求斯托雷平，当沙皇请他收回辞职申请的时候不要抗拒了。谈话充满了对斯托雷平拯救俄国的信心。斯托雷平非常激动地离开并对自己辞职的决定产生了动摇。

在皇太后和沙皇、总理谈话的同一天夜间两点，沙皇的信使给斯托雷平送来了沙皇的一封长达 16 页的信，信里写了和斯托雷平不能公开表达的告白。他写道：已经意识到自己的错误，明白只有和自己的主要助手齐心协力才能把俄国引上应有的地位。他答应将来在所有的问题上都要与斯托雷平携手一致，在政府的事务上不再隐瞒斯托雷平。信的最后请求斯托雷平收回辞

---

① М. П. Бок П. А. Столыпин. *Воспоминания о моем отце*. М. ：Современник，1992，c. 326.

呈并要求他第二天到皇村取回报告。

第二天斯托雷平觐见沙皇的时候再次请求辞职。沙皇声明说，他再不能谈辞职一事了，因为他是不可替代的。关于伪造代表团一事，斯托雷平直截了当地说，这是特列波夫的编造，是阴谋。尼古拉二世同样直截了当，说："我不能同意你的辞职，我希望你不要再坚持了，请收回你的报告。否则，我失去的不仅是你，在国务会议局部不和的影响下类似的情形还会出现。如果因与国务会议发生冲突就替换大臣，明天与杜马发生冲突呢？取决于我的政府将怎么办？"①

斯托雷平再次坚持自己的观点，沙皇似乎就剩下哭泣和拥抱了。最后，斯托雷平收回了辞呈，但给沙皇开出了条件：把国务会议和国家杜马解散三天，驱逐特列波夫和杜尔诺沃到 1911 年末，通过宪法第 87 条非常法实施西部地方自治法案。

三、西部地方自治法案强制实施

为了保证尼古拉二世不再继续变卦，斯托雷平还要求沙皇写下便条并向同事展示。财政大臣科科夫采夫对于斯托雷平的做法提出质疑，斯托雷平说："我已经无所谓了，因为我清楚地知道，即便没有这件事，来自各个地方的人也会收拾我的，我在这个位置上的时间不会太长了。"②

1911 年 3 月 12 日，国务会议和国家杜马同时解散，3 月 14 日，西部地方自治方案公布。过了三天，议会重新开门。国务会议主席被叫到皇村，沙皇吩咐他以自己的名义建议特列波夫和杜尔诺沃放假到秋天国务会议重新召开的时刻。杜尔诺沃听从了沙皇的吩咐，秋天之前没有出现在国务会议的现场。特列波夫没有服从这样的决定，向国务会议递交了辞呈，每年享受 6000

---

① Б. Г. Фёдоров Пётр Аркадьевич Столыпин Биография П. А. Столыпина. М.：Гареева，2003，с. 366.

② В. Н. Коковцов Из моего прошлого Воспоминания 1903 – 1909 гг. Книга1，М.：Наука，1992，с. 393.

卢布的退休金，同时通过宫廷大臣弗里德里克斯的关系租借了内阁在阿尔泰的矿厂，转行做了企业家。

表面上西部地方自治问题解决了，实际上各方对这个问题的反应充满了深意并采取了各种不同的方式予以回应。国务会议对此充满了愤怒。右派指责自己的领导人及其同事，左派和中派埋怨斯托雷平，认为解散议会，是对投票自由的践踏。杜马也完全超出了斯托雷平的预料，直接谴责他所采取的措施，斯托雷平的威信立刻变得暗淡无光。可以毫不夸张地说，几乎所有的报刊都对斯托雷平充满了敌意，谴责他是阴谋的领袖，完全残酷地解散了议会，毫不掩饰地采用人为的手段实施管理。①

综合国务会议和国家杜马、左派和右派对斯托雷平的批评，基本上是基于斯托雷平违背宪法的强制行为展开的。撇开这一点，我们必须看一看他们各自背后的态度。国务会议是右派的天下。特列波夫最能代表右派的观点。特列波夫是俄国黑色百人团的成员，绝对君主制和等级制的代表。他非常支持解散村社，发展农场经济。但是，他坚决反对实行西部地方自治。他在国务会议叙述自己理由时说："我曾经参加了陛下在冬宫接见第一批国家杜马代表的活动，它给我留下了这样的印象，政府是不能与这样的一批人富有成效地开展工作的。原因正如大臣会议主席戈列梅金所说的那样，押宝农民的做法已经失败了。是的，押宝农民的做法失败了，于是改变了选举法，来了另外一批人，但是游戏还得继续。参与这场游戏的有法院、军队、学校和教会，不用惊讶，外国信仰的僧侣代表发挥了圣主教公会的作用。今天押宝全俄君主制的地方自治原则，所有的全俄地方自治机构都参与了这场游戏，但是这场游戏还会以失败而告终。"② 特列波夫之所以对俄国的农民没有信心，原因是农民还没有觉醒，他们不仅没有能力发展自己的经济，而且在与波兰

---

① В. Н. Коковцов Из моего прошлого Воспоминания 1903 – 1909 гг.. Книга1，M.：Наука，1992，с. 395 –396.

② Петр Аркадьевич Столыпин Энциклопедия. M.：РОССПЭН，2011，с. 656.

的竞争中一定还会败北。但是，斯托雷平并不认同这样的说法。他在 1911 年
2 月 1 日国务会议上的讲话中指出："我不能证明 1903 年 4 月 2 日条例完全
能够满足地方自治的需求，但它至少与以前的省执行委员会相比迈出了重要
的一步。我也不能证明任命的、被命令的人捍卫地方利益比地方居民委托的
人做得更好、表现得更有独立性，也很难证明，立法批准的地方自治预算在
多大程度上不会成为发展边区地方自治事务的障碍，但是如果没有地方自治
预算，他们更加关心的将是尽可能多地为县里面寻求更多的预算。"① 斯托雷
平不断地证明，同样生活在这样的条件下，国外的人们在拼命地工作，变得
富有，拼命地创造着新的价值并集聚着他们的力量，他们不是把自己的才能
埋在地下，而是在短时间内十倍地增加着自己土地的能量。这场运动不仅发
生了，而且发生省在不久前依然是野蛮和荒凉的地方，他们之所以能实现这
样的创造，完全是因为那里的人们表现出了独立性和个性的主动精神。② 接
下来，斯托雷平对比了俄罗斯人与波兰人的不同，当俄国人还在进行党争的
时候，波兰人在议会中已经表现出了无比的团结。斯托雷平不期望俄国马上
会发生波兰人那样的变化，但是他仍然深切地关注如果不实行地方自治的后
果。他说："先生们，就算是没有别的出路，就算是由于害怕走俄国的既定
道路而忍不住去发展美好富足的边疆，就算是不再延期并长期忘却在边疆实
行地方自治，我也不愿意相信俄国和波兰选民会卷入完全不必要和毫无结果
的政治斗争。走上这条路很容易，而且正在走着，如果真的兑现了，那么俄
国西部的历史将再添一页——俄国失败的一页。届时，俄国的自我意识将被
压制和战胜，不是倒在刀剑厮杀下的战场，而是倒在理论催眠和漂亮言辞力
量下的思想的竞技场。"③

显然，斯托雷平所做的一切考量便是利用自己还在掌权的机会，创造一

---

① Ред. С. Елисеев Столыпин П. А. Нам нужно Великая Россия. с. 327 – 328.

② Ред. С. Елисеев Столыпин П. А. Нам нужно Великая Россия. с. 328.

③ Ред. С. Елисеев Столыпин П. А. Нам нужно Великая Россия. с. 338.

切条件把已经具备经济条件的西部地区快速实现地方自治，使俄国农村公社和传统依附思想占优势的中部地区土地私有制改革的颓势得以扭转。可以说，斯托雷平以一己之力进行着较量，尽管在不同程度上也有以巴拉朔夫为首的民族主义政党的支持。但是，斯托雷平的强制做法代价有点过大。他偏袒俄罗斯人的做法挑起了波兰人与俄罗斯人的民族宗教冲突，俄国其实并没有做好充分的准备。曾经寄希望于民族传统文化的保守派贵族把斯托雷平改革当作了完全脱离俄国的道路。如果他们不能利用政治斗争直接实现推倒斯托雷平的目标，就转向了挑唆沙皇与斯托雷平之间的信任关系。正如皇太后对科科夫采夫所说的那样："将来我不太看好，有一些人将会提醒我儿子，他是被胁迫采取这些措施的。米谢尔斯基就是这样的人，你很快就会发现，他将在《公民》杂志上刊登类似的文章，越往前，陛下就越不满斯托雷平，我几乎确信，现在黔驴技穷的斯托雷平赢得了胜利，但用不了多长时间，我们很快就会发现斯托雷平不再理政，这无论对于沙皇还是整个俄国来说都是一种遗憾。"① 皇太后的话不久就得到了验证。因为在尼古拉二世颁布停止国务会议和国家杜马休会三天的法令时，并没有对斯托雷平表示支持，而是从 1911年 5 月开始就着手召回杜尔诺沃了。斯托雷平知道这件事后，马上写信给尼古拉二世。他说："自从陛下让我留在自己的岗位起，在我的道路上出现了难以克服的障碍，像一堵让我一步不能移动的墙，我指的是国务会议给我制造的人为的障碍。无疑，杜尔诺沃不知疲倦地继续制造着这样的障碍，刚刚发表的激励他们的抨击政府的文章就是明证。……杜尔诺沃明天离开，周一出国，过两三天国务会议的例会就结束了，因此，您给予他的特赦不要产生实际结果。因为这一举措将是政策发生转变的证明。……我斗胆地劝您一句，最明智的决定就是把特赦推迟到他按惯例出席立法机关活动的时候。"② 尼古

---

① В. Н. Коковцов Из моего прошлого Воспоминания 1903 – 1909 гг. . Книга1，М. : Наука，1992，с. 395.

② П. А. Столыпин Переписка. М. : РОССПЭН，2007，с. 70 – 71.

拉二世的举动违背了他给斯托雷平许下的诺言，可见斯托雷平失去了尼古拉二世的信任。

第三节 西部地方自治引发的权力斗争

一、斯托雷平对国务会议质询的回应

当 1911 年 3 月 14 日，尼古拉二世下令实行西部地方自治的时候，实际上是斯托雷平把自己的意志强加给了君主，这让极右派政治家极为愤怒，因为向国家的元首提出这样的条件在君主制国家是闻所未闻的。国务会议就斯托雷平解散国务会议三天对他提起紧急质询，这在国务会议的历史上还是第一次。

国务会议对于斯托雷平的质询主要集中在这样一个问题，即为什么将国务会议刚刚否决的普遍适用的法律在政府制造的立法机关活动中断期间提交沙皇批准？在国务会议看来，斯托雷平犯了三个方面的错误：第一，解散国务会议三天并用非常法实行国务会议废除的法律在法律上不合法；第二，解散议会三天、用非常法实行国务会议废除的法律开了先河，是政府对上院乃至两院的侮辱和漫不经心的表现；第三，需要使用基本法第 87 条解决西部地方自治问题的非常状态并不存在。①

斯托雷平对以上三个问题一一做了回答。首先，斯托雷平回答了关于非常状态的问题。斯托雷平认为，立法机关无权判断是否存在非常状态的问题，也不能成为他们质询的内容。这种情况只是大臣会议向君主个人报告的内容。这就从根本上否定了立法机关对斯托雷平提出质询的法律依据。但是出于礼貌，斯托雷平还是愿意和国务会议讨论国务会议是否有权判断非常状态的原则问题。

---

① Ред. С. Елисеев Столыпин П. А. Нам нужно Великая Россия. с. 341.

斯托雷平愿意承认宪法第 86 条，即“任何新的法律不经国务会议和国家杜马的赞成不得遵循，任何新的法律没有皇帝的批准不得生效”①。但是，它不能使宪法第 87 条陷入瘫痪。当然，也完全不允许为了认可刚刚被立法机关否决的已经生效和具有法律神圣性的法律，而让随时中断立法机关的例会成为惯例。第 87 条只有在非常状态和例外条件下才能实施。

斯托雷平认为，国务会议在意的当然不在这里，而是其他方面，即使用宪法第 87 条只能在解散或者立法机关休会之后才被认为是固定和合法的条件。政府对这一条的解释恰恰是非常状况可以出现在议会解散之前，因为正是这个状况具有原则意义。

斯托雷平进一步强调指出：“当然，对于政府来说不仅完全不允许破坏法律，尤其是基本法，而且也不允许绕过法律。政府应该尊敬自己，也要求他人对自己尊敬。但是至高无上的是政府应该保护国王的首倡权，不允许任何将来出现贬低或削弱国王首倡权的先例。”② 斯托雷平还以西方为例说明自己的观点，认为西方的国王不仅任何时候都有权停止立法机关的活动，而且停止的目的不受任何监督，同时任何的停止都为颁布非常法律创造了机会。另外，对于西方还有重要意义的是所采取的非常措施只出自政府的主观考量，而不是立法机关的评价，只是两个月过后提交立法机关以示尊敬。更何况非常状态是一个事实，而不是一种法律状态，对于它的解决只能是主观评价。重要不是什么时候是非常状态，而是什么时候必须采取非常措施。

斯托雷平不仅举了西方的例子，而且举了俄国的例子。俄国存在着两种情况或者说两种意见。一种意见认为，应该在倾向于立宪主义的同时，在发布非常法令方面削弱君主的权力；另一种意见认为，在解散立法机关之前出现非常状态以及由此引起的解散，是让君主利用宪法第 87 条的准确的法律含

① Н. Д. Ерофеев Российская монархическая государственность на последнем этапе своей истории. 20 октября 1894 – 3 марта 1917 г. . Сборник документов. М. : 2014，с. 308.

② Ред. С. Елисеев Столыпин П. А. Нам нужно Великая Россия. с. 343.

义。斯托雷平认为，否定君主的这个权力，等于开了把俄国国家生活置于非常危险境地的先例。否定这个权力，就是削弱了国王利用宪法87条在非常状态下发布法令的权力。因此，忠诚的政府不能有意识地再做让步了。斯托雷平公开地有意识地反对破坏赐予代表机关的权力，同时也认为无意识地破坏君主固有的非常状态的权力也是错误的。

其次，斯托雷平回答了解散议会并用非常法实行国务会议废止的法律是对国务会议的侮辱的问题。国务会议质询中说："政府用实际行动把国务会议置于被贬低与被侮辱的地位，通过宪法第87条取消了国务会议的决议，侵犯了国务会议自由表达思想的权利，现在竟然还要求国务会议无条件地、没有争议地服从最高行政机关的使命，要求国务会议成为邪恶意志的支柱。"①斯托雷平完全不认同图谋以及邪恶意志的说法。他认为这是一种误解。他说："我感觉主要的误解在于，我们还没有充分了解我国新的立法规则。当然，不能要求立法机关与政府的意见保持一致，但是应该记住，政府的作用现在已经改变了很多。现在政府并不只是主导业务的最高行政机关，它还被赋予了其他的政治任务。要知道政府的主要任务要求它不仅要在非常时期代表最高政权必须解散立法机关，而且必须采取非常措施。"②

斯托雷平赋予政府这样高的权力不在于法律赋予了他这样的使命，更主要的是俄国的现实环境和政治任务使然。他说："英国在自由的维多利亚时期，自由的格拉斯顿通过非常法的形式提出消灭出售官职的法案，都没有遭到质疑，更何况我国关于西部地方自治法案这样的事情。英国政府的做法不是出于个人的动机，而是出于政治的必然和政治的理想，而作为有信仰、有理想的政府不仅相信所做的，而且做他所相信的。"所以，斯托雷平认为，当政府有时与议会产生分歧的时候，当他们之间的政治目的不一致的时候，未必要对政府产生抱怨。对于因义务感驱使所采取的措施，把它仅仅归结为

---

① Ред. С. Елисеев Столыпин П. А. Нам нужно Великая Россия. с. 348.
② Ред. С. Елисеев Столыпин П. А. Нам нужно Великая Россия. с. 348 – 349.

恶意的轻举妄动是不正确的。政府至少保持了对国务会议的最高敬意，不能把已经打开的死结重新系上，在现有的法律道路上只能从上开始。这就如同一个病人需要呼吸必须在喉咙里设置一个吸管一样，是一种政治必须。斯托雷平坚决否定政府行为是对国务会议的贬低的责备。建议国务会议放弃偏见，在最高政权推翻这些措施之前，政府还是希望把自己的意见置于立法机关的意见之上，尤其是国务会议之上。①

最后，斯托雷平谈到了政府行为的合法性问题。斯托雷平认为，国王的信任使政府被鼓舞和激励，它是政府行动的动力。坚持不懈、不急不躁的改革原则不是秉持激进主义的方向，而是渐进的进步与合法性，在此之上的是坚定的、雷厉风行的政治风尚。消灭了这一点，工作就终止了。11 月 9 日法令如此，西部地方自治法令仍然如此。虽然起初有着各种各样的不成功，相信经过不懈的努力，终会寻找到这种合力。

斯托雷平反复强调，内政原则不是基于自己，也不是基于自己的灵感，而是基于拥有不同政治信仰的人的共同情感，是对俄国的过去和未来共同的理解。他非常尊重波兰文化，认为波兰文化是人类完善的共同宝库中重大的贡献。但是，鉴于这种文化正在西部与俄国的文化展开斗争，如果西部地方自治的愿望不能实现，就等于圣彼得堡在最危险的时刻放弃了世代保护俄罗斯西部的俄罗斯人的支持。这会让相信国家杜马和国务会议会开会通过这件事，同时又得到陛下庇护的人们惊得目瞪口呆。

斯托雷平说，国务会议和政府在西部地方自治问题上的思想是两个世界，是对国家和国家性的两种不同的理解。用舒里京的话说，划分民族选区的地方自治方案在立法机关通过的时候不仅是悲剧的，而且是富有教育意义的。国务会议和国家杜马的政治家们非常激动，波兰人非常愤怒，而立宪民主党

---

① Ред. С. Елисеев Столыпин П. А. Нам нужно Великая Россия. с. 350.

充满了战斗情绪。这是一种短期的爱，持续时间不长。① 而斯托雷平则基于俄罗斯统一而不可分割的整体的角度，为西部边区的俄罗斯人争取权利，这在为各自利益而战的时期是非常必要的。在斯托雷平看来，这是广阔的俄罗斯边区历史命运的转折点，对于俄罗斯来说则预定了它的民族未来。斯托雷平告诫国务会议和国家杜马，现在动摇的时候已经结束了，法律已经根据宪法第 87 条的程序通过了。如果国务会议还认为政府的行动是对他们的侮辱，那么政府将试图跨越他们。至于说，国务会议质询中所做的对第 87 条的解释是不正确的，也是不能接受的。政府在西部地方自治问题上所做出的非常状态的判断，只是回答国务会议对此问题提出的质询，而不是请求国务会议审核政府做出的判断，因为政府在执行对俄国非常具有生命力和必要的法律时看到了让俄国陷入没有出路境地的危险，同时也认识到这是让俄国远离民族发展道路的内政的转折点。

斯托雷平的回应尽管不能让国务会议满意，甚至国务会议继续进行着反对斯托雷平的斗争，但这已经显示了否定西部地方自治问题的严重性。

二、斯托雷平对国家杜马质询的回应

虽然十月党支持西部地方自治法案，但是斯托雷平让他们休会的形式上对法律的践踏激怒了十月党。他们同样在这样的时刻转入了反对派，十月党的领导人 А. И. 古契科夫辞去了杜马主席的职务，没有和任何人商量就去了远东做旅行。十月党逐渐陷入了衰落。1911 年 4 月 21 日以十月党为代表的杜马也在国务会议之后对斯托雷平提出了紧急质询。

对于国家杜马提出的政府违法使用宪法第 87 条的质询，斯托雷平没有解释整个过程，而是说明了国家杜马和政府之间发生分歧的原因。斯托雷平指出了国家杜马与政府发生分歧有两个方面的原因。一个是法律形式方面的原

---

① Василий Шульгин Последний очевидец—мемуары, очерки, сны. М. : ОЛМА － ПРЕСС, 2002, c. 144, 143.

因，即国家杜马在质询中指出的，解散议会之前发生的非常状态下使用宪法第 87 条是对最高政权的诋毁；① 另一个是深层原因，即斯托雷平认为，国家杜马不是解决已经成型的既成事实、解剖死尸的司法机关，而是一个与长时段的事件和国家生活打交道的机关；政府则是具有预见性，判断非常状态的机关，宪法第 87 条只是手段；国家杜马认为政府只是一个容忍某种投机政策，把所有巨大的、尖锐的问题化为乌有同时具有保护色彩的机关，政府判断非常状态、使用宪法第 87 条就是轻视所有法律，乃至基本法，就是希望根据自己的愿望和自己的意志统治国家。②

另外，国家杜马一直指责政府利用人为的休会歪曲宪法第 87 条，是对选举法的破坏。斯托雷平认为，3 月 14 日通过的西部地方自治法案没有一句话涉及选举法。最根本的问题还是国家杜马不认同西部地方自治法案对于俄国的必要性，而否决这个法案就等于使俄国陷入没有出路的死胡同，陷入非常状态。让斯托雷平不明白的是，国家杜马为什么会陷入一种形式方面的纠结，而放弃关于西部地方自治这样关乎俄国生命的大问题。其实，这涉及俄国是一个可以直接建设宪政国家，还是必须经历自上而下的启蒙才能建设宪政国家的问题。

斯托雷平认为，政府不能在削弱政府的情况下解决这个问题，其原因不是由于政府自负，而是由于立法机关陷入了一个怪圈，政府应该向最高政权提供一个合法的、顺利摆脱这个怪圈的出路。斯托雷平提出的第一个出路就是再次把这个草案提交立法机关讨论。斯托雷平认为这是一种欺骗，原因很简单，从国务会议对西部地方自治法案的否定的理由来看，不是他们不同意这种方法，而是这涉及了贵族代表的利益。③ 不用再次吵吵闹闹，只要国务会议把这个法案交给委员会，稍稍拖延一下对它的审议，就可以顺利拖过第

---

① Ред. С. Елисеев Столыпин П. А. Нам нужно Великая Россия. с. 355.

② Ред. С. Елисеев Столыпин П. А. Нам нужно Великая Россия. с. 356 – 357.

③ Ред. С. Елисеев Столыпин П. А. Нам нужно Великая Россия. с. 360.

三届杜马。斯托雷平又提出第二条出路，就是请求陛下解散立法机关。由于国务会议不同意，解散一个只有一半选举产生的国务会议没有任何意义。最后就只剩下第三条出路了，就是宪法第 87 条。政府非常清楚，立法机关对于最高政权的评价不具有法律效力。但是，政府也知道，立法机关具有强有力的手段，可以完全否决临时法律，政府之所以迈出这一步，只是完全相信，国家杜马是可以接受把西部地方自治法案变成临时法律的。如果把国家杜马不接受的法律提交杜马审议，当然是极端考虑不周的，如果没有这种考虑不周，把根据宪法第 87 条通过的法律与国家杜马通过的法律混为一谈，就是把它贬为诱惑和作假。人为地休会并通过第 87 条否定按第 86 条国务会议通过的法律也是一种贬低。这种情况在俄国是有先例的，就是关于旧礼仪派村社的提案。旧礼仪派村社提案就是议会两院在讨论时产生了分歧，杜马在规定休会前听取了这个分歧，否则的话，政府也要动用人为休会的办法解决这个问题，以面对 1500 个旧礼仪派村社。西部地方自治问题性质是一样的，斯托雷平认为没有什么不合法和不正确。如果把人为解散议会上升到政府对立法机关挑战的高度，那还是国家吗？①

斯托雷平强调，原本给予君主利用宪法第 87 条非常手段的权力，就是让君主有机会使国家摆脱危机状态。这就如同在饥饿的条件下，两院不能达成一致，难道这还不是非常状态吗？西部地方自治问题就是这样一个非常重要的问题。在这个问题上，贯穿的不是剥削，也不是压迫非俄罗斯民族的问题，而是保护国家不能改变的俄罗斯原住民权利的问题，因为他们在最困难的历史时刻从来没有背叛过国家，总是在俄国的西部边界捍卫俄罗斯的国家原则。②

在已经成为公民国家的波兰王国，波兰人为了避免犹太人的公民化都单独给犹太人划分一个民族选区，更何况俄国还处在公民化发展的阶段。斯托

---

① Ред. С. Елисеев Столыпин П. А. Нам нужно Великая Россия. с. 362.

② Ред. С. Елисеев Столыпин П. А. Нам нужно Великая Россия. с. 363.

雷平说，任何一件事情都有两个结局：一个是放弃责任，一个是勇敢地承担责任和打击。第一条路是一条平坦的路，是在普遍拥护和掌声中走向胜利的路，但是这条路在任何情况下都是没有出路的。第二条路就是艰难的充满荆棘的路，这条路上充满嘲讽和威胁，但最终只有这条路达到了指定的目标。而对于掌权的人来说，没有任何罪恶比放弃责任更大。斯托雷平公开地选择了第二条路。

对于俄国而言，由于改革造成的利益纠葛，俄国公民社会的建设严重受阻，大有回归传统社会的趋势，斯托雷平撇开西部地方的民族纠葛，坚定地推动地方自治，把受阻的改革推向前进，用斯托雷平自己的话说，这是“对年轻的俄罗斯代表制的巩固”[①]。可惜的是，斯托雷平的答复并没有浇灭激昂的民族主义情绪。斯托雷平也成为这种民族情绪的牺牲品。

三、权力斗争引发的思考

通过斯托雷平对于国务会议和杜马质询的回答，我们可以做出总结：国务会议反对斯托雷平是由于他们害怕挑起民族纷争，因而在自己的利益面前裹足不前；而国家杜马则纠结于斯托雷平对立法机关的蔑视，因而陷入了抛弃问题纠缠于形式的思维怪圈。斯托雷平从法律层面上做出解释，认为无论是国务会议还是国家杜马都无权剥夺政府判定非常状态的权力。斯托雷平也深刻地认识到，立法机关害怕承担责任是出于他们对个人利益的过分关注。

表面说是利益，其实是一种文化。俄罗斯长久以来浸润于利益的纠葛之中而不能自拔，无论是为国献身的保守派，还是为人民的利益呐喊的自由派，地方自治问题争论的所有方面都是维护自身的利益，如贵族害怕失去自己的最后阵地，宁可放弃与西部波兰贵族的较量；而俄罗斯普通人同样为了眼前的利益而放弃了对自己权利的捍卫，成为波兰人的帮狗。斯托雷平在西部地方自治问题上，冒着与波兰人起民族纷争的风险，规定了俄罗斯人和东正教

① Ред. С. Елисеев Столыпин П. А. Нам нужно Великая Россия. с. 364.

僧侣独特的地位，他换来的当然不是俄罗斯人与波兰人之间的民族纷争，而是在已经具备经济条件的俄国西部地区实行了地方自治，为俄国不具备经济条件的村社地区树立榜样。斯托雷平改革的核心问题不是经济问题，也不是简单的社会问题，而是通过这些问题实现俄罗斯公民的自觉。斯托雷平的土地改革已经让保守派保护村社传统势力抬头，而地方管理改革干脆引起了黑色百人团的反斯托雷平的阴谋挑唆，造成地方管理改革的失败。西部地方自治改革可以说是斯托雷平推进自由主义土地改革和自治改革的最后机会，是他的生存机会，也是俄国的生存机会。

俄国的右派由于害怕革命，把波兰的革命斗争与俄国的革命斗争混为一谈，甚至由于表面的人道主义忘记了文化之间的冲突。斯托雷平则超越了这种冲突。首先，通过地方自治建立起波兰人与俄国人竞争的格局，同时又用俄国人民可以理解的手段，如增加他们在地方自治局中政治力量的办法弥补经济竞争中出现的弱势地位，从整体上加快对落后的俄国人的启蒙。这是俄国发展经济的举措，也是消除与波兰人、犹太人之间差距的手段。对于俄国人的保护政策只是针对俄国特点做出的，没有挑战波兰人底线的意蕴。至于说波兰人和犹太人在地方自治问题上的不平等引发的革命运动，是俄国文化与波兰文化之间的冲突。只有通过改革才能不断消除。所以，从俄国的实际状态出发，斯托雷平的西部地方自治改革既是俄国走向现代社会的举措，也是俄罗斯结束帝国走向民族国家的举措。遗憾的是，俄国自我反省意识太薄弱了，斯托雷平几乎无情地制造了俄国人巨大的"委屈"。斯托雷平知道，这个委屈正是俄国人不肯反省的文化基因，他改革的也正是这种基因。他对沙皇说："我的油脂还可以熬上五年，而接下来会发生什么，就取决于这五年的作为。"①

表面上斯托雷平的努力似乎是白费了，然而，从 19 世纪 40 年代以来的

---

① Д. Б. Струков П. А. Столыпин: *Великие исторические персоны.* М.：Вече，2012，с. 224 – 225.

西方派与斯拉夫派的争论来看，俄国还没有成熟到自我约束、自我运用的理性程度，还需要少数有识之士自上而下的突破。保守派坚持不挑起与波兰的民族冲突以及斯托雷平始终从君主主义的角度论证自己行为的合法性，都充分说明了这个问题。从这个意义上，斯托雷平的努力是有价值的，其价值在于：斯托雷平利用传统的文化凝聚俄罗斯人，缩减与发达波兰人之间的经济文化差距，开辟了一条建立主权的俄国民族国家发展道路。

结　语

俄国自从走上资本主义发展道路就开始了从俄罗斯帝国向现代民族国家的转变。转型是在战争失败条件下开始的，充满了屈辱与无奈，一波三折。П. Я. 恰达耶夫曾在第一封《哲学书简》中总结了波折的原因，他说："我们从不知道，这个民族有过一个与其他民族一样的、充满生气勃勃的活动和道义力量发挥崇高作用的时代。在同样的时代，我们的社会生活满是黑暗与忧郁，没有生气，没有活力，只是由于受凌辱才会振作一下，只是由于受奴役才能安静下来。"[①] 所以，俄国社会转型不只是制度的变迁、经济的发展和社会的进步，更是民族的觉醒。

从 1861 年到 1911 年是俄国社会变迁的时代，也是民族觉醒的时代。如果说俄国的制度变迁是自上而下进行的，那么俄国的觉醒则是自下而上展开的。所以，俄国觉醒的过程异常激烈。自上而下的含义是政府推动了俄国的改革，其首要的目标还是维持俄罗斯帝国的强大，这难免会影响改革的成效：如农民改革要以维持国家的税收为基准，为工业化的发展铺路。权衡农业与工业的关系，国家更重视工业，农民成为被剥削的对象，影响了农民的市场

[①] 100лучших книг всех времен：www.100bestbooks. ru Пётр Чадаев Философические письма. c. 4.

化，造成俄国民粹派运动和农民运动的高涨。自下而上的意思是社会承担了改革的代价，改革不是有利于劳动人民，而是有利于有产阶级和官僚，社会出现严重的分裂和反政府的倾向，为社会的觉醒设置了严重的障碍。俄罗斯的社会转型带来了帝国的崩溃。

1861 年改革是一场社会改革，其核心是把社会关系由宗法关系变成利益关系，引发的是社会对政府的反抗。20 世纪初的 10 年俄国所发生的革命虽从农民运动开始，实际上是一场席卷全国各个领域的资产阶级民主运动。传统观点多纠结于土地革命，忘记了俄国土地革命为什么会以建立宪政结束。①从杜马的活动来看，俄国并不具备建立宪政的条件，结果革命被强制镇压，宪政大打折扣。革命者总结革命失败的原因时常常说俄国保留了大量的封建残余，把责任都算到了贵族和有产者头上。其实，俄国革命要解决的是俄国人民的温饱问题，因改良的自上而下把俄国引上了宪政的道路，偏离了俄国原本的航道。

俄国革命是贵族引发的。随着革命运动的不断深入，俄国贵族分裂成为三派：革命派、自由派和保守派。不管哪一派，俄国贵族一直纠结的是俄国要成为什么样的国家。经过从革命派的反政府到自由派的限制政府再到保守派的复兴强大的君主制度，俄国贵族走过了一个重建政府与社会关系的道路。贵族尽管不断伸张自己的权力，但多数贵族还是认可支持君主政权的主张。俄国六三体制就是在沙皇赐予的宪法范围内建立统一而完整的俄罗斯国家。不过这个国家已经不是以沙皇为首的专制国家，而是重申政权合法性的法制国家。

斯托雷平是一个具有自由主义思想的君主主义者。由于自己的贵族出身，一直捍卫以沙皇为首的专制制度并视其为俄国的宝贵财富。与此同时，斯托雷平也是一个追求个性强大的自由主义者，因此，在积极捍卫沙皇赐予的宪

---

① 列宁说："土地问题是俄国资产阶级革命的根本问题，它决定了这场革命的民族特点。"《列宁选集》第 1 卷，人民出版社 1995 年版，第 779 页。

政的基础上寻求自由主义的改革，不仅让俄罗斯人民吃饱，而且让他们逐渐学习自立自强，培养理性的法制精神。

斯托雷平由于其贵族传统，培养了自己对沙皇的忠诚思想，为此坚决镇压反沙皇的革命运动，遭到包括异族的犹太人、波兰人在内的俄国革命者的激烈反对，并最终死在了犹太裔革命青年的枪下。斯托雷平由于其自由主义的法制思想，遭到了捍卫宗法制度的保守主义死硬派的反对，保守派贵族不仅掣肘于斯托雷平的土地改革和地方自治改革，而且从权力的角度挑唆斯托雷平与沙皇的信任关系，阻止了改革的持续推进。如果说斯托雷平是俄国传统的捍卫者，那么他用传统巩固的是政府与贵族的信任关系；如果说斯托雷平是自由主义者，他用自由主义解决的是俄国人的理性精神。在从膜拜向自立转化的过程中，斯托雷平战胜了激情，表现了对革命者和保守派的坚决斗争，同时也表现了对犹太人和旧礼仪派的灵活宽容，为俄国官僚的教条和社会的激情四射树立了变革的榜样。

土地改革问题上，斯托雷平曾得到了温和的保守派和十月党的支持，把建设公民基础的小土地所有制不断推向前进；在地方自治与地方管理改革上，斯托雷平曾遭到了保守派贵族的反对，激化了与贵族的矛盾。当斯托雷平越来越意识到缺乏一个支持自己的政党的时候，他便着手建立以巴拉朔夫为代表的民族主义政党，并用西部地方自治实践自己的战略。俄国的贵族曾经抱怨斯托雷平的官僚主义作风，他常常绕开议会，推进自己的改革，造成自己所谓的"波拿巴主义"不能奏效，最终成为孤家寡人，断送了自己的改革。

斯托雷平是不把议会放在眼里吗，还是另有隐情？斯托雷平在土地问题这样大的问题上为什么要绕过杜马，采用宪法第87条非常法颁布？为什么在国务会议否决他的西部地方自治法案时，不惜冒犯沙皇，逼迫他解散议会，再次行使非常法律呢？斯托雷平曾对沙皇解释说："我的油脂还可以熬上五年，而接下来会发生什么，就取决于这五年的作为。"①

斯托雷平的做法显然不是由于独裁，而是俄国人长期的颐指气使和悲观绝望很难使君主主义制度和自由主义的社会改革连接在一起，这完全取决于思想觉醒的少数官僚贵族的坚定的行动，如同斯托雷平自己所讲的持续的艰苦的努力。② 为什么是官僚，就是因为只有掌握了权力，改革才能推进；为什么是贵族，因为只有贵族才有觉悟。

斯托雷平是一个贵族官僚，既有政治家的铁腕，也有贵族的牺牲精神，因此他才从一个官僚成长为一个社会活动家。由于俄罗斯的贵族在特权的道路上浸润得太久，常常以俄国的独特性抵挡改革遇到的障碍，让改革变得艰难而漫长，让自己变得迟疑而冷漠。

斯托雷平曾说："每天早晨，当我从睡梦中醒来做祈祷的时候，我都会把这一天看作我生命的最后一天，为履行我的全部义务做好准备，追求永恒。晚上，当我再一次回到自己的房间，我就告诫自己说，应该感谢上帝，他让我的生命又延长了一天。我经常意识到死亡的临近，这是对我为自己的信仰付出的唯一回报。"③

斯托雷平的结局简直就是宿命，不过这个宿命是上帝加上去的，是人力无法改变的。不过，作为贵族的代表，斯托雷平走过了贵族的全部道路，庆幸的是最后留下的不是固执，而是牺牲后的觉醒。

---

① 斯托雷平常用形象的"我的油脂"来表达"我的贡献"，主要指镇压左派议之说，而这五年的作为就是指自己完成的改革。

② Ред. С. Елисеев Столыпин П. А. Нам нужно Великая Россия. с. 179.

③ Ред. С. Елисеев Столыпин П. А. Нам нужно Великая Россия. с. 365.

参考文献

一、中文著作

1. 《马克思恩格斯选集》，第 1、3、4 卷，人民出版社 1995 年版。

2. 孙成木、刘祖熙、李建：《俄国通史简编》（上下册），人民出版社 1986 年版。

3. 罗荣渠：《现代化新论——世界与中国的现代化进程》，北京大学出版社 1993 年版。

4. 姚海：《俄罗斯文化之路》，浙江人民出版社 1992 年版。

5. 张建华：《帝国风暴——大变革之前的俄罗斯（1762—1855）》，北京大学出版社 2016 年版。

6. 陶慧芬：《俄国近代改革史》，中国社会科学出版社 2007 年版。

7. 赵世峰：《俄国共济会与俄国近代政治的变迁（18—20 世纪初）》，复旦大学出版社 2011 年版。

8. 徐凤林：《俄国哲学》，商务印书馆 2012 年版。

9. 沈念驹：《果戈理全集·与友人书简选》第 7 卷，吴国璋译，河北教育出版社 2002 年版。

10. 郭春生：《俄国 19、20 世纪之交法政文献汇编》，清华大学出版社 2016 年版。

11. 《列宁全集》第 16 卷，人民出版社第 2 版 1992 年版。

12. 《列宁选集》第 2、3 卷，人民出版社 1995 年版。

13. 联共（布）中央特设委员会：《联共（布）党史简明教程》，人民出版社 1975 年版。

14. 姚海：《近代俄国立宪运动源流》，四川大学出版社 1996 年版。

15. 白晓红：《俄国斯拉夫主义》，商务印书馆 2006 年版。

16. 闫兆祥：《英国近代贵族体制研究》，人民出版社 2006 年版。

17. 徐凤林：《俄罗斯宗教哲学》，北京大学出版社 2006 年版。

18. 许金秋：《19 世纪至 20 世纪初俄国政治现代化理论与进程研究》，社会科学文献出版社 2018 年版。

19. 董晓：《圣徒抑或恶魔？——涅恰耶夫其人其事》，群言出版社 2008 年版。

20. 《苏联百科词典》，中国大百科全书出版社 1986 年版。

21. 刘显忠：《近代俄国国家杜马：设立与实践》，社会科学文献出版社 2007 年版。

22. 马龙闪、刘建国：《俄国民粹主义及其跨世纪影响》，广西师范大学出版社 2013 年版。

23. 中央编译局国际共运史研究室：《俄国民粹派文选》，人民出版社 1983 年版。

24. 蒋路：《俄国文史采薇》，东方出版社 2003 年版。

25. 金雁、卞悟：《农村公社、改革与革命——村社传统与俄国现代化之路》，中央编译出版社 1996 年版。

26. 金雁：《苏俄现代化与改革研究》，广东教育出版社 1999 年版。

27. 邵丽英：《改良的命运——俄国地方自治改革史》，社会科学文献出版社 2000 年版。

28. 《列宁全集》第 5 卷，人民出版社 2014 年版。

29. 刘祖熙：《波兰通史》，商务印书馆 2006 年版。

30. 罗爱林：《俄国封建晚期农村公社研究（1649—1861）》，广西师范大学出版社 2007 年版。

二、中文译著

1. 〔俄〕瓦·奥·克柳切夫斯基：《俄国史教程》第 2 卷，贾宗谊等译，商务印书馆 1997 年版。

2. 〔俄〕瓦·奥·克柳切夫斯基：《俄国史教程》第 4 卷，张泳白等译，商务印书馆 2009 年版。

3. 〔俄〕瓦·奥·克柳切夫斯基：《俄国史教程》第 5 卷，刘祖熙等译，商务印书馆 2009 年版。

4. 〔俄〕格奥尔基·弗洛罗夫斯基：《俄罗斯宗教哲学之路》，吴安迪等译，上海人民出版社 2006 年版。

5. 〔俄〕安德拉尼克·米格拉尼扬：《俄罗斯现代化之路为何如此曲折》，徐葵等译，新华出版社 2002 年版。

6. 〔俄〕瓦·瓦·津科夫斯基：《俄国哲学史》上卷，张冰译，人民出版社 2013 年版。

7. 〔俄〕别林斯基：《别林斯基选集》第二卷，满涛译，时代出版社 1952 年版。

8. 〔俄〕札依翁可夫斯基：《俄国农奴制的废除》，叔明译，生活·读书·新知三联书店 1957 年版。

9. 〔俄〕尼·别尔嘉耶夫：《陀思妥耶夫斯基的世界观》，耿海英译，广西师范大学出版社 2008 年版。

10. 〔俄〕索洛维约夫等：《俄罗斯思想》，贾泽林等译，浙江人民出版社 2000 年版。

11. 〔俄〕基斯嘉科夫斯基等：《路标集》，彭甄等译，云南人民出版社

1999 年版。

12. 〔俄〕尼·别尔嘉耶夫:《自由的哲学》,董友译,广西师范大学出版社 2001 年版。

13. 〔俄〕尼·别尔嘉耶夫等:《哲学船事件》,伍宇星编译,花城出版社 2009 年版。

14. 〔俄〕谢·尤·维特:《俄国末代沙皇尼古拉二世——维特伯爵的回忆》,张开译,新华出版社 1983 年版。

15. 〔法〕孟德斯鸠:《论法的精神》上册,张雁深译,商务印书馆 1997 年版。

16. 〔法〕托克维尔:《旧制度与大革命》,冯棠译,商务印书馆 1997 年版。

17. 〔俄〕尼·别尔嘉耶夫:《俄罗斯思想》,雷永生、邱守娟译,生活·读书·新知三联书店 1996 年版。

18. 〔俄〕戈·瓦·普列汉诺夫:《俄国社会思想史》第三卷,孙静工译,商务印书馆 1999 年版。

19. 〔俄〕阿·弗·古雷加:《俄罗斯思想及其缔造者们》,郑振东译,南京大学出版社 2018 年版。

20. 〔美〕里亚·格林菲尔德:《民族主义:走向现代的五条道路》,王春华等译,上海三联书店 2010 年版。

21. 〔俄〕马里宁:《俄国空想社会主义简史》,丁履桂、郭镛森译,商务印书馆 1990 年版。

22. 〔俄〕赫尔岑:《往事与随想》(中),项星耀译,人民文学出版社 1998 年版。

23. 〔英〕以赛亚·伯林:《俄国思想家》,彭淮栋译,译林出版社 2001 年版。

24. 〔俄〕B. H. 米罗诺夫:《俄国社会史》(上卷),张广翔等译,山东大学出版社 2006 年版。

25. 〔俄〕B. B. 津科夫斯基：《俄罗斯思想家与欧洲》，徐文静译，上海三联书店 2016 年版。

26. 〔俄〕H. A. 察格洛夫：《俄国农奴制解体时期经济思想概论》，厉以宁等译，北京大学出版社 1987 年版。

27. 〔俄〕B. H. 米罗诺夫： 《帝俄时代生活史——历史人类学研究（1700—1917）》下册，张广翔等译，商务印书馆 2013 年版。

28. 〔俄〕B. A. 马努依洛夫：《莱蒙托夫》，郭奇格译，北京出版社 1988 年版。

29. 〔俄〕莱蒙托夫：《莱蒙托夫诗选》，骆继光等译，花山文艺出版社 1995 年版。

30. 〔俄〕谢·尤·维特：《末代沙皇尼古拉二世——维特伯爵的回忆》续集，张开译，新华出版社 1985 年版。

31. 〔俄〕M. H. 波克罗夫斯：《俄国历史概要》下册，贝衡璋等译，生活·读书·新知三联书店 1979 年版。

32. 〔美〕西德尼·哈凯夫：《维特伯爵——俄国现代化之父》，梅俊杰译，上海远东出版社 2013 年版。

33. 〔俄〕Б. Д. 格列科夫：《俄国农民史》（上、下卷），张广翔等译，社会科学文献出版社 2019 年版。

34. 〔俄〕恩·弗列罗夫斯基：《俄国工人阶级状况》，陈瑞铭译，商务印书馆 1984 年版。

35. 〔俄〕Г. Б. 波罗马廖娃：《陀思妥耶夫斯基：我探索人生奥秘》，张变革等译，商务印书馆 2011 年版。

36. 〔德〕马克斯·韦伯：《新教伦理与资本主义精神》，于晓、陈维纲等译，生活·读书·新知三联书店 1987 年版。

三、俄文著作

1. Т. А. Егерева Русские консерваторы в социокультурном контексте эпохи конца XVIII – первой четверти XIX веков. М. : Новый Хронограф, 2014.

2. Е. Л. Рудницкой（под ред. ）Революционный радикализм в России: век девятнадцатый. Документальная публикация. М. : Археографический центр, 1997.

3. Петр Аркадьевич Столыпин Энциклопедия. М. : РОССПЭН, 2011.

4. С. Г. Сидоровнин Правда Столыпина – Спорник. Саратов: Соотечественник, 1999.

5. А. П. Корелин Дворянство в пореформенной России 1861 – 1904 гг. состав, численность, корпоративная организация. М. : наука, 1979.

6. Ю. И. Кирьянов Правые партия в России 1911 – 1917. М. : РОССПЭН, 2001.

7. К. Н. Леонтьев Славянофильство и грядущие судьбы России. М. : Институт русской цивилизации, 2010.

8. П. Н. Милюков Очерки по истории русской культуры. В3 томах. Т. 1. М. : Прогресс, 1993.

9. Д. Н. Шипов Воспоминания и думы о пережитом. М. : РОССПЭН, 2007.

10. С. И. Шидловский. Воспоминания. Т. 2, Берлин, 1923.

11. А. П. Бородин Столыпин Реформы во имя России. М. : Вече, 2004.

12. А. П. Аксаков Высший подвиг. Спб. : Изд. Всероссийского национального клуба, 1912.

13. Н. Бердяев Духовые основы русской революции – опыты 1917 – 1918

гг. Спб. : изд. РХГИ, 1999.

14. Ф. Т. Горячкин Первый русский фашист Пётр Аркадьевич Столыпин. Харбин: типография Меркурий, 1928.

15. Н. Ростов Духовенство и русская контрреволюция конца династии Романовых. 1930.

16. С. М. Дубровский Столыпинская земельная реформа. М. : Изд. Академии Наук СССР, 1963.

17. А. Я. Аврех Столыпин и третья дума. М. : Наука, 1968.

18. В. С. Дякин Самодержавие буржуазия и дворянство в1907 – 1911 гг. Ленинград: Наука, ленинградское отделение, 1978.

19. Ю. Б. Соловьев Самодержавие и дворянство в 1907 – 1914 гг. Ленинград: Наука, ленинградское отделение, 1990.

20. В. И. Старцев Русская буржуазия и самодержавие в 1905 – 1917 гг. Ленинград: Наука, ленинградское отделение, 1977.

21. Л. М. Спирин Крушение помещичьих и буржуазных партий в России （начало ХХ в. – 1920 г. ）. М. : Мысль, 1977.

22. Д. И. Раскин Идеология русского правого радикализма в конце XIX – начале ХХ в. Национальная правая прежде и теперь: историко – социологические очерки. Ч. 1. Спб. 1992.

23. С. А. Степанов Черная сотня в России （1905 – 1914 гг. ）. М. : Изд – во ВЗПИ : АО "Росвузнаука", 1992.

24. Политические партии России. конец XIX – первая треть ХХ века. энциклопедия. М. : РОССПЭН, 1996.

25. А. В. Репников Консервативная модель переустройства России. Россия в условиях трансформаций. Историко – политологический семинар. Материалы. Вып. 2. М. : 2000.

26. Б. Г. Федров Пётр Столыпин: «я верю в Россию» Биография П. А. Столыпина. Спб. : Лимбус Пресс, 2002.

27. П. А. Пожигайло, В. В. Шелохаев Петр Аркадьевич Столыпин Интеллект и воля. М. : РОССПЭН, 2011.

28. В. С. Дякин Были шанс у Столыпина. Сборник статей. Санкт – Петербург: ЛИСС, 2002.

29. Д. И. Олейников История России 1801 – 1917. Курс лекций: Учебник. М. : ФОРУМ; ИНФРА, 2014.

30. В. Р. Лейкина – Свирская Интеллигенция в России во второй половине XIX века. М. : Изд. Мысль, 1971.

31. Под ред. А. П. Корелин Российские реформаторы（XIX – начало XX в.）. М. : Междунар. Отношения, 1995.

32. В. В. Казарезов Крестьянский вопрос в России（конец XIX – первая четверть XX в.）. Т. 1. М. : Колос, 2000.

33. С. М. Дубровский Крестьянское движение в революции 1905 – 1907 гг. М. : Изд – во Акад. наук СССР, 1956.

34. Т. Шанин Революция как момент истины. Россия 1905 – 1907, 1917 – 1922 гг. М. : Вест мир, 1997.

35. Партия социалистов – революционеров Документы и материалы 1900 – 1907. Т. 1, М. : РОССПЭН, 1996.

36. В. Г. Тюкавкин Великорусское крестьянство и Столыпинская аграрная реформа. М. : Памятники исторической мысли, 2001.

37. А. М. Буровский Вся правда о российских евреях. М. : Яуза – пресс, 2010.

38. Олег Платонов Мифы и правда о погромах. М. : Яуза, 2005.

39. О. В. Будницкий Евреи и русская революция Материалы и

исследования. М. : ДЖОЙНТ, 1999.

40. С. Б. Павлов Опыт первой революции: Россия 1900 – 1907. М. : Академический проект, 2008.

41. Ю. Б. Соловьев Самодержавие и дворянство в 1902 – 1907 гг. Ленинград: Наука, Ленинградское отделение, 1981.

42. Либеральный консерватизм: история и современность. М. : РОССПЭН, 2001.

43. К. А. Соловьев Кружок Беседа в поисках новой политической реальности1899 – 1905. М. : РОССПЭН, 2009.

44. В. О. Ключевский Сочинения в восьми томах. Т. VI. М. : издательство социально – экономической литературы. 1959.

45. В. А. Грингмут Руководство монархиста – черносотенца // Собрание статей. Т. 2.

46. В. Я. Гросул и. т. д. Русский консерватизм XIX столетия. Идеология и практика. М. : Прогресс – Традиция, 2000.

47. Правые партии Документы и материалы. Т. 1, 1905 – 1910гг. М. : РОССПЭН, 1998.

48. А. В. Герасимов На лезвии с террористами. М. : Товарищество русских художников, 1991.

49. А. И. Дубровин За родину. Против крамолы. М. : Институт русской цивилизации, 2011.

50. Непролетарские партии России в трех революциях. Сборник статей. М. : наука, 1989.

51. А. Я. Аврех П. А. Столыпин и судьба реформ в России. М. : изд. Политической литературы, 1991.

52. Д. А. Успенский Русская интеллигенция и западный интеллектуализм:

история и типология. Москва – венеция，1999.

53. В. К. Надлер Император Александр I и идея священного союза. М.：Кучково поле，Русское Императорское историческое общество，2011.

54. М. Т. Флоринский Россия история и интерпретация в двух томах. Т. 2，Санкт – петербург：Наука，2013.

55. П. Я. Чаадаев Полное собрание сочинений и избранные письма. Т. 1，М.：Наука，1991.

56. А. М. Анфимов Земельная аренда в России в начале XX в. М.：Изд. АН СССР，1961.

57. В. А. Шаповалов Поместное дворянство Европейской России в50 – 90гг. XIX века. Белгород：ИД 《Белгород》 НИУ 〈БелГУ〉，2014.

58. Г. А. Герасименко История земского самоуправления. Саратов：Поволжская академия государственной службы им. П. А. Столыпин，2003.

59. В. Д. Катков Христианство и государственность. М.：Изд. 《ФИВ》，2013.

60. А. В. Наумов Графы Медемы. Хвалынская ветвь. М.：Социально – политическая мысль，2011.

61. Сергей Степанов Великий Столыпин. 《Не великие потрясения，а Великая Россия》. М.：Яува：Эксмо，2012.

62. Б. Г. Фёдоров Петр Аркальевич Столыпин. Биография П. А. Столыпина. М.：Гареева，2003.

63. Мария Фон Бок Воспоминания о моем отце П. А. Столыпине. М.：Эксмо，2014.

64. А. Е. Карелин Девятое и Гапон. Воспоминаний. Красная летопись. Л.：1922.

65. В. Шубинский Гапон. М.：Молодая Гвардия，2014.

66. Н. Д. Ерофеев Российская монархическая государственность на последнем этапе своей истории. 20 октября 1894 г. – 3марта 1917 г. М. : Институт Российской истории РАН，2014.

67. С. С. Ольденбург Царствование императора Николая Ⅱ . Спб. : Петрополь，1991.

68. В. А. Маклаков Первая Государственная дума. Воспоминания современника 27 апреля до8 июля 1906 г. М. : ЗАО Центрполиграф，2006.

69. А. П. Карелин，С. А. Степанов С. Ю. Витте—Финансист，политик，дипломат. М. : ТЕРРА，книжный клуб，1998.

70. В. И. Гурко Черты и силуэты прошлого: Правительство и общественность в царствование Николая Ⅱ в изображение современника. М. : Новое литературное обозрение，2000.

71. П. Н. Милюков Воспоминания. М. : издательство политической литературы，1991.

72. Л. Ю. Казанина Российский либерализм и реформы П. А. Столыпина (1906 – 1911) . Новомосковск: НФ УРАО，2009.

73. Съезды и конференции конституционно – демократической партии. в3 томах. Т. 1. 1905 – 1907 гг. М. : РОССПЭН，1997.

74. Программа союза 17 октября. Программы политических партий России. Конец ⅩⅨ – начало ⅩⅩ. М. : РОССПЭН，1995.

75. Объединенное дворянство Съезды уполномоченных губернских дворянских обществ. Т. 1，1906 – 1908. М. : РОССПЭН，2001.

76. Петр Аркадьевич Столыпин Нам нужна великая Россия. М. : Молодая гвардия，1991.

77. Государственная дума. Стенографические отчеты. Первый созыв. Сессия первая. Т. 1，СПб，1906.

78. А. И. Пиреев П. А. Столыпин – саратовский губернатор （1903 – 1906）. Диссертация кандидата, Саратов, 2000.

79. А. В. Воронежцев, А. И. Пиреев Саратовский губернатор П. А. Столыпин в зеркале документов （1903 – 1906 гг.） . Саратов: Изд. ООО «СП – Принт», 2012.

80. И. И. Демидов, А. Р. Соколов, В. В. Шелохаев П. А. Столыпни: Переписка. М. : РОССПЭН, 2007.

81. Петр Кабытов П. А. Столыпин: последний реформатор российской империи. Самара: Изд. «самарский университет», 2006.

82. П. Н. Зырянов Столыпин без легенд. М. : Знание, 1991.

83. В. А. Скрипицын Богатырь мысли, слова и дела. Посвящается памяти Петра Аркадьевича Столыпина. СПб. 1911.

84. Д. Б. Струков Столыпин – Великие исторические персоны. М. : вече, 2012.

85. В. А. Маклаков Вторая государственная дума. Воспоминания современника. 20 февраля – 2 июня 1907 г. М. : ЗАО Центрполиграф, 2006.

86. Геннадий Сидоровнин П. А. Столыпин. Жизнь за Отечество. Жизнеописание （1862 – 1911） . М. : Общество сохранения лит. наследия. 2014.

87. С. С. Ольденбург Царствование императора Николая Ⅱ . С. – Петербург: «Петрополь», 1991.

88. В. В. Леонтович История либерализма в России 1762 – 1914. М. : Русский путь полиграфресурсы. 1995.

89. Партия «союз 17 октября» протоколы съездов, конференций и заседаний ЦК в2 томах. Т. 2, 1907 – 1915. М. : РОССПЭН, 2000.

90. Л. Ю. Казанина Российский либерализм и реформы П. А. Столыпина（1906 – 1911）. Новомосковск： НФ УРАО, 2009.

91. А. Миндлин Государственная дума российской империи и еврейский вопрос. СПб： Алетейя, 2014.

92. Р. Пайпс Россия при старом режиме. М. ： Захаров, 2004.

93. В. А. Федоров История России 1861 – 1917. М. ： Высшая школа, 2001.

94. А. М. Анфимов　П. А. Столыпин　и　русское　крестьянство. М. ： Институт российской истории РАН, 2002.

95. О. А. Сухова Десять мифов крестьянского сознания. М. ： РОССПЭН, 2008.

96. Н. Л. Рогалина Власть и аграрные реформы в России XX века. М. ： Энциклопедия российских деревень, 2010.

97. Сергей Кара – мурза Ошибка Столыпина. Премьер, перевернувший Россию. М. ： Алгаритм, 2011.

98. Под　ред. Б. Д. Гальперина　Особые　журналы　Совета　министров Российской империи 1906 год. М. ： РОССПЭН, 2011.

99. И. И. Климин　Столыпинская　аграрная　реформа　и　становление крестьян – собственники в России. СПб： Центр исторических и гуманитарных исследований «Клио», 2002.

100. Л. Ю. Казанина Столыпинские　реформы　в　оценке　российского общественного мнения（1906 – 1911）. М. ： АПКиППРО, 2012.

101. П. Н. Першин Участковое　землепользование　в　России. Хутор　и отруб, их распространение за десятилетие1907 – 1916гг. и судьбы во время революции（1917 – 1920 гг. ）. М. ： Новая деревня, 1922.

102. М. А. Давыдов　Двадцать　лет　до　великой　войны. Российская

модернизация Витте – Столыпина. СПб. : Алетейя, 2014.

103. П. А. Столыпин Программа реформ Документы и материалы. Т. 1. М. : РОССПЭН, 2011.

104. Ф. И. Долгих Правые в III и IV государственных думах России (1907 – 1917 гг.) . Диссертация кандидата исторических наук, М. 2004.

105. Ричард Пайпс Русский консерватизм и его критики: исследование политической культуры. М. : Новое издательство, 2007.

106. Т. И. Волкова Российское земство и социокультурная модернизация страны в начале XX века. Ярославль: издательское бюро ⟨ВНД⟩, 2012.

107. Особые журналы Совета министров Российской империи. 1907 год. М. : РОССПЭН, 2011.

108. К. И. Могилевский Столыпинские реформы и местная элита. Совет по делам местного хозяйства (1908 – 1910) . М. : РОССПЭН, 2008.

109. Объединенное дворянство Съезды уполномоченных губернских дворянских обществ. Т. 2, кника1. 1909 – 1910 гг. М. : РОССПЭН, 2001.

110. М. И. Леонов Партия социалистов – революционеров в 1905 – 1907 гг. М. : РОССПЭН, 1997.

111. В. А. Демин Верхняя палата Российской империи 1906 – 1917. М. : РОССПЭН, 2006.

112. Василий Шульгин Последний очевидец мемуары очерки сны. М. : «ОЛМА – ПРЕСС», 2002.

113. В. Н. Коковцов Из моего прошлого Воспоминания 1903 – 1909 гг. Книга1, М. : Наука, 1992.

四、英文著作

1. Richard Pipes: The Russian Revolution. A Division of Random House,

Inc. New York，1990.

2. Melissa Stockdale. Paul Miliukov and the Quest for a Liberal Russia，1880 – 1918. Cornell University Press，1996.

五、期刊文献

1. 张广翔：《俄国农业改革的艰难推进与斯托雷平的农业现代化尝试》，《吉林大学社会科学学报》2005 年第 5 期。

2. С. Петропавловский Дворянство，буржуазия и монархия перед февральской революцией. Пролетарская революция，1922，№. 8.

3. The High Cost and Gamble of the Witte System：A Chapter in the Industrialization of Russia，The Journal of Economic History，Vol. 13，No. 4（Autumn，1953）.

4. И. В. Омельянчук Социальный состав черносотенных партий в начале XX века. Отечественная история №. 2，2004.

5. И. И. Павлов Из воспоминаний о 《Рабочем Союзе》 и священнике Гапоне. Минувшие годы. – СПб. : 1908. №3.

6. В. В. Шелохаев Столыпинский тип модернизации России. Российская история，№2，2012.

7. И. В. Омельянчук Правые партии и П. А. Столыпин. Российская история，№. 2，2012.

8. А. П. Бородин П. А. Столыпин и дворянское землевладение. российская история，№. 2，2012.

9. А. П. Корелин Проблемы местного управления в России на рубеже XIX – XX вв. история и историки，№1，2005.

六、网络文献

1. А. М. Анфимов Тень столыпина над Россией. http：//russiabgu. narod.

ru. /pages/themes/txt/anfimov-ten-stolipina. pdf.

2. Проект реформ Святополк – Мирского. http：//student. zoomru. ru/history/proekt-reform-svyatopolk – mirskogo/219250. 1750442. s2. html.

3. https：//baike. baidu. com/item/贵族/33588.

4. http：//ishare. iask. sina. com. cn/f/DXQxoR8Vd0. html.

5. Беккер Сеймур Миф о русском дворянстве последнего периода императорской России. От системы привилегий к равенству перед законом. https：//history. wikireading. ru/214371.

6. M. 莱蒙托夫：《诗人之死》, https：//baike. baidu. com/item/诗人之死/1772392？ fr = aladdin.

7. https：//ru. wikipedia. org/wiki/Государственная _ дума _ Российской _ империи_I_созыва.

8. А. Н. Энгельгардт Из деревни12писем, 1872 – 1887. М. : изд. Наука, 1999, втрое письмо. http：//www. mysteriouscountry. ru.

9. А. Б. Бородин Государственный совет и указ9ноября1906года. http://www. Russiabgu. narod. ru.

10. Полиша Финляндия и Столыпин. https：//www. bestreferat. ru/referat – 166315. html.

11. Александр Миндлин Еврейская политика Столыпина. С. 60. http://litfile. net/web/283778/278000 – 279000.

后　记

　　光阴似箭，日月如梭。从课题的设立到书籍的付梓，八年过去了，可见研究的艰辛！

　　记得斯托雷平改革课题的提出还在读博期间，师姐白晓红研究员认为这是一个非常值得研究的课题。不过当时我正着手俄国社会革命党的研究，从革命者的角度理解俄国近乎自杀式的反现代化浪潮的起源。我虽然对革命者的呐喊有极大的同情心，但是受进步思想的影响，认为反进步的浪潮几乎是没有出路的。

　　2014 年伊始，我着手斯托雷平改革与俄国现代化进程课题的研究，逐渐意识到资本主义对于俄国的影响几乎成为宿命。俄国资本主义是在帝国战争失败的背景下展开的，它激起了严重的西方派和斯拉夫派的思想对立。斯托雷平改革是俄国资本主义进程的重要组成部分，它探索了一条政治稳定、经济独立、社会自治的渐进发展道路，其造成的阶级对垒、民族矛盾和宗教冲突，比英国、法国的革命道路更加曲折。

　　斯托雷平改革与俄国现代化进程课题先后得到了国家留学基金委、江苏省社科基金委、苏州科技大学的资助，对于他们的帮助表示诚挚感谢！

　　该课题发表了系列论文，在研究的过程中我逐渐认识到俄国贵族与斯托雷平改革的关系，实际上是贵族牺牲自我，引导人民迎接现代化的过程。在张宗华教授的启发下，最终，斯托雷平改革与现代化进程课题改为"斯托雷平与俄国贵族"。课题的设立与完成得到了社科处陆道平教授和社会学院王本立教授的帮助，对几位教授的支持表示感谢！

在课题研究的过程中，我多次就"斯托雷平与俄国政治""斯托雷平与贵族土地制度""斯托雷平死亡之谜"等问题请教过姚海教授，受到了很大的启发，在此深表谢意！

课题结束之后，在宋永成教授的推介下，我联系到了陕西人民出版社的管中洣编辑。经过管中洣编辑的不懈努力，《斯托雷平与俄国贵族》终于完成了立项和编辑工作。对宋永成教授和管中洣编辑的辛苦付出深表感谢！

学术研究既是科学工作，也是社会工作。中国社会科学院俄罗斯东欧中亚研究所的刘显忠研究员对全书进行了学术和思想审核，为该书的立项奠定了基础；编辑张阿敏对文字进行了精心的编辑和校对，在此一并致谢！

斯托雷平与俄国贵族课题从政府的角度把握了俄国现代化进程，充分解读政府在俄国社会转型中的作用，也发掘了俄国社会发展的历史纵深。《斯托雷平与俄国贵族》一书是我近20年来学术研究的总结，敬请各位专家学者和社会同人批评指正！